普通高等院校机电工程类系列教材

机械工程项目管理

主　编　蒋建东
副主编　钟　江
参　编　乔　欣　彭继宇　蔡世波

清华大学出版社
北 京

内 容 简 介

本书从项目策划、执行者的角度出发,重点阐述了项目管理人员在机械工程类项目策划和实施过程中所需掌握的核心知识。具体内容包括概述、管理科学基础、项目管理知识体系、项目技术与经济效果评价、项目策划及可行性论证、项目决策、项目组织及团队、项目计划与控制。其中,前3章为项目管理的基础知识;后5章为项目策划、实施者从事项目管理过程中所需掌握的基本内容和方法。

图书在版编目(CIP)数据

机械工程项目管理 / 蒋建东主编. -- 北京 :清华大学出版社,2025.5.
(普通高等院校机电工程类系列教材). -- ISBN 978-7-302-68527-2

Ⅰ. F407.463

中国国家版本馆 CIP 数据核字第 20251KT765 号

责任编辑:苗庆波
封面设计:傅瑞学
责任校对:赵丽敏
责任印制:宋 林

出版发行:清华大学出版社
　　　　　网　　　址:https://www.tup.com.cn,https://www.wqxuetang.com
　　　　　地　　　址:北京清华大学学研大厦 A 座　　　邮　　编:100084
　　　　　社 总 机:010-83470000　　　　　　　　　邮　　购:010-62786544
　　　　　投稿与读者服务:010-62776969,c-service@tup.tsinghua.edu.cn
　　　　　质量反馈:010-62772015,zhiliang@tup.tsinghua.edu.cn
印 装 者:大厂回族自治县彩虹印刷有限公司
经　　销:全国新华书店
开　　本:185mm×260mm　　印　张:16　　　　　字　　数:387 千字
版　　次:2025 年 5 月第 1 版　　　　　　　　　印　　次:2025 年 5 月第 1 次印刷
定　　价:52.00 元

产品编号:096228-01

前　言

现代社会的发展离不开项目,项目已成为各行业发展的基础。现如今,为保证项目目标的实现,任何项目都需要应用现代项目管理手段进行有效的管理和控制。现代项目管理始于 20 世纪 80 年代,以美国项目管理协会推出的 *A Guide to the Project Management Body of Knowledge*(PMBOK® 指南)为标志。伴随着我国的和平崛起,盾构机、高铁、"奋斗者"号深海载人潜水器、天宫空间站、火星探测工程和航空母舰等一大批机械工程类项目成功实施与上马,对机械工程项目管理人才的需求也越来越大。

本书是作者在总结团队教师近 20 年来在"工程项目管理""机械工程项目管理""项目计划与控制"等课程教学和机械工程类科研项目实践中的经验,并在借鉴工程项目管理领域已出版的教材和参考书籍的基础上编写的。

本书从项目策划、执行者的角度出发,重点阐述了项目管理人员在机械工程类项目策划和实施过程中所需掌握的核心知识。本书共分 8 章,蒋建东任主编,钟江任副主编,乔欣、彭继宇、蔡世波参与编写,其中第 1 章由蒋建东编写,第 2 章由彭继宇编写,第 3 章由蒋建东、彭继宇、钟江编写,第 4 章由钟江编写,第 5 章由蒋建东、乔欣、蔡世波编写,第 6 章由蒋建东、乔欣编写,第 7 章由钟江、乔欣编写,第 8 章由钟江编写。全书由钟江统稿和校核。每章附有思考题,以便教与学。

本书可作为高等院校机械类专业本科生、研究生学习机械工程项目管理课程的教材或教学参考书,同时也可供相关工程管理人员参考。

本书在编写过程中得到了浙江工业大学机械工程学院和机械工程系同事们的大力支持和热忱指导,特别感谢机械工程学院张宪教授级高工在本书的编写过程中给予的指导和帮助。书稿经赵章风教授审阅,并提出了许多修改意见。本书的出版得到了清华大学出版社的大力支持。在此,作者谨对给予本书编写和出版工作支持、帮助和付出辛勤劳动的朋友们表示衷心的感谢!

鉴于机械工程项目管理涉及的内容广泛且发展迅速,加之作者水平和经验所限,书中错误与不足在所难免,敬请广大读者和同行给予批评指正。

编　者

2024 年 8 月于浙江工业大学

目　　录

第1章 概　　述

项目是从人类社会进行有目的的活动开始就存在的,与之相伴的便是管理。项目管理是指项目的管理人员在一定的约束条件下,运用系统的观点、方法和理论,有效管理项目涉及的所有工作。项目管理可分为项目和管理两部分。

(1)项目是指人类有组织、有目标的活动。例如,中国天宫空间站的建造、古埃及金字塔的建设等。从空间上来说,我们每个人都生活在项目中;从时间上来说,每天都有项目在经历开始、发展和结束等过程。

(2)管理即决策,包括计划、组织、指挥、协调和控制等过程。管理和项目一样,无时不在。有记录的管理实践活动已有近千年的历史,但作为学科进行研究,还不到100年。

项目管理属于管理科学的分支,同时也与项目所涉及的专业技术领域密切相关。目前,国际项目管理界普遍认为,一个具体项目所需

图 1-1　项目管理知识体系范畴

的项目管理知识包括三大部分(见图1-1),即一般管理的知识、项目管理特有的知识和项目相关应用领域的知识。

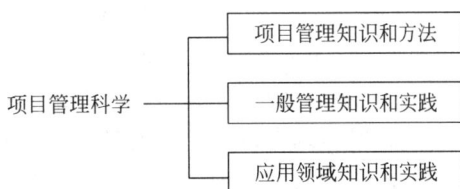

一般管理的知识主要包括项目管理中的计划、组织、人员安排、控制和实施等。一些辅助的学科也包含其中,如战略规划、法律、人力资源管理和后勤管理等。项目管理特有的知识和一般管理知识存在多方面相互交叉或者是对其有所修正,如计划与控制、组织行为、财务预测等。

应用领域的知识指的是某些项目所从属的,但不是所有项目从属的应用范围。应用领域知识包括:

(1)技术性领域,如药品试验、软件开发、建筑设计。

(2)管理性领域,如新产品开发决策、政府签约、社区开发。

(3)工业部门,如农机或金融服务、汽车、化学制品。

项目管理是指在特定的组织形式下,对工程项目利用系统工程理论和方法进行全生命周期的管理,使项目在项目建议书、决策、设计、可行性研究、询价、施工和验收等所有环节实现系统化协调和控制,最终达到保证工程质量、缩减工期和降低成本等目的的一种管理活动。

1.1　项目管理的历史

项目可以说有人类活动的时候就有了,特别是在第二次世界大战后,项目管理主要是在战后大规模重建和美苏"冷战"时期的军工项目管理实践过程中创建的一种管理方法,在美国研制原子弹的曼哈顿计划和阿波罗计划中最早采用了项目管理方法并取得了成功,由此风靡全球。在20世纪40年代中期到60年代,项目管理主要应用于发达国家的国防工程建

设、工业和民用工程建设领域。当时所应用的项目管理方法主要致力于项目的规划、预算和为达到项目目标而借用的一些一般运营管理方法,是在相对较小的范围内所进行的一种管理活动。当时的项目经理只被看作是项目的具体执行者,他们是被动地接受一项给定的项目,然后接受上级指令,根据上级指令去完成自己负责的项目工作。从 20 世纪 60 年代起,国际上许多学者对项目管理产生了极大的兴趣,随后建立了两大国际性的项目管理协会,即以英国、法国等欧洲国家为主的国际项目管理协会(International Project Management Association,IPMA)和以美洲国家为主的美国项目管理协会(Project Management Institute,PMI),以及世界各国陆续成立的本国项目管理协会,这些世界级和国家级的项目管理协会在项目管理的发展中发挥了重要作用,作出了巨大贡献。在这一传统项目管理发展阶段中,美国等发达国家的军事部门对于项目管理的研究与开发占据了主导地位,其所创造的许多项目管理工具和方法一直沿用至今。例如,由美国空军开发的项目计划评审技术(program evaluation and review technique,PERT)、由美国国防部提出的成本/进度控制系统标准(Cost/Schedule Control Systems Criteria,C/SCSC)等一大批项目管理的方法和工具目前仍然被广泛地使用。在 20 世纪 80 年代以后,项目管理由传统项目管理阶段进入现代项目管理阶段,全球性竞争的日渐加剧使项目的数量呈现爆炸式增长,同时使项目活动变得日益复杂,项目团队规模急剧扩大、控制项目成本的压力不断上升、项目利益相关者的冲突不断增加等一系列情况的出现,使得相关企业与政府部门投入了大量的资源去认识和研究项目管理的基本原理,使用和开发项目管理的一些具体方法。特别是进入 20 世纪 90 年代以后,网络工程、信息工程、软件工程、大型建设项目及高科技项目的研究与开发等项目管理新领域的出现促使项目管理在理论和工具等方面不断发展,现代项目管理在这一时期得到了快速的发展和长足的进步。同时,项目管理的应用领域也迅速扩展到了社会生产与生活的各个领域和行业,并且在企业战略的发展中起到至关重要的作用。例如,在全球性工程公司中处于领先地位的 ABB 公司的绝大部分工作要求按照项目管理的程序进行;曾是世界上最大的计算机制造商之一的 IBM 公司承认对其未来发展起关键作用的因素中就包含项目管理;作为发明世界上第一台移动电话的摩托罗拉公司,在 20 世纪 90 年代中期启动了一个旨在改善其项目管理能力的计划,当时这一计划使摩托罗拉公司获得了很大的发展。今天,项目已经成为创造精神财富、物质财富和社会福利的主要生产方式(以前主要是运营和生产),所以现代项目管理也成为发展最快和最为重要的管理领域之一。

综上所述,项目管理的发展基本上可以划分为两个阶段:20 世纪 80 年代之前是传统项目管理阶段,之后是现代项目管理阶段,如图 1-2 所示。项目管理在现代项目管理阶段的高速发展表现在两个方面:项目管理的职业化发展和学术性发展。在职业化发展方面,这一阶段的项目管理逐步分工细化,形成了一系列项目管理的专门职业。例如,监理工程师、专业项目经理、造价工程师、营造师等。与此同时,还诞生了一系列的项目管理职业资格认证体系。例如,国际项目管理协会和美国项目管理协会主办的项目管理专业人员职业资格认证,英国皇家特许测量师协会(Royal Institute of Chartered Surveyor,RICS)的工料测量师、营造师资格认证,美国造价工程师协会(Association of American Cost Engineers,AACE)的造价工程师资格认证等。这些工作极大地推动了项目管理的职业化发展和职业的细分。例如,国际项目管理协会开展的项目管理专业人员资格认证分为 A、B、C、D 四个等级,其中 A 级是认证的国际特级项目经理(certified international special project director),B 级是认证的国际高级项目经理(certified international senior project manager),C 级是认证的国际项目经理(certified international project manager),D 级是认证的国际助理项目经理(certified international assistant project manager)。获得相应证书者可分别负责大项目或国际项目、一般项目、一般项目的主要工作和一般项目工作的管理。虽然这些项目管理人员资格认证的侧重点有所不同,但是都为推进项目管理的职业化发展作出了很大的贡献。现在,项目经理已经不仅仅是项目的执行者,他们拥有了更大的权力与责任和正式的头衔。他们不仅要实施项目,还要参与项目决策,要与项目业主/客户一起高效率地工作,全面开展项目管理,并且要对其经济财务结果负责。现在,项目经理已是一个非常热门的职业,成为项目中的主角和真正的负责人。

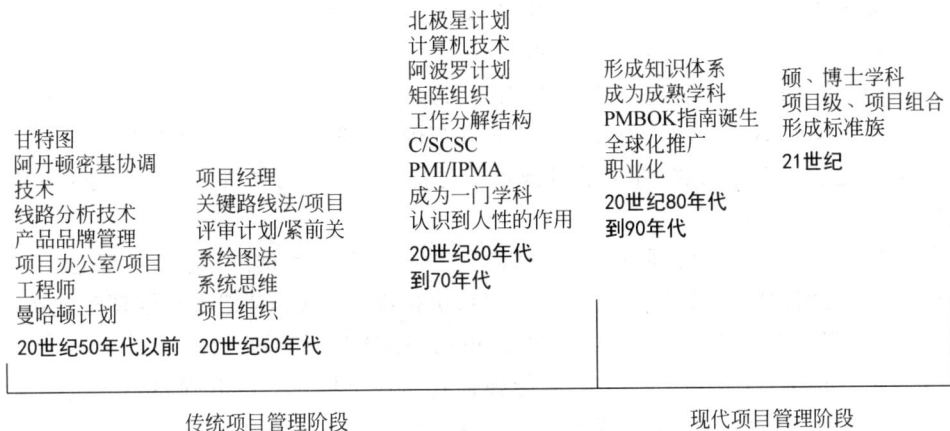

北极星计划
计算机技术
阿波罗计划
矩阵组织
工作分解结构
C/SCSC
PMI/IPMA
成为一门学科
认识到人性的作用
20世纪60年代
到70年代

形成知识体系
成为成熟学科
PMBOK指南诞生
全球化推广
职业化
20世纪80年代
到90年代

硕、博士学科
项目级、项目组合
形成标准族
21世纪

甘特图
阿丹顿密基协调
技术
线路分析技术
产品品牌管理
项目办公室/项目
工程师
曼哈顿计划
20世纪50年代以前

项目经理
关键路线法/项目
评审计划/紧前关
系绘图法
系统思维
项目组织
20世纪50年代

传统项目管理阶段　　　　　　　　　　现代项目管理阶段

图 1-2　项目管理的发展历史

1.1.1　项目管理在国外的发展历程

1917 年,美国机械工程师和管理学家亨利·劳伦斯·甘特(Henry Laurence Gantt)发明了甘特图(Gantt chart)。他制定了一个完整的用条形图表示进度的标志系统。甘特图被用于美国胡佛水坝和州际高速公路系统等大型项目中,其直观有效,便于控制和监督项目的进展状况,时至今日仍是项目管理中的常用方法。

20 世纪 40 年代,美国的曼哈顿计划应用项目管理进行计划和协调。美国陆军部于1942 年 6 月开始实施利用核裂变反应来研制原子弹的计划。为了赶在轴心国之前制造出原子弹,曼哈顿计划集中了当时西方国家最优秀的核物理学家,超过 10 万人参与了这一工程,历时 3 年,耗资 20 亿美元,于 1945 年 7 月 16 日在美国新墨西哥州阿拉默多尔空军基地的沙漠地区成功地进行了世界上第一次核爆炸,并按计划制造了两颗能用于实战的原子弹。在曼哈顿计划的执行过程中,尤利乌斯·罗伯特·奥本海默(Julius Robert Oppenheimer)起到了非常重要的作用。他利用系统工程的思路和方法,对整个工程进行规划和监控,并在关键时刻处理遇到的危机,极大地缩短了工程所需的时间。曼哈顿计划的成功促进了第二次世界大战后系统工程的发展,也为现代项目管理理论奠定了基础。

项目管理在 20 世纪四五十年代主要应用于国防和军工项目。项目管理的突破性成就出现在 20 世纪 50 年代。20 世纪 50 年代后期,美国出现了计划评审技术和关键路线法(critical path method,CPM)。两种方法都是基于网络模型技术,所以统称为网络计划技术。

1957 年,美国路易斯维化工厂由于生产工艺的需要,必须 24 h 不间断运作。因此,工厂每年必须安排一定的时间停产进行生产线的全面检修。之前的检修时间约为 125 h。后来,他们把检修流程精细分解后,发现在整个检修过程中所经过的不同路线上的总时间是不一样的,缩短最长路线上工作的工期就能够减少整个检修所需的时间。反复优化之后,只用了 78 h 就完成了全部的检修,节省时间达到 38%。这就是项目管理工作者至今还在使用的时间管理方法"关键路线法"。

1958 年,美国海军计划研制北极星导弹。这是一个潜射弹道导弹项目,据说当时美国有 1/3 的科学家参与了这项工作。项目组织者在当时提出了一个办法,为每个任务估计一个悲观的、一个乐观的和一个最可能情况下的工期,并在关键路线法技术的基础上,用"三值加权"的方法进行计划编排,原计划需要 6 年完成的项目最后只花费了 4 年时间,节省时间达到了 33% 以上。这便是"计划评审技术"。

20 世纪 60 年代前期,美国国家航空航天局(National Aeronautics and Space Administration,NASA)在阿波罗计划中发明了"矩阵管理技术"。NASA 在采用网络计划技术的基础上,开发出著名的"矩阵管理技术",对阿波罗计划的立项、规划、实施和评价等阶段进行控制。

1965 年,第一个专业性国际项目管理组织——国际项目管理协会在瑞士成立。

1967 年,美国国防部借助成本/进度控制系统标准(C/SCSC)把项目管理正式系统化。C/SCSC 也是现代挣得值方法(earned value method,EVM)的前身。

1967 年,挣得值方法被应用于"民兵导弹计划",这个项目对提升挣得值方法的地位有非常重大的意义,因为此时挣得值方法还是成本进度控制系统方法的一部分。

1969 年,美国项目管理协会在美国宾夕法尼亚州成立。目前,美国项目管理协会制定和出版的 PMBOK® 指南以多种语言在全球发行超过几百万册,是事实上的项目管理国际标准。

20 世纪 80 年代是传统项目管理和现代项目管理的分水岭。

20 世纪 80 年代,美国、澳大利亚和英国等设立了正式的项目管理学位课程。

1981 年,美国项目管理协会正式启动了题为"道德、标准和认证"(ethics,standards,and accreditation,ESA)的研究计划。

1984 年,美国项目管理协会推出严格的、以考试为依据的专家资质认证制度(project management professional,PMP)。项目管理作为一门新兴的学科和专业化的管理职业开始在全球得以迅速推广。

1987 年,美国项目管理协会在"道德、标准和认证"研究报告基础上公布了 PMBOK® 指南第 1 版草稿。

进入 20 世纪 90 年代,国际项目管理协会和美国项目管理协会召开了多次学术会议,出版了大量相关著作,使项目管理的理论发展取得了重大突破。1992 年,英国的项目管理协会出版了欧洲版的项目管理知识体系,也就是《APM 知识体系》。1996 年,美国项目管理协会发布 PMBOK® 指南第 1 版,此后每隔 4 年或 5 年更新一版,这标志着项目管理从此具备了成熟的知识体系。1997 年,国际标准化组织(International Organization for Standardization,ISO)以 PMBOK® 指南为框架发布了项目管理质量标准(ISO 10006)。1999 年,国际项目管理协会出版了《IPMA 能力基线》。

2021 年 7 月,美国项目管理协会官方出版了 PMBOK® 指南第 7 版电子书。

1.1.2　项目管理在中国的发展历程

我国最早的大型项目可以追溯到 2000 多年前的万里长城,但是真正称得上中国项目管理的里程碑工作的则是华罗庚教授倡导的统筹法和钱学森教授倡导的系统工程。

20 世纪 60 年代,在数学家华罗庚的倡导下,中国引进了项目管理技术中的网络计划技术,这种方法被命名为"统筹法"。

我国从 20 世纪 60 年代开始对项目管理进行专业系统的研究,主要源于钱学森推广的系统工程理论与方法。

20 世纪 60 年代,我国开始研制第一代战略导弹武器系统,引进国外的计划评审技术、规划计划预算系统(planning-programming-budgeting system,PPBS)和工作分解结构(work breakdown structure,WBS),结合国情,建立了组织管理理论。

20 世纪 70 年代,我国引进生命周期管理概念,派生出生命周期成本(life cycle cost)、决策点控制(milestone control)等,利用项目管理技术完成了上海宝钢、北京电子对撞机等大型工程项目。

20 世纪 80 年代,翻译出版了《系统工程管理指南》,形成了我们自己的管理体系,完成了歼 7Ⅲ和歼 8Ⅱ的研制。

1982 年,利用世界银行贷款建设的云南鲁布革水电站是我国第一个运用现代项目管理方法的大型项目。鲁布革水电站引水系统工程于 1982 年进行国际招标,日本大成建设公司中标承建。1984 年 11 月正式开工,1988 年 7 月竣工。在近 4 年的时间里,创造了著名的"鲁布革工程项目管理经验",在我国整个建设行业中产生了巨大反响。1987 年,当时的国家计委、建设部等有关部门联合通知,项目管理施工方法首先在一批建筑单位和试点企业中采用,并开始建设中国的项目经理认证制度。

1991 年,在西北工业大学等单位的倡导下成立了第一个跨学科的项目管理专业学术组织——中国优选法统筹法与经济数学研究会项目管理研究委员会(project management research committee,PMRC),PMRC 的成立标志着中国项目管理学科体系开始走向成熟。这一阶段主要开展了基本概念、基本领域的规律性、多层性决策和多目标决策、风险管理理论和实践、高技术项目管理、综合性项目管理等方面的研究,并取得了一定进展。

2000 年,国家外国专家局引进 PMBOK® 指南,成为美国项目管理协会在中国唯一一家教育培训机构和负责 PMP 资格认证考试的组织机构。中国优选法统筹法与经济数学研究会项目管理研究委员会于 2006 年正式出版了《中国项目管理知识体系》。

2002 年,劳动和社会保障部正式出台了"中国项目管理师"(China project management professional,CPMP)资格认证,这标志着项目管理的重要性被我国政府所认同,项目管理向职业化方向发展成为必然。

2016 年之后,项目管理成为职场人士的必备技能。

1.2　项目管理的发展趋势

进入 20 世纪 90 年代,项目管理有了新的发展。为了在迅猛变化、竞争激烈的市场中迎接经济全球化、一体化的挑战,项目管理更加注重人的因素、注重顾客,注重柔性管理,力求在变革中生存和发展。在这个阶段,项目管理的应用领域进一步扩大,尤其在新兴产业中得到了迅速发展,如通信、软件、信息、金融、医药等现代项目管理的任务已不仅是执行任务,而且还要开发项目、经营项目,以及为经营项目提供必要的设施、产品等。

现代项目管理阶段在项目管理的学术发展方面主要体现在项目管理专业教育体系的建立和项目管理理论与方法的研究。在现代项目管理阶段,国际上有许多大学陆续建立和完善了项目管理专业的本科生和研究生教育体系,美国大学的工商管理硕士(MBA)专业学位甚至有被项目管理的硕士学位所取代的趋势。这一时期,许多项目管理的研究机构也相继建立起来,这些研究机构、大学、国际和各国的项目管理专业协会及一些大型企业共同开展了大量的项目管理理论与方法的研究,并取得了丰硕的成果。像美国造价管理协会、美国项目管理协会等组织提出的项目全面造价管理、项目管理知识体系、项目合作伙伴式管理、项目风险造价管理、挣得值管理等都是在这一阶段创立和发展起来的。通过这一阶段的学术发展,今天的现代项目管理在项目的时间管理、范围管理、质量管理、成本管理、沟通管理、人力资源管理、采购管理、集成管理和风险管理等方面形成了专门的方法体系和理论。另外,在这一阶段,国际标准化组织还以美国项目管理协会的 PMBOK® 指南等文件为框架,制定了关于现代项目管理的标准。正是这些现代项目管理在学术性和职业化方面的发展促使项目管理的理论和方法取得了巨大的进步。

目前项目管理已经成为管理学中极具活力和发展潜力的一个分支,它是一门多层次、多维的综合性交叉学科,其范畴发展到生命周期管理,即需求论证、前期决策、实施运营,直到项目淘汰,形成了一个复杂的巨大系统,并开发了专业软件,与计算机结合形成了项目信息管理系统、项目管理决策支持系统。

项目管理发展趋势如下:

(1) 全球化。知识经济时代的一个重要特点是知识与经济的全球化,因为竞争的需要和信息技术的支撑促使项目管理的全球化发展。

(2) 多元化。在行业性方面,项目实践历史最久的是建筑行业,随后是 20 世纪美国的国防工业,继而是各行各业,现在也受到了各种社会大型活动及高科技产业的重视,开始在这些领域发挥它的作用。

(3) 专业化。专业化主要体现在以下三个方面:①项目管理知识体系在不断发展和完善之中;②学历教育从学士、硕士到博士,非学历教育从基层项目管理人员和高层项目经理形成了层次化的教育体系;③对项目和项目管理的学科探索正在积极进行之中,有综合性的、分析性的,有工具方法性的、原理概念性的。

1.3　项目管理资格认证及职业发展

1. 中国项目管理师

中国项目管理师是由中华人民共和国人力资源和社会保障部在全国范围内推行的国家职业资格认证体系,具有广泛的代表性和权威性,代表了当今国内项目管理专业资质认证的最高水平。该职业共设 4 个等级:项目管理员(国家职业资格四级)、助理项目管理师(国家职业资格三级)、项目管理师(国家职业资格二级)、高级项目管理师(国家职业资格一级),每个等级分别授予不同级别的证书。

人力资源和社会保障部职业技能鉴定中心集中了一批国内项目管理方面的著名专家,建立了项目管理资格认证专家委员会。该委员会进行了长达两年的不懈努力和科学论证,编写了《项目管理师国家职业标准》,并编撰了《项目管理师资格认证试用教材》。中国项目管理师培训考试采取标准授权方式,所有培训考试定点机构均需经过人力资源和社会保障部国家职业技能鉴定中心项目管理专业资格认证管理办公室的审核、考查及认可。

中国项目管理师突出了 3 种能力的培养:①良好的沟通能力,这已经成为项目管理专业人员的首要技能;②个人魅力,是指项目经理的个人品质对于团队的影响力;③组织能力,除必备的专业知识和专业经验外,作为项目管理人员还要有较强的组织能力、宏观把握的能力,项目的框架、知识、绩效、立项、计划、执行、控制及收尾等都要全盘把握。

2. 美国项目管理专业人员

PMP,是美国项目管理协会建立的认证考试,其目的是给项目管理人员提供统一的行业标准。1999 年,PMP 在全球所有认证考试中第一个获得 ISO 9001 国际质量管理体系认证。

PMP 作为项目管理资格认证考试,已树立了其国际权威性,现在同时用英语、德语、法语、日语、西班牙语、葡萄牙语、汉语等 9 种语言进行考试,在全世界 130 多个国家和地区设立了认证考试机构。

创建于 1969 年的美国项目管理协会在 20 世纪 90 年代初创建了 PMBOK® 指南,并健全了跨行业的项目管理专业人员资格认证制度。项目管理人员通过考试成为被认证的项目管理专业人员,PMP 为衡量合格的项目管理人员提供了客观标准。

中国首次 PMP 资格认证考试于 2000 年 6 月 11 日在北京、上海、广州、深圳举办,共有103 人参加。中国有 31 名项目管理人员顺利通过了当年的 PMP 考试。

3. 国际项目管理专业人员

国际项目经理资质认证(international project marager professional,IPMP)是国际项目管理协会在全球推行的四级项目经理管理资质认证体系的总称。IPMP 是对项目管理人员经验、知识和能力水平的综合评估,根据 IPMP 等级划分,获得 IPMP 各级项目管理认证的人员将分别具有负责大型国际项目、大型复杂项目、一般复杂项目或具有从事项目管理专业工作的能力。

国际项目管理协会依据国际项目管理专业资质标准将项目管理专业人员资质认证划分为四个等级,即 A 级、B 级、C 级、D 级。

A 级是认证的国际特级项目经理。获得这一级认证的项目管理专业人员有能力指导一个公司(或一个分支机构)诸多项目的复杂规划,有能力管理该公司的所有项目或者管理一项国际合作的复杂项目。

B 级是认证的国际高级项目经理。获得这一级认证的项目管理专业人员可以管理一般复杂项目。

C 级是认证的国际项目经理。获得这一级认证的项目管理专业人员能够管理一般非复杂项目,也可以在所有项目中辅助项目经理进行管理。

D 级是认证的国际助理项目经理。获得这一级认证的项目管理人员具有项目管理从业的基本知识,并可以应用于某些领域。

4. 项目管理职业的发展方向

由于项目管理关系重大,所以各发达国家对项目管理人员的需求量很大。项目管理工作具有高风险、重责任、高收入的特征。项目管理现在已经成为各国青年人择业的热门行业和优选职业之一,随着现代工程管理的职业需求的发展,目前项目管理职业主要有三个发展方向。

1)管理型项目经理

管理型项目经理做的是纯管理,也就是与 PMP 强调的项目管理是一类职业,有通用性,可以跨行业,只是负责项目管理工作,不掺杂项目的其他工作。管理型项目经理通用性好,就业面也比较广。

未来的职业发展路径是项目管理办公室或项目总监,专职管理领域。

2)技术型项目经理

技术型项目经理除了完成项目管理的事务性工作,还要求有专业技术知识储备。在那些需求已经明确的项目中,能够同技术骨干分分钟搞定工作分解。而项目中的各种难题,他都能以专家的身份给出合理的解决方案。遇到赶工或快速跟进,他可以切换身份和研发打成一片。而项目加入新人时,又可以分身为带教,培养骨干技术人员快速成长。总之,他们可以在项目管理和技术专家之间自由切换。

未来的职业目标是技术总监或项目管理总监。

3)需求型项目经理

需求型项目经理既管项目,也管需求;既能设计需求,也能协调完成需求。当然,还可以满足项目成员的各种需求,比如做配置管理规划、设计细分工作流程等。需求型项目经理其实就是半个产品经理,这类项目经理往往出现在没有产品经理(或产品经理权利很弱),只有运营(市场、销售)的公司。但是 PMP 管理手册中提到,产品经理需要负责跟踪产品的整个生命周期,需要的专业和技能有的时候不是一个人能掌握的。所以,更多公司会把他的工作拆分成碎片,分散到其他工作环节。需求型项目经理就应运而生了。

需求型项目经理的工作从产品概念阶段就开始,到立项前可能有些产品已经流产了,所以这个阶段,可能他只做了需求分析工程师的工作。一旦立项,需求型项目经理就要大显神通了,他要了解运营(商业)策略,进而确定哪些需求要优先设计、优先实现,然后协调资源完成项目。

不难看出,因为职能和工作范围的扩大,需求型项目经理在项目中不一定是一个人,多数是一个团队,而他们显然在管理的基础上多了很多的创造性。这一方向保留了管理型项目经理的部分通用性,同时又需要一定的技术积累,不依赖于管理,也不依赖于技术,要求样样懂一些,但不需要十分精通的人才。

1.4　机械工程项目管理

工程是现代社会存在和发展的基础,人类能动性最主要、最基本的表现,是直接的生产力。工程是一个与科学、技术相对的概念。比如说核问题,核聚变和核裂变是由原子核的静质量变化导致的巨大能量释放,其原理是质能方程,这个是科学问题,此规律为自然界的规律,无论人们是否认识到这个规律的存在,或者有没有办法发现这个规律,这个规律依然存在,不以人的意志为转移。科学原理,人类只能发现,而无法发明。但技术就不一样,初中生都学过核反应原理,但掌握核技术则需要将科学原理作用于具体的物质对象,并非所有的国家都掌握了核技术。再进一步,即便很多国家掌握了核技术,但未必有能力来实施核工程,比如建设核电站、核武器、核潜艇等。

一方面,科学、技术和工程是三个独立的维度。科学以探索发现为核心,技术以发明革新为核心,工程以集成构建为核心。另一方面,科学、技术和工程又相互交织,三者的进步是相辅相成的。将科学知识运用于技术和工程中,可以创造出服务于人类的工艺和产品,技术的提高又能进一步促进科学活动。理解科学、技术与工程之间的区别,是非常重要的。

一般来说,探索大自然的客观规律可以称为科学。科学是要有所发现,扩展人类的认知和增加人类的精神财富。科学知识有三种基本形式,分别是概念、假设和定律。基础科学的研究是科学活动最典型的形式,包括科学实验和理论研究,科研工作者是社会上进行科学活动的主要人员。技术是人类改造世界的方法、手段和过程,它建立在科学认识的基础之上,增加人类的物质精神财富并使世界变得更加美好。技术知识的基本形式是技术原理和操作方法,技术活动最典型的方式是技术开发,包括发明、创新和转移,其主要社会角色是发明家。工程是实际的改造世界的物质实践活动和建造实施过程,工程是要为人类生存发展提供所需要的人工与自然物品。工程知识的主要形式是工程原理、设计和施工方案等,工程活动的基本方式是计划、预算、执行、管理、评价等,进行工程活动的基本社会角色是工程师。具体见表1-1。

表 1-1　科学、技术与工程的区别

研究对象	概　念	各类知识的基本形式	各类活动的基本方式	目　的	主要研究人员
科学	对自然界客观规律的探索	科学概念、假设和定律	基础科学研究,包括科学实验和理论研究	有新发现、能扩充人类知识和精神财富	科学家
技术	改造世界的方法、手段和过程	技术原理和操作方法	技术开发,包括发明、创新和转移	在科学认知的基础上的发明创造,能增加人类的物质财富	发明家
工程	实际改造世界的实践活动和实施过程	工程原理、设计及实施方案	计划、预算、执行、管理和评价等	有所创造,能为人类的生存发展建造各类物品	工程师

各种工程的起源为土木工程和机械工程。工程均包括工程科学(基础专业科学)、工程技术(核心专业技术)和工程管理(非核心专业技术)三个领域的知识。机械工程项目内涵的技术架构及知识体系如图1-3所示。

机械工程是以相关自然科学和技术科学为基础理论,结合在生产实践中积累的技术经验,研究和解决在产品开发、设计、制造、安装、运行和维护中的理论与实际问题的一门应用学科。随着项目规模的日趋扩大和技术工艺复杂性程度的提高,专业化分工越来越精细,任何一个机械工程项目不仅与科技要素相关,还必然涉及人力、物力等多方面的问题。一个机械工程项目要顺利完成,不仅需要对其中所包含的科学技术因素进行优化整合,还必须从整

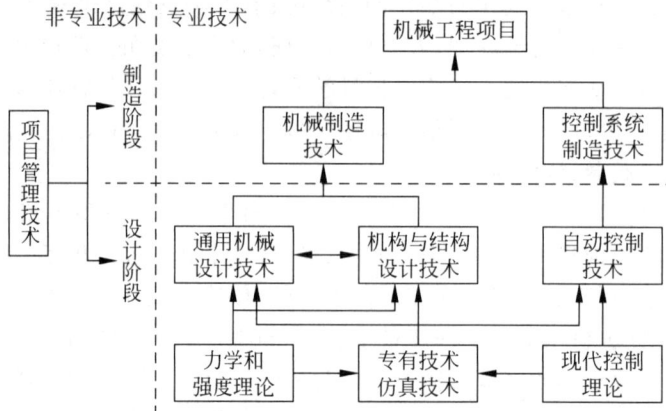

图 1-3　机械工程项目内涵的技术架构及知识体系

体尺度上考虑经济、文化、生态环境等诸多因素的影响,随着投资者对项目在质量、工期、投资效益等方面的要求越来越高,项目的组织管理已成为决定项目生命力的关键因素。机械工程项目的全生命周期管理过程如图 1-4 所示。

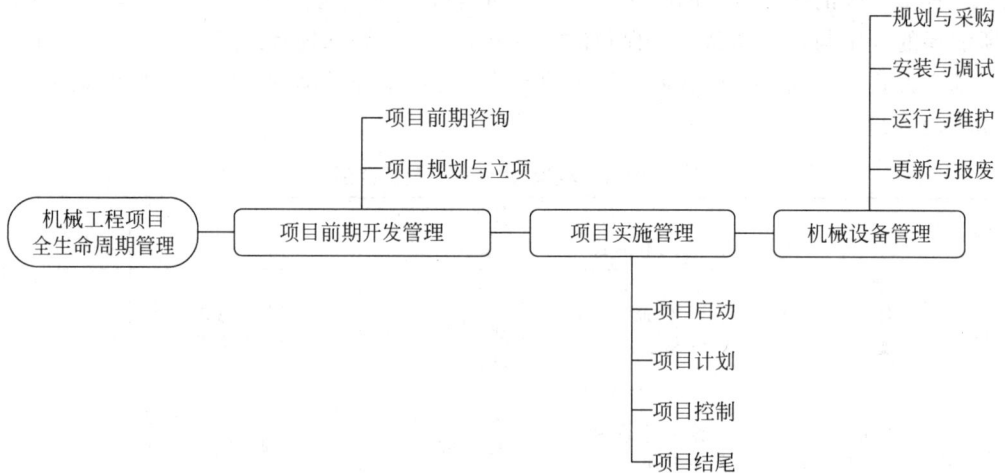

图 1-4　机械工程项目的全生命周期管理过程

(1) 项目前期开发管理(pre project development management,PPDM)。项目的前期开发阶段是由投资方或开发方进行决策的阶段。我国的机械工程项目按照立项层次分为国家级(如科技部"十四五"国家重点研发计划"工厂化农业关键技术与智能农机装备"重点专项、《中国制造 2025》高端装备专项等)、行业级(如重型装备、工程与地质装备、物流装备、能源环保装备、关键基础零部件等研制项目)、省市级(省市级科技部门机械类工程项目)、企业级(机械类企业新产品研发、技术改造等项目)。对于项目组织方,各类项目的规划阶段管理包括项目调研、专家咨询、可行性评审、资金筹措方案及立项招标等内容。

(2) 项目实施管理(project implementation management,PIM)。项目的实施阶段是项目的管理者以项目为对象的系统管理过程,通过一个临时性的、专门的柔性组织,对项目进行高效率的计划、组织、指挥、协调、控制和评价,以实现项目全过程的动态管理和项目目标的综合协调与优化。

(3) 机械设备管理(mechanical equipmennt management,MEM)。在项目设备的使用阶段,机械工程项目设备管理是以设备为研究对象,追求机械设备综合效率,应用一系列理论、方法,通过一系列技术、经济、组织措施,对机械设备的物质运动和价值运动进行全过程(从规划、设计、选型、购置、安装、验收、使用、保养、维修、改造、更新直至报废)的科学管理。

机械工程项目管理具有如下作用:

(1) 合理安排项目进度,有效控制项目成本。通过网络图(network chart)、工作分解结构和关键路线、资源优化、资源平衡等项目管理方法和技术的使用,可以尽快分析出项目由哪些任务组成,并合理安排各项任务的实施顺序和资源分配,特别是项目中的重点资源和关键资源,从而保证项目顺利实施,并有效控制项目成本。

(2) 加强团队合作,提高项目团队的工作效率。项目管理提供了人力资源管理、沟通管理等一系列方法,如人力资源管理中的激励理论、管理理论、团队合作方法等。这些方法可以提高团队的合作精神,增强项目组成员的士气和工作效率。

(3) 降低风险,提高项目成功率。风险管理是项目管理中极其重要的一部分,项目的不确定因素对项目的影响可以通过风险管理有效降低。在传统的项目实施过程中,这些工作是最容易被忽略的,同时它们也最有可能对项目产生毁灭性的后果。

(4) 有效控制项目范围,增强项目的可操控性。在实施项目的过程中,经常会发生需求的变化。需要一种好的方法来进行控制,减少对项目产生的不良影响,而项目管理中强调的进行范围控制,设立变更控制系统和变更控制委员会能有效降低变更项目范围对于项目的影响,从而保证项目的顺利实施。

(5) 可以尽早地发现项目实施中的问题,并进行有效的项目控制。项目计划、执行状况的检查及戴明工作环的应用可以及时地发现项目实施中存在的问题,确保项目的顺利执行。

(6) 可以有效积累项目的经验。在传统项目的实施中,项目一旦完成,就立即停止。对于项目的总结和技术积累都是一种空谈。目前知名的跨国公司能够成功运作的原因,除规范的制度外,还有一个因素就是有良好的知识积累。项目管理中强调在项目结束时,需要进行项目总结,这样就能将更多的公司项目经验转换为公司的财富。总的来说,项目管理可以使项目得以顺利实施,降低项目的风险性,最大限度地达到预定的目标。

是否上重大项目及上马项目的多少直接反映了一个国家在技术、经济和社会方面的发展程度,而一定时期的项目管理能力也会直接影响该时期科技发展的水平。

以航空工业为例,1866 年 1 月 12 日,大英帝国航空学会成立,这是世界上最早的航空学术团体。1870 年,世界上最早的风洞建成。1900 年和 1901 年,美国的莱特兄弟为确保飞行能够成功,先后两次建造风洞,测试飞机的性能。1903 年 12 月 17 日,美国的莱特兄弟首次试飞了依靠自身动力、机身比空气重、完全受控、持续滞空不落地的飞机,也就是世界上第一架飞机。1914 年 7 月 28 日,第一次世界大战爆发,跟人类以往的历史一样,作为一项新科技,飞机立即被各国用于战争。此时,欧洲的飞机技术开始领先。1915 年 3 月 3 日,美国国家航空咨询委员会(National Advisory Committee for Aeronautics,NACA)成立,建立了各种形式、不同尺寸的风洞,开展了大量航空航天科学研究工作。1916 年 7 月 15 日,美国波音公司在西雅图成立。美国航空技术开始反超欧洲。第二次世界大战爆发后,美国加大在航空领域研究项目的经费支持,使其在航空领域继续保持世界领先的水平。1957 年,苏联的卫星上天,使全世界重航天,轻航空,在航空领域投资减少,导致 20 世纪 70 年代初美国主力运输机 C-141 和主力战斗机 F111 存在严重缺陷,事故不断。20 世纪 60 年代,由于经济增长缓慢和决策失误等原因,英国取消了大量新型飞机的研制计划,从此,法国航空技术领先于英国。自 20 世纪 60 年代开始,美国在航空航天领域投入巨资,建设最新技术装备的航空航天项目,确保其技术在世界范围内的领先水平。我国于 1970 年利用长征号运载火箭,成功地发射了第一颗人造地球卫星——"东方红一号",自此不断在空间领域投入大量研究资金。2011 年 9 月 29 日,第一个先导试验型空间站天宫一号于酒泉卫星发射中心成功发射。2020 年 7 月 31 日,中共中央总书记、国家主席、中央军委主席习近平宣布北斗三号全球卫星导航系统正式开通。2021 年 10 月 16 日,搭乘神舟十三号载人飞船的 3 名航天员顺利进驻空间站天和核心舱,标志着我国在空间技术领域跻身世界前列。

通过大量的工程项目实践,可以发现以下规律:

(1)随着科技、经济、社会发展的需要,国家必须建设一批项目,而这些重要项目的上马,也切实反映了国家的经济实力。

(2)科技的发展带动了一批项目,而项目的决策、实践又促进了科技的发展。

(3)重大形势变化及其所引起的政策调整,往往带动了一批项目上马,而一些项目的正确决策和实施又会促进某些战略目标的实现。

(4)宏观战略决策对重大项目的立项、实施起到了决定性作用,其中国家层次的决策者是立项的主要决定因素。

思 考 题

1. 简述项目管理包含的知识领域。

2. 简述项目管理的发展历程。

3. 简述项目管理的发展趋势。

4. 简述工程的定义。

5. 分析工程与科学、技术的区别。

6. 简述机械工程项目的知识体系。

7. 简述机械工程项目的全生命周期管理过程。

8. 简述机械工程项目管理的作用。

自测题 1

第2章 管理科学基础

管理科学是数学、经济学、管理学和社会科学等学科相互渗透并在它们的基础上发展起来的新学科。管理科学最早可以追溯到 19 世纪末到 20 世纪初,这一时期主要的体现有:泰勒提出了科学管理理论,产生了不少将数学模型应用于管理领域的实践活动。管理科学正式作为一门独立的学科,产生于 20 世纪 40 年代第二次世界大战期间。英、美等国研究管理学知识取得了高效的作战效果,为反法西斯战争的胜利作出了贡献。20 世纪 50 年代之后,电子计算机技术的飞速发展使得管理科学中的诸如线性规划、动态规划、网络分析和工作分解结构等技术广泛应用于工程项目管理中。

2.1 管理科学的定义

项目管理科学基础又称运筹学(operational research),是近几十年发展起来的一门新兴的应用性学科,其主要思想是运用数学模型方法研究各种决策问题的优化途径及方案,为管理决策者提供科学决策的参考依据。

管理运筹学与运筹学的含义基本一致,只是为了突出运筹学的管理性质加上了"管理"二字。

从广义上讲,运筹学是一门应用多学科和多领域理论、方法和技术知识的综合性交叉学科,其目的是研究人类利用有限的资源实现组织目标过程中动态、复杂和创新的管理活动及其规律。

从狭义上讲,运筹学是一门应用科学、定量的方法去分析和解决管理决策问题的技术科学,其目的是在有限资源条件下最优地实现组织目标,并为决策提供依据。

下面主要讲述线性规划、整数规划、动态规划、图与网络分析及工作分解结构技术。

2.2 线 性 规 划

2.2.1 问题导入

1. 人力资源分配的问题

某汽车生产公司需要安排人员对汽车产品进行销售,对销售人员的需求经过统计分析列入表 2-1。销售人员需要保证充分的休息,一周工作五天,休息两天,并要求休息的两天是连续的。问:应该如何安排销售人员的作息,既能满足工作需要,又使配备的销售人数最少?

表 2-1　人力资源分配

时　间	所需销售人员/人	时　间	所需销售人员/人
星期日	35	星期四	26
星期一	30	星期五	40
星期二	28	星期六	45
星期三	32		

2. 生产计划的问题

某汽车零件生产公司生产发动机连杆、汽车前轴、转向节三种产品,且都需要经过锻造、机加工和装配三道工序。发动机连杆、汽车前轴两种产品的锻件可以外包协作,亦可以自行生产,但转向节只能由本公司锻造才能保证质量,各项数据见表 2-2。问:公司为了能够获得最大的利润,发动机连杆、汽车前轴、转向节这三种产品应该各生产多少件?发动机连杆、汽车前轴两种产品由本公司锻造和外包协作各应多少件?

表 2-2　汽车零件生产计划

工时与价格	发动机连杆	汽车前轴	转向节	资源限制/小时
锻造工时/(小时/件)	4	5	6	8000
机加工工时/(小时/件)	3	6	4	12000
装配工时/(小时/件)	2	2	2	10000
自产锻件成本/(元/件)	5	3	4	
外协锻件成本/(元/件)	8	5		
机加工成本/(元/件)	2	1	2	
装配成本/(元/件)	3	2	2	
产品售价/(元/件)	25	20	16	

3. 配料问题

某汽车厂商在进行涂装工艺时,需要用到甲、乙、丙三种不同颜色的涂料,涂料生产厂商在对涂料调色过程中,要用 A、B、C 三种原料才能够混合调配出符合汽车厂商三种不同颜色的涂料产品,数据见表 2-3 和表 2-4。问:该涂料厂应如何安排生产才能使利润最大?

表 2-3　工厂的产品规格和价格

产品名称	规格要求	单价/(元/kg)
甲	原材料 A 不少于 50%,原材料 B 不超过 25%	45
乙	原材料 A 不少于 25%,原材料 B 不超过 50%	30
丙	原材料 C 不超过 20%,原材料 A 不少于 30%	35

表 2-4　工厂原材料供应和价格

原料名称	当天最大供应量/kg	单价/(元/kg)
A	150	65
B	80	25
C	50	35

上述问题可归结为以下两类情况:

一是在资源确定的情况下,如何合理利用和规划,使得收益最大。这类问题涉及系统的产出和求最大值问题。

二是在计划任务确定的情况下,如何统筹安排和精心筹划,用最少的资源来达成任务目标。这类问题涉及系统的投入和求极小值问题。

因此,规划问题的研究和应用对象是系统的投入产出问题,本质目标都是用最少的人力、财力和物力消耗,获得更多、更好的社会需求产品。

2.2.2 线性规划的概念

线性规划是运筹学的一个重要分支。自 1947 年美国数学家乔治·伯纳德·丹齐格(George Bernard Dantzig)提出了求解线性规划问题的方法——单纯形法之后,线性规划技术在理论上趋于成熟,在工程中的应用日益广泛与深入。特别是在计算机快速发展的基础上,能用计算机来处理成千上万个约束条件和变量的大规模线性规划问题之后,线性规划技术的适用领域变得更为广泛。

线性规划是一种合理利用资源、合理调配资源的应用数学方法。其中,规划就是利用某种数学方法使得有效资源的运用最优化,线性就是用来描述投入和产出之间是一种线性函数关系。

2.2.3 线性规划问题的三大要素

生产计划的问题:

某企业生产 A、B 两种产品,分别要在Ⅰ、Ⅱ、Ⅲ、Ⅳ四台不同设备上加工。生产产品 A 需分别占用各设备 3 h、0 h、2 h、3 h,生产产品 B 需分别占用各设备 0 h、2 h、2 h、2 h,各设备用于生产这两种产品的能力分别为 15 h、8 h、10 h、7 h(见表 2-5),又知生产产品 A 可获利 2 元,生产产品 B 可获利 3 元,问:怎样安排生产才能使总利润最大?

表 2-5　企业生产所需设备情况

设备及利润	产品 A/h	产品 B/h	资源量/h
设备Ⅰ	3	0	15
设备Ⅱ	0	2	8
设备Ⅲ	2	2	10
设备Ⅳ	3	2	7
利润/元	2	3	

该问题的数学模型可表示为

$$\max Z = 2x_1 + 3x_2 \tag{2-1}$$

设生产 A 产品 x_1 件,生产 B 产品 x_2 件,则有

$$\begin{cases} 3x_1 \leqslant 15 \\ 2x_2 \leqslant 8 \\ 2x_1 + 2x_2 \leqslant 10 \\ 3x_1 + 2x_2 \leqslant 7 \\ x_1 \geqslant 0, x_2 \geqslant 0 \end{cases} \tag{2-2}$$

1. 决策变量

决策变量是指实际系统或决策问题中有待确定的因素,是系统中的可控因素,如茶企生

产绿茶、红茶分别为 x_1 kg 和 x_2 kg,则 x_1 和 x_2 即为决策变量。

2. 目标函数

(1)目标函数是决策者对决策问题目标的数学描述,如时间最省、利润最大、成本最低等,本例的目标函数是利润最大,见式(2-1)。

(2)目标函数应该是决策变量的线性函数。

(3)有的目标函数是求最大值,有一些则是要求最小值。

3. 约束条件

(1)任何问题都是限定在一定的条件下求解的,把各种限制条件表示为一组等式或不等式,称为约束条件,如设备生产能力、原材料数量等。本例的约束条件见式(2-2)。

(2)约束条件是决策方案可行的保障。

(3)约束条件的基本类型:大于或等于">"、等于"="、小于或等于"≤"。

2.2.4 线性规划问题的建模步骤

第一步,明确问题,确定决策变量,列出约束条件。

第二步,收集资料,确立目标函数模型。

第三步,模型求解与检验。

第四步,优化后的分析。

以 2.2.3 节中的问题为例对线性规划建模步骤进行分析:

1)决策变量

要决策的问题是两种产品的产量,因此有两个决策变量:设 x_1 为产品 A 的产量,x_2 为产品 B 的产量。

2)约束条件

生产这两种产品受到现有生产能力的制约,设备用时不能突破总量。

生产单位产品 A 需占用设备Ⅳ 3 h,生产单位产品 B 需占用设备Ⅳ 2 h,设备Ⅳ的能力总量限制为 7 h,则设备Ⅳ的能力约束条件可表示为

$$3x_1 + 2x_2 \leqslant 7$$

同理,设备Ⅰ、设备Ⅱ、设备Ⅲ的能力约束条件可分别表示为

$$3x_1 \leqslant 15$$
$$2x_2 \leqslant 8$$
$$2x_1 + 2x_2 \leqslant 10$$

3)目标函数

目标是获得的利润最大化,用 Z 表示利润,则有

$$\max Z = 2x_1 + 3x_2$$

4)非负约束

产品 A、B 的数量不应是负数,否则没有实际意义,这个要求可表述为 $x_1 \geqslant 0, x_2 \geqslant 0$。

综上所述,该生产计划的规划问题可表示为式(2-1)和式(2-2)的数学模型。

2.2.5 线性规划问题的图解法

对于只有两个决策变量的简单线性规划问题,可以通过图解法进行求解。

图解法即用图示的方法来求解线性规划问题。图解法简单直观,有助于了解线性规划问题求解的基本原理。一个二维的线性规划问题可以在平面图上求解,三维的线性规划问题则要在立体图上求解,超过三维的线性规划问题就不能采用图解法了。

某线性规划问题的数学模型为

$$\max Z = 3x_1 + 5x_2$$

$$\begin{cases} x_1 \leqslant 8 \\ 2x_2 \leqslant 12 \\ 3x_1 + 4x_2 \leqslant 36 \\ x_1 \geqslant 0, \quad x_2 \geqslant 0 \end{cases}$$

图解法的基本步骤:

第一步,建立直角坐标系。

第二步,确定可行域。满足所有约束条件的解叫可行解,解的集合称为可行域,即所有约束条件共同围成的区域为可行域,如图 2-1 中的阴影部分所示。

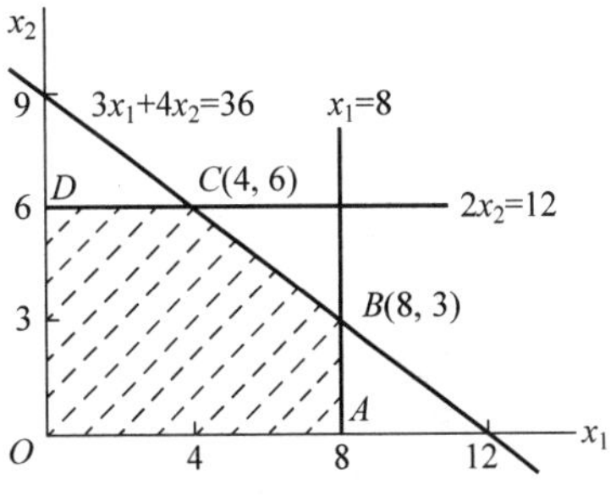

图 2-1 中五边形 $OABCD$ 内(含边界)的任意一点 (x_1, x_2) 都是满足所有约束条件的一个解,称为可行解。

第三步,图示目标函数。确定 x_1、x_2 希望目标函数 $Z = 3x_1 + 5x_2$ 达到最大,图 2-2 中 $Z = 3x_1 + 5x_2$ 代表以 Z 为参数的一组平行线,即等值线。

图 2-1　模型的可行域

第四步,最优解的确定。所谓最优解,是指可行域中使目标函数值达到最优的点。

线性规划问题的解通常存在以下几种可能性:

一是存在唯一的最优解,即只有一个最优点,如图 2-2 所示的最优解(4,6)。

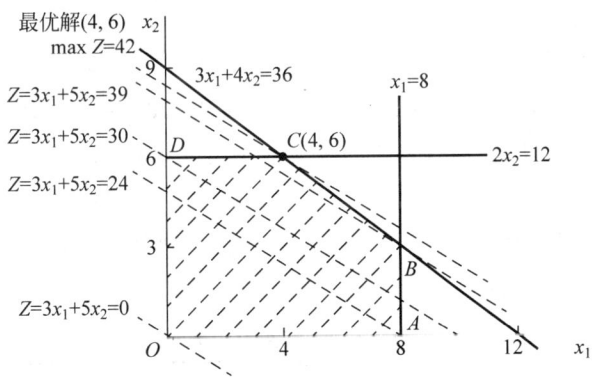

图 2-2　模型的最优解

二是存在多重最优解,即存在无穷多个最优解,例如当多边形某一边的两个顶点同时为最优解时,则它们连线上的每个点也是最优解,如图 2-3 所示的线段 BC。

三是存在无界解,即线性规划问题的可行域无界,目标函数值可无限增大,如图 2-4 所示。

四是无解,即约束条件相互矛盾,导致可行域为空集,如图 2-5 所示。

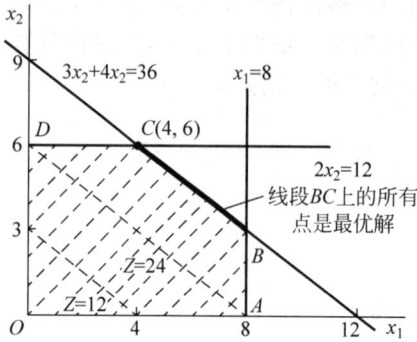

图 2-3　模型的多重最优解

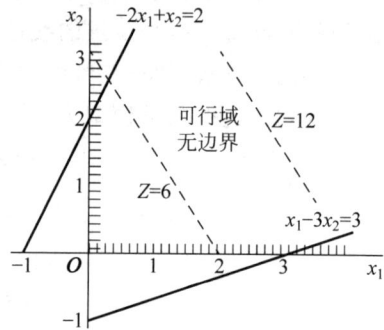

图 2-4　模型的无界解

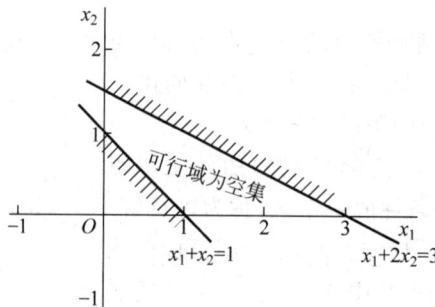

图 2-5　模型无解

2.3　整 数 规 划

2.3.1　问题导入

　　某机床厂在某计划期内计划生产铣床、锯床两种机床设备,铣床和锯床的单台利润分别为 6 万元和 5 万元。该机床厂具有足够的生产能力加工和制造这两种机床的所有零部件,除 A、B 两种紧缺物资的供应量受到限制外,其他所需要的原材料和能源能够满足供应,相关数据见表 2-6,问：该机床厂在计划期内应安排生产铣床、锯床各多少台才能够使利润最大?

表 2-6　工厂生产数据

原　　料	单台所需原料数量		可 供 量
	铣　　床	锯　　床	
A/t	2	1	9
B/kg	5	7	35

2.3.2　整数规划的定义

　　整数规划是指规划中的变量(全部或部分)限制为整数,若目标函数模型是线性的,则称为整数线性规划。目前常用的求解整数规划的方法主要适用于整数线性规划。

2.3.3　整数规划的图解法

针对上述铣床、锯床生产问题建立模型,见式(2-3)和式(2-4)。

目标函数:

$$\max Z = 6x_1 + 5x_2 \tag{2-3}$$

约束条件:

$$\begin{cases} 2x_1 + x_2 \leqslant 9 \\ 5x_1 + 7x_2 \leqslant 35 \\ x_1 \geqslant 0, \quad x_2 \geqslant 0, \quad x_1 、 x_2 \text{为整数} \end{cases} \tag{2-4}$$

采用图解法求解,如图 2-6 所示。

求解结果的对比分析见表 2-7。当用线性规划求解时,利润最大为 $32\frac{5}{9}$,但铣床和锯床的数量不是整数,不符合实际情况;当对线性规划结果进行四舍五入时,可发现求解结果不在可行域;当对线性规划结果只舍不入时,得到的结果不是最优解;最终,整数规划的最优铣床数量为 4,锯床数量为 1。

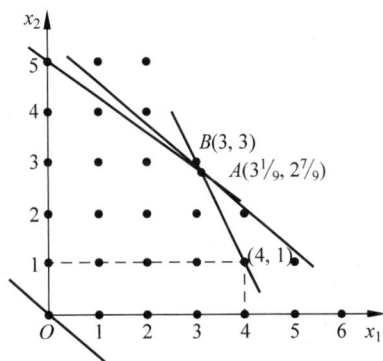

图 2-6　图解法求解

表 2-7　整数规划的求解结果

解 的 类 型		x_1	x_2	Z	可行?	最优?
线性规划解		$3\frac{1}{9}$	$2\frac{7}{9}$	$32\frac{5}{9}$		
线性规划解的圆整解	四舍五入	3	3		否	
	只舍不入	3	2	28	是	否
整数规划解		4	1	29	是	是

2.4　动　态　规　划

2.4.1　问题导入

1) 最短路线问题

如图 2-7 所示,从 A 点到 E 点需要经过 B_1、C_1、D_1 等多个可选的点,每条路线所耗费的时间各不相同,要求找到一条最短路线,使耗费的时间最短。

2) 生产与存储问题

例如,为了防止某弹簧厂产能过剩,要求确定一个逐月的生产计划,在满足产量需求的条件下,使一年的生产与存储费用之和降到最低。

3) 投资决策问题

例如,某加工中心有资金 Q 万元,计划在今后 5 年内投资 A、B、C、D 4 个项目,每个项目需要数量不等的投资,投资收益也不等,要求提出一种投资方案,使总投资额不超过 Q 万元且投资收益最大。

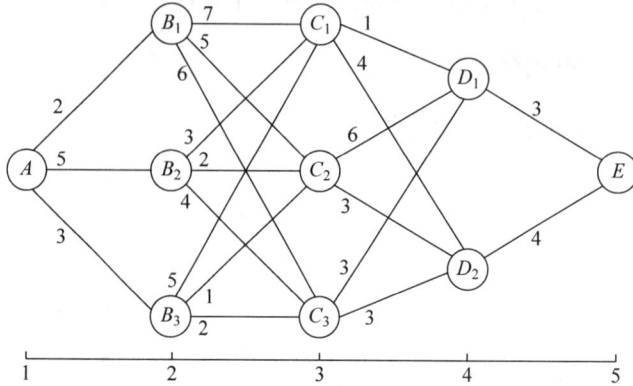

图 2-7 最短路线问题

4）设备更新问题

例如，某机床厂要制订一个持续 8 年的精密加工机床更新计划，每一年需要投入数额不等的费用，要求更新设备的总费用最少。

2.4.2 动态规划的定义

理查德·贝尔曼（Richard Bellman）在 20 世纪 50 年代开始先后执教于普林斯顿大学和斯坦福大学并进入兰德（Rand）研究所工作，1957 年出版了著作 *Dynamic Programming*，该书的出版标志着动态规划的正式诞生。

动态规划方法是解决复杂系统多阶段决策过程的基本方法之一，既可以解决一些与时间相关的动态问题，也可以解决一些与时间不相关的静态问题。

运用动态规划方法解决部分实际问题具有以下两个优点：一是用动态规划求解离散性问题时比线性规划、非线性规划更有效；二是动态规划方法不仅能够进行定性描述，还可以给出具体的数值解。

但是动态规划方法也存在一些局限性，主要包括两个方面：一是没有统一的处理方法，求解时要根据问题的性质，结合多种数学技巧。因此，实践经验及创造性思维将起到重要作用；二是存在"维数障碍"，即当变量个数太多时，由于计算机内存和速度的限制导致问题无法解决。有些问题由于涉及的函数没有理想的性质使其只能用动态规划描述，而不能用动态规划方法求解。

2.4.3 动态规划问题的求解方法

动态规划方法的求解思路是将整个决策过程进行阶段划分，选取恰当的状态变量、决策变量及定义最优的指标函数，从而把问题转化成一组同类型的子问题，然后逐个求解。

求解动态规划问题时涉及的基本概念如下：

（1）阶段。将所给问题的过程按时间或空间特征分解成若干互相联系的部分，称为阶段，以便按次序求每阶段的解，常用字母 k 表示阶段变量。

（2）状态。各阶段开始时的客观条件叫作状态。

（3）状态变量。状态变量是描述各阶段状态的变量，用 s_k 表示第 k 阶段的状态变量。

（4）状态集合。状态集合是状态变量的取值集合,用 S_k 表示。

（5）决策。当各阶段的状态确定以后,就可以根据具体情况做出不同的决定（或选择）,从而确定下一阶段的状态,这种决定称为决策。

（6）决策变量。决策变量是表示决策的变量,常用 $x_k(s_k)$ 表示第 k 阶段状态为 s_k 时的决策变量。

（7）允许决策集合。决策变量的取值往往限制在一定范围内,我们称此范围为允许决策集合,用 $D_k(s_k)$ 表示第 k 阶段从状态 s_k 出发的允许决策集合。

（8）策略。各阶段的决策确定后,整个问题的决策序列就构成了一个策略,用 $p_{1,n}\{x_1(s_1),x_2(s_2),\cdots,x_n(s_n)\}$ 表示。

（9）允许策略集合。对每个实际问题,可供选择的策略有一定的范围,称为允许策略集合,记作 $P_{1,n}$,使整个问题达到最优效果的策略就是最优策略。

（10）状态转移方程。动态规划中当前阶段的状态往往是上一阶段状态和上一阶段决策综合作用的结果。当前阶段的状态为 s_k,当前阶段的决策为 $x_k(s_k)$,则第 $k+1$ 段的状态 s_{k+1} 就可以确定,它们的关系可表示为: $s_{k+1}=T_k(s_k,x_k)$。

（11）指标函数。指标函数是用于衡量所选定策略优劣的数量指标,可分为阶段指标函数和过程指标函数。阶段指标函数是指第 k 阶段从 s_k 状态出发采取决策 x_k 时的效益,用 $V_k(s_k,u_k)$ 表示。过程指标函数记为 $f_k(s_k)$,表示从第 k 阶段 s_k 状态按预定指标到过程终止时的效益值。

动态规划方法求解时从边界条件开始,逆（或顺）过程行进方向,逐段递推寻优。在每一个子问题求解时,都要使用它前面已求出的子问题的最优结果,那么最后一个子问题的最优解就是整个问题的最优解。

在上述求解过程中,如果寻优的方向与多阶段决策过程的实际行进方向相反,即从最后一阶段开始逐段往前推直到第一阶段从而求得全过程最优策略的方法称为逆序解法；如果寻优方向与多阶段决策过程的行进方向一致,即从第一阶段开始逐段向后递推直到最后一个阶段从而求得全过程的最优策略的方法称为顺序解法。

动态规划方法是既把当前阶段与未来各阶段分开,又把当前效益和未来效益结合起来考虑的一种最优化方法,因此每个阶段的最优决策选取是从全局考虑的,与该阶段的最优选择一般是不同的。

对 2.4.1 节中导入问题的最短路线用逆序解法进行求解的过程如下:

如图 2-8 所示,考虑一个阶段状态变量 D_1、D_2 的过程指标函数记为 $f(D_1)=3$,$f(D_2)=4$。从第 5 个状态到第 4 个状态的最短距离是从 E 到 D_1。

如图 2-9 所示,考虑两个阶段状态变量 C_1、C_2、C_3 的过程指标函数记为 $f(C_1)=4$,$f(C_2)=7$,$f(C_3)=6$。从第 5 个状态到第 3 个状态的最短距离是从 E 到 D_1 再到 C_1。

如图 2-10 所示,考虑三个阶段状态变量 B_1、B_2、B_3 的过程指标函数记为 $f(B_1)=11$,$f(B_2)=7$,$f(B_3)=8$(有 2 条路线)。从第 5 个状态到第 2 个状态的最短距离是从 E 到 D_1 到 C_1 再到 B_2。

如图 2-11 所示,考虑四个阶段状态变量 A 的过程指标函数记为 $f(A)=11$。从第 5 个状态到第 1 个状态的最短路线有 2 条:一条是 $E \rightarrow D_1 \rightarrow C_3 \rightarrow B_3 \rightarrow A$,另外一条是 $E \rightarrow D_2 \rightarrow C_2 \rightarrow B_3 \rightarrow A$。

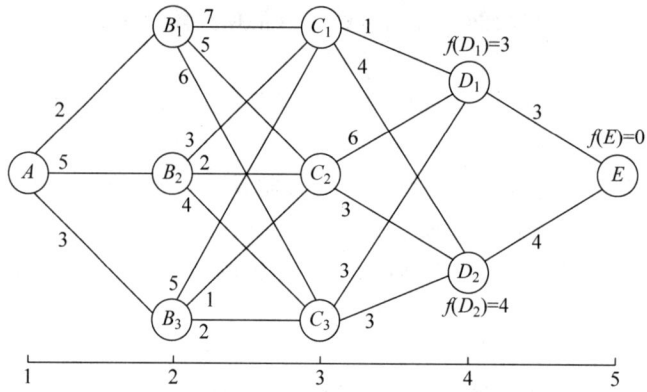

图 2-8　考虑一个阶段的最优选择

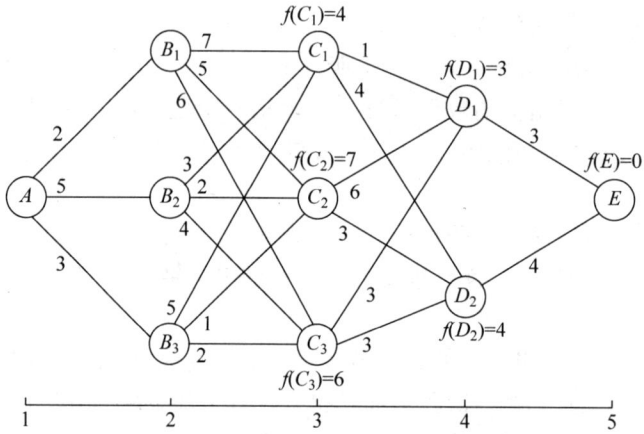

图 2-9　考虑两个阶段的最优选择

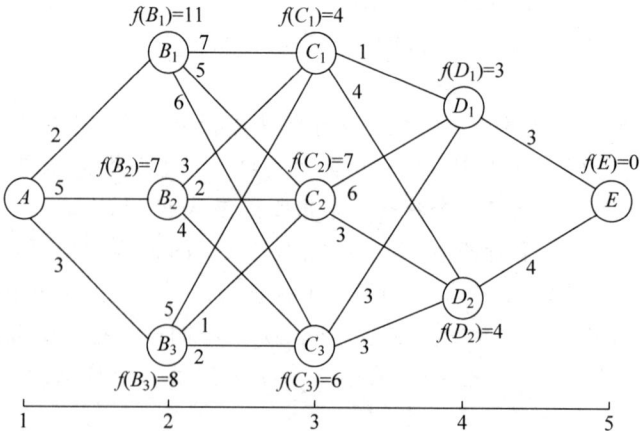

图 2-10　考虑三个阶段的最优选择

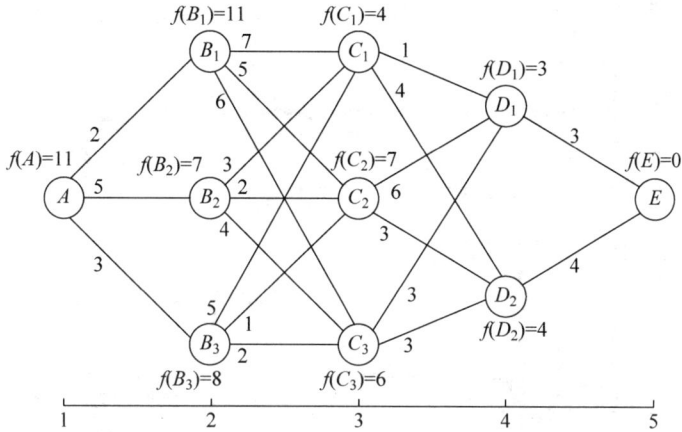

图 2-11　四个阶段联合考虑从 A 点到 E 点的最优选择

动态规划法较之穷举法具有以下优点：

（1）动态规划法更容易计算出结果。

（2）动态规划法的计算结果不仅得到了从起始点到最终点的最短路线，还得到了中间阶段任一点到最终点的最短路线。

2.5　图与网络分析

2.5.1　图的基本概念与类型

现代管理中经常碰到各种网络，诸如交通道路网络（见图 2-12）、生产流程（见图 2-13）、煤气管道网络等。图与网络分析及网络计划是研究图与网络问题的管理科学分支。它使用的主要方法是基于图的基本理论对网络问题进行分析，求得网络效益的最大化。

图包含两个基本要素：一个是用点表示被研究的对象；另一个是用点与点之间的连线表示所研究对象之间的某种特定关系。图是由点及点与点之间的连线构成的，可以反映特定对象之间的关系。

在一次机械工程技能训练项目竞赛中，共有甲、乙、丙、丁、戊五支队伍。已知甲队和其他各队均赛过一次，乙队和甲、丙队赛过，丙队和甲、乙、丁队赛过，丁队和甲、丙、戊队赛过，戊队和甲、丁队赛过。各队之间的比赛情况可以用图 2-14 表示出来。为了反映具体的比赛情况，可以用点 v_1、v_2、v_3、v_4、v_5 分别代表这 5 支队伍，某两队之间比赛过就在这两队所相应的点之间连一条线，每条线都不过其他的点，这些线称为边，通常用 e_i 表示。

假如把上述例子中相互比赛的关系改成胜负关系，那么，只用两点的连线就很难反映各队之间的关系了。此时，可用一条带箭头的连线（弧）表示，如队伍 v_1 胜了队伍 v_2，可以从 v_1 引一条带箭头的线到 v_2，如图 2-15 所示。

综上所述，图由一些点及点与点之间的连线（带箭头、不带箭头）组成，记为 $G = (V, E)$ 或 $D = (V, A)$，其中 $V = \{v_1, v_2, \cdots, v_n\}$ 表示点的集合，$E = \{e_1, e_2, \cdots, e_n\}$ 表示边的集合，$A = \{a_1, a_2, \cdots, a_n\}$ 表示弧的集合。

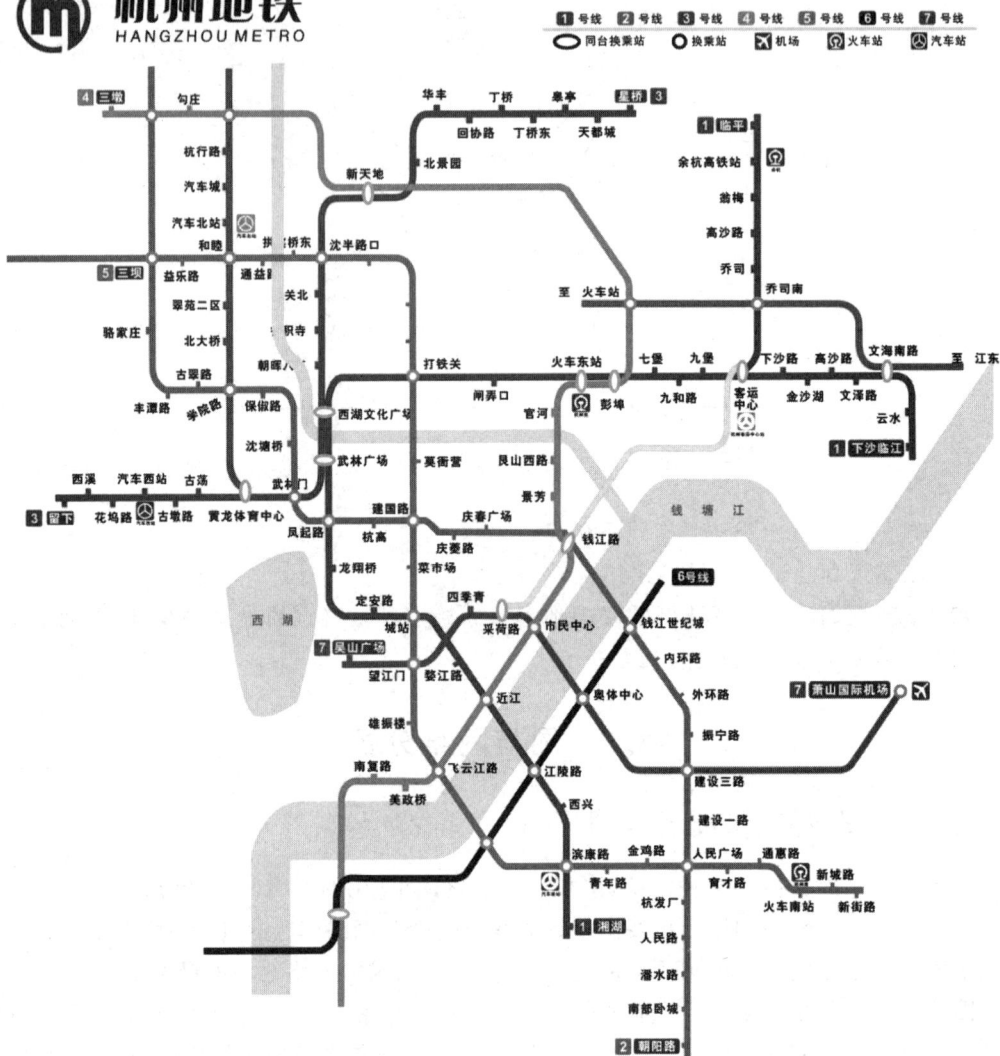

图 2-12　地铁网络图

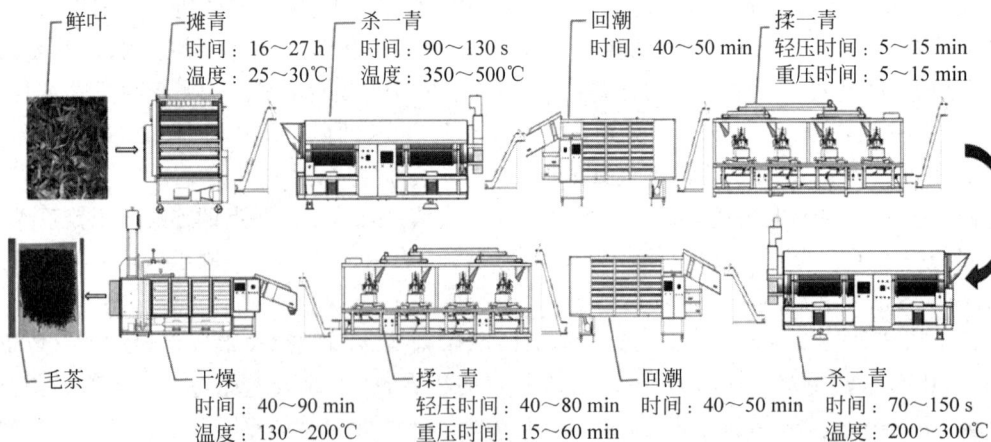

图 2-13　绿茶初制生产流程图

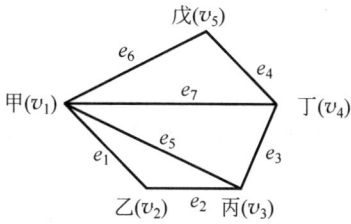

图 2-14　比赛示意图

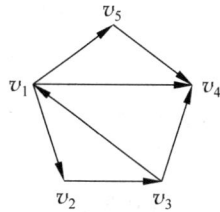

图 2-15　比赛胜负示意图

图的基本概念：

1）边与弧、无向图与有向图

两点之间不带箭头的连线称为边，带箭头的连线称为弧。

如图 2-15 所示，图 D 是由点和弧构成的，称为有向图，记为 $D=(V,A)$。

对于有向图 $D=(V,A)$，从 D 中去掉所有弧上的箭头，就可得到一个无向图，称为 D 的基础图，记为 $G(D)$。

如图 2-16 所示，图 G 是由点和边构成的，称为无向图，记为 $G=(V,E)$。

2）链与路、圈与回路

在无向图 G 中，一个点边交错序列 $(v_1,e_1,v_2,e_2,\cdots,v_{k-1},e_{k-1},v_k)$，边 e_t 的始点为 v_t，终点为 v_{t+1}，记为 $e_t=(v_t,v_{t+1})$，其中 $t=1,2,\cdots,k-1$，则称这条点边的交错序列为一条连接 v_1 与 v_k 的链，记为 $(v_1,v_2,\cdots,v_k)$。如果 $v_1=v_k$，则称为圈。

在有向图 D 中，一个点弧交错序列 $(v_1,a_1,v_2,a_2,\cdots,v_{k-1},a_{k-1},v_k)$，弧 a_t 的始点为 v_t，终点为 v_{t+1}，记为 $a_t=(v_t,v_{t+1})$，则称这条点弧交错序列为 v_1 到 v_k 的一条路，记为 $(v_1,v_2,\cdots,v_k)$。如果路的第一点和最后一点相同，则称为回路。

3）连通图与支撑子图

若任何两个点之间至少有一条链，则称 G 为连通图，否则称为不连通图，图 2-16 即为连通图。

给定一个图 $G=(V,E)$，若图 $G'=(V',E')$，使 $V=V'$ 及 $E'\subseteq E$，则称 G' 是 G 的一个支撑子图，图 2-17 即为图 2-16 的一个支撑子图。

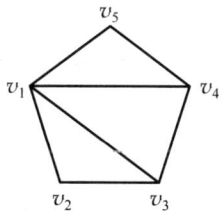

图 2-16　无向图 G

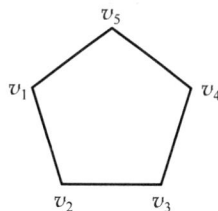

图 2-17　支撑子图

4）赋权图与网络

对于无向图 G 的每一条边，或对于有向图 D 的每一条弧，相应有一个权数 w_{ij}（或 c_{ij}），则称这样的图为赋权图。

网络一般是指一个弧上有某种所谓"流转物"流动的有向图，如公路网络（点即交叉口，弧即公路，流转物即车辆，权数即每一条公路的最大通行能力）。

2.5.2　最小支撑树问题

不构成圈的无向连通图称为树。树中任何两个节点之间有且仅有一条链。

设图 $T=(V,E')$ 是图 $G=(V,E)$ 的支撑子图，若图 $T=(V,E')$ 是一个树图，则称 T 是 G 的一个支撑树。

所谓的最小支撑树问题就是在一个无向连通赋权图 G 中找出一个支撑树，并使得这个支撑树所有边的权数之和最小。

求解最小支撑树问题的方法主要有破圈法和避圈法。

1）破圈法

破圈法的求解步骤如下：

第一步，在给定赋权的连通图上任选一个圈。

第二步，在所选的圈中去掉一条权数最大的边（若有两条或两条以上的边都是权数最大的边，则去掉任意一条即可）。

第三步，若所余下的图已不含圈，则计算结束，而余下的图即为最小支撑树；否则，返回第一步。

【例 2-1】　某农用机械制造企业准备将 7 个不同车间的计算机连接成一个局域网，这个网络可能联通的途径如图 2-18 所示，图中 $v_1 \sim v_7$ 表示 7 个车间，图中的边为可能联网的途径，边上所赋权数为这条路线的长度，试设计一个网络联通 7 个车间，并使总路线的长度最短。

根据上述步骤，依次去除权数最大的边 (v_1,v_6)、(v_4,v_5)、(v_5,v_7)、(v_3,v_7)、(v_6,v_5)，可得该车间联网问题的最小支撑树（见图 2-19）。

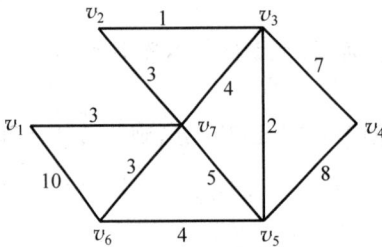

图 2-18　局域网的联通途径　　　　　图 2-19　破圈后的最小支撑树

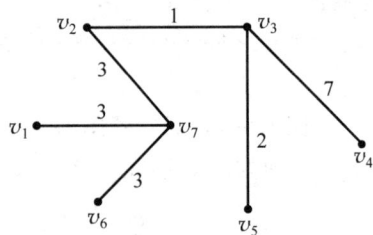

2）避圈法

避圈法的求解步骤如下：

第一步，在赋权图中，任选一点 v_i，找出与 v_i 相关联的权数最小的边 (v_i,v_j)。

第二步，把所有点分为互补的两部分 X 和 $\overline{X}$，其中 X 表示与已选的边相关联的点集，后者是不与已选的边相关联的点集。

第三步，考虑这样的边 (v_i,v_j)，其中 $v_i \in X$，$v_j \in \overline{X}$，挑选其中权数最小的边。

第四步，重复第二、三步，直至全部点属于 X。

根据上述步骤，依次选择 (v_1,v_2)、(v_2,v_3)、(v_2,v_4)、(v_4,v_5)、(v_5,v_6)，可求得连通图示例图 2-20 的最小支撑树如图 2-21 所示。

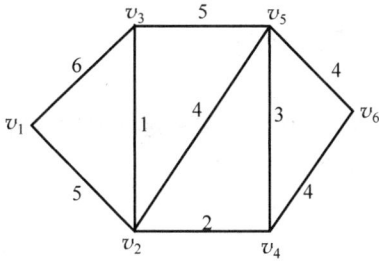

图 2-20　赋权图示例

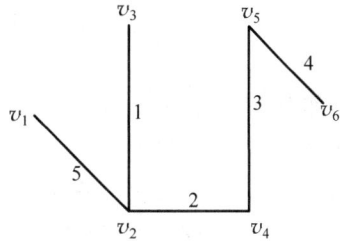

图 2-21　避圈后的最小支撑树

2.5.3　最短路问题

最短路问题是在一个网络(赋权有向图)中寻找从起点到某个节点之间最短的一条路线。

图 2-22 所示为城市 $v_1 \sim v_6$ 的公路网络,弧上的数字表示公路长度,求 v_1 到 v_6 的最短路径。

常用 Dijkstra 算法求解最短路问题,是要从起点 v_1 开始逐步计算从 v_1 到网络各中间点 v_i 的最短路,逐步前推直至算出 v_1 到终点 v_t 的最短路。算法过程可直接通过在网络图上逐步标号完成,如果已求出 v_1 至 v_i 的最短路,即可给点 v_i 标上 $[\alpha_i, \beta_i]$,α_i 表示 v_1 到 v_i 点最短路的路长,β_i 表示 v_1 至 v_i 的最短路中 v_i 之前的节点为 v_{β_i},若给最终点 v_t 标上 $[\alpha_t, \beta_t]$,则表示已求出 v_1 到 v_t 的最短路,其最短路长为 α_t,最短路径可根据标号 β_t 反向追踪获得。

Dijkstra 算法求解最短路问题的步骤如下:

第一步,对起点 v_1 标号 $[\alpha_i, \beta_i]$,即计算 v_1 到 v_1 的最短路,最短路长为 0,所以 v_1 标号 $[0, 1]$。

第二步,将网络中所有顶点分成已标号和未标号的两类。$v_i \in X$ 表示 v_i 是已标号点,$v_j \in \overline{X}$ 表示 v_j 是尚未标号点。考虑网络中所有这样的弧 $(v_i, v_j) \in (X, \overline{X})$,即由已标号点 v_i 出发流向未标号点 v_j 的弧,如果这样的弧不存在(即 $(X, \overline{X})$ 是空集),表示所有点已标号。

第二步,若 $(X, \overline{X})$ 非空集,则计算 $\min\limits_{(V_i, V_j) \in (X, \overline{X})} (\alpha_i + \omega_{ij}) = \alpha_{i_k} + \omega_{i_k j_k}$,从而得到顶点。

第四步,对顶点 v_{j_k} 标号 $[\alpha_{j_k}, \beta_{j_k}]$,其中 $\alpha_{j_k} = \alpha_{i_k} + \omega_{i_k j_k}$,$\beta_{j_k} = i_k$。

第五步,回到第二步,重复进行上述步骤直至终点。

按照上述步骤求解图 2-22 的公路网络问题,结果如图 2-23 所示。

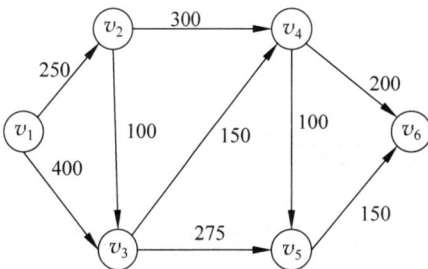

图 2-22　公路网络示意图

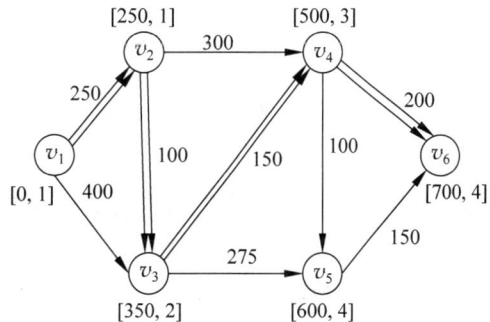

图 2-23　公路网络问题的求解过程

2.6　工作分解结构技术

项目工作分解结构(work breakdown structure,WBS),即按一定的原则分解一个项目,项目又分解成课题,课题再分解成工作,再把工作分给每个具体的人执行,直到不能分解为止。WBS是项目所包含的全部工作清单,也是进行项目进度计划、费用预算和资源分配的基础。

2.6.1　WBS的层次

项目工作的分解可以按照项目自身的结构进行,也可以按照项目实施的时间顺序进行。不同项目的规模大小、复杂程度各不相同,因此WBS的层次也不尽相同。WBS的基本层次如图2-24所示。

图 2-24　WBS的基本层次

2.6.2　WBS的分解类型

通常,可以按照项目实施的先后顺序对项目工作进行分解,也可以按照项目最终交付的成果特征对项目工作进行分解。

图2-25所示为按照新能源汽车研发与制造的先后顺序开始分解的WBS图(局部),上层(第二层)按新能源汽车的开发设计制造流程进行分解,开发新能源汽车的流程包含市场调研、方案设计、仿真优化、样车制造、样车测试、试生产和批量生产。下层(第五层)的分解以工作为导向,例如,为了完成热管理系统,需要做的具体工作为:温度检测模块设计、冷却系统设计和温控软件开发。

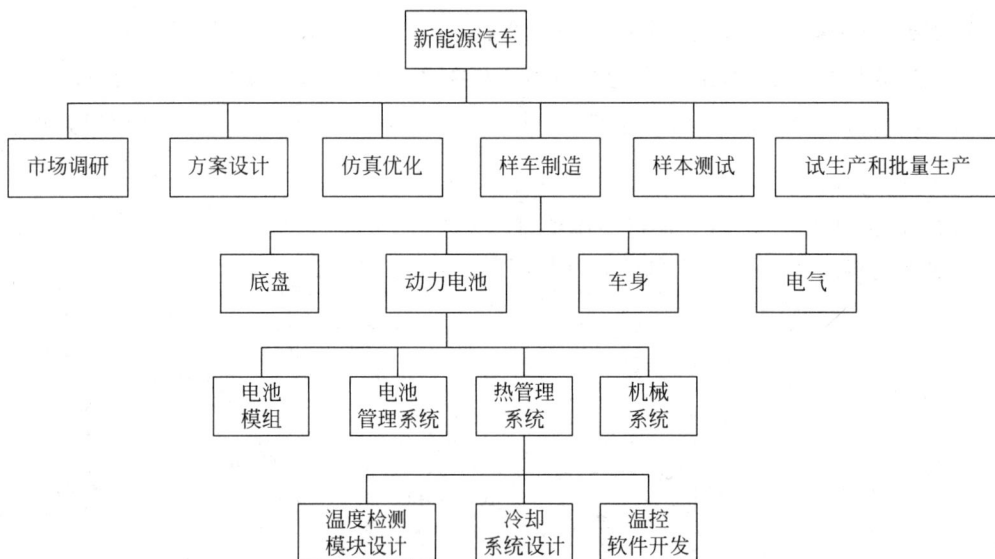

图 2-25　新能源汽车制造的WBS图(按项目实施进展的先后顺序进行分解的局部图)

同样,以新能源汽车的开发为例,图2-26所示为按照新能源汽车最终交付的成果开始分解的 WBS 图(局部)。上层(第二层)按新能源汽车的组成进行分解,新能源汽车包含底盘、动力电池、车身和电气四大部分。下层(第四层)的分解以工作为导向。

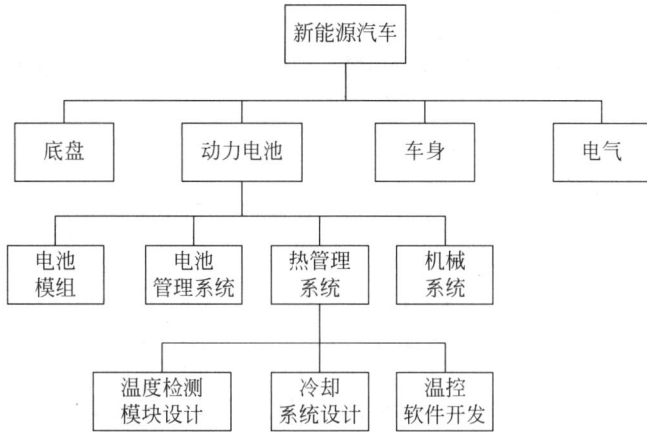

图 2-26 新能源汽车制造的 WBS 图(按项目最终交付的成果进行分解的局部图)

2.6.3 结构化编码

为了简化 WBS 的信息交流过程,一般利用编码技术对 WBS 进行信息转换。WBS 构成因子中,编码是最关键和最显著的因子之一。首先,编码用于将 WBS 彻底结构化,可以通过编码体系很快识别 WBS 元素的分组类别、上下层关系和特性。其次,由于计算机技术的快速发展,编码实际上使 WBS 信息与组织结构信息、成本数据、合同信息、进度数据、产品数据、报告信息等紧密地联系起来。

WBS 结构化编码的规则为由上层向下层通过多位码编排,WBS 图中的每一项工作均有唯一的编码。

图 2-27 所示为新能源汽车制造的 WBS 及编码图(局部),可以看出,此图中 WBS 的结构化编码由 4 位数字组成,第一位数字表示处于第一层的整个项目,第二位数字表示处于第二层的工作单元(或课题)的编码,第三位数字表示处于第三层的工作单元的编码,第四位数字表示处于第四层的工作单元的编码。

2.6.4 WBS 字典

WBS 字典是指描述和定义 WBS 元素中工作单元的文档,其内容主要包括项目的 WBS 单元编码说明(如果项目经分解后,分解层次和工作包较多,需要对每层和每个包进行编码,以便日后管理)、单元标识、定义和目标说明、单元计划发生费用、工作量说明、单元间的相互关系说明等。

2.6.5 工作包

工作包(work package)是 WBS 的最底层元素,一般的工作包是最小的"可交付成果",这些可交付成果很容易识别出完成它的活动、成本和组织及资源信息。

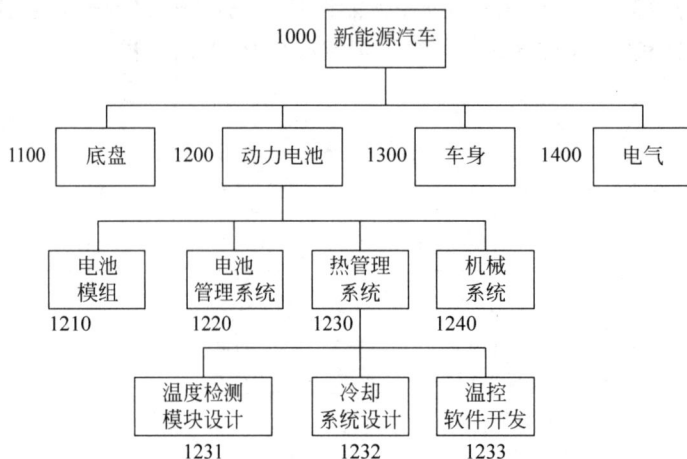

图 2-27　新能源汽车制造的 WBS 及编码图(局部)

对工作包的要求,即分解结果的要求如下:

(1) 特定的、可确定、可交付的独立单元。

(2) 本工作包与其他工作包有明确的关联性。

(3) 工作包的任务、责任能落实到单位或人。

(4) 有明确的计划日程,并与项目计划日程有明确的关联性。

(5) 有明确的预算与资源需求说明。

(6) 有确定的交付状态说明。

分解完成以后,还需要进行检查自测,检查自测的内容主要包括:

(1) 是否可以保证项目主管能控制到最低层级的具体工作。

(2) 最低层级的工作是否可以以一个主动语态的动词开始(做一件工作)。

(3) 是否有明确的交付结果,有明确的责任人负责按时、按预算、保质保量地完成交付。

2.6.6　创建方法及作用

创建 WBS 是指把复杂的项目分解为一项项明确定义的项目工作并能作为随后计划活动的指导文档。WBS 的创建方法主要有以下两种:

(1) 类比方法,即参考情况相近项目的 WBS 来创建新项目的 WBS。

(2) 自上而下的方法,即从项目目标入手,逐级分解项目工作,直到参与者认为充分地定义了所有项目工作。该方法将项目工作定义在恰当的细节水平,对于项目成本、项目工期和资源需求的估计比较准确。

创建 WBS 可以为项目的执行带来以下作用:

(1) 厘清项目的工作范围和任务的工作构成。

(2) 明确项目、课题、工作、任务及工作包之间的关系。

(3) 明确项目目标。

(4) 为项目管理中的控制提供支持,控制标准更精确且易于执行。

(5) 为项目执行过程中的难点和异常事件提供了更好的预见性,有利于降低风险。

(6) 提高了项目投资额的估算精度。

　　WBS 具有功能强大的辅助系统,能够为发挥 WBS 的作用提供很好的帮助,这些辅助系统主要包括:

　　(1) 组织分解结构(organizational breakdown structure,OBS),即对完成项目所需的组织机构和人员的分解。

　　(2) 成本分解结构(cost breakdown structure,CBS),即对完成项目各阶段资金量(成本)的分解。

　　(3) 风险分解结构(risk breakdown structure,RBS),即对可能存在的各种风险的分解。

　　这些辅助系统与 WBS 分别构成了责任矩阵(WBS 与 OBS)、账户(费用)矩阵(WBS 与 CBS)和风险矩阵(WBS 与 RBS)。

2.6.7　案例

　　本小节以扁钢精整生产线的建设为例对 WBS 创建流程做进一步的说明。

　　原料毛坯为冷轧卷料 Q235A。

　　最终产品的要求:宽度 14～100 mm,长度 4000～16000 mm,厚度同坯料,产量 500～5000 mm/min,宽度精度±0.1 mm,长度精度±5 mm。

　　后道工序:气体保护焊接。

　　根据图 2-28 所示的系统工程原理流程,系统过程可分为三个主要活动,反复迭代进行。

　　功能分析——分析性能要求,将其分解为一个个独立的工作任务或工程活动,自上而下进行功能分解,分解时要对"做什么"进行回答。

　　系统综合——以文件的形式记录经功能分析确定的技术状态,综合对功能分析的输出做出"怎么做"的回答。

　　评估与决策——针对有一个以上选择准则的复杂问题,对所输出的"怎么做"进行权衡研究,做出是否可以接受的回答。

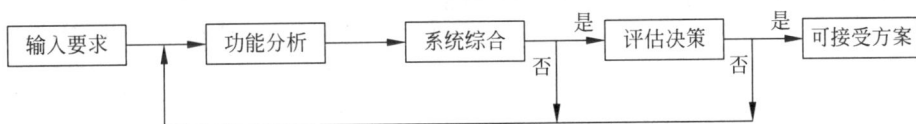

图 2-28　系统工程原理流程图

1) 功能分析

(1) 因为宽度精度要求较高,并以卷料形式供料,所以采用冷轧的方式进行精整。

(2) 由于卷料存在弯曲,所以要进行扁钢矫平。

(3) 在精整过程中,可能使材料内部应力分布不均,引起旁弯,所以要进行矫直。

(4) 由于长度精度的要求,所以系统要有定长装置和信号。

(5) 由于后道工序是气体保护焊接,焊前扁钢应保持表面清洁。

　　根据以上分析,生产线的工艺布局为:冷轧→矫平→矫直→定长→去锈→切断。

　　以上功能分析解决了需要什么功能的问题,下面解决如何实现的问题。

2) 系统综合

对上述涉及的需要功能列出多个解决方案,表 2-8 为扁钢精整生产线系统综合分析表。

表 2-8　系统综合分析表

冷　轧	矫平与矫直		定　长	去　锈	切　断	驱　动
滚轮	三辊	主动	可调机械	抛丸	金属切削	液压马达
		被动	光电编码	抛光	液压冲剪	电动机＋变频
	五辊	主动				
		被动				
	七辊	主动				
		被动				

3）评估与决策

（1）冷轧：通常采用滚轮冷轧作业。

（2）矫平与矫直：增加矫正辊可以提高矫正质量，但同时也会增大设备的体积，运行功耗也将增加。所以，综合考虑矫正辊的数量和运行功耗，选用五辊被动矫正。

（3）如果采用可调机定长装置，驱动方案就必须采用液压马达。机械定长装置的成本较高，液压马达的使用寿命较低，所以采用光电编码器进行长度检测。采用普通电动机驱动，交流变频器调速，光电编码器定长，PLC 控制的方案。

（4）由于扁钢通过冷轧以后，焊接表面的氧化皮已经去尽，所以不采用去锈装置。

（5）金属切削的加工速度受到限制，同时辅助工作时间较长，刀具的位置调试较为困难，而液压冲剪加工速度快、设备结构简单、调校方便，所以采用液压冲剪的方案。

（6）在整体结构方面，由于液压冲剪会带来较大的振动，所以冷轧、矫平、矫直、定长四种功能在一台设备上完成，液压冲剪在另外一台设备上完成。

最后生产线由以下设备组成：

卷料架→扁钢精整矫平矫直定长机→扁钢液压切断机→辊道料架

扁钢精整生产线工作的分解结果如图 2-29 所示，WBS 词典见表 2-9，责任矩阵如图 2-30 所示，风险矩阵如图 2-31 所示，账户（费用）矩阵如图 2-32 所示。

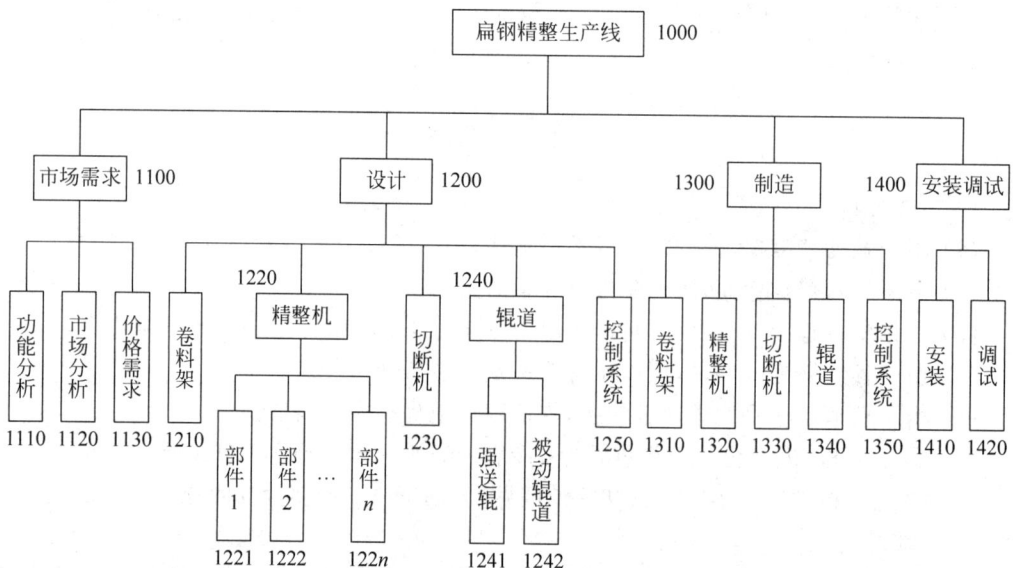

图 2-29　扁钢精整生产线工作分解

表 2-9　扁钢精整生产线 WBS 词典

编号	任务名称	工 作 过 程	享 用 资 源	完 成 成 果	负责人
1100	市场需求	通过网络、行业和大中型企业系统调查与分析；采用系统工程原理来进行的方案确定	调查标准 设计标准 相关国家标准 工作量 资金 时间	市场分析报告 设计任务书 设计方案	张三
1110	功能分析	…	…	…	…
1120	市场分析	…	…	…	…
1130	价格需求	…	…	…	…
1200	…	…	…	…	…

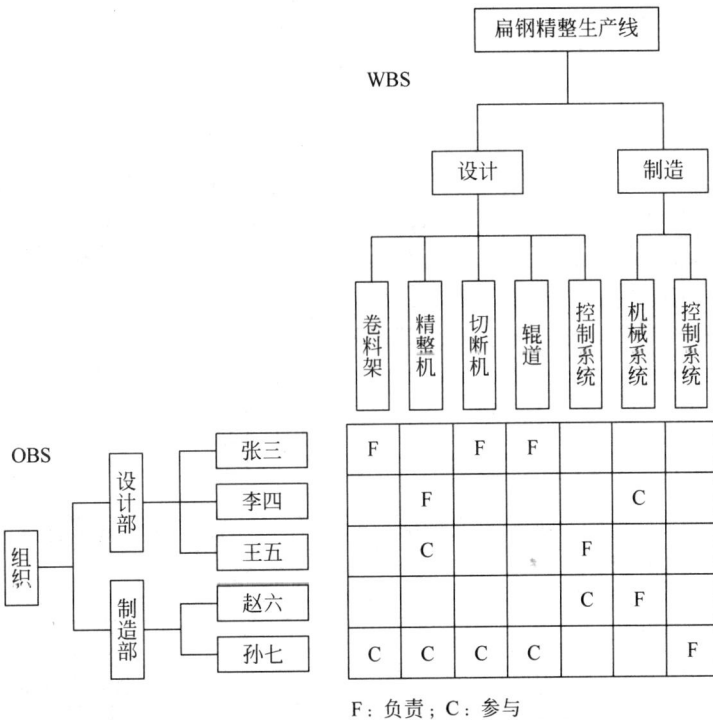

图 2-30　责任矩阵

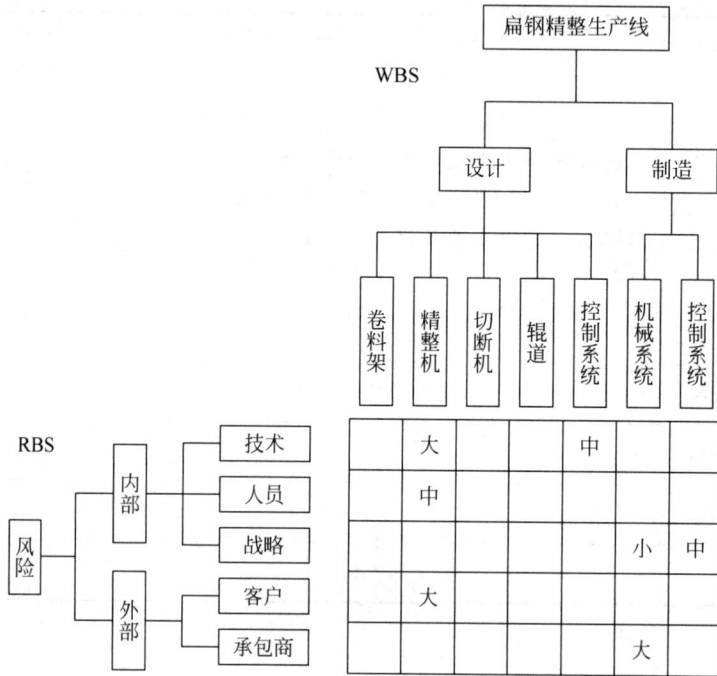

大、中、小：表示风险程度的大小

图 2-31　风险矩阵

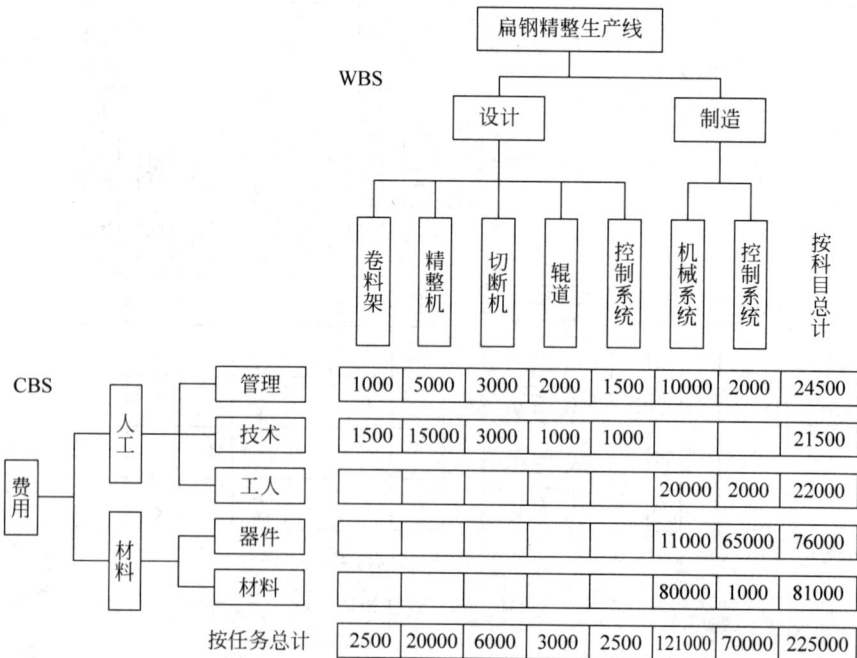

图 2-32　账户（费用）矩阵

思 考 题

1. 某工厂在计划期内要安排生产甲、乙两种产品,这些产品分别需要在 A、B、C、D 4 种不同的设备上加工。按工艺要求,产品甲、乙在各设备上所需的加工台时数及有关数据见题表 2-1,现需拟订使总利润最大的生产计划,并给出数学模型。

题表 2-1

产品及台时数	A 设备	B 设备	C 设备	D 设备	利润/(元/件)
甲	2	1	4	0	200
乙	2	2	0	4	300
台时限制/h	12	8	16	12	

2. 用图解法求解下列问题。

约束条件为

(1) $-x+2y \leqslant 2$;(2) $x+2y \leqslant 6$;(3) $x-y \leqslant 3$;(4) $x+3y \geqslant 3$;(5) $x \geqslant 0, y \geqslant 0$

画出可行域图形,求下面几种情况的最优解:

(1) $\max Z = 4x+y$;(2) $\min Z = 2x-3y$;(3) $\max Z = 2x-3y$;(4) $\max Z = x+2y$

3. 简述动态规划的优、缺点。

4. 用破圈法或避圈法求题图 2-1 所示的最小支撑树,并计算最小支撑树的总权重。

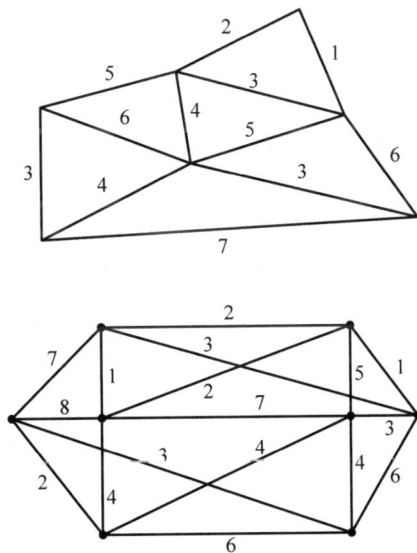

题图 2-1

5. 求题图 2-2 中从 A 到 D 的最短路径。

6. 有 8 个工厂 v_1、v_2、$\cdots$、v_8,题图 2-3 所示为其连接网络,弧上的数字为该段网络的长度,要从 v_1 到达 v_8,试用 Dijkstra 算法求解其最短路径。

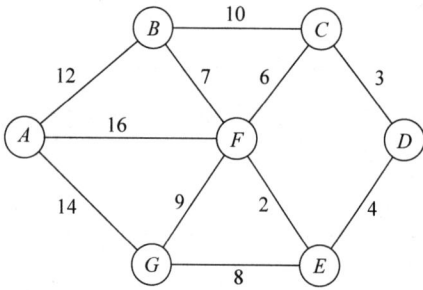

题图 2-2

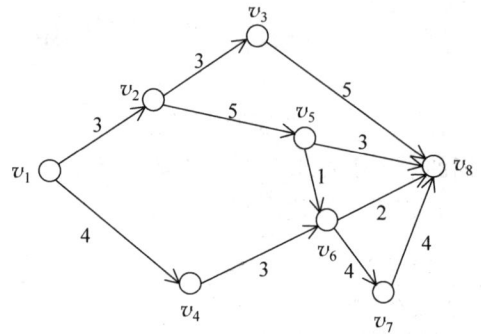

题图 2-3

7. 论述项目分解的重要意义和分解方法。

8. 如何通过 WBS 方法描述项目相关的责任、费用和风险？

9. 利用项目工作分解结构技术对你所熟悉的某个机械工程项目进行较为详细的分解。

10. 试举例说明采用系统工程的原理对机械工程项目技术方案进行取舍。

自测题 2

第3章　项目管理知识体系

项目和项目管理已经存在数千年之久,从中国的长城到埃及的金字塔,从"奋斗者"号载人潜水器到北斗卫星导航系统,这些项目成果都是项目管理者、领导者在项目实施过程中应用项目管理的实践、原则、工具和方法的结果。世界上不存在两个一模一样的项目,即使重复的项目也会与之前的项目在时间、参与人员、影响人员和管理方法等方面存在细微差别。失败的项目更是比比皆是,有的费用超支,有的工期延误,更有甚者,还没等到完工就被迫结束了。项目管理的目的就在于通过合理的计划、组织、协调和控制,运用一系列的关键知识和技能促使项目顺利完成,实现立项时的目标。美国项目管理协会制定了一套有关项目管理的知识体系,具体包括项目整合管理、项目范围管理和项目进度管理等 10 个方面。

3.1　项目的一般原理

3.1.1　项目与项目管理

项目是指人类有组织、有目标的活动。要准确地对项目进行定义,需要先了解项目的5 个特征:

（1）唯一性,即项目区别于其他活动,具有排他性。

（2）一次性,即项目是发生在一定时间内,不重复的活动。

（3）整体性,即项目是一个整体,在配置生产要素时,必须追求高的费用效益,做到数量、质量和结构的总体优化。

（4）多目标性,即项目的总目标经过分解,可分为技术、功能、时间和成本等子目标,这些子目标有时相辅相成,有时又互相制约。

（5）生命周期性,即项目均有始有终,都需要经历方案论证、计划、实施、结束、运行与后评价等过程。

目前学术界对"项目"还没有公认的定义,不同机构从各自的专业角度出发,给出了项目定义的不同描述,主要有如下几种。

1) 从投资角度出发

1980 年,联合国工业发展组织(United Nations Industrial Development Organization,UNIDO)出版的《工业项目评估手册》提出:项目是对一项投资的一个提案,用来创建、扩建或发展某些工业企业,以便在一定周期内增加货物的生产或社会服务。

2) 从建设角度出发

我国建筑业针对"建筑项目"提出:在批准的总体设计范围内进行施工,实现统一核算,行政上有独立的组织形式,实行统一管理的一系列建设活动。

3) 从综合角度出发

项目是在一定的时间内,为了达到特定的目标而调集到一起的资源的组合,是为了取得特定的成果而开展的一系列相关活动。

　　国际标准化组织对于项目的定义：项目是由一系列具有开始和结束日期、相互协调和控制的活动组成，通过实施活动而达到满足时间、费用和资源等约束条件和实现项目目标的独特过程。

　　美国项目管理协会在其出版的PMBOK®指南一书中为项目所做的定义是：项目是为创造独特的产品、服务或成果而进行的临时性工作。

　　根据项目的特征，美国项目管理专家约翰·宾（John Ben）认为项目的定义应该是：项目是指在一定的时间里，在预定范围内需要达到预定质量水平的一项一次性任务。

　　那么我们日常进行的工作与本书所述的项目又有哪些区别呢？日常工作是一种重复的、持续进行的活动，如企业日常生产活动，而项目是一次性的、独特的活动，如某车企为满足市场需求研发的新型号汽车。

　　我们日常进行的工作与项目也有一些相同之处，它们都是由具体人员来实施，且都受到有限资源的约束。

　　项目的种类包罗万象，从不同角度对项目可以进行不同的分类描述，下面从项目性质、投资主体、资金来源、投资用途和项目规模方面对项目进行分类描述。

　　1）按项目性质分类

　　（1）新建项目，是指从无到有、平地起家、新开始建设的项目。20世纪五六十年代，为了应对当时严峻的国际形势，抵制帝国主义的武力威胁和核讹诈，以毛泽东同志为核心的第一代党中央领导集体根据当时的国际形势，果断地做出了独立自主研制"两弹一星"的战略决策。

　　（2）扩建项目，是指为扩大原有的产品生产能力、工作容量、效益或生产新式产品而扩建新的工程项目。例如，某芯片代工企业为增大产能，扩建了一条芯片生产线。

　　（3）改建项目，是指为提高生产效率，改进产品质量，对现有设施或工艺条件进行技术改造或更新的项目。例如，某液晶面板制造企业为提高技术含量、降低成本实施的第10.5代TFT-LCD超高清显示器生产线技术升级项目。

　　（4）迁建项目，是指为改变生产力布局或由于环境保护和安全生产的需要等原因，将原有企业、事业单位迁移到另一个地方重建的建设项目。例如，某地随着城市化的发展，处于城市化发展区域的原有工厂企业需搬迁到郊区的项目。

　　（5）恢复项目，是指因自然灾害、战争等原因，使原有房屋、建筑物、机器设备等固定资产部分或全部报废，按原有的规模重新恢复的建设项目。例如，2008年5月12日汶川特大地震之后，国家实施了一大批恢复重建项目。

　　2）按项目投资主体分类

　　（1）竞争性项目，意为投资效益比较高、竞争性比较强、调节灵敏的项目。例如，房地产开发项目、工业企业（能源工业除外）建设项目、商业综合体开发项目等，其投资主体一般为企业，由企业自主决策、自行承担投资风险。

　　（2）基础性项目，主要包括具有一定自然垄断性、建设周期长、投资大而收益较低、需要政府支持的基础设施项目或基础工业项目，以及契合经济规模且能够直接增强国力的支柱产业项目。例如，农林水利、能源、交通、电力等行业的基础建设项目，其投资主体主要为政府，部分为企业。

（3）公益性项目，指非营利性、具有社会效益性的项目。例如，教育、文化、卫生、广播和体育等项目，其投资主体一般为政府和民间组织。

3）按项目投资用途分类

（1）生产性建设项目，是指直接用于物质生产或满足物质生产需要的建设项目，包括工业建设项目、建筑业建设项目、农林水利气象建设项目、运输和邮电建设项目、商业和物资供应建设项目、地质资源勘探建设项目等。

（2）非生产性建设项目，是指不直接用于物质资料生产或不直接为物质资料生产服务的工程项目。

4）按项目资金来源分类

（1）国家预算拨款项目，是指由国家财政预算中无偿性拨建设资金给建设单位的项目，如国家各类基础科研项目。

（2）国家拨改贷项目，是指财政预算安排的基本建设投资由财政拨款改为银行贷款的项目。为增强资金周转观念、利息观念和投入产出观念，明确投资使用的经济责任，以控制投资规模，提高投资效益，1979 年按照资金有偿使用的原则，我国进行了"拨改贷"试点。

（3）银行贷款项目，是指利用银行贷款资金建设的项目，如某航空发动机制造企业利用银行贷款改造升级生产线的项目。

（4）企业联合投资项目，是指几家企业联合出资进行共同推进的项目，如 A 车企和 B 车企两家联合投资设立 CVT 变速箱制造企业的项目。

（5）企业自筹项目，是指资金来源于企业内部的项目，如汽车发动机制造企业自筹资金新建配套生产线的项目。

（6）利用外资项目，是指通过国际信贷关系或直接吸收外国投资来筹集资金，在国内进行建设的项目，如云南鲁布革水电站的建设项目，是我国第一个利用外资建设的项目。

（7）外资项目，是指外国的自然人、企业或者其他组织直接或者间接在中国境内实施的投资项目。

另外，还可以按项目建设规模划分为大型项目、中型项目和小型项目，主要依据是国家颁布的《关于基本建设项目和大中型划分标准的规定》进行划分。

人类数千年来进行的组织工作和团队活动都可以视为项目管理行为。项目管理是指采用特定的组织形式，通过系统工程理论和方法对工程项目的全生命周期进行的管理，使项目的项目建议书、可行性研究、设计、询价、决策、施工、验收等所有环节实现系统化协调和控制，达到以保证工程质量、缩减工期、减少成本为目的的一种管理活动。美国项目管理协会认为，项目管理就是在项目活动中运用知识、技能、工具与技术来满足项目需求。

任何项目的建设均涉及三大资源：人力、物力和财力。

项目管理有五大管理职能：计划、组织、指挥、协调和控制。

项目实施过程可分为可行性研究、决策、计划、实施和后评价等阶段，项目管理人员可根据各个阶段的特点，结合管理职能进行项目的全过程管理。

3.1.2 项目管理的要素和特点

1. 项目管理的要素

项目管理共有 6 个要素：

(1) 管理客体,即管理对象,指能够被管理主体(管理者、部门)控制的一个已经立项和实施的项目生命周期内涉及的全部人力、物力和财力资源,以及资源的组织和活动。管理客体具有如下特征:

① 客观性,即项目的客体是客观存在的,管理中要尊重其客观性。

② 系统性,即项目本身作为一个系统,并可能是一个大系统中的子系统,管理中要运用系统方法进行系统管理。

③ 规律性,即管理客体有其自身发展的规律。

(2) 管理主体,也可称为管理机构,是由管理者群体组成的工作集体,决定着项目管理的发展。管理者的水平决定了项目的实现程度和管理效益。管理主体具有如下特征:

① 权力和责任相统一。权力是必要条件,但它与责任并存。权力越大,责任越重;重大的责任是权力有效实施的先决条件。项目管理者的权力可通过法律或者某种规则获得。

② 能力与水平相协调。能力是一种能够影响活动,并使活动向预期目标发展的个性心理特征,包括领导、指挥、技术、业务、组织、号召能力等。能力是管理者的必要条件,决定着管理水平的高低。在所有的能力中,最为重要的是领导和指挥才能。

(3) 管理信息,是指与项目有关的所有事物的动态变化、相互联系和相互作用所表达的内容。在信息传递、信息处理的过程中,交流、加工和利用信息是项目管理中的经常活动。

(4) 管理目的,即在条件受到限制的情况下,实现预定的时间、经济、技术等项目目标。

(5) 管理任务,即创造并保持能够让项目顺利完成的环境和条件。项目立项时,所确定的目标和实施过程中采取的管理措施。

(6) 管理核心,即项目立项和实施过程中科学、正确的决策。

2. 项目管理的特点

项目管理贯穿于项目的可行性研究、决策、计划、实施和后评价等全过程,而管理的关键在于计划、组织和控制,因此项目管理的特点包括以下内容:

(1) 计划是项目管理的基础,包括对时间、资源等的计划,是项目管理的依据和前提,周密的计划是获取最大收益的根本。

(2) 离不开项目团队的组织,高效的项目管理离不开高效的团队、良好的运行机制及优秀项目经理的运筹和协调。

(3) 控制是项目管理的基本内容,根据计划和目标要求,监督、控制项目的进展并保障项目的正常进行,其目标包括功能目标和约束目标。

3.1.3 项目管理结构

依据不同的分类方法,项目管理结构具有多种类型。

1. 从总体角度分类

(1) 宏观管理,即国家通过投资政策、重大项目计划进行的管理。例如,为应对2008年的世界金融危机,我国实施了"四万亿投资计划"。

(2) 中观管理,即对某个产业、行业或部门实施的管理。例如,为应对2019年年底发生的新冠疫情带来的经济影响,国内多个城市出台了汽车消费刺激政策。

(3) 微观管理,即针对具体项目本身的管理。

2. 从微观角度分类

（1）高级管理，即处理项目的外部事务，如与政府、供应商、业主之间的沟通协商。

（2）中级管理，即处理项目的关键工作，如协调内外部矛盾、决策等。

（3）基层管理，即处理项目内部的各种具体事务。

例如，某航空发动机研发企业为提高发动机的性能，新建了航空发动机性能检测平台项目。在该项目实施中，与政府部门协商土地、基建等问题，与周边居民协商环境污染等问题的管理过程就属于高级管理层次；项目实施中的方案选择、关键设备的选型等管理过程属于中级管理；项目实施中具体细小事项的管理则属于基层管理。

3. 从项目生命周期角度分类

（1）规划性管理，属于项目管理生命周期中的概念阶段，侧重于方向性的管理，不涉及具体事项。规划性管理所做的每一个决定都会影响项目的发展。

（2）战略性管理，属于项目管理生命周期中的开发阶段，主要形成实施阶段的核心内容。

（3）战术性管理，属于项目管理生命周期中的实施阶段。

例如，某汽车制造企业为扩大市场份额，董事会决定在原有一期生产线的基础上扩建二期生产线，那么该董事会所做的扩建二期生产线的决策就属于规划性管理；战略性管理主要指该企业总经理及其管理层形成具体实施方案的过程；二期生产线扩建中具体事项的管理则属于战术性管理。

4. 从工作分解角度分类

（1）顶层管理，即项目最高决策层实施的决定项目立项与否的管理。

（2）分类管理，即项目按工作或知识分类的事项管理。

（3）具体管理，即项目分类后具体事项的管理。

例如，某人对自己新买的二手房进行装修，挑选装修公司、装修风格的管理就属于顶层管理；装修公司的人员将装修计划分解成拆旧、水电安装、砌墙贴砖和刷漆等工作的管理就属于分类管理；装修公司的项目经理对分类后的具体装修工作的管理协调则属于具体管理。

不同的项目根据其重要性、大小的不同，可采用不同的管理结构。

3.1.4　项目的内外部环境

在项目管理过程中，外要通晓项目运行环境，内要掌握项目管理过程。

1. 项目的生命周期

项目的生命周期由以下 5 个阶段组成：

（1）概念阶段。该阶段主要进行项目的策划，提出项目建议书，对项目进行调查研究，开展可行性分析，对方案进行论证，确定项目的经济和社会效益，建立初期的项目管理机构等。

这一阶段为项目的决策做准备，是一个十分重要、关键的阶段，要求独立进行调查分析，客观公正地进行方案评价。

（2）开发阶段。该阶段确定各项必要的任务和相应的技术，编制项目实施计划，并进行资源上的准备。这一阶段是项目成功实施的基础。

（3）实施阶段。该阶段按计划全面实施,管理上注意对资源、项目建设环境的管理与调控,保证项目能正常实施。

（4）结束阶段。该阶段按预定目标进行试运行,对项目进行全面评价和验收,交付业主使用。

（5）应用阶段。该阶段进行人员培训,项目硬件环境的维护;在运行一段时间,项目达到生产能力后,按实际情况对项目的经济和技术进行全面评价,总结经验教训,为新项目的决策、实施和管理提出建议。

项目生命周期中,每个阶段的结合部有一个决策点,人员与费用的投入量在概念阶段相对缓慢,在实施阶段达到高潮,结束阶段则快速下降,完成工作量则相对滞后于投入量,各阶段投入量与完成量的趋势对比如图 3-1 所示。

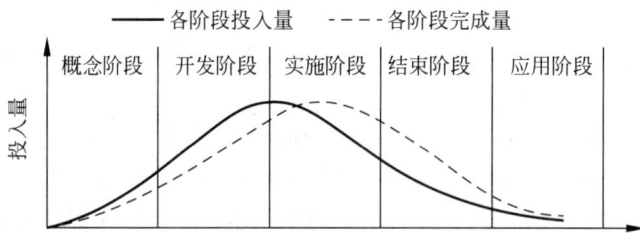

图 3-1　项目生命周期各阶段投入量与完成量的关系

项目生命周期各阶段完成的工作任务、成果和管理内容见表 3-1。

表 3-1　项目生命周期各阶段的内容

阶　　段	任　　务	成　　果	管理内容
概念阶段	可行性研究与项目立项	可行性研究报告、计划任务书	组织方案探索与项目立项管理
开发阶段	实施前的技术、经济及组织准备	计划技术文件、机构设置、招投标	组织好技术、人、财、物的准备工作和相应的管理工作
实施阶段	全面实施	基本完成项目	功能、成本、进度、计划的管理
结束阶段	按计划结束	交付验收报告	项目鉴定、总结、交付使用
应用阶段	应用、后评价	后评价报告、保证正常使用的硬件环境	项目的后评价、人员培训、硬件环境维护

2. 项目的基本管理过程

项目生命周期由 5 个阶段组成,而每个阶段均存在启动、规划、执行、控制、结束 5 个基本管理过程。

1）启动过程

启动过程是明确项目目标和识别项目特征的过程。一方面,任何项目都是围绕目标开展的,完成项目目标是项目成功的首要条件,因此首先要明确项目成功的标准和项目的目的,这对于项目顺利开展、保证项目成功是非常重要的。另一方面,项目之所以称为项目,是由于每个项目有其独有的特征,项目管理的重点就是围绕项目具有的独特特征开展针对性的管理,识别这些特征则显得尤为重要。

2）规划过程

规划过程是确定项目范围。

一是要借助 WBS 的工具,按照项目交付物或工作流程的分解规则将项目范围内的所有工作按照从粗到细的原则层层分解,最终保证项目的每一个任务落实到责任人,同时每一个任务的费用都可以度量。

二是要制订项目进度计划。项目团队成员共同参与编制项目进度计划,确保项目进度计划得到全体团队成员的认可,有利于计划的实施。

三是要识别项目风险。提前识别项目实施中的风险并制定相应的措施是项目经理的一项重要工作,否则,在项目实施过程中,项目经理会疲于应对项目风险,甚至导致项目失败。

3）执行过程

一方面要做好团队的激励。项目团队从起初的组建阶段到有效协同阶段,各有自身的特点,项目经理要充分认识到各阶段团队的特点,并制定不同的管理策略来有效激发团队的积极性。另一方面要做好项目沟通。有效的沟通可以提升项目利益相关方的满意度。项目沟通不仅包括项目团队内部的沟通,还包括与相关部门、领导和用户等的沟通,通过沟通让所有项目相关方了解项目的进展,并间接或直接参与项目的管理。

4）控制过程

一是目标控制。项目经理须时刻关注项目目标的可达成性,如果发现目标偏离,就要采取措施进行纠偏或变更。

二是进度控制。项目周期一般较长,项目执行到一定阶段时项目团队的成员容易疲惫,此时项目经理一定要做好里程碑式的管理,即通过不断实现“小”的胜利来实现项目“大”的成功。

三是风险控制。凡是可能会对项目目标产生影响的因素都要加以识别,并进行管控。

5）结束过程

结束过程是正式完成或结束项目、阶段或合同所执行的过程,旨在核实为完成项目或阶段所需的过程组的全部过程均已完成,并正式宣告项目或阶段关闭。

项目基本管理过程的活动水平如图 3-2 所示。

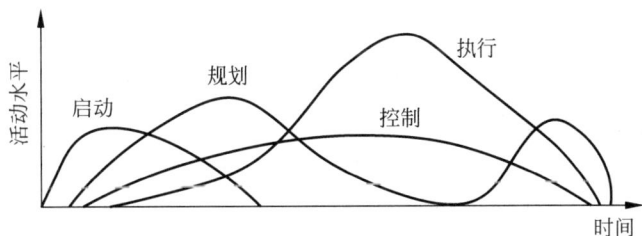

图 3-2　启动、规划、执行、控制 4 个基本管理过程的活动水平变化图

在项目生命周期的 5 个阶段中,5 个基本管理过程交替出现,如图 3-3 所示。

3. 项目相关者

项目相关者也称为项目相关方,是指积极参与项目或其利益会受到项目执行、完成情况影响的人或组织,包括项目实施地的政府有关部门和附近居民。同一项目的不同相关者对项目有不同的期望和需求,他们关注的目标和重点常常相去甚远。项目投资者可能十分关

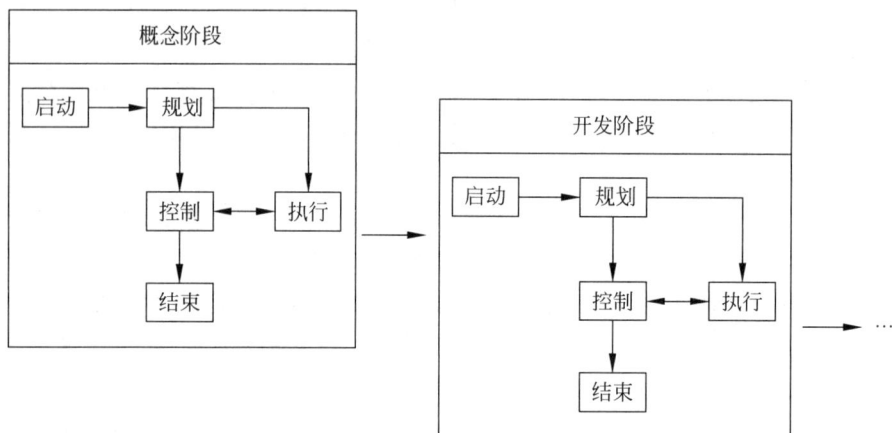

图 3-3　项目生命周期各阶段的 5 个基本管理过程

注项目的整体进度,实施者可能关注技术的可行性,政府部门可能关心税收,附近居民则希望能促进当地的就业等。

项目的主要相关者有：①项目经理,负责管理整个项目；②项目管理团队,参与项目管理的组织成员；③用户,项目产品的使用者。

识别项目的相关者,确定哪些机构、组织、人员是相关者,了解他们的需求与期望值,通过管理施加影响,调动其积极因素,化解其消极影响,可以保证项目的成功实施。

当项目相关者数量众多时,在确定项目相关者的同时,还要分析相关者对项目及项目经理所作的重要决定的态度,要区分谁是支持者,谁是反对者,谁对决策无所谓。在管理过程中,还需要注意用户比产品重要,管理过程要针对用户和相关者的需要,确保与相关者的沟通渠道畅通,如有必要可与相关者达成正式的协议,要坚持多赢理论,否则失败的风险就会急剧增加。

在众多项目相关者中,重要的相关者主要有用户方面的最高主管、项目管理委员会和用户方经理。在项目进行过程中,满足重要相关者的要求最为重要。

4. 项目管理组织

项目管理组织是指为了完成某个特定的项目任务而由不同部门、不同专业的人员所组成的一个特别工作组织。根据项目活动的集中程度,它的机构可以很小,也可以很庞大。

5. 项目管理的方法和技巧

采用科学的方法进行管理,运用灵活的技巧处理领导与管理的关系(决策和执行的关系)。

6. 社会经济环境

了解经济环境对项目的影响,主要是要及时了解项目的实现条件和标准、法规及政策的变化。以膜式壁锅炉生产线为例,2003 年开始的全国缺电制约了经济发展,各渠道资金较为集中地投资火电,国家也加快审批速度,导致制造火力发电设备的锅炉厂产能短缺,紧接着,国家对锅炉企业生产许可证获取的要求提高,锅炉生产线必须进行技术升级,在市场良好的情况下,该生产线的投资回收期为 1 年,很多锅炉生产企业纷纷上马新生产线,全国范围内从原来的 15 条猛增到近 250 条,若全部用于电力生产,所生产的锅炉可年新增发电近

8000 万千瓦。由于"碳达峰、碳中和"战略的实施,相关宏观调控政策落地,致使锅炉生产企业产能过剩,部分盲目跟风的企业遭到了损失。由此可见,国家的宏观政策调整对相关项目的建设和运行有着决定性的影响。

3.1.5　项目合同

项目合同是指业主与承包人为完成某项目所指向的目标或规定的内容,明确各自权利和义务关系而达成的协议。

项目合同的类型虽然繁多,但都具备 5 个构成要素:①合同的彼此一致性,即项目合同必须建立在签订合同双方都能接受的基础上;②合同规章,即防范与控制合同风险,保障合法权益;③报酬原则,即项目合同有一个统一的计算和支付酬金的方式;④合法的合同目的,即受法律保护的合法的项目目的或标的物;⑤基于法律规定的合同类型。

1. 合同类型

项目合同按其规模大小、复杂程度、项目承包方式等可分为不同的类型。

(1) 项目总承包合同。项目总承包合同是指项目业主与承包商之间签订的合同,其范围包括项目执行的全过程。

(2) 项目分包合同。承包商可将中标项目的一部分内容包给分包商,由此在总承包商与分承包商之间签订的合同称为项目分包合同。一般而言,总承包商不能将项目的全部内容分包出去,对于允许分包的内容,在总承包合同中应有规定。

(3) 转包合同。转包合同中明确原承包商与项目业主签订的合同所规定的权利、义务和风险由另一承包商来承担,即承包权的转让。原承包商在转包合同中会获取一定的报酬。

(4) 劳务分包合同,即包工不包料合同。分包商在实施合同的过程中,不承担原材料价格波动的风险。

(5) 劳务合同。承包商或分承包商与劳务公司就雇佣劳务所签订的合同称为劳务合同。

(6) 联合承包合同。联合承包合同是指两个或两个以上合作单位以承包人的名义,为共同承担项目的全部工作而签订的合同。

(7) 采购合同。采购合同是指项目组织为从外部获得服务或产品而与供应商签订的合同。

2. 合同内容

项目合同的内容主要包括以下几部分:

(1) 合同序文。合同序文主要包括合同当事人各方的名称和法定地址,以及对于在合同中频繁出现、可能引起歧义、含义较复杂的术语做出明确规范的定义解释部分。

(2) 合同宗旨。合同宗旨用于确定承包商应该承担并完成的工作范围,与合同中包含的条款和条件密切相关。它主要用以说明投资项目的各项技术规范和标准,项目的性质、种类、规模、质量要求、材料及物资的供应条件等。

(3) 合同各方的职责。该条款主要规定合同各方应承担的义务和职责范围,应分别逐条列出这些内容,并详细规定因为其中一方未能认真履行合同给对方造成损失的责任承担办法。

(4) 合同价格条款和支付条款。该条款包含合同总价及单项价格、计价货币、支付期限、预付款和结算等内容。它对承包商的获利水平和避免货币及支付风险的程度起到了决定性的作用,所以该内容应单独以专款列出。

（5）开工与工期。对于机械工程承包合同而言，在合同中通常都规定了承包商须在指定期限内开工，而工期是工程从开工之日起至完成为止的全部时间。承包商若在给定工期限制内不能完工，根据合同的规定，须付给业主违约金，或接受误期罚款。

（6）税金条款。签约各方在签订合同时须对纳税范围、税率、内容和计算方式做出明确的规定。

（7）违约与索赔条款。合同中已明确规定各方的责任与义务，若合同当事人任意一方不按此履行，则这种行为就构成了违约。

（8）不可抗力条款。在合同中应包含有不可抗力条款，在项目进行中如发生了诸如战争、地震、火灾、水灾、传染病流行等非人力所能控制的危险或意外事件时，根据该项条款的规定，承包商可以通过解除该合同或者延迟履行合同的方式来处理。

（9）验收及保修条款。对于机械工程项目而言，在项目完成以后可以按验收条款规定的内容组织验收，确定验收的方式与方法和验收的时间。

（10）仲裁条款。指合同各方愿意将合同中将来可能发生的争议和纠纷交给仲裁机构解决的一种协议。仲裁条款一般包括仲裁地点、仲裁机构、仲裁程序和仲裁效力等内容。

（11）终止条款。合同可以在破产、实质性违约行为及不可抗力事件发生时终止。

3. 合同纠纷的处置

合同纠纷通常具体表现在当事人双方对合同规定的义务和权利理解不一致，最终导致对合同的履行或不履行的后果与责任分担产生争议。合同纠纷的解决通常有如下途径：

（1）协商。协商是指合同各方在自愿、互谅的基础上，通过双方谈判达成解决争执的协议。这是解决合同争执的最好方法，具有简单易行、不伤和气的优点。

（2）调解。调解是指在第三者（如上级主管部门、合同管理机关等）的参与下，以事实、合同条款和法律为根据，通过对当事人进行说服，使合同各方自愿合理地达成解决协议，并由合同各方和调解人共同签订调解协议书。

（3）仲裁。仲裁是指仲裁委员会对合同争执所进行的裁决，我国实行一裁终局制，裁决做出后合同当事人就同一争执若再申请仲裁或向人民法院起诉，则不再予以处理。仲裁做出后，由仲裁机构制作仲裁裁决书。对仲裁机构的仲裁裁决，当事人应当履行。如当事人一方在规定的期限内不履行仲裁机构的仲裁裁决，另一方可以申请法院强制执行。

（4）诉讼。诉讼是指司法机关和案件当事人在其他诉讼参与人的参加下为解决案件依法定诉讼程序所进行的全部活动，项目合同中一般只包括广义上的民事诉讼（即民事诉讼和经济诉讼），另外还要注意诉讼管辖地和诉讼时效等问题。

3.2　项目整合管理

现代项目管理的理论知识体系通常包括整合管理、范围管理、进度管理、成本管理、质量管理、资源管理、沟通管理、风险管理、采购管理、相关方管理 10 个方面。

项目整合管理包括对隶属于项目管理过程组的各种过程和项目管理活动进行识别、定义、组合、统一和协调的各个过程。

项目整合管理过程（见图 3-4）包括制定项目章程、制订项目管理计划、指导与管理项目工作、管理项目知识、监控项目工作、实施整体变更控制和结束项目（阶段）等。

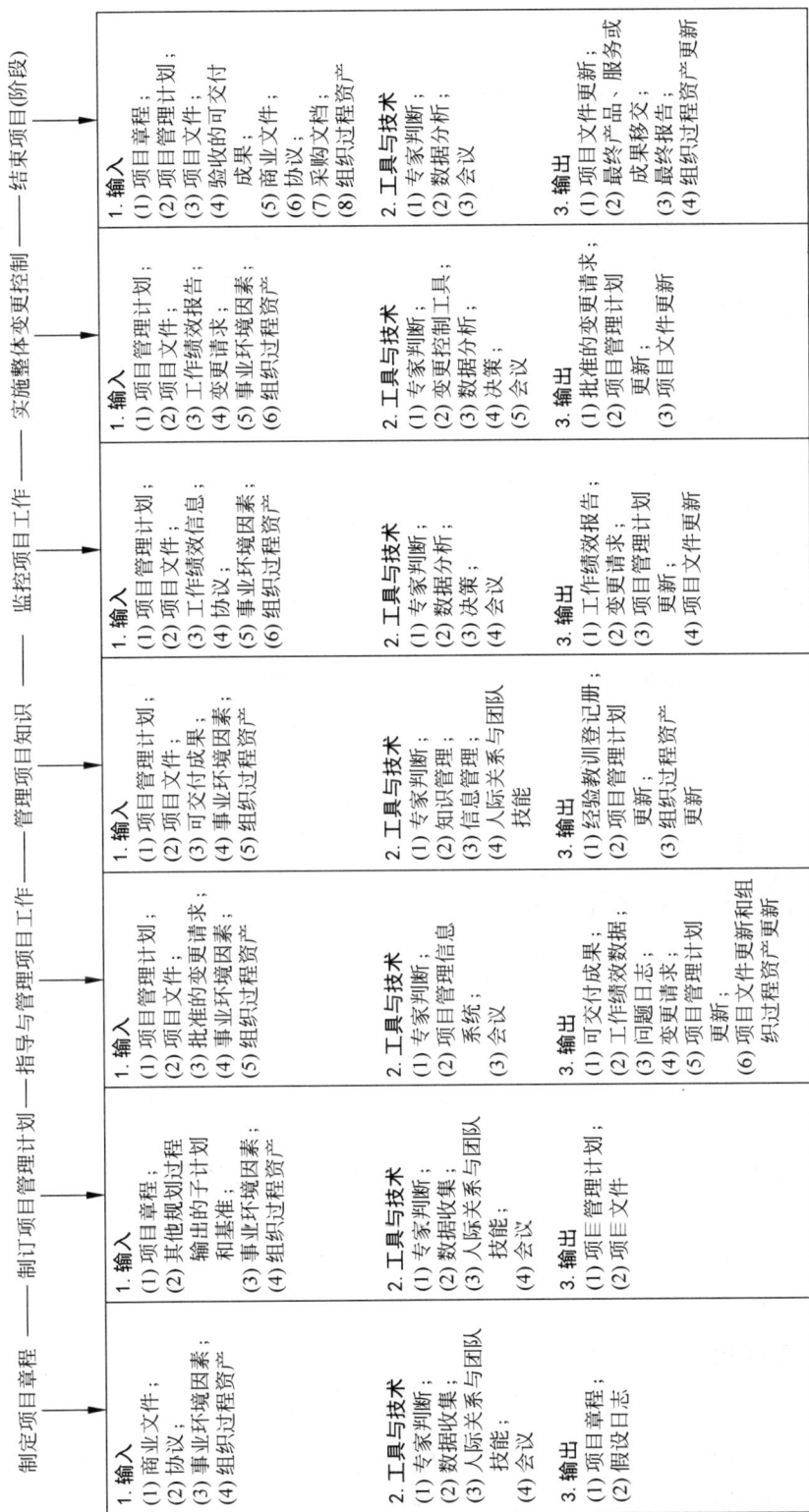

制定项目章程 —— 制订项目管理计划 —— 指导与管理项目工作 —— 管理项目知识 —— 监控项目工作 —— 实施整体变更控制 —— 结束项目(阶段)

制定项目章程

1. 输入
(1) 商业文件;
(2) 协议;
(3) 事业环境因素;
(4) 组织过程资产

2. 工具与技术
(1) 专家判断;
(2) 数据收集;
(3) 人际关系与团队技能;
(4) 会议

3. 输出
(1) 项目章程;
(2) 假设日志

制订项目管理计划

1. 输入
(1) 项目章程;
(2) 其他规划过程输出的子计划和基准;
(3) 事业环境因素;
(4) 组织过程资产

2. 工具与技术
(1) 专家判断;
(2) 数据收集;
(3) 人际关系与团队技能;
(4) 会议

3. 输出
(1) 项目管理计划;
(2) 项目文件

指导与管理项目工作

1. 输入
(1) 项目管理计划;
(2) 项目文件;
(3) 批准的变更请求;
(4) 事业环境因素;
(5) 组织过程资产

2. 工具与技术
(1) 专家判断;
(2) 项目管理信息系统;
(3) 会议

3. 输出
(1) 可交付成果;
(2) 工作绩效数据;
(3) 问题日志;
(4) 变更请求;
(5) 项目管理计划更新;
(6) 项目文件更新和组织过程资产更新

管理项目知识

1. 输入
(1) 项目管理计划;
(2) 项目文件;
(3) 可交付成果;
(4) 事业环境因素;
(5) 组织过程资产

2. 工具与技术
(1) 专家判断;
(2) 知识管理;
(3) 信息管理;
(4) 人际关系与团队技能

3. 输出
(1) 经验教训登记册;
(2) 项目管理计划更新;
(3) 组织过程资产更新

监控项目工作

1. 输入
(1) 项目管理计划;
(2) 项目文件;
(3) 工作绩效信息;
(4) 协议;
(5) 事业环境因素;
(6) 组织过程资产

2. 工具与技术
(1) 专家判断;
(2) 数据分析;
(3) 决策;
(4) 会议

3. 输出
(1) 工作绩效报告;
(2) 变更请求;
(3) 项目管理计划更新;
(4) 项目文件更新

实施整体变更控制

1. 输入
(1) 项目管理计划;
(2) 项目文件;
(3) 工作绩效报告;
(4) 变更请求;
(5) 事业环境因素;
(6) 组织过程资产

2. 工具与技术
(1) 专家判断;
(2) 变更控制工具;
(3) 数据分析;
(4) 决策;
(5) 会议

3. 输出
(1) 批准的变更请求;
(2) 项目管理计划更新;
(3) 项目文件更新

结束项目(阶段)

1. 输入
(1) 项目章程;
(2) 项目管理计划;
(3) 项目文件;
(4) 验收的可交付成果;
(5) 商业文件;
(6) 协议;
(7) 采购文件;
(8) 组织过程资产

2. 工具与技术
(1) 专家判断;
(2) 数据分析;
(3) 会议

3. 输出
(1) 项目文件更新;
(2) 最终产品、服务或成果移交;
(3) 最终报告;
(4) 组织过程资产更新

图 3-4　项目整合管理过程

3.2.1　制定项目章程

制定项目章程是编写一份正式批准项目并授权项目经理在项目活动中使用组织资源的文件的过程。本过程的主要作用是明确项目与组织战略目标之间的直接联系,确立项目的正式地位,并展示组织对项目的承诺。

制定项目章程需要准备商业文件、协议、事业环境因素和组织过程资产。

制定项目章程所涉及的工具包括专家判断、数据收集、人际关系与团队技能和会议等。

在制定项目章程的过程中,与关键相关方举行会议的目的是识别项目目标、成功标准、主要可交付成果、高层级需求、总体里程碑和其他概述信息。

制定项目章程的结果呈现是项目章程和假设日志。

3.2.2　制订项目管理计划

制订项目管理计划是对项目计划的所有组成部分进行定义、准备和协调,并将其整合成一份综合项目管理计划的过程。该过程的主要作用是生成一份综合文件,用于确定所有项目工作的基础及其执行方式。

前面制定的项目章程、其他规划过程输出的子计划和基准、事业环境因素和组织过程资产共同构成了制订项目管理计划的输入。

制订项目管理计划过程中涉及的工具与技术包括专家判断、数据收集、人际关系与团队技能和会议。

制订项目管理计划的输出是说明项目执行、监控和收尾方式的一份文件,它整合并综合了所有子管理计划和基准,以及管理项目所需的其他信息。项目管理计划的组件包含子管理计划、基准和其他组件。

3.2.3　指导与管理项目工作

指导与管理项目工作是为实现项目目标而领导和执行项目管理计划中所确定的工作,并实施已批准变更的过程。本过程的主要作用是对项目工作和可交付成果开展综合管理,以提高项目成功的可能性。

项目管理计划、项目文件、批准的变更请求、事业环境因素、组织过程资产等内容一同构成了指导与管理项目工作的输入。

指导与管理项目工作的工具与技术包括专家判断、项目管理信息系统(project management information system,PMIS)和会议。

指导与管理项目工作的输出包括可交付成果、工作绩效数据、问题日志、变更请求、项目管理计划更新、项目文件更新和组织过程资产更新。

3.2.4　管理项目知识

管理项目知识是使用现有知识并生成新知识,以实现项目目标,并且帮助组织学习的过程。本过程的主要作用是利用已有的组织知识来创造或改进项目成果,并且使当前项目创造的知识可用于支持组织运营和未来的项目或阶段。

项目管理计划、项目文件、可交付成果、事业环境因素和组织过程资产共同构成了管理项目知识的输入。

管理项目知识更新的相关工具与技术包括专家判断、知识管理、信息管理、人际关系与团队技能。

管理项目知识的输出包括经验教训登记册、项目管理计划更新和组织过程资产更新。

3.2.5　监控项目工作

监控项目工作是跟踪、审查和报告整体项目的进展，以实现项目管理计划中确定的绩效目标的过程。本过程的主要作用是让相关方了解项目的当前状态并认可为处理绩效问题而采取的行动，以及通过成本和进度预测，让相关方了解项目的未来状态。

监控项目工作的输入包括项目管理计划、项目文件、工作绩效信息、协议、事业环境因素和组织过程资产。

监控项目工作的工具与技术包括专家判断、数据分析、决策和会议。

监控项目工作的输出包括工作绩效报告、变更请求、项目管理计划更新和项目文件更新。

3.2.6　实施整体变更控制

实施整体变更控制是审查所有变更请求、批准变更，管理对可交付成果、项目文件和项目管理计划的变更并对变更处理结果进行沟通的过程。本过程审查对项目文件、可交付成果或项目管理计划的所有变更请求，形成对变更请求处置方案的决定。本过程的主要作用是确保对项目中已记录在案的变更做综合评审。

项目管理计划、项目文件、工作绩效报告、变更请求、事业环境因素和组织过程资产共同构成了实施整体变更控制的输入。

实施整体变更控制的工具与技术包括专家判断、变更控制工具、数据分析、决策和会议。

批准的变更请求、项目管理计划更新和项目文件更新一起构成了实施整体变更控制的输出。

3.2.7　结束项目（阶段）

结束项目（阶段）是终结项目（阶段）或合同所有活动的过程。本过程的主要作用是存档项目（阶段）信息，完成计划的工作，释放组织团队资源以展开新的工作。

结束项目（阶段）的输入包括项目章程、项目管理计划、项目文件、验收的可交付成果、商业文件、协议、采购文档和组织过程资产。

结束项目（阶段）的工具与技术包括专家判断、数据分析和会议。

结束项目（阶段）的输出包括项目文件更新、最终产品、服务或成果移交、最终报告和组织过程资产更新。

3.3　项目范围管理

项目范围管理包括确保项目执行且只执行所需的全部工作，以成功完成项目的各个过程。管理项目的范围主要在于定义和控制哪些工作应该包括在项目内，哪些不应该包括在项目内。

项目范围管理过程（见图 3-5）包括规划范围管理、收集需求、定义范围、创建 WBS、确认范围和控制范围。

规划范围管理

1. 输入
(1) 项目章程;
(2) 项目管理计划;
(3) 事业环境因素;
(4) 组织过程资产

2. 工具与技术
(1) 专家判断;
(2) 数据分析;
(3) 会议

3. 输出
(1) 范围管理计划;
(2) 需求管理计划

收集需求

1. 输入
(1) 项目章程;
(2) 项目管理计划;
(3) 项目文件;
(4) 商业文件;
(5) 协议;
(6) 事业环境因素;
(7) 组织过程资产

2. 工具与技术
(1) 专家判断;
(2) 数据分析;
(3) 决策;
(4) 数据表现;
(5) 人际关系与团队技能;
(6) 系统交互图和原型法

3. 输出
(1) 需求文件;
(2) 需求跟踪矩阵

定义范围

1. 输入
(1) 项目章程;
(2) 项目管理计划;
(3) 项目文件;
(4) 事业环境因素;
(5) 组织过程资产

2. 工具与技术
(1) 专家判断;
(2) 数据分析;
(3) 决策;
(4) 人际关系与团队技能;
(5) 产品分析

3. 输出
(1) 项目范围说明书;
(2) 项目文件更新

创建WBS

1. 输入
(1) 项目管理计划;
(2) 项目文件;
(3) 事业环境因素;
(4) 组织过程资产

2. 工具与技术
(1) 专家判断;
(2) 分解

3. 输出
(1) 范围基准;
(2) 项目文件更新

确认范围

1. 输入
(1) 项目管理计划;
(2) 项目文件;
(3) 核实的可交付成果;
(4) 工作绩效数据

2. 工具与技术
(1) 检查;
(2) 决策

3. 输出
(1) 验收的可交付成果;
(2) 工作绩效信息;
(3) 变更请求;
(4) 项目文件更新

控制范围

1. 输入
(1) 项目管理计划;
(2) 项目文件;
(3) 工作绩效数据;
(4) 组织过程资产

2. 工具与技术
(1) 偏差分析;
(2) 趋势分析

3. 输出
(1) 工作绩效信息;
(2) 变更请求;
(3) 项目管理计划更新;
(4) 项目文件更新

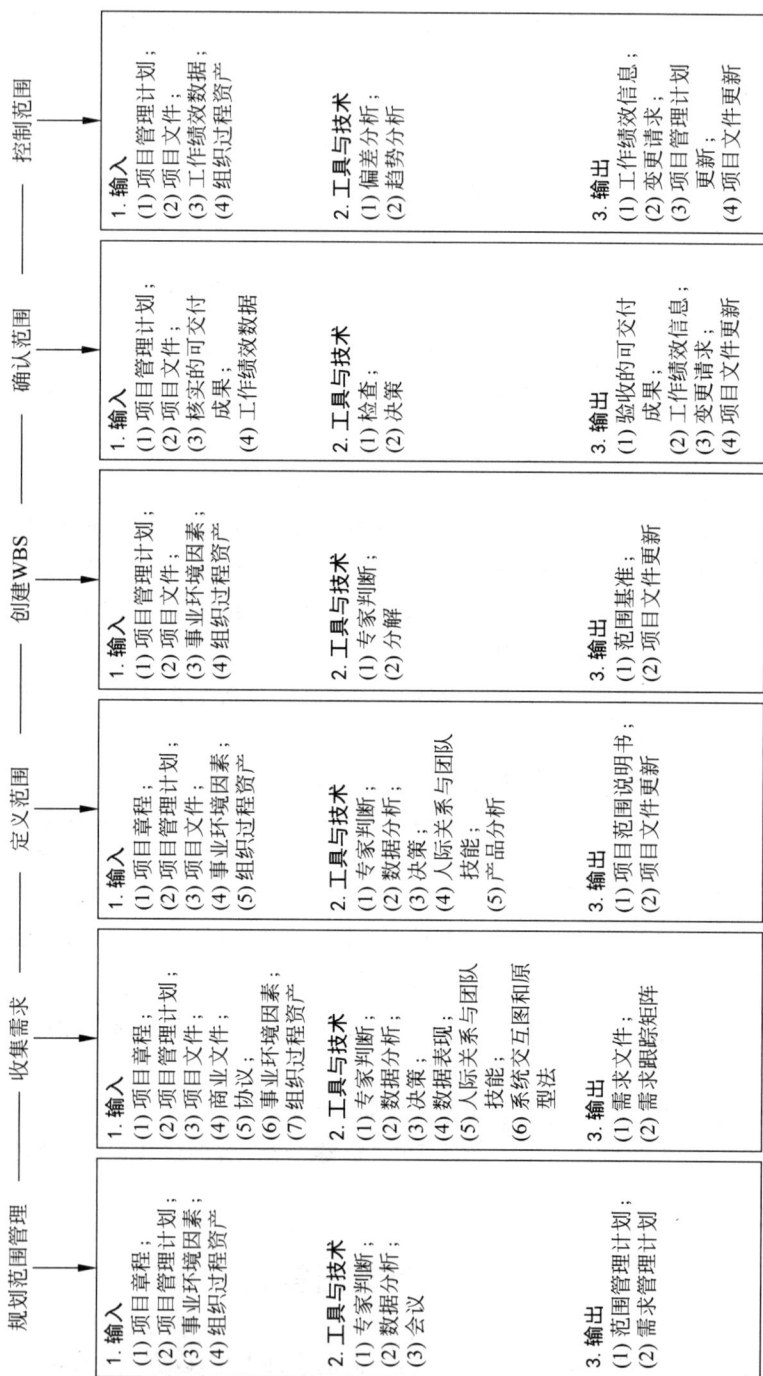

图 3-5　项目范围管理过程

3.3.1 规划范围管理

规划范围管理是为记录如何定义、确认和控制项目范围及产品范围而创建范围管理计划的过程。该过程的主要作用是在整个项目期间对如何管理范围提供指南和方向。

项目章程、项目管理计划、事业环境因素和组织过程资产共同构成了规划范围管理的输入。

规划范围管理的工具与技术包括专家判断、数据分析和会议。

规划范围管理的输出包括范围管理计划和需求管理计划。

3.3.2 收集需求

收集需求是为实现目标而确定、记录并管理相关方的需要和需求的过程。本过程的主要作用是为产品范围和项目范围的定义奠定了基础。

收集需求的输入包括项目章程、项目管理计划、项目文件、商业文件、协议、事业环境因素和组织过程资产。

收集需求的工具与技术包括专家判断、数据分析、决策、数据表现、人际关系与团队技能、系统交互图和原型法。

收集需求的输出包括需求文件与需求跟踪矩阵。

3.3.3 定义范围

定义范围是制定一个详细描述项目和产品的过程。定义范围在对描述产品、服务或成果的边界和验收标准中起到了主要作用。

定义范围的输入包括项目章程、项目管理计划、项目文件、事业环境因素和组织过程资产。

定义范围的工具与技术包括专家判断、数据分析、决策、人际关系与团队技能和产品分析。

项目范围说明书和项目文件更新构成了定义范围的输出。

3.3.4 创建 WBS

创建 WBS 是把项目可交付成果和项目工作分解成较小、更易于管理的组件的过程。本过程的主要作用是为所要交付的内容提供架构,它仅开展一次或仅在项目的预定义阶段开展。

创建 WBS 的输入包括项目管理计划、项目文件、事业环境因素和组织过程资产。

创建 WBS 的工具与技术包括专家判断和分解。

创建 WBS 的输出包括范围基准与项目文件更新。

3.3.5 确认范围

确认范围是界定项目完成正式验收可交付成果的过程。本过程的主要作用是使验收过程具有客观性;对每一项可交付成果进行确认,以此来提高最终产品、服务或成果通过验收的可能性。本过程应根据需要在整个项目期间定期开展。

项目范围的确定是进一步确定成功实现项目目标必须完成的工作,主要应从以下 8 个方面进行考察:

（1）项目的基本目标是什么？

（2）为什么要做？

（3）必须做哪些工作？

（4）什么时候完成？

（5）需要什么资源？

（6）如何评价？

（7）在哪里进行？

（8）哪些工作可以省略？

通过以上考察并进行逐一界定，去掉不必要的工作，节约资源，简化管理，减少干扰。

确认范围过程是由用户或发起人审查并核实从控制质量过程输出的可交付成果，确认这些可交付成果已经圆满完成并通过正式验收。本过程通过从项目范围管理知识领域各个规划过程得到的输出（如需求文件或范围基准）和其他知识领域各执行过程获得的工作绩效数据对可交付成果进行确认并进行最终的验收。

确认范围过程与控制质量过程的不同之处在于，前者关注可交付成果的验收，而后者关注可交付成果的正确性及是否满足质量要求，控制质量过程通常先于确认范围过程，但二者也可同时进行。

项目管理计划、项目文件、核实的可交付成果和工作绩效数据一起构成了确认范围的输入。

确认范围的工具和技术包括检查与决策。

验收的可交付成果、工作绩效信息、变更请求和项目文件更新共同构成了确认范围的输出。

3.3.6　控制范围

控制范围是对项目和产品的范围状态进行监督及管理范围基准变更的过程。控制范围在整个项目期间对范围基准的维护起到了主要作用，该过程需要在整个项目期间开展。

控制项目范围能够保证利用实施整体变更控制过程对所有的变更请求、推荐的纠正措施或者预防措施进行处理。当变更实际发生时，也要通过控制范围过程对这些变更进行管理，控制范围过程还应与其他控制过程协调开展，未经控制的产品或项目范围的扩大（未对时间、成本和资源做相应调整）称为范围蔓延。通常，项目执行过程中的变更是不可避免的，因此每个项目必须强制实行某种形式的变更控制。

项目管理计划、项目文件、工作绩效数据和组织过程资产共同构成了控制范围的输入。

控制范围的工具与技术是数据分析，包括偏差分析和趋势分析。

控制范围的输出是工作绩效信息、变更请求、项目管理计划更新和项目文件更新。

3.4　项目进度管理

项目进度计划对按时交付项目范围中定义的产品、服务和成果提供了详细的计划，项目进度管理是一种可以用于沟通及管理相关期望的工具，能够为绩效报告提供依据。

项目进度管理具体包括规划进度管理、定义活动、排列活动顺序、估算活动持续时间、制订进度计划和控制进度，如图 3-6 所示。

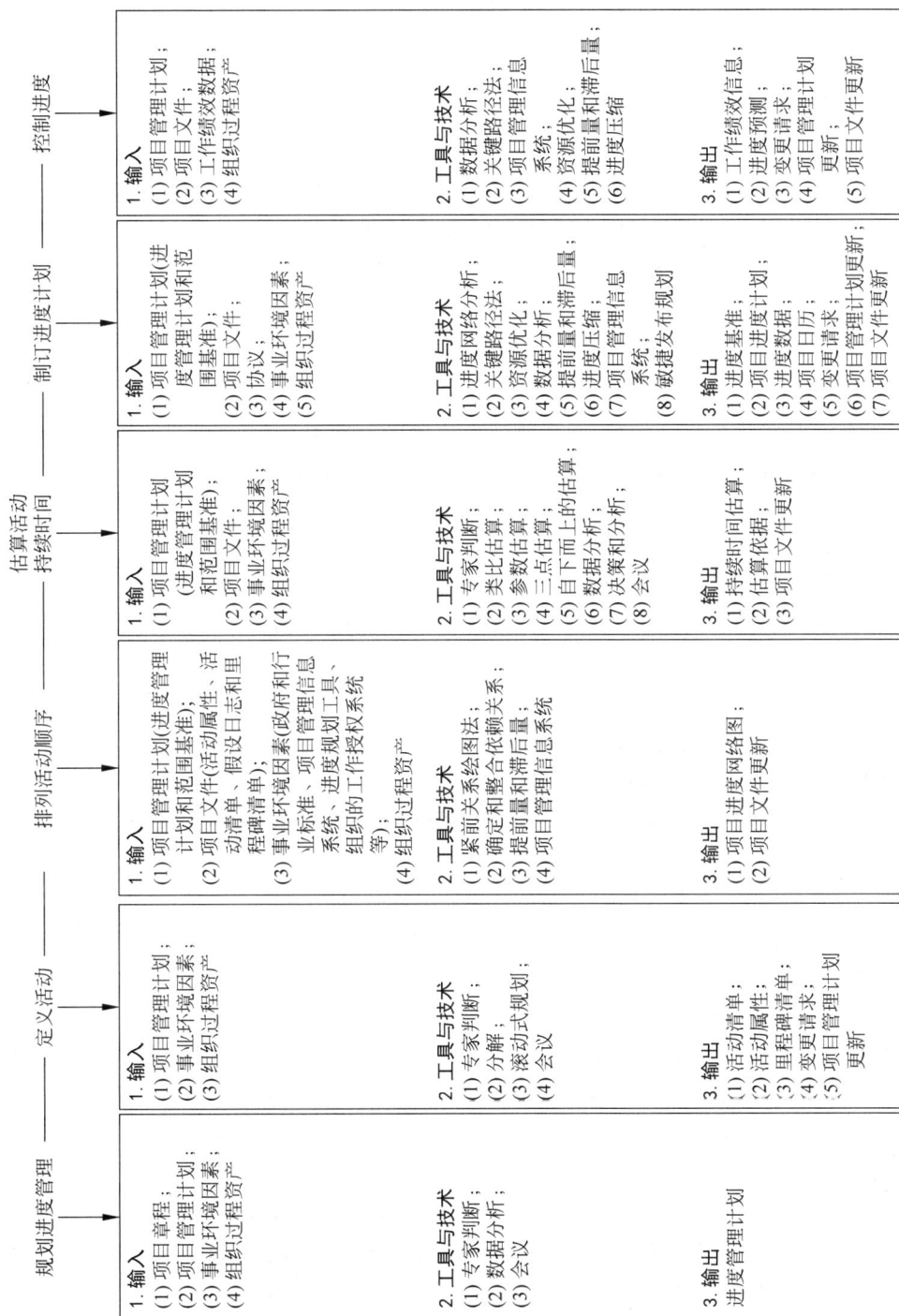

图 3-6 项目进度管理过程

规划进度管理

1. 输入
(1) 项目章程；
(2) 项目管理计划；
(3) 事业环境因素；
(4) 组织过程资产

2. 工具与技术
(1) 专家判断；
(2) 数据分析；
(3) 会议

3. 输出
进度管理计划

定义活动

1. 输入
(1) 项目管理计划；
(2) 事业环境因素；
(3) 组织过程资产

2. 工具与技术
(1) 专家判断；
(2) 分解；
(3) 滚动式规划；
(4) 会议

3. 输出
(1) 活动清单；
(2) 活动属性；
(3) 里程碑清单；
(4) 变更请求；
(5) 项目管理计划更新

排列活动顺序

1. 输入
(1) 项目管理计划(进度管理计划和范围基准)；
(2) 项目文件(活动属性、活动清单、假设日志和里程碑清单)；
(3) 事业环境因素(政府和行业标准、项目管理信息系统、进度规划工具、组织的工作授权系统等)；
(4) 组织过程资产

2. 工具与技术
(1) 紧前关系绘图法；
(2) 确定和整合依赖关系；
(3) 提前量和滞后量；
(4) 项目管理信息系统

3. 输出
(1) 项目进度网络图；
(2) 项目文件更新

估算活动持续时间

1. 输入
(1) 项目管理计划(进度管理计划和范围基准)；
(2) 项目文件；
(3) 事业环境因素；
(4) 组织过程资产

2. 工具与技术
(1) 专家判断；
(2) 类比估算；
(3) 参数估算；
(4) 三点估算；
(5) 自下而上的估算；
(6) 数据分析；
(7) 决策和分析；
(8) 会议

3. 输出
(1) 持续时间估算；
(2) 估算依据；
(3) 项目文件更新

制订进度计划

1. 输入
(1) 项目管理计划(进度管理计划和范围基准)；
(2) 项目文件；
(3) 协议；
(4) 事业环境因素；
(5) 组织过程资产

2. 工具与技术
(1) 进度网络分析；
(2) 关键路径法；
(3) 资源优化；
(4) 数据分析；
(5) 提前量和滞后量；
(6) 进度压缩；
(7) 项目管理信息系统；
(8) 敏捷发布规划

3. 输出
(1) 进度基准；
(2) 项目进度计划；
(3) 进度数据；
(4) 项目日历；
(5) 变更请求；
(6) 项目管理计划更新；
(7) 项目文件更新

控制进度

1. 输入
(1) 项目管理计划；
(2) 项目文件；
(3) 工作绩效数据；
(4) 组织过程资产

2. 工具与技术
(1) 数据分析；
(2) 关键路径法；
(3) 项目管理信息系统；
(4) 资源优化；
(5) 提前量和滞后量；
(6) 进度压缩

3. 输出
(1) 工作绩效信息；
(2) 进度预测；
(3) 变更请求；
(4) 项目管理计划更新；
(5) 项目文件更新

全球市场瞬息万变,竞争激烈,具有很大的不确定性和不可预测性,很难定义长期范围,因此,为应对环境变化,根据具体情景有效采用或裁剪开发实践显得日益重要。适应性规划虽然制订了计划,但也要意识到工作开始之后,优先级可能发生改变,需要修改计划以反映新的优先级。

3.4.1　规划进度管理

规划进度管理是为规划、编制、管理、执行和控制项目进度而制定政策、程序和文档的过程。针对如何在整个项目执行期间为项目进度管理提供指南和方向,规划进度管理起到了主要作用。该过程仅开展一次或仅在项目的预定义阶段开展。

项目章程、项目管理计划、事业环境因素和组织过程资产共同构成了规划进度管理的输入。

规划进度管理的工具与技术包括专家判断、数据分析和会议。

规划进度管理的输出是进度管理计划。进度管理计划是项目管理计划的组成部分,为编制、监督和控制项目进度建立准则,明确活动。从项目需求出发,进度管理计划可以是正式的也可以是非正式的,可以是非常详细的抑或是高度概括的,其中应该包括合适的控制临界值。

3.4.2　定义活动

定义活动是识别和记录为完成项目可交付成果而必须采取的具体行动的过程。定义活动的主要作用是将工作包分解为进度活动,为项目工作进度估算、规划、执行、监督和控制提供基础。

项目管理计划、事业环境因素和组织过程资产构成了定义活动的输入。

专家判断、分解、滚动式规划和会议是定义活动的工具与技术。

定义活动的输出包括活动清单、活动属性、里程碑清单、变更请求和项目管理计划更新。

3.4.3　排列活动顺序

排列活动顺序是识别和记录项目活动之间关系的过程,排列活动顺序的主要作用是对工作之间的逻辑顺序进行定义,方便在既定的所有制约因素作用下获得最高的效率。

除了首尾两项,每项活动至少包括一项紧前活动和一项紧后活动,并且逻辑关系适当。一个切实的项目进度计划需要经过设计逻辑关系来创建,可能有必要在活动与活动之间使用提前量或滞后量,使项目进度计划变得更为切实可行;可以使用项目管理软件、手动技术或自动技术来排列活动顺序。排列活动顺序过程旨在将项目活动列表转化为图表,以作为发布进度基准的第一步。

排列活动顺序的输入包括项目管理计划(进度管理计划和范围基准)、项目文件(活动属性、活动清单、假设日志和里程碑清单)、事业环境因素(政府或行业标准、项目管理信息系统、进度规划工具、组织的工作授权系统等)和组织过程资产。

排列活动顺序的工具与技术包括紧前关系绘图法、确定和整合依赖关系、提前量和滞后量、项目管理信息系统。

排列活动顺序的输出包括项目进度网络图和项目文件更新。

3.4.4　估算活动持续时间

估算活动持续时间是根据资源估算的结果估算完成单项活动所需工作时段数的过程。本过程的主要作用是确定完成每项活动所需花费的时间量。

估算活动持续时间依据的信息包括工作范围、所需资源类型与技能水平、估算的资源数量和资源日历，而可能影响持续时间估算的其他因素包括对持续时间受到的约束、相关人力投入、资源类型（如固定持续时间、固定人力投入或工作、固定资源数量）及所采用的进度网络分析技术。应该由项目团队中最熟悉具体活动的个人或小组提供持续时间估算所需的各种输入，对持续时间的估算也应该渐进明细，取决于输入数据的数量和质量。例如，在工程与设计项目中，随着数据越来越详细、越来越准确，持续时间估算的准确性和质量也会越来越高。

在本过程中，首先应该估算出完成活动所需的工作量和计划投入该活动的资源数量，然后结合项目日历和资源日历，据此估算出完成活动所需的工作时段数（活动持续时间）。在许多情况下，预计可用的资源数量及这些资源的技能熟练程度可能会决定活动的持续时间，更改分配到活动的主导性资源通常会影响持续时间，但这不是简单的直线或线性关系。有时候，因为工作的特性（即受到持续时间的约束、相关人力投入或资源数量约束），无论资源如何分配（如 24 h 应力测试），都需要花预定的时间才能完成工作。

项目管理计划（进度管理计划和范围基准）、项目文件、事业环境因素和组织过程资产共同构成了估算活动持续时间的输入。

估算活动持续时间的工具与技术包括专家判断、类比估算、参数估算、三点估算、自下而上估算、数据分析、决策和分析、会议。

估算活动持续时间的输出包括持续时间估算、估算依据和项目文件更新。

3.4.5　制订进度计划

制订进度计划是分析活动顺序、持续时间、资源需求和进度制约因素，通过创建进度模型来落实项目执行和监控的过程。制订进度计划的主要作用是为完成项目活动而制定具有计划日期的进度模型。

制订可行的项目进度计划是一个反复进行的过程。基于获取的最佳信息，各项目活动及里程碑的计划开始日期和计划完成日期可以使用进度模型来确定。编制进度计划时，应对持续时间估算、资源估算和进度储备等元素进行审查和修正，以制订项目进度计划，并在经过批准后作为跟踪项目进度的基准。

制订进度计划的关键步骤包括定义项目里程碑、识别活动并排列活动顺序，以及估算持续时间。活动开始和完成的日期确定后，首先通常需要由分配至各个活动项目人员对其被分配的活动进行审查，项目人员还需要确认活动开始和完成的日期与资源日历没有冲突，并且与其他项目或任务没有冲突，才能确认计划日期的有效性。其次分析进度计划，确定是否存在逻辑关系冲突，以及在批准进度计划并将其作为基准之前是否需要资源平衡。最后对项目进度的模型进行修订和维护，以确保进度计划在整个项目期间一直切实可行。

项目管理计划（进度管理计划和范围基准）、项目文件、协议、事业环境因素和组织过程资产构成了制订进度计划的输入。

制订进度计划的工具与技术包括进度网络分析、关键路径法、资源优化、数据分析、提前量和滞后量、进度压缩、项目管理信息系统和敏捷发布规划。

制订进度计划的输出包括进度基准、项目进度计划、进度数据、项目日历、变更请求、项目管理计划更新和项目文件更新。

3.4.6　控制进度

控制进度是监督项目状态,以更新项目进度和管理进度基准变更的过程。控制进度的主要作用是在整个项目期间保持对进度基准的维护,该过程需要在整个项目期间开展。

要更新进度模型,就需要了解迄今为止的实际绩效。进度基准的任何变更都必须经过项目整合管理中实施整体变更控制过程的审批。

控制进度的输入包括项目管理计划、项目文件、工作绩效数据和组织过程资产。

控制进度的工具与技术包括数据分析、关键路径法、项目管理信息系统、资源优化、提前量和滞后量及进度压缩。

工作绩效信息、进度预测、变更请求、项目管理计划更新和项目文件更新共同构成了控制进度的输出。

3.5　项目成本管理

项目成本管理是指为使项目在批准的预算内完成而对成本进行规划、估算、预算、融资、筹资、管理和控制的过程,目标是确保项目在批准的预算内完工。

项目成本管理(见图 3-7)主要包括规划成本管理、估算成本、编制预算和控制成本 4 个过程。

3.5.1　规划成本管理

规划成本管理是为规划、管理、花费和控制项目成本而制定政策、程序和文档的过程。规划成本管理在整个项目中为如何管理项目成本提供指南和方向起到了主要作用。

规划成本管理输入包括项目管理计划、项目章程、事业环境因素和组织过程资产。

规划成本管理的工具与技术包括专家判断、分析技术和会议。

项目成本管理的输出形式是成本管理计划。成本管理计划阐述了如何规划、安排和控制项目成本,主要规定计量单位、精确度、准确度、组织程序链接、控制临界值、绩效评定规划、报告格式和其他一些细节。

3.5.2　估算成本

估算成本是对完成项目活动所需资金进行近似估算的过程。没有项目成本估算,就不能进行财务评估、商业计划准备、详细编制预算、资源需求预测或项目成本控制。

估算成本的输入包括成本管理计划、人力资源管理计划、范围基准、项目进展计划、风险登记册、事业环境因素和组织过程资产。

估算成本的工具与技术包括基于信心度的估算、自下而上的估算、三点估算、储备分析和项目管理软件。

图 3-7　项目成本管理过程

估算成本的输出包括活动成本估算、估算依据和项目文件更新。

3.5.3　编制预算

编制预算是通过汇总所有单个活动或工作包的估算成本,以此建立一个经批准的成本基准的过程。编制预算的主要作用是确定成本基准,可以根据该过程所确定的成本基准来监督及控制项目绩效。

最初的项目成本预算应来自商务招标或内部商务计划编写时所使用的成本估算。然而对于大多数项目来说预算是会调整的,每次项目合同的变更,项目总价都会出现相应的增减。

编制预算的输入包括成本管理计划、范围基准、活动成本估算、估算依据、项目进度计划、资源日历、风险登记册、协议和组织过程资产。

编制预算的工具与技术有成本汇总、储备分析、专家判断、历史关系和资金限制平衡。

编制预算的输出包括成本基准、项目资金需求和项目文件更新。

3.5.4　控制成本

控制成本是监督项目状态,以更新项目成本、变更管理成本基准的过程。成本控制的主要目标是确保没有金钱浪费或者未经认可的支出增加,有效成本控制的关键在于对经批准的成本基准及其变更进行管理,成本控制的方法很大程度取决于成本的特性。

项目管理计划、项目资金需求、工作绩效数据和组织过程资产共同构成了控制成本的输入。

控制成本的工具与技术包括挣值管理、预测、完工尚需绩效指数(TCPI)、绩效审查、项目管理软件和储备分析。

工作绩效信息、成本预测、变更请求、项目管理计划更新、项目文件更新和组织过程资产更新构成了控制成本的输出。

3.6　项目质量管理

项目质量管理是指对整个项目质量进行把控和管理的过程,包括执行、组织、确定质量政策、质量目标和工作职责的各个过程和活动,从而使项目满足其预定的需求。

机械工程项目质量管理应同时包括工作的质量和产品的质量,即项目管理和项目可交付成果。工作的质量体现于项目范围内所有阶段、子项目、项目工作单元的质量构成,而产品的质量体现在使用性能或使用价值上。

项目质量管理的过程(见图 3-8)包括规划质量管理、实施质量保证和控制质量。

3.6.1　规划质量管理

规划质量管理是指识别项目及其可交付成果的质量要求和标准,并书面描述项目将如何符合质量要求的过程,为整个项目质量管理提供了指南和方向。

项目管理计划、相关方登记册、风险登记册、需求文件、事业环境因素和组织过程资产构成了规划质量管理的输入。

规划质量的工具与技术包括成本效益分析、质量成本、七种基本质量工具(因果图、流程图、检查表、帕累托图、直方图、控制图、散点图)、标杆对照、实验设计、统计抽样、其他质量规划工具和会议。

完成规划质量管理后,需要形成以下规范:质量管理计划、过程改进计划、质量测量指标、质量核对单和项目文件更新。

3.6.2　实施质量保证

实施质量保证的主要作用是通过促进质量过程改进来确保采用合理的质量标准和操作性定义的过程。通过规划过程可以预防质量缺陷,也可以在执行阶段对正在进行的工作进行缺陷检查。在项目管理中,质量保证部门要对质量保证活动进行监督,为持续的过程改进创造条件。

实施质量保证需要以质量管理计划、过程改进计划、质量测量指标、质量控制测量结果和项目文件内容作为输入。

实施质量保证的工具与技术包括质量管理和控制工具(亲和图、过程决策程序图、关联图、树形图、优先矩阵、活动网络图、矩阵图等)、质量审计和过程分析。

规划质量管理 ———— 实施质量保证 ———————— 控制质量

1. 输入	1. 输入	1. 输入
(1) 项目管理计划； (2) 相关方登记册； (3) 风险登记册； (4) 需求文件； (5) 事业环境因素； (6) 组织过程资产	(1) 质量管理计划； (2) 过程改进计划； (3) 质量测量指标； (4) 质量控制测量结果； (5) 项目文件内容	(1) 项目管理计划； (2) 质量测量指标； (3) 质量核对单； (4) 工作绩效数据； (5) 批准的变更请求； (6) 可交付成果； (7) 项目文件； (8) 组织过程资产
2. 工具与技术	2. 工具与技术	2. 工具与技术
(1) 成本效益分析； (2) 质量成本； (3) 七种基本质量工具 （因果图、流程图、 检查表、帕累托 图、直方图、控 制图、散点图）； (4) 标杆对照； (5) 实验设计； (6) 统计抽样； (7) 其他质量规划工 具； (8) 会议	(1) 质量管理和控制工具 （亲和图、过程决策程 序图、关联图、树形 图、优先矩阵、活动 网络图、矩阵图等）； (2) 质量审计和过程分析	(1) 七种基本质量工具（因 果图、流程图、检查 表、帕累托图、直方 图、控制图、散点图）； (2) 统计抽样； (3) 检查和审查已批准的 变更要求
3. 输出	3. 输出	3. 输出
(1) 质量管理计划； (2) 过程改进计划； (3) 质量测量指标； (4) 质量核对单； (5) 项目文件更新	(1) 变更请求； (2) 项目管理计划更新； (3) 项目文件更新； (4) 组织过程资产更新	(1) 质量控制测量结果； (2) 确定的变更； (3) 核实的可交付成果； (4) 工作绩效信息； (5) 变更请求； (6) 项目管理计划更新； (7) 项目文件更新； (8) 组织过程资产更新

图 3-8　项目质量管理过程

变更请求、项目管理计划更新、项目文件更新和组织过程资产更新构成了实施质量保证的输出。

3.6.3　控制质量

控制质量过程负责监督并记录质量活动执行结果，推荐必要的变更过程，主要作用包括：①找出过程低效或产品质量低劣的原因，提出相应的改进措施；②确定项目可交付成果，满足验收要求。

项目管理计划、质量测量指标、质量核对单、工作绩效数据、批准的变更请求、可交付成果、项目文件和组织过程资产构成了控制质量的输入。

控制质量的工具与技术包含七种基本质量工具（因果图、流程图、检查表、帕累托图、直方图、控制图、散点图）、统计抽样、检查和审查已批准的变更要求。

控制质量的输出有质量控制测量结果、确定的变更、核实的可交付成果、工作绩效信息、变更请求、项目管理计划更新、项目文件更新和组织过程资产更新。

3.7　项目资源管理

项目资源管理是识别、获取和管理所需资源以成功完成项目的各个过程(见图3-9),包括规划资源管理、估算活动资源、获取资源、建设团队、管理团队、控制资源。

项目管理团队是项目团队的一部分,负责项目管理和领导,又称为核心团队、执行团队或者领导团队。项目经理需要识别并影响人力资源因素,项目管理团队应该了解并确保团队所有成员遵守职业与道德规范。

3.7.1　规划资源管理

规划资源管理是定义如何估算、获取、管理和利用团队及实物资源的过程。本过程的主要作用是根据项目类型和复杂程度确定适用于项目资源的管理方法和管理程度。

规划资源管理的输入包括项目章程、项目管理计划、项目文件、事业环境因素和组织过程资产。

规划资源管理的工具与技术包括专家判断、数据表现、组织理论和会议。

规划资源管理的输出包括资源管理计划、团队章程、项目文件更新。

3.7.2　估算活动资源

估算活动资源是估算执行项目所需的团队资源的过程,其中也包括项目所需材料、设备和用品的类型和数量等。估算活动资源过程可以明确完成项目所需的资源种类、数量和特性,根据需要在整个项目期间定期开展。

估算活动资源的输入有项目管理计划、项目文件、事业环境因素和组织过程资产。

估算活动资源的工具与技术包括专家判断、自下而上估算、类比估算、参数估算、数据分析、项目管理信息系统和会议。

资源需求、估算依据、资源分解结构和项目文件更新构成了估算活动资源的输出。

3.7.3　获取资源

获取资源是获取项目所需的团队成员、设施、设备、材料、用品和其他资源的过程。本过程的主要作用是概述和指导资源的选择,并将其分配给相应的活动。

项目管理计划、项目文件、事业环境因素和组织过程资产共同构成了获取资源的输入。

获取资源的工具与技术包括决策、人际关系与团队技能、预分派和虚拟团队。

获取资源的输出包括实物资源分配单、项目团队派工单、资源日历、变更请求、项目管理计划更新、项目文件更新、事业环境因素更新和组织过程资产更新。

3.7.4　建设团队

建设团队是提高工作能力,促进团队成员互动,改善团队整体氛围,提高项目绩效的过程。建设团队过程的主要作用是改进团队协作、增强人际关系技能、激励员工、减少摩擦及提升整体项目绩效。

项目管理计划、项目文件、事业环境因素和组织过程资产构成了建设团队的输入。

规划资源管理

1. 输入
(1) 项目章程；
(2) 项目管理计划；
(3) 项目文件；
(4) 事业环境因素；
(5) 组织过程资产
2. 工具与技术
(1) 专家判断；
(2) 数据表现；
(3) 组织理论；
(4) 会议
3. 输出
(1) 资源管理计划；
(2) 团队章程；
(3) 项目文件更新

估算活动资源

1. 输入
(1) 项目管理计划；
(2) 项目文件；
(3) 事业环境因素；
(4) 组织过程资产
2. 工具与技术
(1) 专家判断；
(2) 自下而上估算；
(3) 类比估算；
(4) 参数估算；
(5) 数据分析；
(6) 项目管理信息系统；
(7) 会议
3. 输出
(1) 资源需求；
(2) 估算依据；
(3) 资源分解结构；
(4) 项目文件更新

获取资源

1. 输入
(1) 项目管理计划；
(2) 项目文件；
(3) 事业环境因素；
(4) 组织过程资产
2. 工具与技术
(1) 决策；
(2) 人际关系与团队技能；
(3) 预分派；
(4) 虚拟团队
3. 输出
(1) 实物资源分配单；
(2) 项目团队派工单；
(3) 资源日历；
(4) 变更请求；
(5) 项目管理计划更新；
(6) 项目文件更新；
(7) 事业环境因素更新；
(8) 组织过程资产更新

建设团队

1. 输入
(1) 项目管理计划；
(2) 项目文件；
(3) 事业环境因素；
(4) 组织过程资产
2. 工具与技术
(1) 集中办公；
(2) 虚拟团队；
(3) 沟通技术；
(4) 人际关系与团队技能；
(5) 培训；
(6) 个人和团队评估；
(7) 会议
3. 输出
(1) 团队绩效评价；
(2) 变更请求；
(3) 项目管理计划更新；
(4) 项目文件更新；
(5) 组织过程资产更新；
(6) 事业环境因素更新

管理团队

1. 输入
(1) 项目管理计划；
(2) 工作绩效报告；
(3) 事业环境因素；
(4) 组织过程资产
2. 工具与技术
(1) 人际关系与团队技能；
(2) 项目管理信息系统
3. 输出
(1) 变更请求；
(2) 项目管理计划更新；
(3) 项目文件更新；
(4) 事业环境因素更新

控制资源

1. 输入
(1) 项目管理计划；
(2) 项目文件；
(3) 工作绩效数据；
(4) 协议；
(5) 组织过程资产
2. 工具与技术
(1) 数据分析；
(2) 问题解决；
(3) 人际关系与团队技能；
(4) 项目管理信息系统
3. 输出
(1) 工作绩效信息；
(2) 变更请求；
(3) 项目管理计划更新；
(4) 项目文件更新

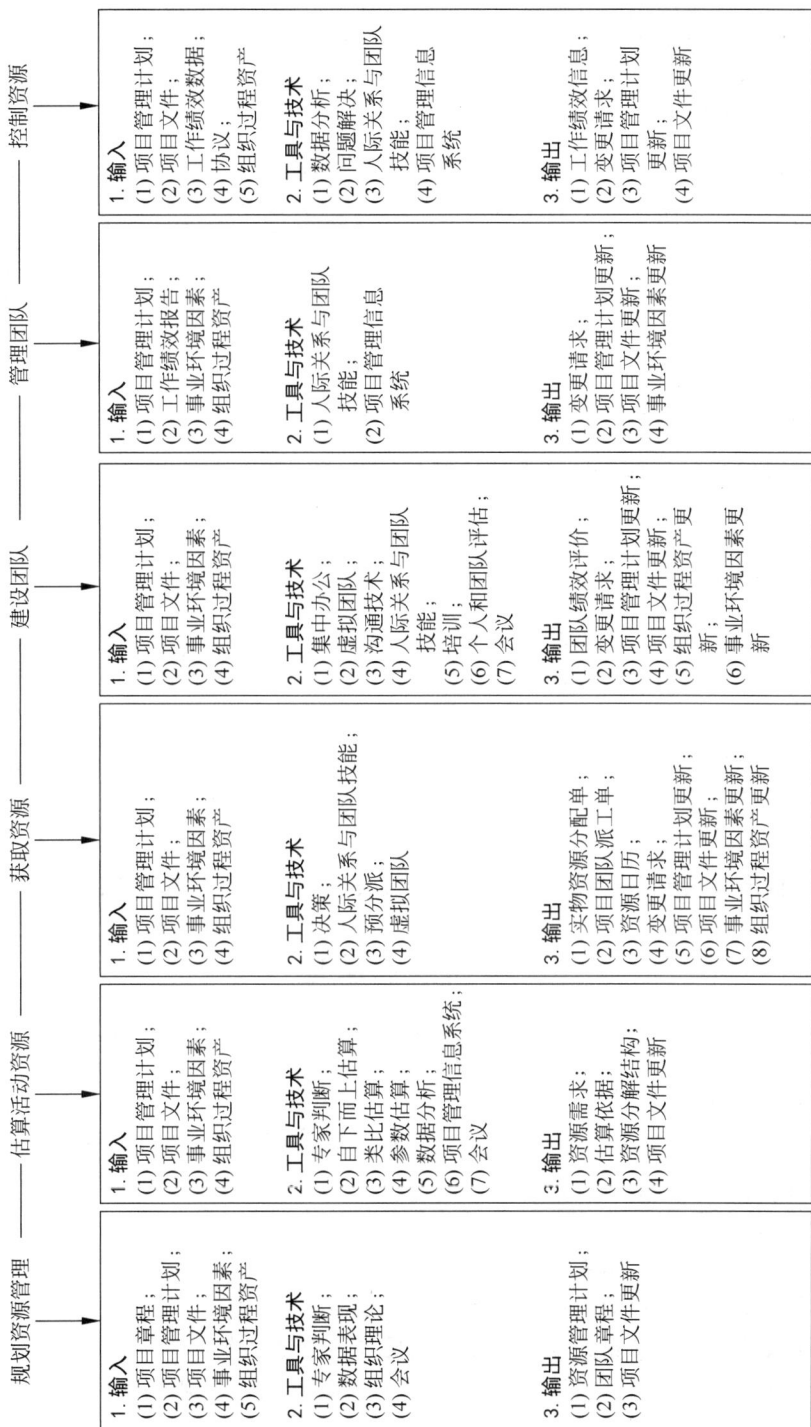

图 3-9　项目资源管理过程

建设团队的工具与技术包括集中办公、虚拟团队、沟通技术、人际关系与团队技能、培训、个人和团队评估、会议。

建设团队的输出包括团队绩效评价、变更请求、项目管理计划更新、项目文件更新、组织过程资产更新和事业环境因素更新。

3.7.5　管理团队

管理团队是跟踪团队成员工作表现，提供反馈，解决问题并管理团队变更，以此优化项目绩效的过程。管理项目团队需要通过多方面的管理和领导力技能来促进团队协作，整合团队成员的工作，从而创建高效团队。进行团队管理需要综合运用各种技能，特别是沟通、冲突管理、谈判和领导技能。项目经理应该向团队成员分配富有挑战性的任务，并对优秀绩效进行表彰。

管理团队的输入包括项目管理计划、工作绩效报告、事业环境因素和组织过程资产。

管理团队的工具与技术包括人际关系与团队技能和项目管理信息系统。

管理团队的输出包括变更请求、项目管理计划更新、项目文件更新和事业环境因素更新。

3.7.6　控制资源

控制资源是确保按计划为项目分配实物资源，以及根据资源使用计划监督资源实际使用情况并采取必要的纠正措施的过程。本过程的主要作用是确保所分配的资源适时适地应用于项目，并确保这些资源在不再需要时可被释放。

项目管理计划、项目文件、工作绩效数据、协议和组织过程资产构成了控制资源的输入。

控制资源的工具与技术包括数据分析、问题解决、人际关系与团队技能和项目管理信息系统。

控制资源的输出包括工作绩效信息、变更请求、项目管理计划更新和项目文件更新。

3.8　项目沟通管理

项目沟通管理包括通过开发工具及执行用于有效交换信息的各种活动来确保项目及其相关方的信息需求得以满足的各个过程。

项目沟通管理的过程（见图 3-10）包括规划沟通管理、管理沟通和监督沟通。

3.8.1　规划沟通管理

规划沟通管理是基于每个相关方或相关方群体的信息需求、可用的组织资产及具体项目的需求为项目沟通活动制定恰当的方法和计划的过程。规划沟通管理的主要作用是及时向相关方提供相关信息并引导相关方有效参与项目并编制书面沟通计划。

规划沟通管理的输入有项目章程、项目管理计划、项目文件、事业环境因素和组织过程资产。

规划沟通管理的工具与技术包括专家判断、沟通需求分析、沟通技术、沟通模型、沟通方法、人际关系与团队技能、数据表现和会议。

规划沟通管理 ——————— 管理沟通 ——————— 监督沟通

1. 输入	1. 输入	1. 输入
(1) 项目章程；	(1) 项目管理计划；	(1) 项目管理计划；
(2) 项目管理计划；	(2) 项目文件；	(2) 项目文件；
(3) 项目文件；	(3) 工作绩效报告；	(3) 工作绩效数据；
(4) 事业环境因素；	(4) 事业环境因素；	(4) 事业环境因素；
(5) 组织过程资产	(5) 组织过程资产	(5) 组织过程资产
2. 工具与技术	2. 工具与技术	2. 工具与技术
(1) 专家判断；	(1) 沟通技术；	(1) 专家判断；
(2) 沟通需求分析；	(2) 沟通方法；	(2) 项目管理信息系统；
(3) 沟通技术；	(3) 沟通技能；	(3) 数据表现；
(4) 沟通模型；	(4) 项目管理信息系统；	(4) 人际关系与团队技能；
(5) 沟通方法；	(5) 项目报告发布；	(5) 会议
(6) 人际关系与团队	(6) 人际关系与团队技能；	
技能；	(7) 会议	
(7) 数据表现和会议		
3. 输出	3. 输出	3. 输出
(1) 沟通管理计划；	(1) 项目沟通记录；	(1) 工作绩效信息；
(2) 项目管理计划更新；	(2) 项目管理计划更新；	(2) 变更请求；
(3) 项目文件更新	(3) 项目文件更新；	(3) 项目管理计划更新；
	(4) 组织过程资产更新	(4) 项目文件更新

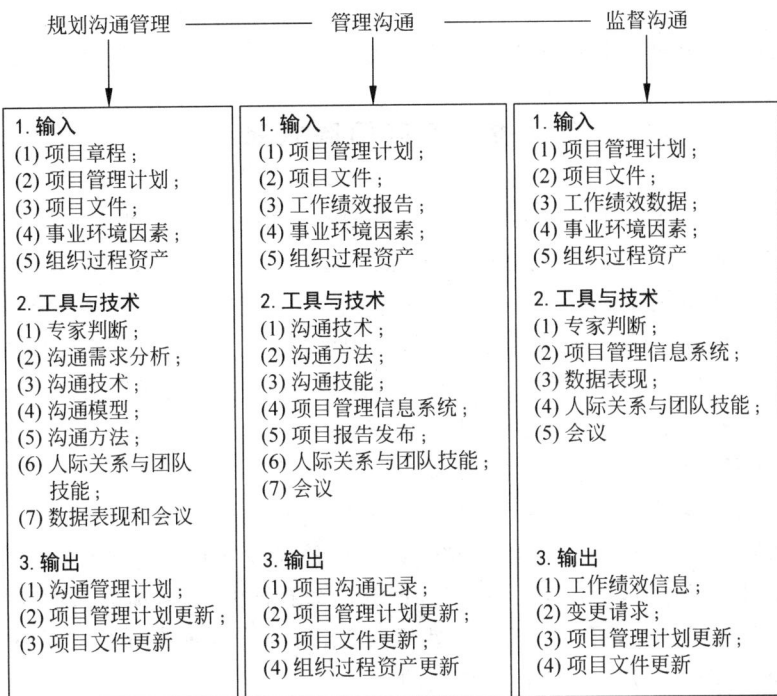

图 3-10　项目沟通管理过程

规划沟通管理的输出有沟通管理计划、项目管理计划更新和项目文件更新。

3.8.2　管理沟通

管理沟通是确保项目信息及时且恰当地收集、生成、发布、存储、检索、管理、监督和最终处置的过程。本过程的主要作用是促成项目团队与相关方之间的有效信息流动。

项目管理计划、项目文件、工作绩效报告、事业环境因素和组织过程资产构成了管理沟通的输入。

管理沟通的工具与技术有沟通技术、沟通方法、沟通技能、项目管理信息系统、项目报告发布、人际关系与团队技能和会议。

项目沟通记录、项目管理计划更新、项目文件更新与组织过程资产更新构成了管理沟通的输出。

3.8.3　监督沟通

监督沟通是确保信息流动能够充分满足项目及其相关方需求的过程。监督沟通的主要作用是按沟通管理计划与相关方参与计划的要求优化信息传递流程，通过监督沟通过程确定规划的沟通工件和沟通活动是否如预期提高或保持了相关方对项目可交付成果与预计结果的支持力度。

项目管理计划、项目文件、工作绩效数据、事业环境因素和组织过程资产构成了监督沟通的输入。

监督沟通的工具与技术包括专家判断、项目管理信息系统、数据表现、人际关系与团队技能和会议。

监督沟通的输出包括工作绩效信息、变更请求、项目管理计划更新和项目文件更新。

3.9　项目风险管理

项目风险管理主要关注并识别所有可预见风险,评估风险发生的概率及强度,进而决定减少风险或避免风险的方法。项目风险管理需要兼顾单个项目风险和整体项目风险。

项目风险是指可能导致项目损失的不确定性。项目风险管理是识别、分析项目风险并采取相应措施的活动,其主要内容包括:①风险识别,即确认可能会影响项目进展的各种风险;②风险量化,即对风险与风险之间的相互作用进行评估,用以评定项目可能产出结果的范围;③风险对策研究,即确定对机会进行选择及对危险做出应对的步骤;④风险对策实施控制,即对项目进程中风险所产生的变化做出反应。

基于不同角度,项目风险有以下几种分类方法:

(1)按风险后果分类,可以分为:纯粹风险,这种风险导致的结果只有两种,即有损失或没有损失;投机风险,这种风险会导致三种结果,即有损失、没有损失和获得利益。

(2)按风险来源分类,可以分为:自然风险,指由于自然灾害导致人员伤亡或财产毁损;人为风险,这种风险是由人类活动导致的。

(3)按风险可否管理分类,可以分为:可管理风险,这种风险可以用人的知识和智慧等进行预测和控制;不可管理风险,这种风险靠人的知识、智慧等无法预测和控制。

(4)按风险的影响范围分类,可以分为:局部风险,这种风险的产生是因为某个特定因素导致的,其损失的影响范围较小;总体风险,这种风险的影响范围大,其他因素往往无法控制。

(5)按风险后果的承担者分类,可以分为:政府风险、投资方风险、用户风险、承包商风险等。

(6)按风险对目标的影响分类,可以分为:工期风险、质量风险、费用风险、市场风险等。

项目风险管理过程(见图 3-11)主要包含规划风险管理、识别风险、实施风险分析(定性风险分析和定量风险分析)、规划风险应对、实施风险应对与监督风险。

3.9.1　规划风险管理

规划风险管理是定义如何实施项目风险管理活动的过程。这个过程的主要作用是,确保风险管理的水平、方法、可见度与项目风险程度,确保项目与组织及其他相关方的重要程度相匹配。

项目章程、项目管理计划、项目文件、事业环境因素和组织过程资产构成了规划风险管理的输入。

规划风险管理的工具与技术包括专家判断、数据分析和会议。

规划风险管理的输出是风险管理计划。风险管理计划是项目管理计划的组成部分,描述如何安排与实施风险管理活动,主要有风险管理战略、方法论、角色与职责、资金、时间安排、风险类别、相关方风险偏好、风险概率与影响定义、概率和影响矩阵、报告格式和跟踪等。

规划风险管理

1. 输入
(1) 项目章程;
(2) 项目管理计划;
(3) 项目文件;
(4) 事业环境因素;
(5) 组织过程资产;

2. 工具与技术
(1) 专家判断;
(2) 数据分析;
(3) 会议;

3. 输出
风险管理计划

识别风险

1. 输入
(1) 项目管理计划;
(2) 项目文件;
(3) 协议;
(4) 采购文档;
(5) 事业环境因素;
(6) 组织过程资产;

2. 工具与技术
(1) 专家判断;
(2) 数据收集;
(3) 数据分析;
(4) 人际关系与团队技能;
(5) 提示清单与会议

3. 输出
(1) 风险登记册;
(2) 风险报告;
(3) 里程碑清单;
(4) 项目文件更新

实施定性风险分析

1. 输入
(1) 项目管理计划;
(2) 项目文件;
(3) 事业环境因素;
(4) 组织过程资产

2. 工具与技术
(1) 专家判断;
(2) 数据收集;
(3) 数据分析;
(4) 人际关系与团队技能;
(5) 风险分类;
(6) 数据表现;
(7) 会议

3. 输出
项目文件更新(包括假设日志、问题日志、风险登记册和风险报告)

实施定量风险分析

1. 输入
(1) 项目管理计划;
(2) 项目文件;
(3) 事业环境因素;
(4) 组织过程资产

2. 工具与技术
(1) 专家判断;
(2) 数据收集;
(3) 人际关系与团队技能;
(4) 不确定性表现方式和数据分析

3. 输出
项目文件更新(主要包括风险报告)

规划风险应对

1. 输入
(1) 项目管理计划;
(2) 项目文件;
(3) 事业环境因素;
(4) 组织过程资产

2. 工具与技术
(1) 专家判断;
(2) 数据收集;
(3) 人际关系与团队技能;
(4) 威胁应对策略;
(5) 机会应对策略;
(6) 应急应对策略;
(7) 整体项目风险应对策略;
(8) 数据分析和决策

3. 输出
(1) 变更请求;
(2) 项目管理计划更新;
(3) 项目文件更新

实施风险应对

1. 输入
(1) 项目管理计划;
(2) 项目文件;
(3) 组织过程资产

2. 工具与技术
(1) 专家判断;
(2) 人际关系与团队技能;
(3) 项目管理信息系统

3. 输出
(1) 变更请求;
(2) 项目文件更新

监督风险

1. 输入
(1) 项目管理计划;
(2) 项目文件;
(3) 工作绩效数据;
(4) 工作绩效报告

2. 工具与技术
(1) 数据分析;
(2) 审计;
(3) 会议

3. 输出
(1) 工作绩效信息;
(2) 变更请求;
(3) 项目管理计划更新;
(4) 项目文件更新;
(5) 组织过程资产更新

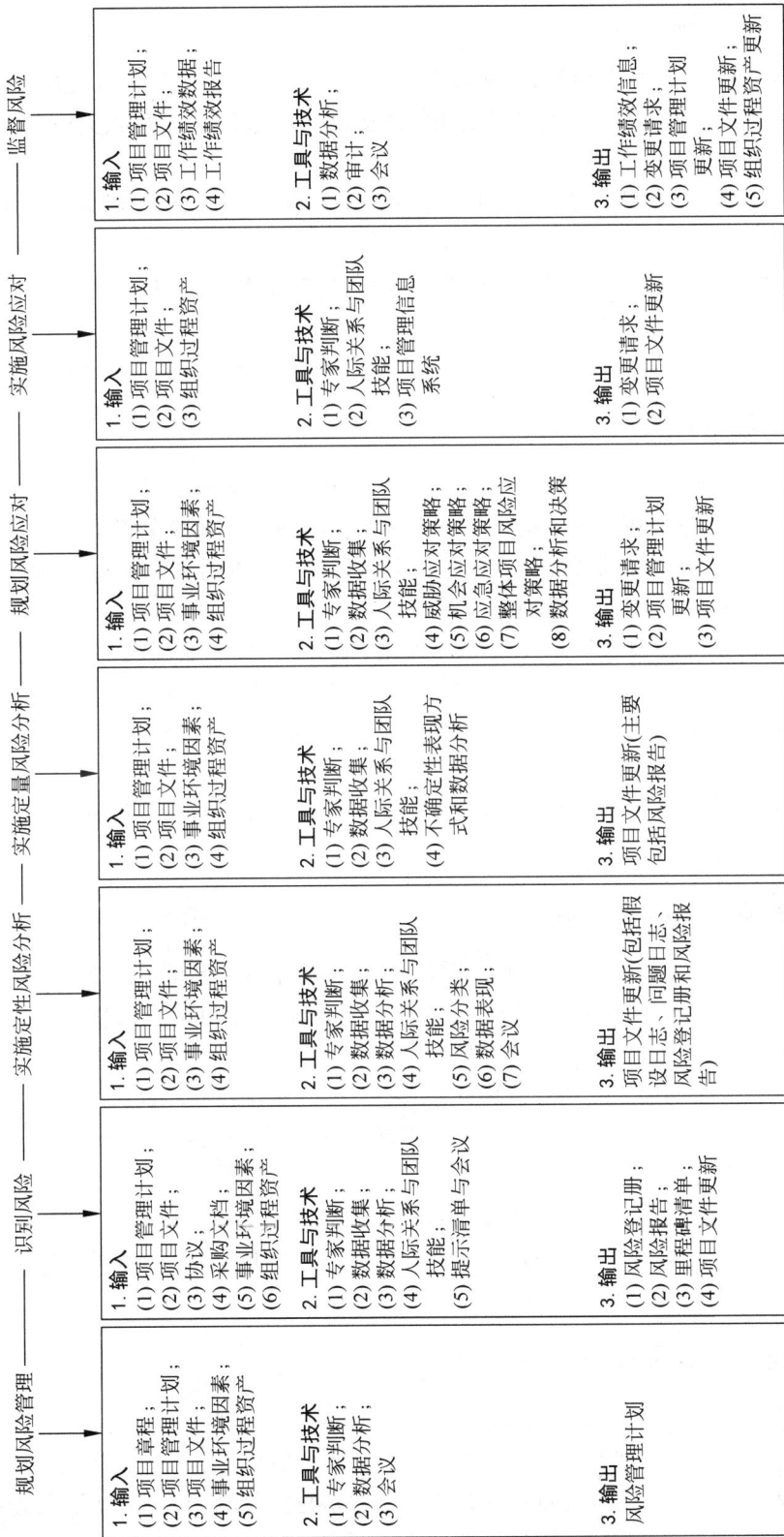

图 3-11　项目风险管理过程

3.9.2　识别风险

识别风险是识别单个项目风险及整体项目风险的来源并记录风险特征的过程。识别风险的主要作用是,记录现有的单个项目风险和整体项目风险的来源,汇集相关信息以便项目团队能够恰当应对已识别的风险。

识别风险的输入包括项目管理计划、项目文件、协议、采购文档、事业环境因素和组织过程资产。

识别风险的工具与技术包括专家判断、数据收集、数据分析、人际关系与团队技能、提示清单和会议。

识别风险的输出包括风险登记册、风险报告、里程碑清单和项目文件更新。

3.9.3　实施定性风险分析

实施定性风险分析是通过评估单个项目风险发生的概率、影响及其他特征对风险进行优先级排序,从而为后续分析或行动提供基础的过程。实施定性风险分析能规划风险应对过程,确定单个项目风险的相对优先级。本过程会为每个风险识别出责任人,以便由他们负责规划风险应对措施,并确保应对措施的实施。

实施定性风险分析的输入包括项目管理计划、项目文件、事业环境因素和组织过程资产。

实施定性风险分析的工具与技术包括专家判断、数据收集、数据分析、人际关系与团队技能、风险分类、数据表现和会议。

实施定性风险分析的输出是项目文件更新。更新的项目文件包括假设日志、问题日志、风险登记册和风险报告。

3.9.4　实施定量风险分析

实施定量风险分析是对已识别的单个项目风险和不确定性的其他风险来源对整体项目目标的影响进行定量分析的过程。实施定量风险分析的主要作用是量化整体项目风险敞口,并且提供额外的定量风险信息以支持风险应对规划。

实施定量风险分析的输入有项目管理计划、项目文件、事业环境因素和组织过程资产。

实施定量风险分析的工具与技术包括专家判断、数据收集、人际关系与团队技能、不确定性表现方式和数据分析。

实时定量风险分析的输出为项目文件更新。更新的项目文件主要是风险报告,其包括对整体项目风险敞口的评估结果、项目详细概率分析的结果、单个项目风险优先级清单、定量风险分析结果的趋势、风险应对建议。

3.9.5　规划风险应对

规划风险应对是为处理整体项目风险敞口及应对单个项目风险而制订可选方案、选择应对策略并商定应对行动的过程。规划风险应对的主要作用是制定应对整体项目风险和单个项目风险的适当方法。本过程还将对资源进行分配,根据需要将相关活动添加进项目文件和项目管理计划。

　　规划风险应对的输入包括项目管理计划、项目文件、事业环境因素和组织过程资产。

　　规划风险应对的工具与技术包括专家判断、数据收集、人际关系与团队技能、机会应对策略、威胁应对策略、应急应对策略、项目整体风险应对策略、数据分析和决策。

　　规划风险应对的输出有变更请求、项目管理计划更新和项目文件更新。

3.9.6　实施风险应对

　　实施风险应对是执行已商定风险应对计划的过程。实施风险应对的主要作用是确保按计划执行商定的风险应对措施,管理整体项目风险敞口、最小化单个项目威胁并最大化单个项目机会。

　　项目风险应对的措施主要包括以下几种:

　　(1) 规避。这种措施是从源头上放弃项目或者放弃使用带有风险的项目资源、项目技术、项目设计方案等,从而避开项目风险。

　　(2) 遏制。这种措施是从遏制引发风险原因的角度出发应对项目风险。

　　(3) 转移。这种措施用来应对一些发生概率低但是损失大或者项目组织很难控制的项目风险。

　　(4) 化解。这种措施用来对项目风险的产生过程进行化解,以控制和消除引发项目具体风险的因素。

　　(5) 容忍。对于项目风险发生可能性低且造成的后果较轻的风险事件可以选择容忍。

　　(6) 分担。项目利益相关者根据自身承担风险的能力对项目风险进行合理分担。

　　实施风险应对的输入包括项目管理计划、项目文件和组织过程资产。

　　实施风险应对的工具与技术包括专家判断、人际关系与团队技能和项目管理信息系统。

　　实施风险应对的输出包括变更请求和项目文件更新。

3.9.7　监督风险

　　监督风险是在整个项目期间,监督实施已商定的风险应对计划、跟踪已识别的风险、识别和分析新风险并评估风险管理有效性的过程。本过程的主要作用是确保项目决策都是基于整体项目风险敞口和单个项目风险的当前信息。

　　监督风险的输入包括项目管理计划、项目文件、工作绩效数据与工作绩效报告。

　　监督风险的工具与技术包括数据分析、审计和会议。

　　监督风险的输出包括工作绩效信息、变更请求、项目管理计划更新、项目文件更新与组织过程资产更新。

3.10　项目采购管理

　　项目采购管理包括从项目团队外部采购或获取所需产品、服务或成果的各个过程。项目采购过程(见图 3-12)包括规划采购管理、实施采购和控制采购。

3.10.1　规划采购管理

　　规划采购管理是记录项目采购决策、明确采购方法、识别潜在卖方的过程。本过程的主

规划采购管理 ——— 实施采购 ——— 控制采购

1. 输入	1. 输入	1. 输入
(1) 项目章程；	(1) 项目管理计划；	(1) 项目管理计划；
(2) 商业文件；	(2) 项目文件；	(2) 项目文件；
(3) 项目管理计划；	(3) 采购文档；	(3) 协议；
(4) 项目文件；	(4) 卖方建议书；	(4) 采购文档；
(5) 事业环境因素；	(5) 事业环境因素；	(5) 批准的变更请求；
(6) 组织过程资产	(6) 组织过程资产	(6) 工作绩效数据；
		(7) 事业环境因素；
		(8) 组织过程资产
2. 工具与技术	2. 工具与技术	2. 工具与技术
(1) 专家判断；	(1) 专家判断；	(1) 专家判断；
(2) 数据收集；	(2) 广告；	(2) 索赔管理；
(3) 数据分析；	(3) 投标人会议；	(3) 数据分析；
(4) 供方选择分析；	(4) 数据分析；	(4) 检查和审计
(5) 会议	(5) 人际关系与团队技能	
3. 输出	3. 输出	3. 输出
(1) 采购管理计划；	(1) 选定的卖方；	(1) 采购关闭；
(2) 采购策略；	(2) 协议；	(2) 工作绩效信息；
(3) 招标文件；	(3) 变更请求；	(3) 采购文档更新；
(4) 采购工作说明书；	(4) 项目管理计划更新；	(4) 变更请求；
(5) 供方选择标准；	(5) 项目文件更新；	(5) 项目管理计划更新；
(6) 自制或外购决策；	(6) 组织过程资产更新	(6) 项目文件更新；
(7) 独立成本估算；		(7) 组织过程资产更新
(8) 变更请求；		
(9) 项目文件更新和组织过程资产更新		

图 3-12　项目采购管理过程

要作用是确定是否从项目外部获取货物和服务，并且确定将在什么时间、以什么方式获取什么货物和服务。

项目章程、商业文件、项目管理计划、项目文件、事业环境因素和组织过程资产构成了规划采购管理的输入。

规划采购管理的工具与技术包括专家判断、数据收集、数据分析、供方选择分析和会议。

采购管理计划、采购策略、招标文件、采购工作说明书、供方选择标准、自制或外购决策、独立成本估算、变更请求、项目文件更新和组织过程资产更新构成了规划采购管理的输出。

3.10.2　实施采购

实施采购是获取卖方应答、选择卖方并授予合同的过程。实施采购的主要作用是选定合格的卖方并签署关于货物或服务交付的法律协议。

实施采购的输入包括项目管理计划、项目文件、采购文档、卖方建议书、事业环境因素和组织过程资产。

实施采购的工具与技术包括专家判断、广告、投标人会议、数据分析和人际关系与团队技能。

实施采购的输出包括选定的卖方、协议、变更请求、项目管理计划更新、项目文件更新和组织过程资产更新。

3.10.3　控制采购

控制采购是管理采购关系，监督合同绩效，实施必要的变更和纠偏，以及关闭合同的过程。控制采购的主要作用是确保买卖双方履行法律协议，满足项目需求。

控制采购的输入有项目管理计划、项目文件、协议、采购文档、批准的变更请求、工作绩效数据、事业环境因素和组织过程资产。

控制采购的工具与技术包括专家判断、索赔管理、数据分析与检查和审计。

控制采购的输出包括采购关闭、工作绩效信息、采购文档更新、变更请求、项目管理计划更新、项目文件更新和组织过程资产更新。

3.11　项目相关方管理

项目相关方管理是识别相关方、规划相关方参与、管理相关方参与和监督相关方参与的过程（见图 3-13），即识别能够影响项目或会受项目影响的人员、团体或组织，分析相关方对项目的期望和影响，制定合适的管理策略来有效调动相关方参与项目决策和执行。

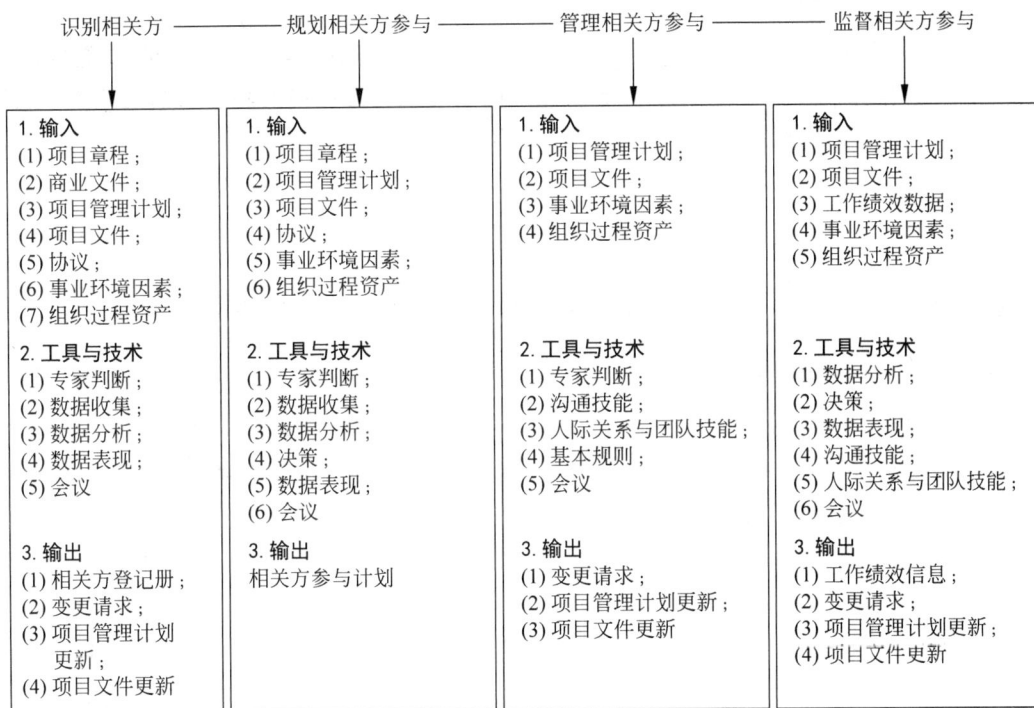

图 3-13　项目相关方管理过程

3.11.1　识别相关方

识别相关方是定期识别项目相关方，分析和记录他们的利益、参与度、相互依赖性、影响力和对项目成功发挥潜在影响的过程。本过程的主要作用是使项目团队对每个相关方或者相关方群体建立适度的关注。

识别相关方的输入包括项目章程、商业文件、项目管理计划、项目文件、协议、事业环境因素和组织过程资产。

识别相关方的工具与技术包括专家判断、数据收集、数据分析、数据表现和会议。

识别相关方的输出包括相关方登记册、变更请求、项目管理计划更新和项目文件更新。

3.11.2　规划相关方参与

规划相关方参与是根据相关方的需求、期望、利益和对项目的潜在影响,制定项目相关方参与项目的方法的过程。本过程的主要作用是提供与相关方进行有效互动的可行计划。

项目章程、项目管理计划、项目文件、协议、事业环境因素和组织过程资产构成了规划相关方参与的输入。

规划相关方参与的工具与技术包括专家判断、数据收集、数据分析、决策、数据表现和会议。

规划相关方参与的输出为相关方参与计划。相关方参与计划是项目管理计划的组成部分,它用于确定促进相关方有效参与决策和执行的策略和行动。

3.11.3　管理相关方参与

管理相关方参与是与相关方进行沟通和协作以满足其需求、期望并处理问题,促进相关方合理参与的过程。管理相关方参与的主要作用是使相关方提高对项目经理的支持,并尽可能降低相关方的抵制。

项目管理计划、项目文件、事业环境因素和组织过程资产构成了管理相关方参与的输入。

管理相关方参与的工具与技术包括专家判断、沟通技能、人际关系与团队技能、基本规则与会议。

管理相关方参与的输出包括变更请求、项目管理计划更新和项目文件更新。

3.11.4　监督相关方参与

监督相关方参与是监督项目相关方关系,并通过修订参与策略和计划来引导相关方合理参与项目的过程。监督相关方参与的主要作用是维持或提升相关方参与活动的效率和效果,以适应项目进展和环境变化。

监督相关方参与的输入有项目管理计划、项目文件、工作绩效数据、事业环境因素和组织过程资产。

监督相关方参与的工具与技术包括数据分析、决策、数据表现、沟通技能、人际关系与团队技能和会议。

监督相关方参与的输出有工作绩效信息、变更请求、项目管理计划更新和项目文件更新。

思　考　题

1. 简述项目、项目管理的定义。
2. 项目有哪些分类?

3. 简述项目管理的结构类型。

4. 简述项目管理的特点。

5. 项目的生命周期可分为哪些阶段？在每个阶段中，管理者的任务和工作内容有哪些？应该取得哪些成果？

6. 举例说明一个机械工程项目中存在哪些项目相关方？

7. 项目合同有哪些构成要素？

8. 解决合同纠纷的方法有哪些？

9. 美国项目管理协会定义的项目管理包含哪些知识体系？

10. 项目风险管理包含哪些内容？如何应对项目风险？

自测题 3

第4章 项目技术与经济效果评价

技术有狭义的概念和广义的概念。狭义的概念是科学原理在实践中的运用,或者说是人攫取物的过程中一切理念、方法、手段、程序的设计和应用,在这个意义上,技术仅仅是以人为主体、以物及环境为客体的活动方式。广义的技术概念则是处置一切客观事物合理的、有效的、经济的理念、手段、方法、程式的总括,也就是说,它不仅以物为客观对象,还扩展到客观事物的一切方面。

经济主要是指"节约"的意思,即经济效益。经济是研究人们需求、生产、分配和交换等一系列活动的学问,是解释和指导"在人们需求的资源是稀缺的这种环境下,人们如何做出选择,把资源调配到更加科学、合理、公平的状态,使得人尽其能、物尽其用、时尽其效"的一门科学。经济一词来源于"经世济民"这一成语,其本意是"经营管理国家或社会,接济人民,使社会繁荣、人民幸福安康"。由此可以定义,经济学就是"经世济民"的学问。

技术与经济的关系也包含狭义和广义两个层面:

(1) 从狭义方面说,技术是经济的推动力之一,技术是生产的基本要素之一,技术进步与经济发展在合理的人类社会中是正相关关系。

(2) 从广义方面说,技术也是研究经济学的重要工具,某些科学方法,如数学在经济研究中得到了广泛的应用,使得经济学在经济实践中具有了更加深入的指导意义,推动了经济的发展。

我国著名经济学家于光远最早提出了"技术经济学"这一概念。技术经济学是一门由我国学者创立的新兴学科,是中国经济学家和广大技术经济工作者在广泛借鉴、吸收国内外经济理论、科技成果和相关学科有益成果的基础上,密切联系和总结我国经济建设的实践经验而逐渐形成的一门交叉学科。技术经济学是从经济角度出发研究在一定社会条件下再生产过程中即将采用的各种技术措施和技术方案的经济效果的科学,主要目的是将技术更好地应用于经济建设,包括新技术与新产品的开发研制、各种资源的综合利用、发展生产力的综合论证等。

技术经济学的基本研究方法包括:

(1) 系统综合,即采用系统分析、综合分析的研究方法和思维方法对技术的研制、应用与发展进行估计。

(2) 方案论证,是技术经济学普遍采用的传统方法,主要通过一套经济效果指标体系对完成同一目标的不同技术方案进行计算、分析和比较。

(3) 效果分析,是通过劳动成果与劳动消耗的对比分析、效益与费用的对比分析,基于效果最大原则对技术方案的经济效果和社会效果进行评价。技术经济分析、论证、评价的方法很多,最常见的有确定性分析评价法、不确定性分析评价法、比较性分析评价法、系统分析法、价值分析法和可行性分析法等。

4.1　机械工程项目的技术评价

1966 年,美国前议员埃米利奥·昆西·达达里奥(Emilio Quincy Daddario)在国会的一份报告中提出了"技术评价"一词。1972 年,美国通过立法建立了国会技术评价办公室,随后美国国家科学院、联邦政府的某些机构和一些私营企业也相继建立了类似的机构。后来,联合国经济合作发展组织、欧洲共同体等一些国际性组织和日本、加拿大、瑞典及一些第三世界国家也开始进行技术评价的研究工作。

任何一个机械工程项目的实施与运行都需要有一定的技术条件基础,项目所采用技术的先进性对于能否实现项目目标,能否给项目相关方带来更多利益等有着重要影响。

企业在进行项目投资时,首要考虑的是获利,因此首先要进行经济评价,但项目所采用的技术可行性是进行经济评价的前提,所以如果仅使用经济效果评估则可能无法科学准确地做出该项目的可行性判断,还应通过项目的技术评价对项目进行技术方面的可行性评价。

项目技术是指在项目中所采用的技术总和,项目技术评价也称为技术评估,是对项目所采用的技术工艺、技术装备和技术方案等的可行性进行评价。技术评价是围绕"功能"进行的评价,评价的主要内容是以用户要求的必要功能为依据,一般以实现功能的条件为评价目标,如功能的实现程度(性能、质量、寿命等)、可靠性、维修性、安全性、操作性、整个系统的协调、与环境资源的协调等。任何项目的经济效益和社会效益都是在既定的项目技术方案前提下取得的,只有技术可行的项目,才有必要进一步分析项目的经济效益、社会效益。

不同项目的技术评价内容会有所区别,但是对于项目技术评价的基本内容是一致的,主要包括以下 3 个方面。

1) 项目技术工艺的评价

项目技术工艺是指为实现项目产品的生产,为保证项目的正常运行而采用的生产工艺流程与技术工艺方法。

项目技术工艺应当满足项目运行的需要。科学技术在不断发展中,技术工艺也会随之改进,在选用技术工艺时,须与项目产品的生产运行要求相适应。此外,项目技术工艺须与原材料及技术装备的要求相适应,且具有一定的先进性。

2) 项目技术装备的评价

项目技术装备的评价应在项目技术工艺评价的指导下开展,但也会受到项目资金和企业原有装备等条件的影响。

项目技术装备的评价具体包括:①来源评价,即项目技术装备采购自国内还是国外,须综合考虑技术装备的功能、质量、价格、后续维保等方面,一般情况下,国内能够制造的装备不从国外进口;②配套性评价,包含装备自身的配套性和与其他技术装备的配套性。

3) 项目技术方案的评价

分析比较项目采用不同技术方案的利弊得失,促使项目选择既适应国家现代化建设要求,又符合国家资源特点和现有技术水平与经济条件的生产技术方案。项目技术方案的优劣会直接影响项目技术工艺的实施和技术装备的选择。

4.1.1　技术评价的原则与程序

1. 项目技术评价的原则

项目的技术评价是一项完整且科学的工作,必须按照一定的原则及步骤开展评价工作,其主要原则如下。

1）项目技术先进性与适用性相结合

项目技术先进性是指项目采用的技术工艺、技术装备和技术方案的技术含量应达到国际或国内先进或领先水平;项目技术适用性是指项目所采用的技术工艺、技术装备和技术方案的技术水平必须与该项目的特定要求、配套水平和人员素质相适应。必须坚持在适用性的基础上追求技术的先进性,以达到两者的有机结合。

2）项目技术经济性与合理性相结合

项目技术经济性是指项目采用的先进技术所付出的经济代价相对较为节约;项目技术合理性是指在项目技术的选择上需符合项目相关方的利益。也就是说,应以相对较低的技术代价获得相对较高的经济效益,并保证项目相关方的利益合理化。

3）项目技术安全性与可靠性相结合

项目技术安全性是指在项目技术的使用过程中不出现对项目主体造成危害的现象;项目技术可靠性是指项目技术在使用中不会出现太多故障或问题。要求从财产保护、劳动防护与环境保护等角度出发,全面评价项目技术的安全性和可靠性。

2. 项目技术评价的程序

项目技术评价的程序主要包括以下几个步骤。

1）收集整理与项目相关的技术资料

需要收集整理的资料有:①项目的基本技术资料,包括项目技术工艺资料、技术装备资料和技术方案资料;②项目技术评价方面的资料;③与项目技术方案有关的数据资料,如经济、环境等数据资料。

2）确定项目技术评价的主要内容

机械工程项目所涉及的技术问题范围广泛、内容丰富,评价工作不可能也无须对所有的技术问题进行逐项评价,主要讨论项目技术工艺、技术装备和技术方案3个方面。

3）确定项目技术评价的指标与标准

确定技术评价所需的指标与标准是项目技术评价的主要内容之一。项目评价指标包括项目技术专项评价指标、项目技术综合评价指标和项目技术评价指标体系。项目技术评价标准是指在确定项目技术评价指标之后进一步给出相应指标的标准取值及由此构成的体系。

4）开展项目技术专项评价

项目技术专项评价主要有两种分类方法:①按照项目技术工艺专项评价、项目技术装备专项评价和项目技术方案专项评价分类;②按照项目技术方案先进性专项评价、项目技术方案实用性专项评价和项目技术方案可行性专项评价分类。

5）开展项目技术综合评价

按照一定的方法对项目技术各专项评价的结果进行综合分析,得到项目技术的全面综合评价。

4.1.2　技术评价的方法

1. 同行评议法

同行评议法是指某一领域的专家采用统一标准对某一技术进行独立的评价,是应用最为广泛且可信度较高的评价方法。具体而言有 4 种形式:通信评议、会议评议、现场评议、通信和会议相结合的评议。同行评议法最大的特点是能够满足价值评议的要求,但也存在一定的缺陷,例如:可能会形成熟人关系网,影响评议的公正性;难以杜绝剽窃行为,评议专家有可能剽窃被评议材料的技术方案;不利于支持创新性的非共识研究;容易受到专家主观因素的影响。

完善同行评议法的方法主要有:

(1) 建立同行评议专家的资格审查制度。

(2) 建立专家库。

(3) 随机遴选评选专家。

(4) 定期更换专家。

(5) 实行专家回避制度。

(6) 建立专家诚信制度。

(7) 建立评审意见申述机制。

2. 定标比超法

定标比超法是经济领域中应用和影响较广的一种企业竞争情报分析方法。在经济领域,该方法将本企业的技术研发活动与从事该项活动的领先者进行比较,从而提出方案,提高自身竞争力。

定标比超法具有适用面广、针对性强、作用多样等优点,但是也存在片面性、静态性和局部性。

4.2　资金的时间价值与经济评价

4.2.1　资金的时间价值

从投资者的角度出发,资金作为资本投入生产,与其他生产要素相结合,随着时间的推移,资金将伴随着生产与交换的进行而变动,生产和交换将会为投资者带来利润,表现为资金的升值,这种资金在特定条件下对时间的变化关系称为资金的时间价值。

从消费者的角度出发,资金一旦投入,将不能用于现期消费,也就相当于付出了一定的代价,在一定时间内的这种代价也是资金的时间价值。

因此,当劳动创造的价值用货币表现并从时间因素上去考察它的动态变化时,就可以将它看作是资金的时间价值。资金的时间价值具体表现为利润或利息。

任何机械工程项目的实施都有一个生命周期,都会延续一定的时间。项目投入和项目产出都是由一系列分布在不同时间节点上的资金序列组成的,由于资金时间价值因素的存在,使得这些资金无法直接放在一个时间节点进行比较,而必须对其进行相应的时间价值计算之后才能进行比较。所以,资金的时间价值分析对于评价机械工程项目的经济效益具有十分重要的意义。

资金的时间价值取决于投资收益率、通货膨胀、投资风险和利息等。

1. 利息与利率

利息是指占用资金所付出的代价或所获得的回报,是资金的增值部分。从广义方面看,利息是指资金通过生产经营活动后的增值部分。利率是指一定周期内,利息额与原资金额之比。计息周期是指计息的时间单位,常用的有年、半年、季、周或天。计息方法有单利和复利两种。

以存款为例,单利是指一笔资金无论存期多长,只对本金计算利息,而以前各期利息在下一个计息周期内均不计算利息,其计算公式为

$$F = P(1 + in) \tag{4-1}$$

式中,F 为本利和;P 为本金;i 为利率;n 为计息周期。

【例 4-1】 某企业将一笔 1500 万元的本金存入某银行,存期 3 年,年利率 3.5%,按照单利计息方式,则 3 年后该企业可从银行取出 1657.5 万元。

复利是指在计算利息时,某一计息周期的利息是由本金加上先前周期所积累的利息总额计算获得的,其计算公式为

$$F = P(1 + i)^n \tag{4-2}$$

【例 4-2】 某企业将一笔 1500 万元的本金存入某银行,存期 3 年,年利率 3.5%,按照复利计息方式,则 3 年后该企业可从银行取出约 1663.08 万元。

由此可见,复利计算更加客观地反映了资金运动情况,所以在机械工程项目的效益评价中,一般采用复利计息方式。

2. 资金的等值概念

在考虑时间因素的情况下,不同时间节点发生的绝对值不等的资金可能具有相等的价值。以年利率 5% 为例,现在的 100 元与一年后的 105 元具有相等的价值。

影响资金等值的因素有资金的大小、利率的高低和资金发生的时间,所以进行资金比较时,首先应将不同时间节点的资金折算到同一时间节点。

4.2.2　现金流量与现金流量图

机械工程项目在其生命周期内存在着复杂的资金流动,这种不断运动的资金流动称为现金流量。流入这个项目的资金称为现金流入,如各种销售收入和资产回收等,用 CI 表示;流出这个项目的资金称为现金流出,如投资、生产和经营成本等,用 CO 表示。同一时间节点上的现金流入与现金流出的代数和称为净现金流量,用 NCF 表示。

现金流量图的作图方法和规则如下:

(1) 以横轴为时间轴,时间轴上的点称为时间节点(简称时点),通常表示的是该时间单位末的时间(同时也是下一个时间单位初的时间),以年为计息周期的话,0 表示时间序列的起点,即第 1 年的开始,3 表示第 3 年的年末,同时也是第 4 年的年初。

(2) 垂直箭线代表不同时点的现金流量,一般情况下,箭线向上代表现金流入(如项目的产出,一般为正值且假设发生在年末),箭线向下代表现金流出(如项目的投入,一般为负值且假设发生在年初)。

（3）箭线长短代表现金流量的大小。

（4）箭线与时间轴的交点即为现金流量发生的时点。

总之，要正确绘制现金流量图，就必须把握好现金流量的三要素，即现金流量的大小、方向和时点。典型的现金流量图如图 4-1 所示。

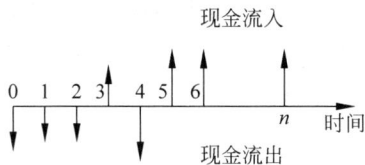

图 4-1　现金流量图

4.2.3　资金的等值计算

为了比较不同时间点的资金大小，需要将它们折算到同一时间点进行加减计算后再比较分析。利用资金等值的概念，把一个时点的资金换算成另一个时点等值金额的过程，称为资金的等值计算。通过等值计算，可以把不同时点上的资金换算成同一时点上的资金，从而使不同投资方案的现金流量在价值上具有可比性。

资金等值计算的一些基本概念如下：

（1）时值，是指资金处于项目生命周期某个时点的价值。

（2）现值（present value），是指资金处于 0 时点的价值，也称为本金。

（3）终值（future value），是指资金在终点时点的价值。

（4）等额年金或年值（annuity），是指一段时间内发生的等额资金流入或流出。

在资金等值计算中，一般假设资金的流入发生在年末，资金的流出发生在年初，即投入在年初，产出在年末，先有投入，后有产出。资金的等值计算共有 6 个基本公式。

1. 一次支付终值公式

一次支付终值公式为

$$F = P(1+i)^n \tag{4-3}$$

已知现值 P，将 P 等值换算到将来某个时点 n 的终值 F 的现金流量图如图 4-2 所示。式（4-3）中的 $(1+i)^n$ 为一次支付终值系数，可简记为 $(F/P, i, n)$。

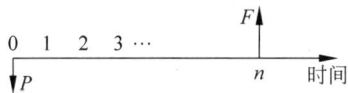

图 4-2　一次支付现金流量图

【例 4-3】　某企业新建一条自动化装配生产线，现向银行贷款 300 万元，贷款年利率为 5%，则 10 年后该企业需偿还本金和利息共计多少？

解：由题意可得：$P=300, n=10, i=5\%$，则有

$$F = P(1+i)^n = P(F/P, i, n) = 300 \times (1+0.05)^{10} \text{ 万元} = 488.668 \text{ 万元}$$

因此，10 年后该企业需偿还本金和利息共计 488.668 万元。

2. 一次支付现值公式

一次支付现值公式为

$$P = F(1+i)^{-n} \tag{4-4}$$

已知终值 F，将 F 等值换算到当前 0 时点的现值 P，这是与一次支付终值计算相反的逆过程。式(4-4)中的 $(1+i)^{-n}$ 为一次支付现值系数，可简记为 $(P/F, i, n)$。

【例 4-4】 某企业想在 10 年后拥有 488.668 万元技改资金，银行存款年利率为 4%，则该企业现在应一次性存入银行多少现金？

解： 由题意可得：$F = 488.668, n = 10, i = 4\%$，则有

$$P = F(P/F, i, n) = F(1+i)^{-n} = 488.668 \times (1+0.04)^{-10} \text{万元} = 330.127 \text{万元}$$

因此，该企业现在应一次性存入银行 330.127 万元。

3. 等额支付终值公式

等额支付终值公式为

$$F = A + A(1+i) + A(1+i)^2 + \cdots + A(1+i)^n = A\frac{(1+i)^n - 1}{i} \tag{4-5}$$

已知年值 A，将 A 等值换算到将来某个时点 n 的终值 F 的现金流量图如图 4-3 所示。式(4-5)中的 $\frac{(1+i)^n - 1}{i}$ 为等额支付终值系数，可简记为 $(F/A, i, n)$。

图 4-3 等额支付现金流量图

【例 4-5】 某轴承制造企业，每年年末存入银行 50 万元，银行存款年利率为 4%，则 8 年后的本利和为多少？

解： 由题意可得：$A = 50, n = 8, i = 4\%$，则有

$$F = A(F/A, i, n) = A\frac{(1+i)^n - 1}{i} = 50 \times \frac{(1+0.04)^8 - 1}{0.04} \text{万元} = 460.711 \text{万元}$$

因此，8 年后的本利和为 460.711 万元。

【例 4-6】 某轴承制造企业，每年年初存入银行 50 万元，银行存款年利率为 4%，则 8 年后的本利和为多少？

解： 该题的现金流量图如图 4-4 所示。

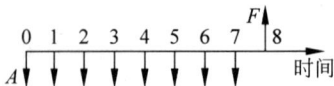

图 4-4 现金流量图

$$F = A(F/P, i, n) + A(F/A, i, n)(F/P, i, n)$$

$$= 50 \times (1+0.04)^8 + 50 \times \frac{(1+0.04)^7 - 1}{0.04} \times (1+0.04) \text{万元} = 479.139 \text{万元}$$

因此，8 年后的本利和为 479.139 万元。

4. 等额支付偿债基金公式

等额支付偿债基金公式为

$$A = F \frac{i}{(1+i)^n - 1} \tag{4-6}$$

已知终值 F，将 F 等值换算到年值 A，这是与等额支付终值计算相反的逆过程。式(4-6)中的 $\frac{i}{(1+i)^n - 1}$ 为偿债基金系数，可简记为 $(A/F, i, n)$。

【例 4-7】　某轴承制造企业想在 8 年后拥有 460.711 万元技改资金，银行存款年利率为 4%，则该企业需要从现在开始的 8 年内每年年末等额存入多少钱？

解：由题意可得：$F = 460.711, i = 4\%, n = 8$，则有

$$A = F(A/F, i, n) = F \frac{i}{(1+i)^n - 1} = 460.711 \times \frac{0.04}{(1+0.04)^8 - 1} \text{万元} = 50 \text{万元}$$

因此，该企业需要从现在开始的 8 年内每年年末等额存入 50 万元。

5. 等额分付现值公式

等额分付现值公式为

$$P = A \frac{(1+i)^n - 1}{i(1+i)^n} \tag{4-7}$$

已知年值 A，将 A 等值换算到 0 时点的现值 P 的现金流量图如图 4-5 所示。式(4-7)中的 $\frac{(1+i)^n - 1}{i(1+i)^n}$ 为等额分付现值系数，可简记为 $(P/A, i, n)$。

图 4-5　等额分付现金流量图

【例 4-8】　某汽车自动变速箱装配生产线投入使用后，每年年末可获得收益 200 万元，该生产线使用寿命为 10 年，按折现率 8% 计算，该生产线总效益的现值为多少？

解：由题意可得：$A = 200, i = 8\%, n = 10$，则有

$$P = A(P/A, i, n) = A \frac{(1+i)^n - 1}{i(1+i)^n} = 200 \times \frac{(1+0.08)^{10} - 1}{0.08 \times (1+0.08)^{10}} \text{万元} = 1342.016 \text{万元}$$

因此，该生产线总效益的现值为 1342.016 万元。

折现率（或收益率）在计算中代表的是使项目可以被接受的最低期望收益率，即项目投资必须达到的最低盈利水平。

影响最低期望收益率的主要因素有经济周期、通货膨胀、项目性质、经营风险和资金成本等。

6. 等额分付回收公式

等额分付回收公式为

$$A = P \frac{i(1+i)^n}{(1+i)^n - 1} \tag{4-8}$$

已知现值 P，将 P 等值换算到年值 A，这是与等额分付现值计算相反的逆过程。式(4-8)中的 $\dfrac{i(1+i)^n}{(1+i)^n-1}$ 为等额回收系数，可简记为 $(A/P,i,n)$。

【例 4-9】　某企业新建汽车自动变速箱装配生产线，项目贷款 1342.016 万元，银行要求在 10 年内每年年末等额还款收回全部贷款，贷款年利率为 8%，则该项目每年年末的净收益不应少于多少？

解：由题意可得：$P=1342.016$，$i=8\%$，$n=10$，代入式(4-8)中，可得 $A=200$ 万元。则该项目每年年末的净收益不应少于 200 万元。

4.3　项目的确定性经济效果评价方法

经济效果评价是机械工程项目经济分析的核心内容，其目的在于避免或最大限度地减少投资方案的风险，确保后续决策的科学性。

确定性经济效果评价方法按其评价指标可分为价值型、效率型和时间型，如图 4-6 所示。价值型评价指标是以货币表示的反映项目某一方面数量和质量情况的经济指标，该方法计算简单，经济含义明确，但需要预先给出基准收益率，不能反映投资效率水平；效率型评价指标是价值型评价指标的补充，它能评价项目实际达到的投资效率水平；时间型评价指标是利用时间的长短来评价项目对其投资回收的清偿能力。

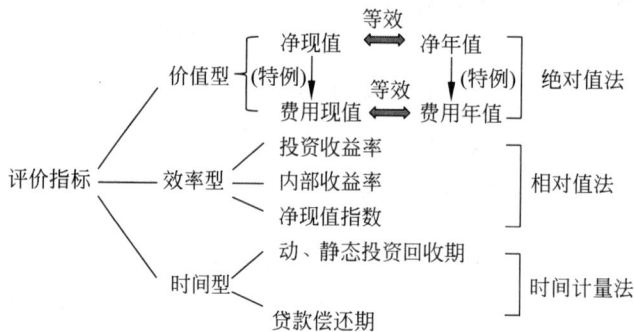

图 4-6　项目确定性经济效果评价方法分类

4.3.1　价值型指标评价方法

价值型指标评价方法又称为绝对值法指标评价方法，即采用绝对量的计算方法进行项目效果的评价，包括净现值法、净年值法、费用现值法和费用年值法。

1. 净现值法

净现值(net present value，NPV)，即项目按照部门或行业基准收益率或设定的折现率，通过将各年的净现金流量换算至项目起始年的现值总和。净现值法就是计算项目的净现值大小后进行评价，其计算公式为

$$\text{NPV} = \sum_{t=0}^{n} (\text{CI}-\text{CO})_t (1+i_0)^{-t} \tag{4-9}$$

若 $t>0$，$(CI-CO)_t$、i_0 分别保持不变，则有

$$NPV = (CI-CO)_0 + (CI-CO)_1(P/A,i_0,n)$$

式中，NPV 为净现值；CI 为现金流入；CO 为现金流出；$(CI-CO)_t$ 为第 t 年的净现金流量；i_0 为基准收益率或折现率；n 为项目生命期(机械工程项目分析中一般以年为单位)。

净现值法的评判依据是：①单方案分析时，如果计算结果 $NPV \geqslant 0$，则该方案可行；如果 $NPV < 0$，则该方案不可行。②多方案比较分析时，取 NPV 最大的方案。

【例 4-10】　某轴承生产企业投资 1 万元购买自动化打包设备，该设备前 3 年每年的收益为 0.25 万元，后 3 年每年的收益为 0.35 万元，期末残值回收为 0，基准折现率为 10%，从净现值的角度分析该方案是否可行。

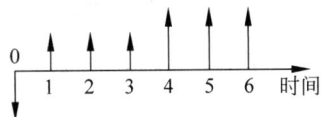
图 4-7　项目现金流量图

解：由题意画出该项目的现金流量图如图 4-7 所示。

$$NPV = \sum_{t=0}^{n}(CI-CO)_t(1+i_0)^{-t}$$
$$= -1 + 0.25 \times (P/A,10\%,3) + 0.35 \times (P/A,10\%,3)(P/F,10\%,3)$$
$$= 0.2575719$$

或者

$$NPV = \sum_{t=0}^{n}(CI-CO)_t(P/F,i_0,t)$$
$$= -1 + 0.25 \times (P/F,10\%,1) + 0.25 \times (P/F,10\%,2) + 0.25 \times (P/F,10\%,3) +$$
$$0.35 \times (P/F,10\%,4) + 0.35 \times (P/F,10\%,5) + 0.35 \times (P/F,10\%,6)$$
$$= 0.2575719$$

计算得到该项目的 $NPV > 0$，所以从净现值的角度可知该方案可行。

【例 4-11】　某个投资项目限期 5 年，要求收益率达 12%，现有两种投资收益方案(资金情况见表 4-1)，试对该两种方案进行分析比较。

表 4-1　两种投资收益方案资金情况

方　案	时间/年					
	0	1	2	3	4	5
方案 A/万元	-0.9	0.34	0.34	0.34	0.34	0.34
方案 B/万元	-1.45	0.52	0.52	0.52	0.52	0.52

解：
$$NPV_A = -0.9 + 0.34 \times (P/A,12\%,5) = 0.325624$$
$$NPV_B = -1.45 + 0.52 \times (P/A,12\%,5) = 0.424484$$

分析：

(1) 单纯从净现值的角度出发，两种方案都可行，因为方案 A 和方案 B 的 NPV 都大于零。

(2) 从两个方案净现值大小的角度出发，则应选择方案 B，因方案 B 的净现值大于方案 A 的净现值。

(3) 从投资效率的角度出发，则应选择方案 A，因为方案 A 的投资效率是 0.325624/

0.9＝0.3618,方案 B 的投资效率是 0.424484/1.45＝0.2927,所以方案 A 的投资效率大于方案 B 的投资效率。

净现值法反映的是绝对数,不考虑投资获利的能力,因此该方法不能用于投资总额不同方案的比较选优。

2. 净年值法

净年值(net annual value,NAV)是指按照给定的折现率通过等值换算将项目生命期内每一个不同时点的净现金流量分摊到项目生命周期内各年的等额年值。净年值法就是利用折算的年平均收益衡量项目的效益,其计算公式为

$$\text{NAV} = \left[\sum_{i=0}^{n}(\text{CI}-\text{CO})_t(1+i_0)^{-t}\right](A/P,i_0,n) \tag{4-10}$$

净年值法的评判依据是:①单方案分析时,如果计算结果 NAV≥0,则该方案可行;如果 NAV＜0,则该方案不可行。②多方案比较分析时,取 NAV 最大的方案。

【例 4-12】 某轴承生产企业投资 1 万元购买自动化打包设备,该设备前 3 年每年的收益为 0.25 万元,后 3 年每年的收益为 0.35 万元,期末残值回收为 0,基准折现率为 10%,从净年值的角度分析该方案是否可行。

解:由题意画出该项目的现金流量图如图 4-7 所示。

$$\text{NAV} = \left[\sum_{i=0}^{n}(\text{CI}-\text{CO})_t(1+i_0)^{-t}\right](A/P,i_0,n)$$
$$= \text{NPV}(A/P,i_0,n)$$
$$= 0.2575719 \times \frac{0.1\times(1+0.1)^6}{(1+0.1)^6-1}$$
$$= 0.0591409$$

计算得到该项目的 NAV＞0,所以从净年值的角度分析可知该方案可行。

由此例题可知,用净年值评价的结论和用净现值评价的结论是一致的。

3. 费用现值法

费用现值(present cost,PC),即项目按部门或者行业基准收益率或设定的折现率将各年的费用(支出)换算至项目起始年的现值总和。比较现值总和的大小,可对多个方案的优劣进行分析评价。

费用现值法只用于多个方案的比较选优,如果各个方案的产出价值相同,或者各个方案能同时满足需求且其产出效益很难用经济价值来表现,此时就可以通过对各个方案的费用现值进行比较选择,其计算公式为

$$\text{PC} = \sum_{t=0}^{n}\text{CO}_t(1+i_0)^{-t} \tag{4-11}$$

费用现值法的评判依据是:多方案比较选优时,取 PC 最小的方案。费用现值法只能给出方案的相对优劣,利用该方法所选出的最优者并不能保证在经济效益上一定是可接受的。

【例 4-13】 某公益类项目有方案 A 和方案 B 都能满足要求,但两个方案的投资及每年运营费用不同,具体见表 4-2。在基准折现率为 10% 的情况下,试分析两个方案的优劣。

表 4-2　两种方案的资金投入情况

方　案	时间/年					
	0	1	2	3	4	5
方案 A/百万元	1	0.5	0.5	0.5	0.5	0.5
方案 B/百万元	1.5	0.3	0.3	0.3	0.3	0.3

解：

$$PC_A = \sum_{i=0}^{n} CO_t(1+i_0)^{-t}$$
$$= 1 + 0.5 \times (P/A, i, n)$$
$$= 1 + 0.5 \times \frac{(1+0.1)^5 - 1}{0.1 \times (1+0.1)^5}$$
$$= 2.8953934$$

$$PC_B = \sum_{i=0}^{n} CO_t(1+i_0)^{-t}$$
$$= 1.5 + 0.3 \times (P/A, i, n)$$
$$= 1 + 0.3 \times \frac{(1+0.1)^5 - 1}{0.1 \times (1+0.1)^5}$$
$$= 2.63723603$$

由上述计算可得，方案 A 的费用现值大于方案 B 的费用现值，所以取方案 B。

4. 费用年值法

费用年值（annual cost，AC）是指按给定的折现率通过等值换算将项目生命周期内各年的费用（支出）分摊到项目生命周期内各年的等额年值。费用年值法就是利用折算的费用年值比较方案的优劣，其计算公式为

$$AC = \left[\sum_{t=0}^{n} CO_t(1+i_0)^{-t}\right](A/P, i_0, n) \tag{4-12}$$

费用年值法的评判依据是：多方案比较选优时，取 AC 最小的方案。费用年值法也只能给出方案的相对优劣，利用该方法所选出的最优者并不能保证在经济效益上一定是可接受的。

需要注意的是，净年值法与费用年值法对多个方案进行比较选优时，这些方案的生命周期必须相同。

费用年值评价法的结论和费用现值评价法的结论是一致的。费用年值、费用现值是净年值、净现值的特例。

4.3.2　效率型指标评价方法

效率型指标评价方法是一类计算相对量并进行项目经济效果评价的方法。

1. 投资收益率法

投资收益率（rate of return on investment）指一个项目在其正常的生产年份产生的净收益和投入的投资总额之间的比值。投资收益率法从静态的角度考察项目收益率的大小，反映了项目在正常年份的盈利水平和获利大小，其计算公式为

$$R = \frac{Y}{K} = \frac{S - C - T}{K} \tag{4-13}$$

式中，Y 为正常生产年份的年利润；S 为年销售收入；C 为年经营成本（不含折旧）；T 为年税金；K 为总投资。

投资收益率法的评判依据是投资收益率达到或超过部门或行业规定的基准收益率，则该项目可以接受。

该方法由于没有对资金的时间价值进行考虑，舍弃了项目生命周期内的大量经济数据，所以通常只用于技术经济数据不完整的项目的初步研究阶段。

2. 内部收益率法

内部收益率（internal rate of return，IRR）是指整个项目生命周期内，净现值等于零时的折现率。内部收益率是除净现值外另一个非常重要的确定性经济评价指标，反映了项目能获得的最大收益率，也是项目能够接受的贷款最高利率。其原理公式为

$$NPV = \sum_{t=0}^{n} \frac{(CI - CO)_t}{(1 + IRR)^t} = 0 \tag{4-14}$$

由式（4-14）可知，内部收益率方程是一个一元 n 次方程，需借助计算机求解。实际求解中，一般使用线性插值法获得 IRR 的近似值（见图 4-8），计算步骤如下：

(1) 根据实际经验，初定一个适当的折现率 i_0，求解 i_0 时的净现值 NPV。

(2) 如果 NPV>0，则适当增大 i_0。

(3) 如果 NPV<0，则适当减小 i_0。

(4) 重复步骤(2)和步骤(3)，直至得到两个折现率 i_1 和 i_2，其对应的净现值 $NPV_1 > 0$，$NPV_2 < 0$，且 $i_2 - i_1 \leqslant 5\%$。

(5) 用线性插值法计算 IRR 的近似值，计算公式为

$$IRR = i_1 + \frac{NPV_1}{NPV_1 + |NPV_2|}(i_2 - i_1) \tag{4-15}$$

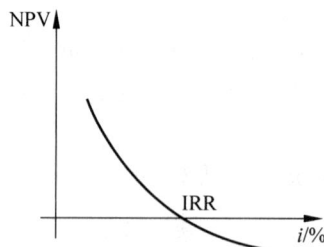

图 4-8　线性插值法示意图

内部收益率法的评判依据是：当计算得到的内部收益率 IRR≥项目（或行业）的基准收益率 i_0 时，则该方案在经济上是可行的；否则，不可行。

内部收益率表现的是比率，不是绝对值，一般用于单方案分析。一个内部收益率较高的方案，反映的是其投资效率较高，但可能由于该方案规模较小导致净现值较小，因此不值得考虑。所以在多方案选优时，需综合考虑内部收益率和净现值。

【例 4-14】　某项目的现金流量见表 4-3，行业基准收益率为 12%，试用内部收益率法进行决策。

表 4-3　某项目的资金流动情况

现金流量	时间/年						
	0	1	2	3	4	5	6
净现金流量/千万元	−10	1.5	2	2.5	3	3.5	4

解：按 12% 收益率计算净现金值为

$$\begin{aligned}
\text{NPV}_1 = & -10 + 1.5 \times (P/F,12\%,1) + 2 \times (P/F,12\%,2) + 2.5 \times (P/F,12\%,3) + \\
& 3 \times (P/F,12\%,4) + 3.5 \times (P/F,12\%,5) + 4 \times (P/F,12\%,6) \text{ 万元} \\
= & \ 634 \text{ 万元}
\end{aligned}$$

按 14% 收益率计算净现金值为

$$\begin{aligned}
\text{NPV}_2 = & -10 + 1.5 \times (P/F,14\%,1) + 2 \times (P/F,14\%,2) + 2.5 \times (P/F,14\%,3) + \\
& 3 \times (P/F,14\%,4) + 3.5 \times (P/F,14\%,5) + 4 \times (P/F,14\%,6) \text{ 万元} \\
= & -42.5 \text{ 万元}
\end{aligned}$$

则 IRR 将在 12%~14%，进行线性插值计算：

$$\text{IRR} = 12\% + \frac{634}{634 + 42.5} \times (14\% - 12\%) = 13.87\% \geqslant 12\%$$

所以，该方案在经济上可行。

3. 净现值指数法

净现值指数(net present value index，NPVI)是项目净现值与项目总投资现值的比值，反映了单位投资现值所能实现的净现值的大小，是净现值法的补充。净现值指数法是在有资金约束的条件下，对投资额不同的项目进行优劣比较，其计算公式为

$$\text{NPVI} = \frac{\text{NPV}}{K_p} \times 100\% \tag{4-16}$$

式中，K_p 为项目总投资现值。

净现值指数法的评判依据是：(1)对于单一方案，如果 NPVI≥0，则该方案可行；如果 NPVI<0，则该方案不可行。(2)多方案比较选优时，取 NPVI 最大的方案。

【例 4-15】　针对例 4-11，使用净现值指数法进行方案分析。

解：

$$\text{NPVI}_A = \frac{0.325624}{0.9} \times 100\% = 36.18\%$$

$$\text{NPVI}_B = \frac{0.424484}{1.45} \times 100\% = 29.27\%$$

根据净现值指数法的评判依据，选择方案 A。

4.3.3　时间型指标评价方法

1. 投资回收期法

投资回收期是指通过项目的净收益来回收总投资所需要的时间。按是否考虑资金的时间价值，投资回收期分为静态投资回收期和动态投资回收期。

静态投资回收期是指在不考虑资金时间价值因素的条件下，以项目净现金流入回收项目全部投资所需要的时间。能使式(4-17)成立的 T_P 即为静态投资回收期。

$$\sum_{t=0}^{T_P}(\mathrm{CI}-\mathrm{CO})_t=0 \qquad\qquad (4\text{-}17)$$

也可以根据项目的现金流量表数据计算获得 T_P：

$$T_P = 累计净现金流量开始出现正值的年份数-1+\frac{上年累计净现金流量绝对值}{当年净现金流量}$$

$$(4\text{-}18)$$

从投资起始年开始计算，投资回收期越短，投资的回收速度越快，项目的投资风险也越小，投资回收期是反映项目投资回收速度的重要指标。静态投资回收期法是基于静态投资回收期进行项目方案评价的方法，其评判依据是：如果 $T_P \leqslant T_b$（其中 T_b 为根据同类项目的历史数据、本行业的一般情况或投资者意愿确定的基准静态投资回收期），则该方案可行；如果 $T_P > T_b$，则该方案不可行。静态投资回收期法不对资金的时间价值进行考虑，一般只在初选项目时使用。

【例 4-16】　某叉车制造企业投资项目各年份的净现金流量见表 4-4，试计算该项目的静态投资回收期。

表 4-4　叉车制造项目的资金流动情况

现金流量	时间/年				
	0	1	2	3	4
净现金流量/百万元	−1000	600	300	400	400

解：由表 4-4 计算可得各年份的累计净现金流量见表 4-5。

表 4-5　叉车制造项目各年份的累计净现金流量

现金流量	时间/年				
	0	1	2	3	4
净现金流量/百万元	−1000	600	300	400	400
累计净现金流量/百万元	−1000	−400	−100	300	700

依据式（4-18）可得该项目的静态投资回收期为

$$T_P = \left(3-1+\frac{|-100|}{400}\right)年 = 2.25\ 年$$

动态投资回收期是指在考虑资金时间价值的条件下，以项目的净现金流入回收项目全部投资所需的时间。能使式（4-19）成立的 T_P^* 即为动态投资回收期。

$$\sum_{t=0}^{T_P^*}(\mathrm{CI}-\mathrm{CO})_t(1+i_0)^{-t}=0 \qquad\qquad (4\text{-}19)$$

也可以根据项目的现金流量表数据计算获得 T_P^*：

$$T_P^* = 累计净现金流量现值开始出现正值的年份数-1+\frac{上年累计净现金流量现值绝对值}{当年净现金流量现值}$$

$$(4\text{-}20)$$

动态投资回收期法的评判依据是：如果 $T_P^* \leqslant T_b^*$（其中 T_b^* 为根据同类项目的历史数据、本行业的一般情况或投资者意愿确定的基准动态投资回收期），则该方案可行；如果

$T_P^* > T_b^*$，则该方案不可行。

【**例 4-17**】　某企业投资一条自动化生产线，支出与收入的数据见表 4-6，基准折现率为 10%，计算其静态投资回收期和动态投资回收期，如果基准动态投资回收期为 6 年，该方案是否可行？

表 4-6　生产线支出与收入数据

现金流量	时间/年						
	0	1	2	3	4	5	6
建设投入/万元	20	500	100	—	—	—	—
运行支出/万元	—	—	—	300	450	450	400
收入/万元	—	—	—	450	700	700	700

解：由题意计算出各净现金数据，见表 4-7。

表 4-7　生产线支出与收入数据补充

现金流量	时间/年						
	0	1	2	3	4	5	6
建设投入/万元	20	500	100	—	—	—	—
运行支出/万元	—	—	—	300	450	450	400
收入/万元	—	—	—	450	700	700	700
净现金流量/万元	−20	−500	−100	150	250	250	300
累计净现金流量/万元	−20	−520	−620	−470	−220	30	330
净现金流量现值/万元	−20	−454.5	−82.6	112.7	170.8	155.3	169.3
累计净现金流量现值/万元	−20	−474.5	−557.1	−444.4	−273.6	−118.3	51

结合式(4-18)和式(4-20)，可得

静态投资回收期 = (5 − 1 + 220/250) 年 = 4.9 年

动态投资回收期 = (6 − 1 + 118.3/169.3) 年 = 5.7 年

由于该方案的动态投资回收期小于基准动态投资回收期，所以该方案可行。

投资回收期法简单直观地反映了项目的投资风险，但忽视了全部投资回收之后，项目仍在继续执行中所获得的收益。投资回收期法一般只作为项目选择的辅助性指标。

2. 贷款偿还期法

贷款偿还期是指利用净收益总额(含净利润和折旧)偿还贷款本息所需的时间。能使式(4-21)成立的 T 即为贷款偿还期。

$$I = \sum_{t=0}^{T}(\mathrm{NP}_t + D_t + E_t) \qquad (4\text{-}21)$$

式中，I 为贷款本息；NP_t 为第 t 年的净利润；D_t 为第 t 年的折旧；E_t 为第 t 年的其他收益。

4.4　项目的不确定性经济效果评价方法

项目发展过程中还会受到包括人的有限理性、信息的不完全性与不充分性、国内外社会政治法律环境、经济环境、资源和技术更新等因素的影响，4.3 节的确定性分析中使用的经

济数据在实际项目中可能会发生变化,因此具有一定程度的不确定性。为了分析不确定因素对经济评价指标产生的影响,需要对项目进行不确定性分析,以评估项目的抗风险能力。

4.4.1　盈亏平衡分析

盈亏平衡分析是指在一定的市场、生产能力及经营管理条件下,研究项目投产运行后正常生产年份成本与收益平衡的分析方法,又称为量本利分析。根据自变量与因变量是否呈线性关系,分为线性盈亏平衡分析和非线性盈亏平衡分析,如图 4-9 和图 4-10 所示。

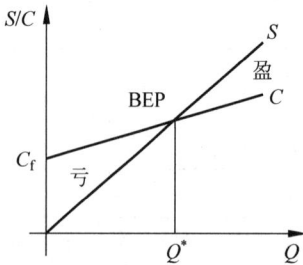

图 4-9　线性盈亏平衡分析　　　　　　图 4-10　非线性盈亏平衡分析

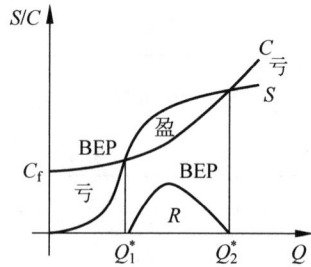

图 4-9 和图 4-10 中,S 为销售收入;R 为利润;C 为生产总成本;Q 为销售量;Q^* 为线性盈亏平衡分析中的盈亏平衡产量或销售量;Q_1^*、Q_2^* 为非线性盈亏平衡分析中的盈亏平衡产量或销售量;C_f 为固定成本总和;BEP 为盈亏平衡点(break-even point,BEP),既不盈利也不亏损,销售收入等于经营成本的点。盈亏平衡点标志着项目不盈不亏的生产经营临界水平,反映了项目在达到一定的生产经营水平时,其收益与成本的平衡关系。

对于线性盈亏平衡分析图而言,销售收入=固定成本+变动成本,即

$$PQ = C_f + C_0 Q \tag{4-22}$$

式中,P 为单位产品的价格;C_0 为单位产品的变动成本。由式(4-22),可分别计算得到

盈亏平衡产量 Q^*,即

$$Q^* = \frac{C_f}{P - C_0} \tag{4-23}$$

盈亏平衡销售收入 S^*($S^* = PQ^*$),即

$$S^* = \frac{PC_f}{P - C_0} \tag{4-24}$$

盈亏平衡生产能力利用率 E^*,即

$$E^* = \frac{Q^*}{Q_0} \times 100\% = \frac{C_f}{(P - C_0)Q_0} \times 100\% \tag{4-25}$$

式中,Q_0 为项目设计生产能力,即最大产能。

盈亏平衡价格 P^*,即

$$P^* = C_0 + \frac{C_f}{Q_0} \tag{4-26}$$

盈亏平衡变动成本 C_0^*，即

$$C_0^* = P - \frac{C_f}{Q_0} \tag{4-27}$$

上述计算中，未考虑税金因素，如考虑此因素，则式(4-22)应改写为

$$(P - T)Q = C_f + C_0 Q \tag{4-28}$$

式中，T 为销售税金。

线性盈亏平衡分析有以下几个基本假设条件：

(1) 不考虑资金的时间价值因素。

(2) 企业按销量组织生产，即产品销量等于产品产量。

(3) 成本分为固定成本和变动成本，其中固定成本与产量无关，保持不变，而变动成本与产量成正比例关系。

(4) 单位产品的销售价格保持不变。

(5) 只按照单一产品计算，如果生产多种产品，则需要换算为单一产品。

平衡点的产量、销售收入、生产能力利用率、单位价格越高，单位产品变动成本越低，则该项目的风险越大。

线性盈亏平衡分析用于单个项目的经济效益分析时，通常先计算平衡点的产量、生产能力或销售额等，然后对相应的指标进行比较。

【例 4-18】 某公司设计生产能力为年产某小型飞机机翼 100 件，每件 6 万元，固定成本为 80 万元，变动成本为 4 万元/件，税金为 1000 元/件，公司要求盈亏平衡点生产能力利用率为 50%，则该项目的抗风险能力如何？

解：由题意可得盈亏平衡产量 Q^* 和盈亏平衡生产能力利用率 E^*：

$$Q^* = \frac{C_f}{P - T - C_0} = \frac{80}{6 - 0.1 - 4} \text{ 件} = 42 \text{ 件}$$

$$E^* = \frac{Q^*}{Q_0} \times 100\% = \frac{42}{100} \times 100\% = 42\%$$

如果上述生产成本不变，则年生产 42 件即盈利。由于盈亏平衡生产能力利用率 E^* 仅为 42%，比公司要求低，意味着市场前景不好时，固定费用可以得到补偿，不致亏损(在生产能力未充分利用的情况下)，所以该项目有较高的抗风险能力。

在市场需求较好的情况下，生产能力得到充分利用，如生产成本保持不变，盈亏平衡时产品的价格 P^* 为

$$P^* = C_0 + T + \frac{C_f}{Q_0} = \left(4 + 0.1 + \frac{80}{100}\right) \text{ 万元 / 件} = 4.9 \text{ 万元 / 件}$$

盈亏平衡时产品的价格为 4.9 万元，即只要产品价格超过 4.9 万元便可盈利，与原单价 6 万元相比，该项目在市场需求增加时有一定的抗风险能力。

同样在生产能力充分利用的情况下，产品按 6 万元销售，盈亏平衡时的单位变动成本 C_0^* 为

$$C_0^* = P - T - \frac{C_f}{Q_0} = \left(6 - 0.1 - \frac{80}{100}\right) \text{ 万元 / 件} = 5.1 \text{ 万元 / 件}$$

上述结果表明，如果单位产品变动成本小于 5.1 万元，项目将承受较大的风险，因此需

要注意节约变动成本。

综合上述分析,各项预测值与平衡点上的各项对应值相比较,均在合理范围内,该项目在市场条件发生不利变化时,仍具有较高的抗风险能力。

盈亏平衡分析也可以用于多个方案的优劣比较分析。如果由于某些因素影响导致方案难以取舍时,采用盈亏平衡分析可以帮助决策者做出正确的决策。

假设两个互斥方案的经济效益均受到某个不确定性因素 x 的影响,设 x 为变量,其经济分析指标是 x 的函数,分别表示为:

$$F_1 = f_1(x) \tag{4-29}$$
$$F_2 = f_2(x) \tag{4-30}$$

式中,F_1 和 F_2 为某经济分析指标。

当两个方案的经济效果相同时,则有

$$F_1 = F_2 \tag{4-31}$$

求解式(4-31)所得 x_0 即为经济效益的优劣平衡点,结合 x 的变化趋势,可以对两个方案做出选择。

【例 4-19】 某齿轮制造企业需采购一台数控机床,经考察发现市场上有 E 或 F 两种型号的设备可满足要求,其中 E 型设备的购置及安装费用为 30 万元,加工每件产品的费用为 12 元,寿命为 10 年;F 型设备的购置及安装费用为 70 万元,加工每件产品的费用为 8 元,寿命为 10 年。寿命终期均不计残值,未来市场对该产品有较大的不确定性,当折现率为 10% 时,对两种设备进行选择。

解:由于寿命相同,结合题意采用费用年值指标进行分析。

假设该产品年需要量为 Q 万件,两台设备的费用年值分别为 AC_E 和 AC_F,如图 4-11 所示,则有

$$AC_E = 30 \times (A/P, 10\%, 10) + 12Q$$
$$AC_F = 70 \times (A/P, 10\%, 10) + 9Q$$

令 $AC_E = AC_F$,可解得:$Q^* = 217$ 件

因此,当产量为 217 件时,两种设备的经济效益相当,当在此基础上增加产量时选购 F 型设备更佳;反之,则选购 E 型设备更佳。

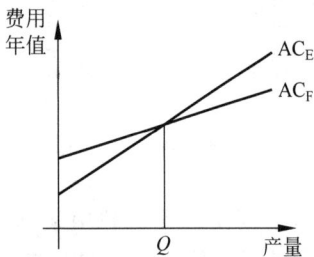
图 4-11 两种型号设备的费用年值

4.4.2 敏感性分析

敏感性分析是通过分析、预测项目主要不确定因素的变化对其经济评价指标的影响,从中找出敏感因素并确定其影响程度,从而对项目承受各种风险的能力做出判断的过程。若某因素的小幅变化能导致经济效益指标发生较大变化,则称此参数为敏感性因素;反之,则称其为非敏感性因素。

敏感性分析遵循以下分析步骤:

(1) 确定分析指标。选用哪个分析指标是根据需要而定的,且需符合以下条件:

① 敏感性分析指标与确定性分析指标保持一致。

② 确定性指标较多时,选择最能反映经济效益与方案合理性的指标。

通常选用内部收益率、净现值等动态指标为敏感性分析指标。

（2）设定需要分析的不确定因素。将发生变化的可能性大、对经济效益影响大的因素设为不确定因素，并根据实际情况选择恰当的变动范围。

（3）计算不确定因素发生变动时对经济指标的具体影响数值并作出分析图表。

（4）对步骤（3）中的图表数据进行分析，综合评价，对风险做出判断。

【例 4-20】　对某项目采用内部收益率进行敏感性分析。基本数据：生产能力 10 万 t/年；销售价 550 元/t；经营成本 3502 元/t；基建投资 6000 万元；建设年限 2 年，其中建设与生产交叉 1 年；投资规划为第一年 30%、第二年 40%、第三年 30%；流动资金为销售收入的 25%；投产后年税率 8%。

基建投资中 60% 为自筹资金，40% 为贷款，贷款年利率 5%，本息在投产后第 2 年开始偿还，每年 1 次，5 年还清；流动资金短缺时再贷款，贷款年利率 5%；经营期为 15 年，残值 10%；行业基准收益率为 15%。

解：计算项目内部收益率 IRR＝16.18%；设定产品售价、产量、投资和经营费用为不确定因素，并在 20% 内变化。计算确定敏感性因素见表 4-8。

表 4-8　敏感性因素分析

变动因素	变动因素的变动量					敏感性分析
	−20%	−10%	0	10%	20%	
产品售价/（元/t）	1.96	9.74	16.18	21.86	27.04	最敏感
产量/（t/年）	9.69	13.09	16.18	19.06	21.76	较敏感
经营费用/（元/年）	24.70	20.54	16.18	11.54	6.52	敏感
投资/万元	19.70	17.81	16.18	14.76	13.52	不敏感

以变动量为自变量，以产品售价、产量、投资和经营费用由于波动而导致的不同内部收益率数据为因变量可以作出 4 条曲线，结合曲线的斜率，确定它们的敏感性程度从高到低分别为：产品售价、产量、经营费用和投资并标注在表 4-8 中的最后一列。

敏感性分析能够定量地分析出不确定性因素对项目经济效益的影响，但要求基础数据全面、准确，否则预测将会有较大的偏差，从而影响分析结果。此外，还需要说明的是，敏感性分析未考虑各种不确定性因素发生的概率。

4.4.3　概率分析

概率分析是研究不确定性因素和风险因素按一定概率同时变动时如何影响项目经济评价指标的一种定量分析方法，目的是通过确定影响项目经济效果的关键因素可能的变动范围及其概率分布，对方案的净现金流量等经济指标做出概率描述，从而对项目的投资风险情况做出更准确的判断，为决策提供依据。

概率分析的关键是确定各种不确定因素变动的概率。在分析不确定因素变动概率的过程中，需要从事大量的调查研究和数据处理工作，掌握足够的佐证信息后方能得到可靠的结论。

概率分析的步骤如下：

（1）选择一个或几个不确定因素作为概率分析的对象。

（2）在对项目有用的范围内，确定未来可能的状态和每种状态可能发生的概率。

（3）根据对未来状态的估计值及其概率计算项目经济指标的期望值、方差及变异系数。

期望值的计算公式为

$$E(x) = \sum_{i=1}^{n} x_i P(x_i) \tag{4-32}$$

式中，$E(x)$ 为期望值；x_i 为 i 状态下的数值；$P(x_i)$ 为出现 x_i 的概率；n 为未来状态的个数。

方差反映随机变量与实际值的分散程度，计算公式为

$$\sigma^2 = \sum_{i=1}^{n} [x_i - E(x)]^2 P(x_i) \tag{4-33}$$

标准差即方差的二次方根。

变异系数是单位期望值可能产生的离差，计算公式为

$$CV = \frac{\sigma}{E(x)} \tag{4-34}$$

（4）根据计算结果进行判断，即通过上述过程求解项目经济评价指标的概率分布，进而对项目进行风险分析。

【例 4-21】 某公司要从 3 个互斥方案中选择最优方案，3 个方案在市场销路发生变化时的净现值见表 4-9。

表 4-9 3 个互斥方案的净现值

市 场 销 路	概 率	方案净现值/万元		
		方案 A	方案 B	方案 C
销路差	0.25	2000	0	1000
销路一般	0.50	2500	2500	2800
销路好	0.25	3000	5000	3700

解：计算各方案的净现值的期望值和标准差：

$$E(x) = \sum_{i=1}^{n} x_i P(x_i)$$

$$E_A(x) = 2500 \text{ 万元}$$

$$E_B(x) = 2500 \text{ 万元}$$

$$E_C(x) = 2576 \text{ 万元}$$

同理可得

$$\sigma = \sqrt{\sum_{i=1}^{n} [x_i - E(x)]^2 P(x_i)}$$

$$\sigma_A = 353.55$$

$$\sigma_B = 1767.77$$

$$\sigma_C = 980.75$$

由于方案 A 和方案 B 的净现值期望值均为 2500 万元,需通过标准差决定方案的优劣。

由于方案 A 的标准差小于方案 B 的标准差,因此方案 A 的风险小于方案 B 的风险。

方案 A 与方案 C 比较,方案 C 的净现值大于方案 A 的净现值,但方案 A 的标准差小于方案 C 的标准差,经济上哪个方案更合理,需要通过变异系数的计算才能确定。

$$CV_A = \frac{\sigma_A}{E_A(x)} = \frac{353.55}{2500} = 0.141$$

$$CV_C = 0.381$$

因为 $CV_A < CV_C$,所以方案 A 的风险比方案 C 的风险小,最终确定方案 A 为最佳方案。

4.4.4　3 种不确定性评价分析方法比较

以上介绍的 3 种不确定性分析方法是项目经济评价中常用的方法,分析的侧重点各有不同,分析的角度、适用的情况、揭示的问题也都不同。

(1) 盈亏平衡分析的计算较为简单,具有很好的实用性。通过对量、本、利的平衡分析得出平衡点,分析各不确定因素的变化对平衡点的影响,可使决策者清楚应在什么环节上下功夫。但在分析中,所采用的数据均源于一些假定的前提条件,并且在进行一种因素分析时,其他因素假定不变,在现实中很难得到满足,所以此方法只能作为对项目评价检验的辅助手段。

(2) 敏感性分析是投资决策中方案优选和项目评审时多方案取舍不可或缺的手段。敏感性分析方法定量描述了各不确定因素的变动对项目经济效果的影响,反映了各方面的风险情况,除帮助决策外,还确定了实施过程中需重点研究和控制的因素。敏感性分析方法的不足之处是只指出了不确定因素的敏感程度和项目所允许的不确定因素的变动极限值,并未表征其变动的可能性。但此方法仍是经济决策中常用的、主要的不确定性分析方法。

(3) 概率分析是敏感性分析的补充,对不确定因素变化及其所带来的风险进行了定量描述,为决策者提供了一个更加符合实际的风险决策模型。但风险分析中所应用的不确定因素概率分布大多靠经验获得,不可避免地存在主观随意性,对分析的可靠性带来了影响,所以仍需结合其他分析方法共同进行不确定分析。

由此可见,3 种方法各有利弊,不可相互替代,需要根据项目的具体特点和决策工作的要求确定项目的不确定性分析方法。

4.5　项目的综合评价方法

4.5.1　项目综合评价概述

项目综合评价是对项目的社会、经济、技术环境等因素的综合价值进行权衡、比较、优选和决策的活动,是一种重要的项目优化方法。

项目投资活动一般为达到技术、经济、社会和资源等多种目标,针对预期目标存在多种可能的方案,对多个可能的方案进行综合评价,是为实现预期目标选择一个最佳方案的必由之路。

1. 综合评价的要素

项目综合评价的要素主要有:

(1)评价者。评价者既可以是个人也可以是团体。评价者给定评价目标、建立评价指标、确定权重系数、选择评价模型。因此,评价者在项目综合评价过程中起着重要作用。

(2)被评价对象。除本书描述的机械工程项目这一被评价对象外,随着综合评价技术理论的发展,被评价对象也拓展到诸如人民生活水平、社会发展程度、企业竞争能力、国家综合实力等多个方面。

(3)评价指标。项目综合评价的首要任务是确定综合评价指标体系,该指标体系是项目综合评价系统性及项目综合评价质量和水平的集中体现,很大程度上决定了项目综合评价的总体效果。

(4)权重系数。各个评价指标对综合评价结果的重要性各不相同,合理确定各个评价指标的权重系数,能够提高项目综合评价结果的可信度。

(5)综合评价模型。综合评价模型就是通过某个数学模型将多个评价指标值"统一"为一个整体性的综合评价指标值。

2. 综合评价的原则

进行项目综合评价需遵循以下 4 个原则:

(1)科学性。科学性主要体现在评价目标、评价指标体系的建立,指标值的测定及合理综合等环节上。由于综合评价是一个系统工程,因此要遵循系统的原则,要对评价对象及评价对象构成要素间的相互关系做系统的分析。

(2)客观性。客观性是项目评价的生命,在一些模糊的、难以量化的指标的处理上,应切忌主观随意性;同时要注意对系统逻辑结构、因果关系的分析,否则将偏离客观性。

(3)可比性。综合评价通常是对备选方案进行横向比较,所以所设计的评价指标体系要有可比性,才能做出公平的评价。

(4)可行性。可行性是指所设计的评价体系要有可操作性。

4.5.2　项目综合评价程序

项目综合评价的程序如图 4-12 所示,主要包括以下步骤:

第一步,对评价目标进行定义,确定目标间的从属关系。

第二步,建立指标体系,指标是目标内涵的体现,也是衡量测定的标准。

第三步,对指标数据进行标准化处理。由于各个指标数据的正负、量纲、量级和性质等可能存在不同,为便于分析,必须先对指标数据进行标准化处理。

第四步,根据各指标对项目贡献程度的不同,赋予不同的权值。

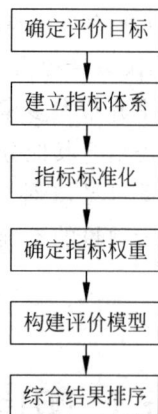

确定评价目标

建立指标体系

指标标准化

确定指标权重

构建评价模型

综合结果排序

图 4-12　项目综合评价程序

第五步,构建或选择评价模型,通过评价模型对指标数据进行处理进而获取评价结果。

第六步,对结果进行排序,做出项目的选择与决策。

下面就主要环节展开描述。

1. 明确建立项目综合评价指标体系的原则

确定综合评价指标体系是对机械工程项目进行综合评价的基础和依据。项目综合评价指标体系是由一组具有内在联系的项目评价指标构成的,能够综合反映和说明项目的必要性、可行性、整体趋势。由于项目综合评价的对象、内容和方法不同,项目综合评价指标体系也千差万别。首先要根据项目综合评价的目标确定项目综合评价所包含的内容,再根据项目综合评价的目标和内容确定项目综合评价的指标和指标体系。

建立综合评价指标体系应遵循以下原则:

(1) 系统性。一方面,评价指标要尽可能完整,能系统地反映项目的全貌;另一方面,评价指标也要突出重点。

(2) 科学性和实用性。评价指标的设置应力求简练、含义明确、易于操作。

(3) 互斥性与有机统一性。评价指标体系设置时,既要排除评价指标间的相容性,又要有一定的逻辑关系。

(4) 动态和稳定性。动态和静态相结合,并具有一定的稳定性,以便借助评价指标体系预测项目的发展规律。

(5) 可比性。要建立共同的比较基础,以便于项目方案的优选。

2. 项目综合评价指标体系的内容

项目综合评价指标体系的内容一般包括技术评价、经济评价、社会评价和风险评价。

(1) 技术评价。技术评价是以项目所采用的技术措施作为评价对象,评价的内容包括技术的先进性、可行性、适用性、可靠性、成功率、标准化、所产生的负效应、实现技术措施的生产技术条件、协作条件及物资的供应等。

(2) 经济评价。经济评价是以技术和其他投入要素为评价对象,可分为财务评价和国民经济评价。其中财务评价的目标是提高产量、质量,降低消耗、成本,增加效益,用已学过的方法即可进行。国民经济评价以提高社会总产值、国民收入为目标,也有相应的经济指标进行描述。

(3) 社会评价。考虑项目对社会带来的影响,社会评价的内容包括社会经济、自然资源、生态环境及项目对社会环境的影响(就业率等)。

(4) 风险评价。风险指的是一些随机要素发生变化时,引起项目总体效果与预期效果出现差异的可能性和差异大小。由于环境的变化,项目风险必定存在,通过风险评价规避风险,获得最大的项目收益,是风险评价的主要目的。

3. 综合评价指标的标准化处理

在综合评价中,指标的单位、量纲、数量级不同,会影响评价的结果。为统一标准,须进行指标的标准化处理。

机械工程项目综合评价中的指标通常可分为效益型指标和成本型指标两大类。其中,效益型指标包括利润、产值、功能等,一般要求其为最大值;成本型指标包括投资、成本、能耗等,一般要求其为最小值。

为便于描述指标计算过程,做出如下假设:

(1) 项目综合评价有 m 个决策方案 A_i,$1 \leqslant i \leqslant m$;

(2) 进行评价有 n 个评价指标 f_j,$1 \leqslant j \leqslant n$;

(3) m 个决策方案与 n 个评价指标构成矩阵 $\boldsymbol{X} = (x_{ij})_{m \times n}$,其中 x_{ij} 表示方案 A_i 第 j 个指标 f_j 的指标值,$\boldsymbol{X}$ 是一个由 m 行、n 列组成的指标矩阵。

(4) 指标矩阵经标准化处理后,得到优属度矩阵 $\boldsymbol{R} = (R_{ij})_{m \times n}$。

综合评价指标的标准化处理方法有线性比例变换法、极差交换法和模糊指标量化等。

1) 线性比例变换法

对于效益型指标,标准化处理方法见式(4-35)。

记:$x_j^* = \max(x_{ij}) > 0$,$1 \leqslant i \leqslant m$,$1 \leqslant j \leqslant n$

$$R_{ij} = \frac{x_{ij}}{x_j^*} \tag{4-35}$$

对于成本型指标,标准化处理方法见式(4-36)。

记:$x_j^o = \min(x_{ij})$,$1 \leqslant i \leqslant m$,$1 \leqslant j \leqslant n$

$$R_{ij} = \frac{x_j^o}{x_{ij}} \tag{4-36}$$

该方法的优点是计算简单,保留了相对排序关系,并且 $0 \leqslant R_{ij} \leqslant 1$,($1 \leqslant i \leqslant m$,$1 \leqslant j \leqslant n$) 其中,最优值 $R_{ij} = 1$,最劣值 $R_{ij} = 0$。

2) 极差交换法

对于效益型指标,标准化处理方法见式(4-37)。

记:$f_j^* = \max(x_{ij})$,$f_j^0 = \min(x_{ij})$

$$R_{ij} = \frac{x_{ij} - f_j^0}{f_j^* - f_j^0}, \quad 1 \leqslant i \leqslant m, 1 \leqslant j \leqslant n \tag{4-37}$$

对于成本型指标,标准化处理方法见式(4-38)。

记:$f_j^* = \min(x_{ij})$,$f_j^0 = \max(x_{ij})$

$$R_{ij} = \frac{f_j^0 - x_{ij}}{f_j^0 - f_j^*}, \quad 1 \leqslant i \leqslant m, 1 \leqslant j \leqslant n \tag{4-38}$$

由上述标准化处理方法可以看出,$0 \leqslant R_{ij} \leqslant 1 (1 \leqslant i \leqslant m, 1 \leqslant j \leqslant n)$,其中,最优值 $R_{ij} = 1$,最劣值 $R_{ij} = 0$。

3) 模糊指标量化

在综合评价体系中,部分指标不宜直接以数字表示,如功能、外观、性能等,这些指标即为模糊指标。而在评判中又必须将其量化,因此可将这些指标的最优值定为10,最劣值定为0,如图4-13和图4-14所示。

图 4-13　效益型模糊指标的量化　　　图 4-14　成本型模糊指标的量化

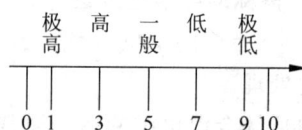

4.指标权重的确定

确定指标权重的过程是对各指标的重要性进行赋权,指标越重要,权重越大,反之则越小。权重一般要做归一化处理,使之介于 0~1,各权重之和等于 1。赋权方法有主观法和客观法。

5.综合评价模型的构建

项目综合评价模型有很多种,本书主要介绍多目标模糊优选模型。

经过上述处理后得到的优属度矩阵 $\boldsymbol{R} = (R_{ij})_{m \times n}$ 中的 R_{ij} 值总是越大越好。现定义各评价指标的理想属性值为 $\boldsymbol{E} = (E_1, E_2, \cdots, E_n)^{\mathrm{T}} = (1, 1, \cdots, 1)^{\mathrm{T}}$,非理想属性值为 $\boldsymbol{B} = (B_1, B_2, \cdots, B_n)^{\mathrm{T}} = (0, 0, \cdots, 0)^{\mathrm{T}}$,显然前者是优等方案,后者是劣等方案。又设评价指标的权重向量 $\boldsymbol{W} = (W_1, W_2, \cdots, W_n)^{\mathrm{T}}$,$\sum\limits_{j=1}^{n} W_j = 1$。若以 u_i^+ 表示方案 i 对优等方案的相对隶属关系,则方案 i 对劣等方案的隶属关系为 $u_i^- = 1 - u_i^+$。

定义方案 i 的加权距优的距离为

$$s_i^+ = u_i^+ \sqrt{\sum_{j=1}^{n} [W_j(E_j - R_{ij})]^2} = u_i^+ \sqrt{\sum_{j=1}^{n} [W_j(1 - R_{ij})]^2} \tag{4-39}$$

方案 i 的加权距劣的距离为

$$s_i^- = u_i^- \sqrt{\sum_{j=1}^{n} [W_j(R_{ij} - B_j)]^2} = (1 - u_i^+) \sqrt{\sum_{j=1}^{n} [W_j(R_{ij} - 0)]^2} \tag{4-40}$$

优化准则:方案 i 的加权距优的距离与加权距劣的距离的二次方和为最小,即目标函数为

$$\min |Z(u_i)| = (s_i^+)^2 + (s_i^-)^2$$

$$= \left(u_i^+ \sqrt{\sum_{j=1}^{n} [W_j(1 - R_{ij})]^2} \right)^2 + \left((1 - u_i^+) \sqrt{\sum_{j=1}^{n} [W_j(R_{ij} - 0)]^2} \right)^2 \tag{4-41}$$

对其求导,且令导数为 0,可得

$$u_i^+ = \cfrac{1}{1 + \cfrac{\sum\limits_{j=1}^{n} [W_j(1 - R_{ij})]^2}{\sum\limits_{j=1}^{n} (W_j R_{ij})^2}} \tag{4-42}$$

式(4-42)即为多目标模糊优选模型。

【例 4-22】 某出租汽车运营公司想购买汽车,现有 A、B、C 3 种型号的汽车可供选择,该公司考虑了 6 个指标,原始数据见表 4-10。

表 4-10　3 种型号汽车的各项指标数据

汽车	价格/(万元/辆)	功率/kW	经济性/(km/L)	折旧值/万元	维修费/(万元/年)	外观等级
A	30	88	6	12	2	3
B	34	104	9	14	3	4
C	36	96	12	18	2	5

6个指标含义如下：

f_1——价格越低越好（min）；

f_2——功率越高越好（max）；

f_3——经济性越大越好（max）；

f_4——折旧值（5年内转让）越高越好（max）；

f_5——年维修费越低越好（min）；

f_6——外观（1～5级，5最漂亮，1最不美观），数值越大越好（max）。

解：取 $\boldsymbol{W}=(0.4\quad 0.1\quad 0.2\quad 0.1\quad 0.15\quad 0.05)^{\mathrm{T}}$

利用极差交换法得到优属度矩阵 $\boldsymbol{R}$：

$$\boldsymbol{R}=\begin{bmatrix} 1 & 0 & 0 & 0 & 1 & 0 \\ 0.333 & 1 & 0.5 & 0.333 & 0 & 0.5 \\ 0 & 0.5 & 1 & 1 & 0.5 & 1 \end{bmatrix}$$

利用多目标模糊优选模型可以计算各方案对优等方案的相对隶属度为

$$u_{\mathrm{A}}^+=0.745,\quad u_{\mathrm{B}}^+=0.266,\quad u_{\mathrm{C}}^+=0.265$$

所以购买 A 型汽车是较为理想的方案。

思 考 题

1. 如果某人想从明年开始的10年中，每年年末从银行提取1000元，若按5%年利率复利计算，此人现在必须存入银行多少元？

2. 某项目第1年年初投资1500万元，第3年年初投资2000万元，第4年年末建成。投资全部来自银行贷款，年利率为10%，贷款偿还从第5年年末开始，每年年末等额偿还，偿还期为10年。请画出该项目的现金流量图，并计算偿还期内每年应还银行多少万元。

3. 某童车制造企业为扩大产能，投资了一条自动化生产线。第1年投资100万元，第2年投资80万元，第3年投资50万元，投资均在年初发生，其中第2年和第3年的投资资金来自银行贷款，贷款年利率和基准折现率均为10%。该项目从第4年开始获利并同步偿还贷款，连续获利10年，每年年末净收益60万元，银行贷款分6年等额偿还，问每年应偿还银行多少万元？

4. 某轴承制造企业计划购置1台加工设备，第1～5年的净现金收入见题表4-1，基准收益率 $i_0=10\%$。请画出现金流量图，求其内部收益率，并分析该方案是否合理。

题表 4-1

现金流量	时间/年					
	0	1	2	3	4	5
净现金流量/万元	−25	6	8	8	8	7

5. 某茶叶加工装备制造企业为提高装备质量、扩大产能，技术部门经过调研提出两种方案，并对每一种方案的投入资金和产生利润进行了初步分析，具体见题表4-2。限期8年，要求收益率10%，请从净现值和净现值指数两个方面对两种方案进行分析比较。

题表 4-2

方 案	时间/年								
	0	1	2	3	4	5	6	7	8
方案 A/万元	−20	—	12	12	15	15	15	15	10
方案 B/万元	−15	−15	15	15	17	17	17	12	12

6. 某企业拟建一条自动化生产线,有 A 和 B 两种方案,两种方案的投资如题图 4-1 所示,基准收益率为 10%。试采用一种适当的方法对两种方案进行比较,并推选较优方案。

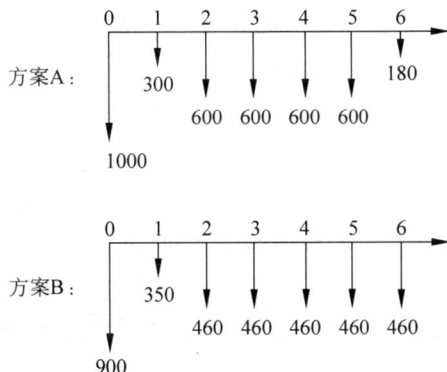

题图 4-1

7. 某工地需抽水保证项目顺利进行,现有如下两种方案:

甲方案:花费 1400 元购买一台 2 kW 的电动机,使用寿命为 4 年,第 4 年年末残值为 200 元。电动机每小时的运行成本为 0.84 元,每年年末的维护费用为 120 元。

乙方案:花费 550 元购买一台 3 kW 的柴油机,使用寿命为 4 年,设备无残值。运行每小时燃料费为 0.42 元,平均每小时的维护费为 0.15 元,人工成本为每小时 0.7 元。

上述方案的基准折现率都为 10%,请问应该选择哪种方案?

8. 某钢厂投资方案为:年产钢 12 万 t,售价 4000 元/t,单位产品变动成本 3000 元,年固定总成本 5000 万元,请对盈亏平衡点的产量、销售收入和单位产品变动成本进行分析(不考虑税收因素)。

9. 某企业拟投资一条自动化生产线,建成后年产量为 5 万件,售价 5000 元/件,单位产品变动成本 2000 元,单位产品销售税金 500 元,固定成本总额 4000 万元。企业要求盈亏平衡生产能力利用率在 40% 以下,请评价该项目的风险。

自测题 4

第5章　项目策划及可行性论证

项目策划也称为项目的构思,属于项目的启动阶段,是一种创造性的活动,是根据相关数据、资料并依靠经验或客观规律对目标未来的整体性、长期性、基本性问题的规划及规划达成中所需要的具体执行步骤的计划过程。好的项目策划将给社会或者企业带来更大的活力和收益,但是一个不好的项目策划有可能会给企业带来灭顶之灾。一个项目必须经过策划,才可能保证项目的成功,即所谓的"谋定而后动,知止而有得"。

项目策划的输出是项目建议书,主要论证项目建设的必要性,建设方案和投资估算一般比较粗略。项目建议书的批复是进行可行性研究的前提。可行性研究是对项目建议书批复的拟建项目的技术先进性、经济合理性、实施可能性和风险性进行全面科学的综合分析,为项目的投资决策提供依据的一种技术经济研究活动。

5.1　项目策划的含义及原则

5.1.1　项目策划的含义

策划介于"规划"与"计划"之间,相对于"计划",策划更富有预见性,多用于从"无"到"有"的理念创造过程,相对于"规划",策划更注重可执行性,是从宏观布局到细节执行的一个由大到小的完善过程。项目策划是为了把握投资机会,构思投资项目,确定投资目标,设计投资方案,实现投资回报而有计划、有步骤地依据相关理论和原则,采取科学的方法进行项目构思、规划设计、论证比较、决策实施等一系列谋划和决策活动。项目策划在整个项目发展周期中是一项极其重要的前期工作。策划的基本过程为:提出问题、明确方向、确定目标、分析环境、探索方案、论证比较、择优决策和方案实施。

项目策划作为一门新兴的策划学,以具体的项目活动为对象,体现出一定的功利性、社会性、创造性、时效性和超前性。

1. 功利性

项目策划的功利性是指策划能给策划者带来经济上的获利。功利性也是项目策划要实现的目标,是策划的基本功能之一。项目策划的一个重要作用就是使得策划主体更好地获得实际利益,符合利益主导的原则。

2. 社会性

项目策划要根据国家、地区或部门的实际情况进行,不仅注重项目的经济效益,还应关注项目的社会效益,因为经济效益与社会效益的有机结合才是项目策划功利性的真正意义所在。因此,社会性是项目策划要体现的一个重要特性,项目策划要体现一定的社会性,才能为更多的受众所接受。

3. 创造性

项目策划须具备新思路、新创意,不能生搬硬套,策划应视具体情况而定,需要创造性思维,因为创造性思维是策划创造性的基础。

4. 时效性

时效是指时机和效果两者的关系,在项目策划中,策划方案的价值随着时间的推移与条件的变化而变化。时效性原则要求在项目策划过程中把握好时机,重视整体效果,尤其要处理好时机和效果之间的关系。

5. 超前性

项目策划活动必须预测未来行为的影响及其结果,对未来的各种变化趋势进行预测,对所策划的结果进行事前、事后评估。

5.1.2　项目策划应遵循的原则

项目策划是一个具有建设性、逻辑性的思维过程,目的是把所有可能影响决策的因素考虑进来,促进方案目标的实现。在项目策划过程中,须遵循以下原则:

1. 利益主导原则

利益具有广泛的含义,个人、企业、国家利益的取向各不相同。但获取利益是进行项目策划的动机,策划的优劣一般根据利益取得的大小而定,因此获取利益的大小是评价策划成功与否的一个标准。

2. 整体规划原则

项目策划须立足眼前,放眼未来,照顾眼前与长远利益的关系;策划是一个多层次的系统,每一层均有其整体性,研究全局的指导规律,局部须服从全局。

3. 客观现实原则

项目策划一定要综合考虑各种现实情况,不能生搬硬套他人的想法。因此,项目策划需要我们对项目主体的现实状况进行深入仔细的调查,确保覆盖全面的信息。原始信息的获取一定要在正确、客观地分析现实状况的条件下,缺乏真实的信息对项目策划毫无帮助,一份优秀的项目建议书一定是建立在可靠、真实的原始信息基础之上。因此,项目策划应在尽可能全面、准确、客观的材料的前提下,提高准确性。

4. 切实可行原则

"实践是检验真理的唯一标准。"因此,项目策划考虑最多的是其可行性,要在实践中检验自己的创意。要充分考虑策划方案的可行性,可能产生的利益,危害情况的风险。该原则贯穿整个策划过程,应注意是否符合以下条件:

(1) 以最小代价取得最佳效果。

(2) 在实际调查的基础上,严格按照策划程序,由创造性思维形成。

(3) 各方关系和谐统一。

(4) 能高效率实施。

(5) 程序和审批手续合法。

(6) 符合现行法规规定和政策要求。

5. 灵活机动原则

灵活机动原则也是策划的本质。策划过程中,及时准确地掌握对象及其环境变化,以发展的调查研究预测为依据,调整策划目标,修正策划方案,但要正确把握应变限度,根据信息的可靠程度、变化程度决定调整范围,还必须分析调整后的方案,估计可能产生的效果。

6. 慎重筹谋原则

任何项目都存在风险,项目策划本身不可能十分精确,因此策划过程和结果会受到各方面因素的影响,尤其在外部客观条件复杂难测的情况下,需要在慎重中求周全,在万变中求不变,要着力把握决定事物发展的关键因素。

7. 创新性原则

创新是事物得以发展的动力,是人类赖以生存和发展的主要手段。任何社会系统都由众多要素构成,而系统的外部环境在不断发生变化,为适应系统内外变化进行的局部或全局调整便是项目策划的创新性原则。而项目策划创新就是在有意义的时空范围内,以非传统、非常规的方式先行性地、有成效地解决项目的技术经济问题的过程。

8. 讲求实效原则

同样的策划在不同的地点、不同的时段,有着不同的效果,关键在于把握时机和地利。

9. 群体意识原则

多数策划活动不是个人可以胜任的,需要集中集体的智慧,所以群体意识原则是进行科学策划的重要条件和保证。

5.2　项目策划的原理和方法

5.2.1　项目策划的原理

1. 心理原理

1) 项目策划的心理基础

项目策划作为人类智慧的一种具体表现形式,无论属于哪个领域范围,无论用于人或施于己,都是人的特定心理活动的结果。如果脱离了人的心理活动,就不会有项目策划的产生。因此,项目策划也可以看作是人类对刺激因素、知识经验的创造性吸收,并随之产生的一系列思维活动。从本质上来讲,策划是人脑对客观事物的主观反映,如果仅有客观事物,没有人脑的参与和人的高级思维活动,就不会产生对客观事物的理性认识。心理活动反映的是对各种客观事物的映像,这种映像并不完全等同于客观事物自身,而是区别于客观事物的一种观念上的东西。同时,人脑对客观事物的反映也会受到一些条件的制约,如个人的阅历经验、知识结构和个性特征等,因而又会带上个人色彩的主观特征。因此,它是观念中理性的东西,是思维的成果,集中体现了人的心理现象的根本特征。

2) 项目策划的心理障碍

所谓项目策划的心理障碍是指策划者在策划前或策划过程中,在其个人心理上形成的定式,导致其思维背离客观事物,最终使得策划失败。具体包括:

(1) 惧怕现象。在外行看来,项目策划和赌博有许多相似之处,尤其是两者都需要付出一定的代价,都需要冒一定的风险。在实际的策划操作中,资历越深的人对策划风险的意识越强。无论是历经沧桑的策划大家,还是初出茅庐的职场新人,都是力求用最少的付出换得最大的成功,他们十分关注在策划的全过程中需要经历多少风险、付出多少代价。惧怕是策划者的一个重要心理特征,也是人们在正常生活环境中普遍存在的心理特征。项目策划不是凭空产生的,是需要付出代价与风险的。风险、机遇和成功是三朵姊妹花,项目策划者需要从心理上消除惧怕,才能减少束缚,开拓创新,策划出高人一等的方案。

(2) 刻板现象。通常是指人们对某一类人或事物产生较为固定、笼统的看法,并以此为判断依据。它是对事物初步、简单的认识,虽有利于对事物做出迅速的概括性反映,但往往也会形成错误的判断。

(3) 井蛙效应。是指在进行项目策划时,策划者只关心局部利益和眼前利益,而忽略长远利益和全局利益的一种心理。项目策划者常常表现出一种急功近利的行为,为了局部利益而放弃全局利益,为了眼前利益而放弃长远利益,为了追求近期效益而忽略对方式或方法的正确研究,这种策划心理是导致策划失败的原因之一。

(4) 初次现象。是指一种先入为主的思想,可以理解为用之前听到的消息或过去的印象所形成的各种认识对新的事物做出评价、判断或决策。策划人在进行项目策划时,往往会受到先入为主的心理定式的影响,导致对客观情况做出错误的结论。无论什么问题,不能想当然,都需要经过实践检验,进而再作用于实践,要经过思维、实践、再思维这样一个过程,才能基于变化的客观条件得出正确的项目策划创意。

3) 项目策划的心理规律

(1) 满足心理需要。心理需要是心理活动的前提条件,是产生人的行为的主要原因,也是个人积极性的源泉。美国人格理论家、社会心理学家和比较心理学家、人本主义心理学的主要发起者亚伯拉罕·哈罗德·马斯洛(Abraham Harold Maslow)把人的需要划分为 5 个层次:生理需求、安全需求、社会需求、尊重需求和自我实现需求。项目策划者要利用人际交往中这五种需求,实现有效且合理的心理诉求。

除上述五个层次外,还包含总体策划上的心理需要,即"知己""知彼"的需要,"知己知彼,百战不殆"也是策划与比较的基础和关键。情况不明时就不能拿出针对别人的有效方案,就像盲人骑瞎马,必然导致处处碰壁。作为一名策划者,想要获得成功,就必须深入了解被测对象的心理需要,用有效的方法去满足他们的需求。

(2) 利用心理弱点。人在反映客观现实事物时,由于受到各种因素的干扰,导致有时不能全面、正确地反映客观事物。即使全面、正确地反映了客观事物,受制于人的心理素质和活动水平的约束,进一步即使经历理性思维的阶段,也不一定能得出与实际情况完全一致的判断。即使能够得出正确的思维判断,由于人的心理对客观现实的适应程度,也不一定能客观地反映现实状态。因此,在项目策划时恰当、正确地利用心理弱点会带来出其不意的效果。

2. 情感原理

情感是人所持有的一种心理过程,而心理状态是主体对客体是否满足自身需要而产生的评价或情感体验。情感在性质和内容上取决于客体是否满足了主体的某种需求,满足了需求,就会产生积极、肯定的情感,相反,就会产生消极、否定的情感。情感对人的行为有选择性和指向性的作用,人对于那些满足自身需求的客观事物,总是会产生一种肯定的、积极的、喜爱的态度和情感体验,而对那些与自身需求无关或相抵触的客观事物则报之消极、否定、厌恶的情感倾向。实际上,人们对许多刺激物或信息视而不见、充耳不闻,而只有当这种刺激和信息间接或直接地、潜在或现实地满足主体的具体价值需求时,才能使受试者有肯定、喜爱和积极的情感体验。如果项目规划的对象是人,那么人作为情感体验的主体会引起对规划的正面或负面、肯定或否定的评价,然后影响策划的成败。

加强情感沟通,激发人的积极、肯定、喜爱的情感体验,对项目策划起着重要的作用。在策划者与策划对象之间架起一座心灵的桥梁,传达爱心,引发共鸣,便会取得惊人的效果。

3. 创新原理

项目策划成败的关键在于项目策划本身是否有新的突破,创新点能激发人的兴趣,使更多的人融入其中,进而使策划方案与众不同,发挥出本身所具备的价值。创新不仅是项目策划的原则,更是其重要的特征,因此,需要认真研究,掌握其规律,应用于策划实践,从而更好地指导项目策划。

创新原理转换为心理学和创造思维学的说法就是创造思维问题,具体应注意以下问题:

(1)策划者需要具备非常专业的理论知识,知识面涵盖各个学科,如经济学、心理学、管理学等学科,并能在策划中灵活运用,形成策划中的文化沉淀,在沉淀过程中培养创新思维。

(2)策划者要有创造性的思维,策划创新要用全新的眼光去看待事物,打破原先的思维定式,拓宽思维领域,摆脱单一的思维模式,进入立体的思维空间。

4. 人文原理

利用人与自然的和谐关系,激起人对利用自然开发自然的热情,达到资源优化配置的效果。

5. 造势原理

项目策划的造势原理是指策划者在进行项目策划时,借助一些活动,如推广交流会、展销会等,进而推广、提高策划项目的知名度,从而取得一定的效益。

5.2.2　项目策划的方法

1. 头脑风暴法

头脑风暴法(brainstorming,BS)又称畅谈法或智力激励法。头脑风暴法源于"头脑风暴"一词。所谓头脑风暴,最早是精神病理学上的用语,是用于描述精神病患者的精神错乱状态,而现在则成为无限制的自由联想和讨论的代名词,其目的在于激发创新想法或产生新观念。1939年,美国创造学家亚历克斯·费克尼·奥斯本(Alex Faickney Osborn)首次提出了头脑风暴法。此方法经各国创造学研究者的实践和发展,至今已经形成了一个发明技法群,如默写式智力激励法、奥斯本智力激励法和卡片式智力激励法等。

所谓的头脑风暴法是指采用会议的形式,让与会者敞开思想使各种设想相互碰撞,每个人畅所欲言,相互启发和激励,在这个基础上,找出各种问题,最终由策划者做出统一的结论,提出针对具体项目的策划创意。头脑风暴为什么能够激发创新思维?根据奥斯本及其他研究者的观点,主要有以下几点:

(1)联想反应。联想是产生新观点的基本过程。在与会者集体讨论问题的过程中,每提出一个新的观点,都能引发其他人的联想,进而产生一连串的新观点,发生新观点的连锁反应,形成新观点群,为创造性地解决问题提供了更多的方案。

(2)热情感染。在不受任何约束的条件下,集体讨论问题能激发与会者的发言热情。大家自由发言、相互感染、相互影响,形成讨论的热潮,这样能突破固有观念的束缚,更大限度地发挥出创造性思维的能力。

(3)竞争意识。在有竞争意识的情况下,与会者争先恐后,竞相提出观点,积极地开动思维机器,力求有独到见解、想法新奇。由心理学的原理可知,人有争强好胜的心理,人的心理活动效率在有竞争意识的情况下可增加 50% 以上。

（4）个人欲望。在集体讨论、解决问题的过程中，与会者个人的欲望自由不受任何干扰和控制。头脑风暴法有一条原则，不能批评其他人的发言，甚至不允许有任何怀疑的表情、神色或动作。这就能使在场的每个人畅所欲言，提出大量新的观点。

头脑风暴法的要求有：

1）组织形式

会议的时间应当适中，建议在 1 h 左右。时间过长，容易偏离讨论的主题，时间太短，与会者很难获取充分的信息；参加人数一般为 5～12 人，建议由不同专业或不同岗位的人员组成；主持人 1 名，主持人的作用是使会议顺利进行，不对观点进行评论；记录员 1 人或 2人，记录员需完整地记录与会人员的每种观点。

2）会议类型

设想开发型：顾名思义，该类型会议是为了获取更多的想法，因此，与会者应具备开阔的思维与想象力，并且具有较强的表达能力。设想论证型：这是一种将设想转变成现实的会议类型。这就要求与会者具有较强的归纳能力和分析判断能力。

3）会前准备工作

会议要明确主题。与会者需要在会议开始之前得知会议主题，使其有时间做准备。选好主持人。主持人要具备头脑风暴法的专业素养，能清楚判断会议的状态和发展方向，熟练掌握头脑风暴法会议的主持技巧。参与者事先要经过训练，熟悉头脑风暴法会议所秉持的原则和方法。正式开会前还可进行柔化训练，即让他们冲破思维定式的束缚，转变思维方式来减少他们的思维惯性，从而使他们以更高的热情投入思维碰撞中。

4）会议原则

为使与会者畅所欲言，互相启发和激励，讨论时必须严格遵循以下原则：

（1）禁止批评和评论，也无须自谦。对他人提出的任何观点不批判、不阻拦，即使自己认为是幼稚的、错误的，甚至是荒诞离奇的意见，也不可予以反驳；同时也不允许自我批判，需在心理上调动每一位与会者的积极性，彻底防止出现一些"自我扼杀语句"和"扼杀性语句"，例如"我提一个不成熟的看法""我有一个不一定行得通的想法"，以及"这根本行不通""这是不可能的""这想法太陈旧了""这不符合某某规律"等语句禁止出现在会议上。只有这样，与会者才可能在充分放松的环境里，在别人观点的激励下，集中自己的全部精力开拓思路。

（2）目标明确集中，追求观点的数量越多越好。在头脑风暴法实施会上，只要求大家提观点，并且越多越好。会议的目的是收集大量的观点。

（3）提倡灵活运用和改善他人的观点。这是激励的关键所在。每个与会者都要从他人的观点中找到启示并激励自己，从而在他人观点的基础上补充他人的观点，或将他人的若干观点综合起来提出新的观点。

（4）与会者一律平等，各种观点全部记录下来。与会人员，无论是该方面的专家、普通职员，还是其他领域的学者，以及外行学者，大家在讨论时一律平等；无论观点的大小、正确与否甚至一些荒诞的观点，记录人员也要认真地将其完整地记录下来。

（5）主张独立思考，不允许私下交谈，以免干扰别人的思维。

（6）提倡自由发言，畅所欲言，发散思维。会议提倡自由奔放、任意想象、思维发散、尽量发挥，意见越新颖、越奇怪越好，因为它能启发他人创新出好的观点。

（7）不以个人成绩为主体，以小组的整体利益为重，注重和理解别人的贡献，人人创造民主环境,不因多数人的观点而阻碍个人新观点的产生,提倡个人追求更新更好的观点。

头脑风暴法要求主持人(策划者)具备很强的组织能力、民主作风与指导艺术,能够抓住策划的主题,调节讨论气氛,调动与会者的兴奋点,从而更好地挖掘他们潜在的智慧。头脑风暴法的缺点就是与会者的人数有一定的限制,挑选得不合理,就会导致该次策划失败。此外,由于与会者的社会地位和声望不尽相同,导致一些与会者不敢或不愿意在公共场合阐述与他人不同的观点。另外,头脑风暴法实施的时间、费用等成本较高。这种策划方法的优点是:可以在短时间内,从与会者的各种观点中获取广泛的信息,集思广益,在头脑中掀起思考的风暴,相互启发激励,从而创造出高质量的策划方案。

【例 5-1】 有一年,美国北部非常寒冷,降雪量很大,电线上有冰雪堆积。大跨度电线经常被冰雪压断,严重影响了通信。过去,许多人尝试解决这个问题,但他们没有得到想要的效果。后来,一家通信公司的经理运用奥斯本发明的头脑风暴法解决了这个问题。

他邀请了来自不同专业和不同岗位的技术人员,让他们参加一场思维观点碰撞、头脑卷起风暴的会议,并要求他们在讨论时必须遵循以下四个基本原则:

(1)自由思考,即允许与会者放飞思想,无拘束地思考问题并畅所欲言,无须考虑提出的观点是否"离经叛道"或"怪诞离奇"。

(2)延迟评判,即要求与会者在会上不要对他人提出的观点加以评论,不能发表对他人观点带有主观评价的看法,如"这个观点糟糕透了""这主意棒极了"等。至于对观点的评判,留在本次会议后由专人讨论。

(3)以量求质,即凭借观点的数量来确保观点的质量,也就是要求与会者更多更广泛地提出不同观点。

(4)结合改善,即鼓励与会者互相启发、相互激励,在更多地提出自己的观点的前提下,进一步思考如何把两个或更多的观点整合后形成一个更优秀的方案。

在这种会议原则下,与会者各抒己见。有人想到用电加热来化解冰雪,有人提出设计一种专用的电线扫雪机,也有人建议用振荡技术来清除积雪,还有一些人提出搭乘直升机使用大扫把来清扫电线上的积雪。对于这种"坐直升机扫雪"的观点,与会者尽管觉得该观点很荒唐,但也无人质疑。相反,一位工程师在听到"坐直升机扫雪"的观点后,突然有了灵感,一个清雪方法从他脑海冒出。他的设想是:当大雪堆积在电线上后,可以派出直升机沿积雪严重的电线飞行,凭借高速旋转的螺旋桨即可将电线上的积雪迅速扇落。随后他马上提出"用直升机扇雪"的新观点,顿时又引起其他与会者的联想,利用直升机清除积雪的方法又冒出了不少。1 h 之内,与会的 10 名技术人员共提出了 90 多个关于电线除雪的新观点。

这次会议后,通信公司组织专家对这些观点进行分类论证。认为设计专门的清雪机,采用电加热或电磁振荡等方法清除电线上积雪的方法,在技术理论上可行,但研制费用高,周期长,短时间不能解决问题。"直升机扫雪"倒是一种可以考虑的方案,如果可行,将是一种既便捷又高效的好办法。随后经过现场试验,取得意想不到的结果,直升机扫雪的效果很好,一个久悬未决的难题最终在头脑风暴后得到了巧妙地解决。

2. 德尔菲法

德尔菲法于 20 世纪 40 年代由奥拉夫·希施贝格·赫尔默(Olaf Hirschberg Helmer)和诺曼·克罗利·达尔奇(Norman Crolee Dalkey)首创。1946 年,美国兰德公司(RAND Corporation,美国最重要的以军事为主的综合性战略研究机构)为避免集体讨论时由于与会者的地位不同等原因而导致的屈从权威或盲目服从多数的缺陷,首次用这种方法进行定性预测。德尔菲法是指采用函询、电话或网络的方式,反复咨询专家的建议,然后由策划人做出统计,如果结果没有趋向一致,那么就再征询专家,直至得出比较统一的方案。在使用该种策划方法时,专家需要熟知市场情况,具备相关的专业知识,与策划相关的业务操作也需要精通。综合专家的观点得到最终结果后,策划人需对结果做统计处理。

德尔菲法的具体实施步骤:

(1) 组建专家小组。根据项目所需的知识范围确定专家,专家人数视项目规模和覆盖面广度而定,一般不超过 20 人。

(2) 向所有专家介绍预期的问题和相关要求,以及有关该主题的所有背景信息,专家可指出仍需要哪些额外材料,然后以书面形式回应。

(3) 每位专家根据他们收到的材料做出自己的预测,并解释他们是如何使用这些材料提出预测的。

(4) 收集专家的第一次判断信息,将其汇总并列成图表进行比较,分发给专家,以便专家与他人比较不同之处,修正自己的意见和判断。专家的意见也可以由其他具有较高地位的专家进行整理或评论,然后分发给专家,以便他们在参考后完善各自的意见。

(5) 收集专家的第二次判断信息、汇总并分发给专家进行二次修改。逐轮收集专家的意见和反馈是德尔菲法的主要部分。收集评论和反馈通常要经过 3 轮或 4 轮。当给专家反馈时,只给出了各种意见,没有给出表达各种意见的专家的具体姓名。重复这个过程,直到每个专家不再改变他(她)的意见。

(6) 专家意见综合。

这种策划方法的优点是:专家不需要面对面交流,这样专家在描述自己的观点时就不会有权威压力,他们可以各抒己见,从而得到更加客观的策划方法。

这种策划方法的缺点是:该过程主要是专家经过多次主观判断得出的观点,缺乏客观标准,并且该方法耗时长,有的专家可能因工作忙或其他原因而中途退出,影响策划的准确性。

3. 拍脑瓜法

拍脑瓜法又称创意法、灵感忽现法,是指策划人收集有关产品、市场、消费群体的信息,进而对材料进行综合分析与思考,然后打开想象的大门,形成意境。策划者不会很快想出策划方案,但它会在不经意间从策划人的头脑中冒出来。

拍脑瓜法不可能在短时间内完成方案的策划,而是需要经过长时间的充分准备与思考,思绪积累到一定程度,自然而然地流露出来,这就需要策划人精通专业知识,拥有深厚的策划功底。策划人要像蜜蜂采蜜一样,从不同鲜花中一点一滴地采集其中有用的成分。

4. 组合策划法

组合策划法是把两个或两个以上貌似不相关的事物巧妙地加以联结、组合,从而获得新思想、新观念的一种策划方法。组合策划法有奥斯本发明的检核表法、茨维基发明的方格图法,还有我国许国泰提出的信息交合法等。信息交合法认为,一切创造活动都是信息的运算、交合、复制和繁殖活动。借用几何方法,设一个信息为一个要素,同一类或同一系统信息按要素展开,用一根线串起来,这条线称为信息标。当两维信息标或多维信息标同时处于信息场中时,信息标上的各要素即可以相互交合,产生出许许多多的交合点,即信息交合所产生的信息,其中就可能有新的有价值的信息。最后,对这些有价值的信息加以筛选,找出最好的方案。无论何种组合,其关键一是组合,二是筛选。组合要广泛进行,甚至风马牛不相及的事物也可以拉在一起,不能认为关系不大就不加以组合。只有组合数越多,有价值的方案才有可能被发现。筛选比组合更重要,因为创造性的方案最终是由筛选产生的。

例如,亚特兰大奥组委计划举办一项筹款活动:任何捐赠 35 美元的人都可以在一块砖上刻上自己的名字,并将其铺设在亚特兰大正在建造的奥林匹克公园内。活动消息一出,人们纷纷响应,捐助者蜂拥而至,喜欢出名的美国人也乐于花钱让自己出名。短短几天,组委会就筹集了大量资金,活动取得了巨大的成功。这一策划巧妙地运用了组合的方法,将奥运筹款与公众声誉相结合,成为奥运筹款史上的一大创举。

5. 逆向创造法

逆向创造也称反向探求。逆向创造法是运用逆向推理,将通常思考问题的思路反转过来,针对现象、问题或解法分析其相反方面,从另一个角度探寻新途径的逆向创新方法。

1) 功能性逆向创新

人们在长期从事实践活动的过程中,对解决某类问题过程中的各种功能关系形成了固定的认识,若将某些已被人们普遍接受的功能关系颠倒,有时可以得到意想不到的效果。在适当的条件下,这种新方法可能解决常规方法不能解决的问题。例如,人们用火加热食品时总是将食品放在火的上面,当热源的形式改变以后人们仍然习惯这样安排热源和食品的位置。某公司生产的煎鱼锅最初也是按照普通加热锅的形式进行设计,但在使用中发现当鱼被加热时,鱼体内的油滴落到热源上会产生大量的烟雾而造成污染。设计者运用逆向创新,提出改变热源和鱼的相对位置,即把热源放在上面,鱼放在下面。根据这一设计思路,他们把热源放在煎鱼锅的上面,研制出采用上加热方式的无烟煎鱼锅。

2) 结构性逆向创新

运用逆向思维,打破传统的结构设计而得出新结构的产品。例如,活塞式内燃机的主要结构是曲柄滑块机构,但活塞往复运动中的惯性力阻碍了内燃机转速的提高。运用结构性逆向创新方法,菲利克斯·亨利奇·汪克尔(Felix Heinrich Wankel)发明了旋转活塞式内燃机,提高了内燃机的转速,但由于这种旋转活塞式内燃机的活塞和气缸都不是圆形的,加工误差和工作中的非均匀磨损将使活塞和气缸之间产生泄漏而导致内燃机的工作效率很低,在采用多种传统方法用来减小磨损仍不奏效时,工程技术人员运用结构性逆向创新方法,提出了寻求用较软的耐磨材料做气缸衬里的新思路。最后,选择石墨材料较好地解决了磨损问题,提高了工作效率,终于使旋转活塞式内燃机投入生产。

3) 因果关系逆向创新

自然界中很多自然现象是有联系的,在某一自然过程中,一种自然现象可以是另一种自然现象的原因,而在另一种自然现象中,这种因果关系可能会颠倒。探索这些自然现象之间的联系及其规律是自然科学研究的任务。例如,声音能产生振动,那么振动能否复现原声呢?爱迪生发明的留声机就是对声音能引起振动现象中的原因和结果的颠倒应用。又如,利用机械结构转动时由于不平衡会引起振动的原理,人们发明了可夯实地基的机械夯。

5.3　项目策划的基本思路

为了做出正确的决策,一方面,项目策划必须通过研究,准确及时地掌握市场情况,使决策建立在坚实可靠的基础之上。只有通过科学的项目研究,才能降低项目的不确定性,降低项目策划的风险水平。另一方面,项目策划在实施过程中,可以通过调研检查决策的执行情况,及时发现决策失误和外部条件变化,起到反馈信息的作用,为进一步调整和修改决策方案提供新的依据。因此,进行项目策划的基础是对项目了如指掌,深入研究,对市场研究和企业发展有深入的了解。

在环境信息和经验认识中发现需求,识别需求,进行构思,挖掘概念,基本思路如图 5-1 所示。具体而言项目策划一般分两个阶段进行:

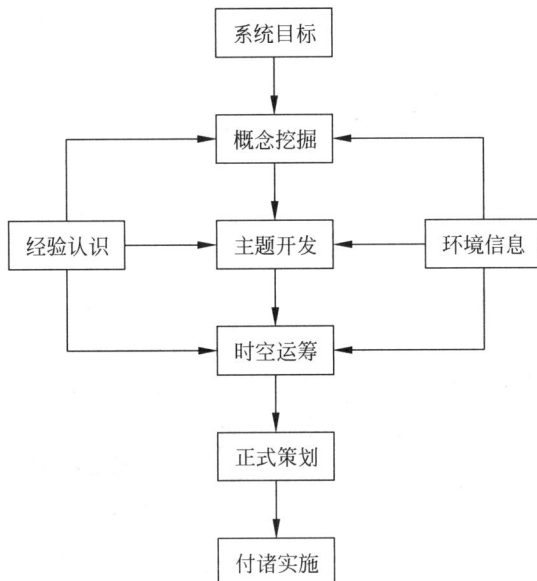

图 5-1　项目策划的基本思路

1) 需求识别阶段

该阶段主要是提出需求,识别需求,完成需求建议书。项目需求识别是项目生命周期的最初阶段,它开始于对需求、问题或机会的识别,结束于项目需求建议书(request for proposal,RFP)的发布。

2) 项目构思阶段

该阶段是在需求建议书的基础上,进一步完成项目识别和构思,提出项目建议书。

5.3.1　需求识别

需求识别是投资成功与否的关键,正确的需求识别可以获得一个好的项目策划,更重要的是为投资带来可观的经济效益。除利益相关方明确提出的需求外,经常会有很多模糊的甚至是隐含的需求。如果不能识别出所有的需求并对这些需求进行甄别、管理,可能会对整个项目的后期工作产生严重的影响。下面按不同的方法对其进行分类讲述。

1. 按照是否能够确定是本项目需求分类

(1) 待定需求。待定需求通常是利益相关者无法确定的需求,或者可以明确描述但无法确定是否包含在项目范围内的需求。有时待定需求会随着时间的推移而变成确定需求,但在未确定阶段,待定需求通常不包含在最终需求建议书中。

(2) 确定需求。通过与利益相关方的接触,交流和查阅利益相关方提供的文档等沟通方式,确定利益相关方关于项目的确定的且应包含在项目范围内的需求。这些需求需要采用各种方法明确地用文档的方式描述出来,在经过用户确认后即成为后续确定项目范围、项目目标及项目计划的基础。确定的需求一般由主要利益相关方提出且必须在项目中实现需求,识别及确定需求的方法有多种,可以根据不同的问题采用不同的方法,最终得到清晰明确的需求描述。

2. 按照需求是否具有可执行和可描述的特点分类

(1) 明确需求。明确需求是能够清晰描述并能够为项目利益相关方所共同理解的需求。明确需求只是可以明确地描述和提出的需求,不一定就是所有项目利益相关方同意要在项目中实现的确定需求。明确需求可能包括确定需求,也可能包括待定需求。

(2) 模糊需求。有些时候,利益相关方无法明确描述其需求,这就需要调研人员在充分了解利益相关方的环境、工作和爱好等方面的基础上,理解利益相关方可能的需求,再将需求明确地描述出来。模糊需求是一种含而不露的需求,是一种我们知道确有其事却因其变化不定而无法定义或定位的需求;模糊需求极难定义,也很难研究。在需求识别过程中,识别出利益相关方的模糊需求并明确表述是一件非常困难的事情。

(3) 隐含需求。有时候,分析由确定需求衍生出的隐含需求,并识别利益相关方没有明确提出来的隐含需求(有可能是实现利益相关方需求的前提条件)这一点往往容易被忽略掉,因而经常会因为对隐含需求考虑得不够充分而引起需求变更。隐含需求的存在通常是由于问题提出者认为这些都是调研者应该知道的,不需要特别说明。这种情况在调研用户业务情况的时候经常发生,一般用户在阐述业务情况的时候会认为调研者对业务比较了解,不需要交流一些工作惯例或规定,这经常导致调研者对需求的理解趋于片面化,无法掌握利益相关方的隐含需求,也就无法成功地完成需求识别的任务。

3. 按项目需求的时效性分类

(1) 现在需求。现在需求是在项目进行时就已经具备实现条件的需求。这些需求可能是确定的,也可能是待定的,但项目最终需要实现的确定需求一定是现在需求。

(2) 未来需求。与待定需求不同,未来需求是利益相关方能够明确描述,但是由于在项目需求识别时还不需要,或者是在需求识别时还不具备满足利益相关方期望的条件等原因,而不必包含在项目需求范围内的利益相关方需求。未来需求虽然不用马上实现,但是在项目识别时需要对此类需求进行记录和管理,以此作为项目在制订解决方案时的参照。优秀的项目解决方案一般都会考虑到项目成果未来的发展,为项目成果未来的发展提供开放的、可兼容和扩展的接口,以便当未来需求变为当前需求时,当前项目成果还可以继续利用。

在需求识别的过程中,不仅要描述确定需求,还要识别出利益相关方的模糊需求和隐含需求,将模糊需求和隐含需求明确化,使之成为确定需求。识别待定需求和未来需求对项目的发展也是非常关键的。对识别出来的需求分类,并进行有效管理,是对成功的项目需求识别的基本要求。项目需求识别的过程如图5-2所示。

总之,不管项目来自何种渠道,都要做好用户需求的识别,否则,项目风险会大大增加。从客户的角度看,识别需求是项目启动过程和整个项目生命期的初始活动,客户通过识别商业或市场需求、机会来决定投资方向和项目机会。在这个过程中,将为项目的目标确定、可行性分析和项目立项提供直接、有效的依据。从项目团队的角度看,需求的识别是为了获取客户的需求建议,项目团队从技术实现、项目实施的角度识别客户实际存在的问题、基本意

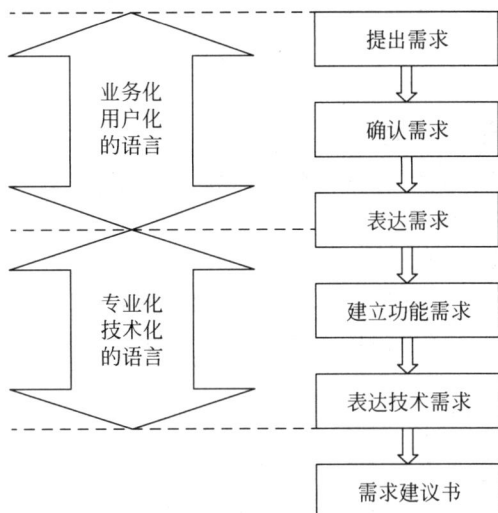

图 5-2　项目需求识别过程

图和真实想法,从而与客户进行有效沟通,准确分析需求和问题,从而为制订可行、合理、正确的技术及实施解决方案提供依据。

5.3.2　项目构思

项目的构思从项目的识别开始,需求建议书是一个概念上的目标,可以用多种方法进行实现。项目识别是针对已经识别的需求,从备选项目方案中选择一个最能够满足客户需求的项目。项目识别和需求识别的区别在于:前者的行为主体是项目团队,而后者是客户。

项目构思应注意的问题:

(1)以满足客户需求为目标。

(2)充分考虑项目的经济可行性。

(3)注重对相关约束条件的识别。

一般需求识别和项目识别总是相互交融,客户通过与项目团队的交流完善自己的需求识别,项目团队也可以通过交流准确把握客户的需求。

1. 项目构思的含义与过程

构思又称创意,是指为满足一种新需求,实现一项预定目标所作的设想。项目构思是指对未来投资的项目目标、功能、范围及项目涉及的各个主要因素、大体轮廓的设想与初步界定。

进行项目构思要考虑的内容及其范围如下:

(1)项目的投资背景及意义。

(2)项目的投资方向和目标。

(3)项目投资的功能及价值。

(4)项目的市场前景及开发的潜力。

(5)项目的建设环境和辅助配套条件。

（6）项目的成本及资源约束。

（7）项目所涉及的技术及工艺。

（8）项目资金的筹措及调配计划。

（9）项目运营后预期的经济效益。

（10）项目运营后社会、经济、环境的整体效益。

（11）项目投资的风险及化解方法。

（12）项目的实施及其管理。

项目构思是一种创造性的探索过程，一个成功的项目构思靠的不是一日之功，而是需要经历一个循序渐进的过程。项目构思大致可概括为准备阶段、领悟阶段和完善阶段三个阶段。

（1）准备阶段，可细分为四个步骤：一是明确拟定构思项目的性质和目标范围；二是调查研究，大量收集原始信息和相关资料；三是资料整理，去粗取精；四是研究资料和信息，通过分类、组合、加减、演绎、归纳、分析和综合等方法了解资料所包含的内容，挖掘资料所蕴含的内在规律。

（2）领悟阶段，一般分为潜伏、创意出现和构思诞生三个步骤。潜伏从本质上说，是指把目前拥有的资料和信息与所需构思的项目联系起来，全面系统地反复思考，综合比较分析。创意出现就是在大量思维过程中，具有独特新意但不完全成熟或不全面的某些概念和观点不断冒出，实际上就是根据人脑中的信息、知识和智慧，通过综合、类比、借鉴、推理而得出某一概念或见解的逻辑思维过程。由于这一思维过程的细节还不完全清楚，而且往往不被人的意识完全感知，也可以认为是一种不完全的逻辑思维。因此，创意的出现是项目策划者潜意识活动中逻辑思维和非逻辑思维的结果。构思诞生是指通过多次、多方面的创意出现和反复综合思考形成项目的初步轮廓，并用语言、文字、图表等方式清晰表达出来，这是项目完整构思的基础，也是项目构思进一步深入的起点。

（3）完善阶段，从项目初步构思的诞生到项目构思的完善，可以分为发展、评估、实现三个步骤。发展是将诞生的项目构思通过进一步综合分析，进行内容和外延上的深入和拓展，使之越来越完善。评估是对已形成的项目构思，从多方面进行评价分析，甚至可以进行多方案评选。在必要时，需要组织项目策划的相关人员与专家进行集体磋商与研究，力求项目构思尽可能完善和符合客观实际。实现是将评估后的项目构思方案经过进一步全面而有针对性的市场调查分析之后，具体细化为可操作的项目建设方案。在实施和细化过程中，发现有不完善或错误处，应立即予以改进、修正和完善。

2. 项目机会研究

项目机会研究是项目管理的重要内容，成功的项目管理离不开正确的项目机会研究。组织或个人需要对各种项目机会做出比较与选择，通过对自然资源、社会和市场的调查及预测来确定项目，选择最有利的投资机会，将有限的资源以最低的代价投入收益最高的项目中，以确保个人或组织的发展，这就是项目机会研究。

项目机会研究也称为项目识别，是项目立项的第一步。其目的在于选择投资机会、鉴别投资方向。在国外一般是从市场和技术两个方面寻找项目机会，但在国内还需考虑到国家有关政策和产业导向。通常项目机会研究包括一般机会研究和特定项目机会研究。

（1）一般机会研究，包括地域（人口、地理、政治、自然环境）、行业（生产力布局、供需关系、主要竞争者）、资源（储备、分布、限制条件）研究。通过一般机会研究，可识别投资机会和投资方向。

（2）特定项目机会研究，即特定项目的市场需求、外部环境（国家政策等）、投资者的优劣势分析。通过特定项目机会研究可以确定最佳投资方案。综合考虑政治、经济、文化、环境、技术、财务、物资、人力、风俗等因素，一般选择投入少、收益大、切实可行、最能满足客户需求的方案。衡量的标准主要有：成本、收益、时间、风险、可行性和客户满意度。

项目机会研究运用的方法主要是要素分层法，这是项目机会选择中比较常用的一种方法。所谓要素分层法是通过将一般机会研究或特定项目机会研究所涉及的各个方面的要素列出并区分类别，对各要素的重要程度给出权重，并通过评分的方法找出关键要素，以确立项目方向。由于项目选择涉及许多要素，要素分层法就是将这些杂乱无章的影响因素按照项目机会，项目问题，项目承办者的优势、劣势等进行分层；通过要素的分层分析，并采取主观评分的方法来判断机会与问题、优势与劣势，从而做出判断。所以，要素分层法是一种将定性（要素分层）与定量（要素评分）相结合的方法。它要求在占有充分信息的情况下将影响项目发展的有利因素和不利因素做出直观展示，易于操作，便于决策。

经过项目机会研究之后，如果投资者对项目感兴趣，则可编写项目建议书（立项申请书），再进行下一步的可行性研究工作。

3. 项目建议书

项目策划的成果是项目建议书，又称立项报告或立项申请书。项目建议书的内容包括：进行市场调查，明确投资目的，对项目建设的必要性和可行性进行研究，对项目建设内容、生产技术和设备及重要技术经济指标等进行分析，对主要原材料的需求量、投资估算、投资方式、资金来源、财务效益、项目风险等进行初步估算。

5.4　项目策划的环境影响因素

在工程领域，很多项目管理人士认为，开展项目策划对项目的实施非常必要，但不是每个项目策划都能取得好的效果，影响因素有很多，其中，环境影响因素越来越受到重视。

5.4.1　宏观环境变化对项目策划的影响

企业的宏观环境变化对项目策划的影响包括社会文化环境、政治法律环境、经济环境、技术环境的影响等。

（1）社会文化环境影响。社会文化环境是指一个国家或地区的民族特征、文化传统、价值观念、宗教信仰、教育水平、社会结构、风俗习惯等。它会影响该区域的消费观念、价值观，从而影响项目的策划。

（2）政治法律环境影响。政治法律环境是指一个国家或地区的政治制度、体制、形势、政策、法律等。和平时期，主要包括政府的产业政策和法律环境，其中对项目策划影响最大的是政府的产业政策。产业政策是指政府对某些特殊产业实行扶持或限制的政策。当前我国产业政策的重点已转向"高质量"，这是经济社会发展到一定程度的必然需要，也是习近平新时代中国特色社会主义思想顺应新时代发展的必然要求。

（3）经济环境影响。经济环境主要是指当地的人均收入，交通能源条件，人口数量与质量、劳动力价格，金融体制、商业环境等。企业开发的项目都是在一定的经济环境中运作的，经济环境直接影响项目实施的可行性和经济效益。

（4）技术环境影响。技术环境是指一个国家或地区的科学技术水平、技术政策、技术发展趋势、新产品开发的能力等。新兴技术的出现一方面可能促进项目的成功实施，给企业带来机遇；另一方面也可能导致需求结构发生变化，给项目或企业带来威胁。

PEST 分析法是宏观外部环境分析的基本工具，它通过政治的（politics）、经济的（economic）、社会的（society）和技术的（technology）角度或 4 个方面的因素分析从总体上把握宏观环境，并评价这些因素对项目的影响。

5.4.2　微观环境变化对项目策划的影响

企业的微观环境因素变化对项目策划的影响包括产业及其竞争结构、顾客需求、经销商与供应商的影响等。

（1）产业及其竞争结构的影响。产业是指一群生产相近替代产品的公司。产业不同阶段呈现不同的业态，业态随着产业的成熟而变化。

（2）顾客需求的影响。随着环境、文化素养、收入等的变化，顾客的需求也随之发生变化。这里蕴藏着项目机遇。研究顾客的需求是项目成功的基础。

（3）经销商与供应商的影响。经销商反馈的市场信息具有极高的商业价值，供应商为扩大自己的利益，跟踪制造商的市场，提出建议，尽管双方存在利益冲突，但新项目不仅为供应商，还给制造商带来了利润。

SWOT 分析法是在综合整理分析企业内外各方面情况后，进而分析优劣势、面临的机会和威胁的一种方法。来自麦肯锡咨询公司的 SWOT 分析包括分析企业的优势（strengths）、劣势（weaknesses）、机会（opportunities）和威胁（threats）。优、劣势分析主要侧重于企业自身的实力及其与竞争对手的比较，而机会和威胁分析则侧重于外部环境的变化及其对企业可能产生的影响。在分析中，应将所有内部因素（即优势和劣势）汇集在一起，然后用外力进行评估。通过 SWOT 分析，可以帮助企业找对方向，物尽其用，把有限的资源和人力聚集到企业的优势上去，并让企业的战略变得明朗。

（1）优势。优势包含以下方面：第一，技术优势，包括独特的生产技术、低成本的生产方法、雄厚的技术实力、完善的质量控制体系等；第二，有形资产优势，包括先进的自动化生产线、现代化的生产车间和设备等不动产资源、充足的资金等；第三，无形资产优势，包括优秀的品牌形象、良好的商业信用等；第四，人力资源优势，包括拥有较多的专家技术人员等；第五，竞争能力优势，包括产品开发周期短、强大的经销商网络、与供应商保持良好的合作关系等。

（2）劣势。劣势是指项目所缺少的或做得不好的方面，或指某种会使项目处于劣势地位的条件。比如，缺乏具有竞争能力的专业人才，缺乏竞争力的有形资产、无形资产等。

（3）机会。项目面临的潜在机会是影响项目策划的重大因素，策划者应确认每一个潜在机会，对其发展前景进行评价。

（4）威胁。威胁是指某些对项目盈利能力和市场地位构成威胁的因素。策划者应及时确认危及项目未来利益的威胁，并采取相应的措施抵消或减轻外部威胁所产生的不利影响。

5.5　项目建议书的撰写

5.5.1　项目建议书的撰写要求

　　项目策划的成果是项目建议书，又称立项报告或立项申请书，是项目筹建单位根据国民经济的发展、国家或地方中长期规划、产业政策、国内外市场、生产力布局等信息对某具体项目的总体设想，是针对某具体项目的建议文件。项目建议书可以综合评估项目的可行性并进行完善，把投资设想变为大致的投资建议，为项目提供充实的依据，减少项目选择的盲目性，并为下一步的可行性研究打下基础。其内容总体上可以分为三大部分：

　　（1）技术部分。该部分的目的是使客户确信项目团队理解需求和问题，并能提出好的方案。内容包括理解需求和问题、提出方法或解决的方案、客户的收益等。

　　（2）管理部分。该部分的目的是使客户确信项目团队能很好地完成项目所提出的任务。内容包括任务描述、交付物、进度计划、组织结构、相关经验和工具装备等。

　　（3）成本部分。该部分使客户确信项目团队的价格是现实的、合理的。内容包括成本的构成和分项成本、税收等。

　　项目涉及多个方面，包括范围、费用、时间、质量、风险、人力资源、沟通、采购等，在项目建议书中应尽可能明确这些因素，如不能明确，就成为项目变数，根据经验，项目发起人开始往往对项目的许多方面并不清楚，如达到什么目标，需要投入多少资源，要求什么时候完成，其具体的质量要求等，而是仅有一个模糊的概念，如一个项目由多人或多个组织完成，这将是一个十分严重的问题，各人的理解和想法不同，会产生矛盾和冲突，所以，在项目建议书的编写过程中，必须和需方一起通过沟通和研讨，对项目的各个方面进行思想和认识上的统一。在研讨的基础上，应该对项目的范围进行界定，并确定必须取得的成果（完成目标）和附加成果（锦上添花），提出实现目标的策略和需要的资源（建议书中应该明确的内容），最后再对建议书进行初步评价。

　　因此，撰写项目建议书时应做到：①深度合适。项目建议书内容的阐述深度应方便客户理解，并为企业最终决策提供必要的依据。切忌故弄玄虚，让企业摸不着头脑。②具有针对性。项目建议书应针对企业的特定问题"量身定做"，不能泛泛而谈。它的针对性主要体现在对企业问题的理解、解决思路和项目成果三个方面。③具有体系性。即使在项目建议书阶段，管理咨询人员可能仍然没有见到企业中将影响决策的人。因此，即使对策划项目的执行方式已经达成了口头一致意见，仍然应该将其详细地、具有体系性地表达出来，以便企业中那些不太知道相应策划项目但具有实际决策权的人阅读，并以适当的方式表达。

5.5.2　项目建议书的结构

　　在前期的一系列准备工作结束后，应着手编写项目建议书。项目建议书的主要结构包括以下几项：

　　（1）封面。封面包含策划主办单位、策划组人员、日期、编号。

（2）序文。序文阐述此次策划的目的、主要构思、策划的主体层次等。

（3）目录。目录是策划书内部的层次结构，让读者一目了然。

（4）内容。内容是策划创意的具体细节，要求文笔生动，数字正确，方法科学合理，层次清晰。

（5）预算。为了使项目活动顺利进行，需要把项目预算作为项目策划书中不可或缺的一部分。

（6）策划进度表。策划进度表包括策划部门创意的时间安排及项目本身的进度安排，在时间安排上要留有余地，具有可操作性。

（7）建议书的相关参考资料。项目策划中所使用的二手信息材料要引出书外，以便查阅。

编写建议书时应注意以下几点要求：文字简明扼要，逻辑性强、顺序合理，主题鲜明，运用图表、照片、模型来增强项目的主体效果，有可操作性。

5.6　思维导图软件 XMind 及应用举例

XMind 是一款非常便捷且实用的商业思维导图软件，它应用 Eclipse RCP 软件架构，打造实用、高效的可视化思维软件，强调软件的可扩展、跨平台、稳定性等性能，致力于帮助用户节约时间，提高生产率。

5.6.1　软件功能

1. 思维管理

XMind 广泛应用于企业和教育领域。在企业中它可以用来进行会议管理、项目管理、信息管理、计划和时间管理、企业决策分析等；在教育领域，它通常用于教师备课、课程规划、头脑风暴等。

2. 商务演示

XMind 被认为是一种新一代演示软件的典范。传统的演示软件一般采用线性的方式来表达事物，而 XMind 用于演示，为人们提供了一种结构化的呈现模式。XMind 中的演示始终为用户提供纵向深入和横向扩展两个维度的选择，让用户在演示中，可以根据听众和现场的反馈及时调整演示的内容，为听众提供他们感兴趣的话题，可以纵向深入进行讲解和挖掘，对于听众不太关心的问题可以快速跳转到下一个话题。

3. 与办公软件协同工作

XMind 的文件可以导出 Microsoft Word、Microsoft PowerPoint、PDF、图片（包括 PNG、JPG、GIF、BMP 等）、RTF、TXT 等格式，能够便捷地将 XMind 绘制的成果与伙伴和同事共享。

4. 项目管理

在项目管理中，XMind 可将思维导图转换为甘特图。XMind 导图转换的甘特图清晰、直观地显示项目中每个任务的优先级、开始日期、结束日期及进度。XMind 转换的甘特图通过颜色条指示任务随时间变化的情况，通过颜色差异指示每个任务的优先级，通过颜色深浅指示任务的完成度。这些功能增强了甘特图的可读性，省去了用户在项目管理中绘制甘特图的麻烦。同时,修改任务信息中的进程,甘特图还可以动态显示进度。

5. XMind 云服务

XMind Cloud 是 XMind 公司推出的云服务,其主要功能是实现不同平台编辑思维导图的云端同步,如用户可在 Mac、PC、iPhone 和 iPad 上查看、编辑同一幅思维导图并进行云端同步。

XMind 思维导图的用途如图 5-3 所示。

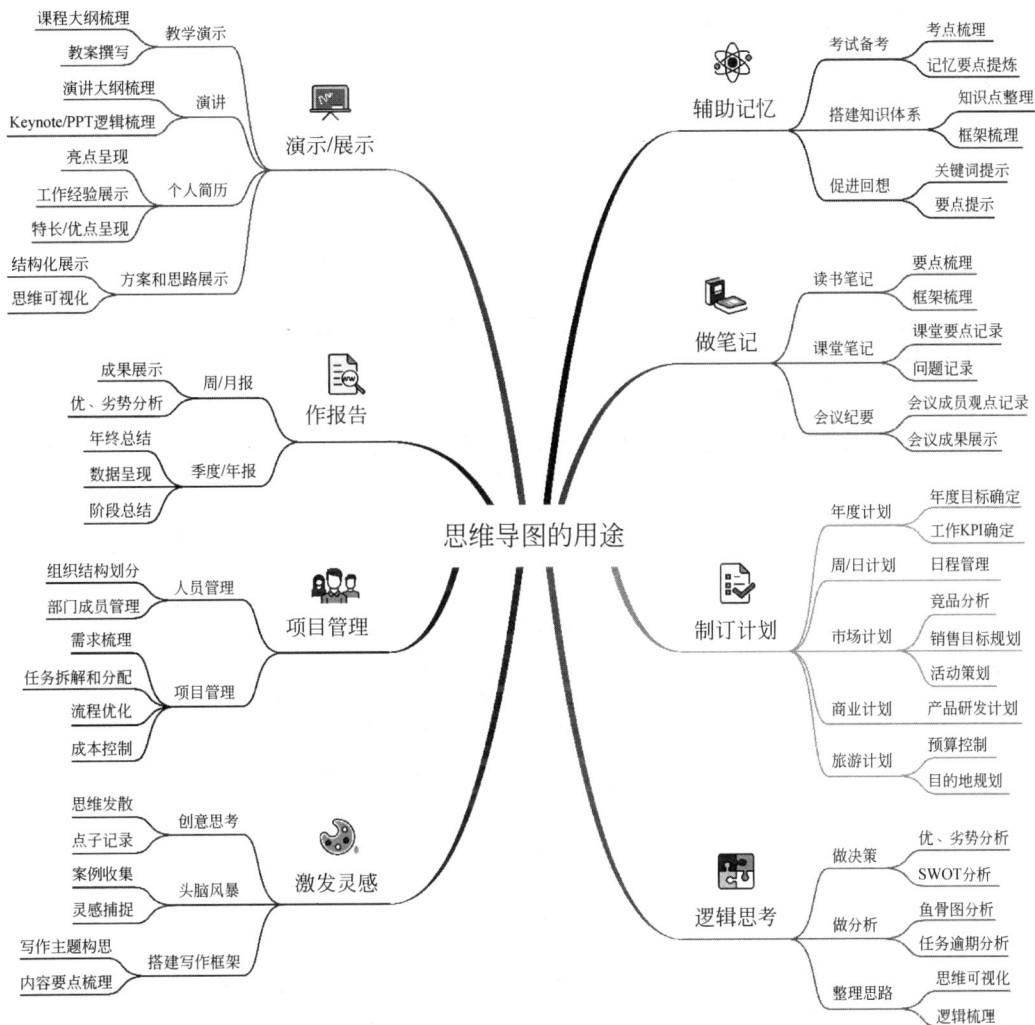

图 5-3　XMind 思维导图的用途

XMind 除能绘制思维导图之外,还能绘制其他图形,如鱼骨图(fishbone chart)、二维图(two-dimensional chart)、树形图(tree chart)、逻辑图(logic chart)、组织结构图(organizational chart),并且可以方便地在上述形式之间进行转换;可以导入 MindManager、FreeMind 数据文件;灵活地定制节点外观、插入图标;具有丰富的样式和主题;输出格式为 HTML、图片。

5.6.2　项目创意设计 XMind 应用案例

某省科学技术厅为围绕建设农业机械化、农机装备打造科创高地和抢占"碳达峰""碳中和"的技术制高点,聚焦十大标志性产业链、未来产业等重点领域,兼顾社会公益等重大技术需求,公开征集、凝练形成"尖兵计划""领雁计划"和其他类(重大社会公益等)榜单,形成并推动产业科学技术的发展。针对这项需求,某科研团队开展了某科研项目的创意设计,提交项目建议书给上级科研管理部门,并根据项目建议书设计项目的具体研究内容及项目实施中必要的控制性指标。

1. 项目建议书

该科研单位根据项目调研和市场需求,根据项目建议书必需的内容(如主要研究内容、项目绩效目标、项目组织方式、项目攻关优势单位和项目进度等),开展了项目前期调研,通过会议讨论、专家咨询、头脑风暴等方法拟定了"茶园自走式中耕施肥机"的项目主题,采用需求识别技术并考虑项目策划的环境影响因素,设计出项目建议书,见表 5-1。

表 5-1　项目建议书样例

项 目 名 称	茶园自走式中耕施肥机	
主要研究内容	针对茶园中耕、施肥等管理作业机具缺乏、窄行作业难、地面有坡地和凹凸不平等问题,重点攻克适应窄行作业、具有坡地和高通过性的自走式移动底盘技术,茶园板结土壤中耕作业关键技术及机具,精准定量施肥技术及机具,突破中耕刀具形面和结构优化、作业部件快速连接接口、整机轻量化作业动力、适应窄行作业和高通过性移动底盘结构等关键技术,开发具有良好的茶园坡地稳定性和地面不平适应性的自走式移动底盘,适应窄行和串行中耕作业机具,精准定量施肥机具,通过小型农机产品可重构模块化技术,实现一机多能,研制出适用于××省丘陵山区茶园的自走式中耕施肥多功能管理机,实现茶园的中耕施肥作业,提升茶园管理作业的机械化水平	
绩效目标	对标国际先进水平单位的技术指标或产品性能参数	日本川崎茶园中耕机(1CG-36)的具体指标参数: 汽油机参数为四冲程汽油机,9.0 PS; 耕作幅度(耕幅)为 360 mm; 耕作深度(耕深)为 160 mm; 行驶速度为低速 0.4 m/s,高速 0.69 m/s; 无施肥机具
	完成适应茶园作业的自走式移动动力底盘及可以进行中耕和施肥的相关作业部件的设计与开发,其中: (1) 自走式移动动力底盘包括发动机、刚性传动系统、行走系统和操控系统,具有较好的稳定性,可适应 15°的坡面行走和作业,行走速度满足作业和转移要求,同时具有良好的串行能力,可在茶园封行的条件下进行作业,单人操作,扶手方向无级可调,以适应不同的作业需求。 (2) 中耕机具。耕幅≥400 mm,耕深≥180 mm,生产率≥2 亩(1 亩≈666.67 m²)/h。 (3) 施肥机具。施肥深度≤150 mm,可施化肥和颗粒状有机肥料,定量精准施肥误差不超过±5%。 (4) 项目完成时通过第三方检测,满足上述指标要求。 (5) 申请发明专利 2 项或 3 项,制定标准 1 项,发表论文 2 篇或 3 篇。 (6) 示范应用。推广面积不少于 500 亩。 (7) 形成批量生产能力,经用户试用,满足用户使用要求	

项 目 名 称		茶园自走式中耕施肥机
绩效目标	攻关技术水平及应用(可复选,且必须填写应用单位)	☑1.攻关技术指标达到国际先进技术水平,具体应用单位为××公司(联系方式：××) □2.攻关技术指标超过对标国际先进水平,具体应用单位为××公司(联系方式：××) □3.开发出国产化替代的样品并实现应用,具体应用单位为××公司(联系方式：××) □4.开发出国产化替代的产品并形成批量生产能力,规模为××××年产×××台,用户××个
攻关主体 (勾选)		□企业；□企业联合高校院所；☑高校院所联合企业
推荐攻关 优势单位		××××××大学××学院
需攻关时间 (勾选)		□1 年；□2 年；☑3 年
攻关进度安排		××××年 9 月,完成茶生长环境调查,借助虚拟设计技术,提出项目的总体方案和关键部件的机构方案； ××××年 3 月,完成项目的设计； ××××年 12 月,完成第一轮部件及样机的试制、试验(里程碑式节点)； ××××年 12 月,完善第二轮部件及样机的试制、试验(里程碑式节点)； ××××年 9 月,完成样机中试,并在示范茶园进行示范,同时进行推广

2. 项目任务及内容设计

项目团队撰写完成项目建议书后,分成 3 个项目组开展头脑风暴,分别围绕项目建议书开展项目技术方案(主要研究内容和具体技术成果及指标)详细设计,并采用思维导图的方式进行技术方案的表达。最后通过 3 个项目技术方案的综合评价,选定如图 5-4 所示的项目最终优选技术方案。

3. 项目成果及考核绩效指标设计

项目团队结合项目建议书及项目优选技术方案开展项目研究预期目标成果、考核绩效指标设计,如图 5-5 所示。

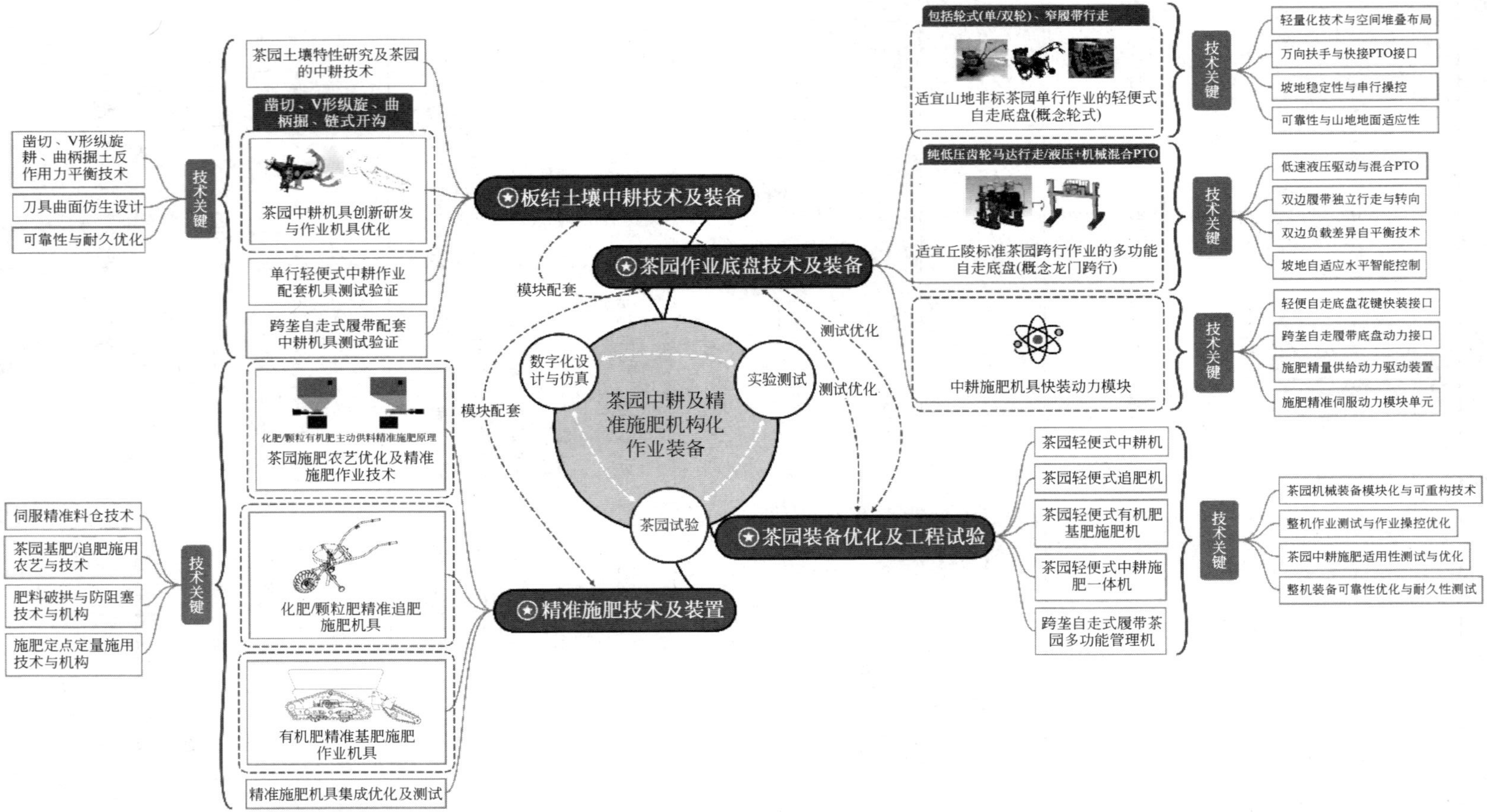

图 5-4　项目优选技术方案（研究内容及技术关键）思维导图

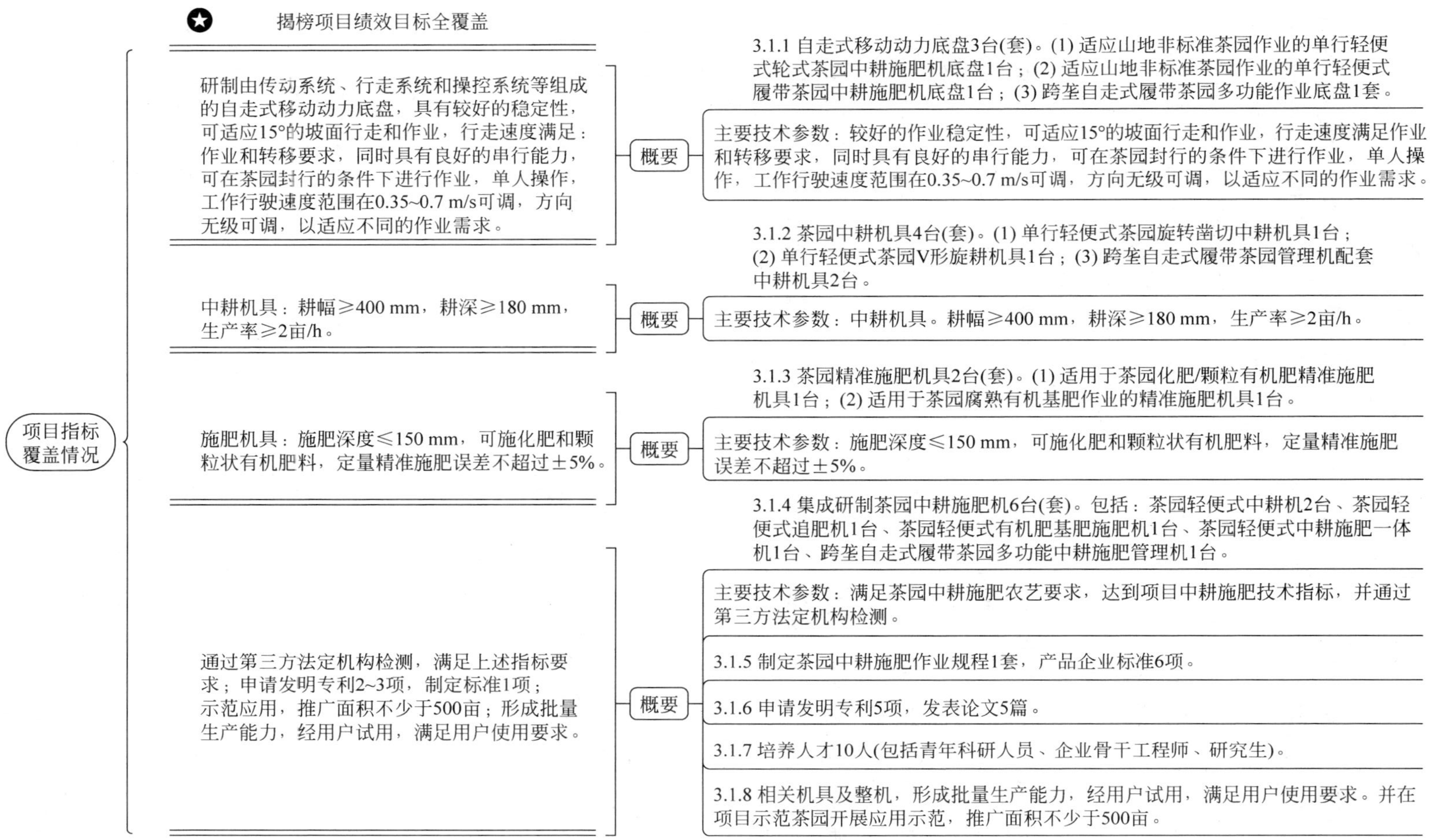

揭榜项目绩效目标全覆盖

★

概要

3.1.1 自走式移动动力底盘3台(套)。(1)适应山地非标准茶园作业的单行轻便式履带茶园中耕施肥机底盘1台;(2)适应山地非标准茶园作业的单行轻便式履带自走移动动力底盘1台;(3)跨垄自走式履带茶园多功能作业底盘1套。
主要技术参数:较好的作业稳定性,和转移要求,同时具有良好的单行作业,可适应15°的坡面行走和作业,行走速度满足作业,可在茶园封闭的条件下进行作业,单人操作,工作行驶速度范围在0.35~0.7 m/s可调,方向无级可调,以适应不同的作业需求。

3.1.2 茶园中耕机具4台(套)。(1)单行轻便式茶园中耕机具1台;(2)单行轻便式茶园V形旋耕凿切中耕机具1台;(3)跨垄自走式履带茶园管理机配套中耕机具2台。
主要技术参数:中耕机具:耕幅≥400 mm,耕深≥180 mm,生产率≥2亩/h。

3.1.3 茶园精准施肥机具2台(套)。(1)适用于茶园化肥和颗粒有机基肥作业的精准施肥机具1台;(2)适用于茶园腐熟有机肥粒状有机肥料、定量精准施肥机具1台。
主要技术参数:施肥深度≤150 mm,可施化肥和颗粒状有机肥料,定量精准施肥误差不超过±5%。

3.1.4 集成研制茶园中耕施肥机6台(套)。包括:茶园轻便式中耕机2台、茶园轻便式中耕施肥机1台、茶园追肥机1台、茶园轻便式履带茶园中耕施肥一体机1台、跨垄自走式履带茶园多功能中耕施肥管理机1台。
主要技术参数:满足茶园中耕施肥农艺要求,达到项目中耕施肥技术指标,并通过第三方法定机构检测。

3.1.5 制定茶园中耕施肥作业规程1套、产品企业标准6项。

3.1.6 申请发明专利5项、发表论文5篇。

3.1.7 培养人才10人(包括青年科研人员、企业骨干工程师、研究生)。

3.1.8 相关机具及整机、形成批量生产能力,经用户试用,满足用户使用要求,并在项目示范茶园开展应用示范,推广面积不少于500亩。

概要

研制由传动系统、行走系统和操控系统等组成的自走式移动动力底盘,具有较好的稳定性,可适应15°的坡面行走和作业,行走速度满足作业和转移要求,同时具有良好的单行作业,可在茶园封闭的条件下进行作业,单人操作,工作行驶速度范围在0.35~0.7 m/s可调,方向无级可调,以适应不同的作业需求。

中耕机具:耕幅≥400 mm,耕深≥180 mm,生产率≥2亩/h。

施肥机具:施肥深度≤150 mm,可施化肥和颗粒状有机肥料,定量精准施肥误差不超过±5%。

通过第三方法定机构检测,满足上述指标要求;申请发明专利2~3项、制定标准1项;示范应用,推广面积不少于500亩;形成批量生产能力,经用户试用,满足用户使用要求。

项目指标覆盖情况

图 5-5　项目成果及考核绩效指标设计

5.7　项目可行性分析及研究报告

　　项目建议书主要论证项目建设的必要性,建设方案和投资估算也比较粗略。项目建议书的批复是可行性研究报告的重要依据之一,可行性研究报告是项目建议书的后续文件之一。一个项目要获得政府在资金等方面的扶持,首先必须要有项目建议书,项目建议书筛选通过后,再进行项目的可行性研究,可行性研究报告通过专家讨论证明后,方可最后审定。项目的可行性研究是项目周期中概念阶段的重要一环,是投资决策前全面的技术经济分析环节,其目的是优选方案,为决策提供科学依据。部分项目报批时条件比较成熟,土地、规划、环境评价、专业咨询意见等基本具备,尤其是项目资金来源完全是项目法人自筹,无财政资金,不享受政府特殊政策,这种类型项目的项目建议书往往与可行性研究报告合为一体。

　　美国是世界上最早采用可行性研究方法的国家。20世纪30年代,美国开始开发位于其东南部的田纳西流域,田纳西流域的开发是影响美国经济发展的重要因素之一。为保证田纳西流域的成功开发,美国开创了可行性研究的方法。第二次世界大战以后,西方发达国家将可行性研究方法广泛应用于科学技术和经济建设领域,并逐步完善形成了一整套行之有效的可行性研究的科学方法。

　　我国进行可行性研究起步较晚,直到改革开放以后,西方可行性研究的概念和方法才逐步在国内进行推广。同时,国家经济建设主管部门对一些重大建设项目,如宝钢、石油化工引进装置、核电站、山西煤炭开发等,多次组织专家进行可行性分析和论证。我国自1981年开始正式将可行性研究列入基建程序。《国务院关于加强基本建设计划管理、控制基本建设规模的若干规定》(国发〔1981〕30号)和《技术引进和设备进口工作暂行条例》(国发〔1981〕12号)明确规定所有新建、扩建的大中型项目须在经过反复周密的论证后,提出项目可行性研究报告。《关于建设项目进行可行性研究的试行管理办法》(计资〔1983〕116),规定可行性研究一般采取主管部门下达计划或有关部门、建设单位对设计或咨询单位进行委托的方式。目前,可行性研究在我国普遍受到重视,并取得了一定成效。

5.7.1　可行性研究的概念

　　可行性研究是指在某项目实施前对该项目进行调查研究及全面的技术经济分析论证来判断该项目是否合理、可行,为项目提供科学决策依据的方法。它是运用多种科学手段(包括技术科学、社会学、经济学及系统工程学等)对拟建工程项目的必要性、可行性、合理性进行技术经济论证的综合科学。可行性研究的基本任务是通过广泛的调查研究,综合论证一个工程项目在技术上是否先进、适用和可靠,在经济上是否合理,在财务上是否盈利,不仅为投资决策提供科学的依据,还为银行贷款、合作者签约、工程设计提供依据和基础资料;在既定的范围内进行方案论证的选择,以便最合理地利用资源,达到预期的社会效益和经济效益。

　　所有论证围绕市场需求、工艺技术、财务经济和社会环境影响四个方面进行,考察项目经济上的合理性、营利性,投资的先进性、适用性,实施上的可能性和风险性。

　　要解决的问题有:

　　(1)项目产品或服务市场前景如何?实施项目的目的是什么?

（2）需要多少人力、物力资源，供应条件如何？

（3）需要多少资金？筹资渠道如何？

（4）工艺技术是否先进适用？如何获得？项目的生命力如何？

（5）规模多大为宜？地址选择的指向性如何？

（6）如何组织？

（7）会对社会和环境带来什么影响？

5.7.2　可行性研究的作用

可行性研究是项目确定前的决定性工作，是对拟建项目在做出项目决策之前进行全面的自然、社会、经济、技术等调研、分析比较，并对建成后的社会效益和经济效益进行预测。在此基础上，综合论证项目建设的必要性、财务的营利性、经济上的合理性、技术上的先进性和适应性及建设条件的可能性和可行性，从而为投资决策提供科学依据。可行性研究具有如下作用：

（1）项目是否实施的依据。只有技术可行，经济合理，效益显著的项目才能够列入国家地方项目。

（2）项目计划、设计、采购及资源分配和机构设置的依据。项目计划、设计、采购及资源分配和机构设置必须严格按批准的可行性研究报告中的重要内容，如项目规模、技术方案、实施进程和资源配置等要求进行，并按此编制各种计划。

（3）筹措资金的依据。根据可行性研究结果，向投资人或金融机构说明项目的前景、营利性和还贷能力。

（4）项目评估的依据。研究将对财务、经济效益、还贷能力进行估算，说明筹资、还贷方案、投资风险，银行将对可行性研究报告进行审查和评估，然后确定是否贷款和贷款多少。

（5）规避风险、提高投资效率和效益的保证。这主要源于对不确定因素的分析，为规避风险提高执行效率提供了依据。

（6）作为从国外引进技术、设备及与国外厂商谈判签约的依据。

（7）作为与项目协作单位签订经济合同的依据。

（8）作为向当地政府、规划部门、环境保护部门申请相关施工许可文件的依据。

（9）作为对项目考核和后评价的依据。

5.7.3　可行性研究的内容

可行性研究是一种考虑项目所有相关因素的分析，包括经济、技术、法律和日程安排等方面的考虑，以确定成功完成项目的可能性。

1. 技术可行性

使用现有的技术能否实现这个项目？是否有胜任开发该项目的熟练技术人员？能否按期得到开发该项目所需的软件、硬件资源？

2. 经济可行性

这个项目的经济效益能否超过它的开发成本？需要对项目进行价格/利益分析，即"投入/产出"分析。由于利益分析取决于项目的特点，因此在开发之前，很难对新项目产生的效益做出精确的定量描述，所以往往采用一些估算方法。

3. 操作可行性

操作可行性评价项目运行后会引起的各方面变化,如对组织机构管理模式、用户工作环境等产生的影响。

4. 社会可行性

社会可行性主要讨论法律方面和使用方面的可行性,如被开发生产线控制系统的权力归属问题、控制软件所使用的技术是否会造成侵权等问题。

对于一些较为复杂并且决定项目投资能否取得成功的关键问题,可以作为一个专项,进行专门研究,其研究结果为可行性研究报告引用,其研究报告作为附件编入可行性研究报告中。

5.7.4 可行性研究的阶段划分

可行性研究的过程是一个循序渐进的过程,一般要经过机会研究、初步可行性研究和正式可行性研究 3 个阶段。机会研究的任务主要是对投资机会做初步鉴定,对市场、技术、资源、效益等做初步分析,为项目投资提出建议,寻找最佳的投资机会。许多工程项目经过机会研究之后仍无法确定,需要进行更详细的可行性研究,但这是一项耗时且成本高昂的工作。因此,在决定是否开展正式可行性研究之前,往往需要进行初步可行性研究,这是机会研究和正式可行性研究的中间环节,对一些关键性的问题做进一步的专门研究,为项目能否进行提供依据。初步可行性研究可能出现 4 种结果:肯定,确认项目能够"上马";转入正式可行性研究,开展更深入、更详细的分析研究;展开专题研究,如市场调研、实验室试验、中间工厂试验等;否定,项目应该"下马"。正式可行性研究是对拟建工程项目进行深入的技术经济综合分析、论证,是对市场需求预测、生产规模、工艺技术、设备选型、工厂选址、项目实施方案、组织管理及机构定员、财务分析、经济评价等内容的综合研究,为项目决策提供技术、经济等方面的依据。

可行性研究 3 个阶段的工作内容和费用见表 5-2。

表 5-2 可行性研究 3 个阶段的工作内容和费用

阶　段	工 作 内 容	费用(占投资总额的百分比)	误差控制
机会研究	寻求投资机会,鉴别投资方向,提出项目投资建议	0.2%~1%	±30%
初步可行性研究	筛选方案,确定项目的初步可行性	0.25%~1.5%	±20%
正式可行性研究	详细论证,重点评价项目的技术方案和经济效益,选择最优方案	1%~3%(中小型项目) 0.2%~1%(大型项目)	±10%

3 个研究阶段的内容和范围大体一致,主要区别在于它们各自数据的细节方面。3 个研究阶段的过程是基础数据从粗到精的过渡,是评价指标从一般到精确的过程。

1. 机会研究阶段的研究内容

机会研究就是从一般机会或特定机会的分析中发现投资的可能接口,找出可以投资的项目。机会研究可分为一般机会研究和特定项目机会研究。一般机会研究是研究项目机会选择的最初阶段,是项目投资者或经营者通过占有大量信息,并分析后从错综复杂的事物中鉴别发展机会,最终形成确定的项目发展方向或投资领域的过程。一般机会研究具体表现在以下 3 个方面:

（1）地区研究。分析地区的地理位置、人口、自然特征、经济结构、经济发展状况、进出口结构等，选择投资和发展方向，如我国的几大造船厂大多分布在沿海城市。

（2）行业研究。分析行业特征、增长趋势和投资者在行业的地位，进行项目方向性的选择。例如，随着各国对环境保护的重视，汽车行业由传统的内燃机汽车逐渐向新能源汽车过渡，此时投资汽车行业项目则建议向新能源汽车倾斜。

（3）资源研究。对资源的分布状况、储量、可利用程度、已利用状况和限制条件等进行分析，寻找项目机会。例如，某地风能资源丰富，地广人稀，且对风能的利用程度较低，则可投资风力发电项目。

分层要素法是一般机会研究中经常用到的方法。项目选择涉及多种因素，而且这些因素没有规律，杂乱无章。分层要素法是根据项目机会、项目问题、项目承办者的优、缺点对这些杂乱的因素进行分层。通过要素的分层分析，并采用主观评分的方法，判断机会与问题、优势与劣势的强弱，从而做出判断和决策，确定投资机会。分层要素法不仅可以应用于项目机会选择中，其他复杂事物决策中也可以应用。

分层要素法的分析步骤如下：

第一，列举项目影响要素。通常是随机列举项目意向涉及的所有或主要影响因素。

第二，影响要素分层。根据各要素对项目机会、项目问题、承办者所处优势、承办者所处劣势分层列出。

第三，做出分层矩阵。用矩阵的形式将影响要素列举出。

第四，要素评分。运用主观评分的方法对不同影响要素打分。评分的方法不限，可采用一般评分法，也可以采用加权评分法，或采用高低点评分法等。

第五，评分修正。分析项目问题转化为项目机会的可能性，劣势转化为优势的可能性，对转化后的情况重新评分。

第六，决策。核算出项目机会、项目问题、优势、劣势各自的得分，并依据得分决定放弃还是建设该项目。

2. 初步可行性研究阶段的研究内容

项目意向经过投资机构研究认为具有投资的可能性后，进一步对拟建项目进行的粗略的技术经济分析，即广义可行性研究的第二阶段——初步可行性研究。初步可行性研究的目的有：

（1）投资机会是否有前景，甚至根据初步可行性研究的结论就可做出投资决策。

（2）项目虽未能决策，但项目是否具有可行性，项目范围是否值得通过可行性研究进行详细分析。

（3）项目是否存在对其可行性至关重要的方面，是否需要通过市场研究、实验室试验、中间试验等职能研究或辅助研究进行深入调查。

（4）项目建议经过初步可行性研究后，是否足以使投资者或投资者集团失去对项目的投资兴趣，或者项目建议没有可行性。

初步可行性研究要解决以下 7 个问题：

（1）项目建设有无必要？

（2）项目周期有多长？

（3）项目需要多少人力和物力资源？

（4）项目需要的资金及筹措是否可以保证项目的进行？

（5）是否有利可图？

（6）经济上是否合理？

（7）有无明显的社会和环境问题？

初步可行性研究是对机会研究的深入和补充，其研究成果是初步可行性研究报告。如果在机会研究中已经做了深入研究的部分，在初步可行性研究中可以省略。该报告对项目已经做了一个较为全面的、粗略的描述，也可以作为决策者前期决策的依据。初步可行性研究的深度和广度都比投资机会研究进了一步。其研究内容基本上与详细可行性研究相同，但在深度上与最终可行性研究相比仍然是粗浅的。

3. 正式可行性研究阶段的研究内容

正式可行性研究是在初步可行性研究的基础上采用最新的资料和数据，对项目进行深入的技术经济论证，对项目是否可行做出判断。正式可行性研究是详尽、全面的论证，要在科学、准确的资料和数据基础上进行比较、分析。对项目所需投资和收益的计算误差允许在 $\pm10\%$ 范围内。

5.7.5　可行性研究报告

所谓项目可行性研究报告，是指通过有关资料的整理、数据的调查研究，对项目的技术、经济、工程、环境等进行的整体论证和预测的书面材料，从中提出项目是否值得投资和如何进行投资的可行性意见，为项目决策审批提供全面的依据。

1. 可行性研究报告的编制

对于国家、政府投资的项目，必须由具备相应资质的单位编制可行性研究报告；由多单位共同完成的可行性研究报告，须有一单位负责；未经资质审定的单位、个人不得承担此项工作。如果是企业自主决策采用备案制的项目，则无须资质要求。可行性研究本身是一项项目，研究负责人即项目经理，同时应有市场、技术、工艺、生产、财务、企业管理等专业人员参加，其中以市场、技术、工艺、财务人员为主。可行性研究的方法本身是相关方法的集成，主要包括战略分析、调查研究、专家咨询、预测技术、系统分析、模型方法和智囊技术等。

（1）可行性研究报告的编制依据。可行性研究报告的编制依据主要包括：国民经济中长期发展规划和产业政策，项目建议书，委托方的意图，有关的基础资料，有关的技术经济规范、标准、定额等指标，有关经济评价的基本参数和指标（基准收益率、社会折现率等）。

（2）可行性研究报告的编制要点。可行性研究报告的编制要点包括：①设计方案。可行性研究报告的主要任务是论证预先设计的方案，因此必须先设计研究方案，才能明确研究对象。②内容真实。可行性研究报告的内容和反映情况的数据必须绝对真实可靠，不得有偏差和差错。其中所运用的资料、数据，都要经过反复验证，以确保内容的真实性。③预测准确。可行性研究报告是投资决策前的活动，是事件发生前的研究，是对事件未来发展方向、可能遇到的问题和结果的预测性估计。因此，有必要进行深入的调查研究，充分掌握信息，运用合理的预测方法，科学地预测前景。④论证严密。论证性是可行性研究报告的一个突出特点。为了使其具有论证性，必须运用系统的分析方法，围绕项目的各种影响因素进行全面、系统的分析，不仅要做宏观的分析，还要做微观的分析。

（3）可行性研究工作的程序

可行性研究工作的主要程序如图 5-6 所示，分为：①开始阶段。了解业主意图，界定项目范围，限定研究界限。②实地调查。产品质量、价格、竞争力、对市场影响、资源状况、技术工艺状况等。③优选阶段。根据经验，将有效资源对应市场情况。对应市场情况，形成几个可供选择的方案，选取最优方案进行深入分析。④技术经济分析。对选出的方案进行更进一步地深入研究，做出技术经济评价。⑤编制报告。⑥编制资金筹措计划。

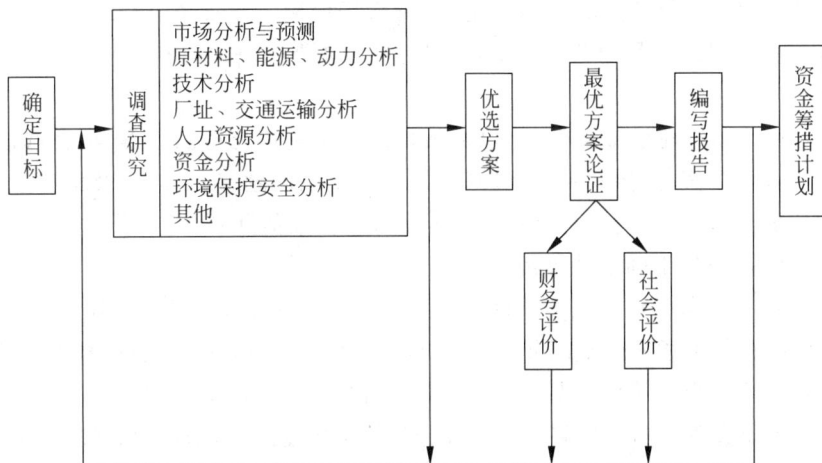

图 5-6　可行性研究报告的编写程序

（4）可行性研究报告的内容。可行性研究报告的内容一般应阐明以下几个方面：①投资的必要性。投资的必要性主要基于市场调研及分析预测的结果，以及相关的产业政策等因素，论证项目投资建设的必要性。②技术的可行性。技术的可行性主要从项目实施的技术角度设计合理的技术方案，并进行对比评估。③财务可行性。财务可行性主要从项目和投资者的角度设计合理的财务方案，从企业理财的角度进行资本预算，评估项目的财务盈利能力，进行投资决策，并从融资主体（企业）的角度评价股东的投资收益、现金流量计划及偿债能力。④组织可行性。组织可行性主要是制订合理的项目实施进度计划、设计合理的组织机构、挑选具备丰富经验的管理人员、建立良好的协作关系、制订合适的培训计划等，确保项目顺利执行。⑤经济可行性。经济可行性主要是从资源配置的角度衡量项目的价值，评价项目在实现区域的经济发展目标、经济资源的有效配置、增加供给、创造就业、改善环境、改善人民生活等方面的效益。⑥社会可行性。社会可行性即社会评价，识别、监测和评价投资项目的各种社会影响，分析当地社会环境对拟建项目的适应性和可接受程度，评价投资项目的社会可行性，其目的是促进利益相关者对项目投资活动的有效参与，优化项目建设实施方案，是规避投资项目社会风险的重要工具和手段。主要分析项目对社会的影响，包括政治体制、方针政策、经济结构、法律道德、宗教民族、妇女儿童及社会稳定性等。⑦风险因素及对策。风险因素及对策主要是对项目的市场风险、技术风险、财务风险、组织风险、法律风险、经济及社会风险等因素进行评价，制定规避风险的对策，为项目全过程的风险管理提供依据。

许多投资项目的可行性研究不重视项目投资风险预测，在不确定性分析中仅限于简单的风险技术分析,甚至只凭借经验和直觉主观臆断,还不足以预测项目建成后可能出现的风险因素,给项目的实施留下了安全隐患。因此,要强化投资风险意识,做好建设项目前期工作中可行性研究的风险预测,制定防范和化解措施,避免决策失误,为建设项目科学化、民主化决策提供根本保证。

2. 机械工程项目可行性研究报告的内容

(1) 全面深入地进行市场分析、预测。调查和预测拟建项目产品在国内外市场上的供需情况和销售价格;研究产品的目标市场,分析市场份额;研究确定产品竞争对手和自身竞争力的优、劣势,以及产品的营销策略,并研究确定主要市场风险和风险等级,进而研究确定市场。

(2) 深入进行项目建设方案设计,包括项目的建设规模与产品方案、项目选址、工艺技术方案及主要设备方案、主要材料及辅助材料、环境影响问题、项目竣工及生产经营的组织机构与人力资源配置、项目进度计划和所需成本等的详细估算、融资分析、财务分析、国民经济评价、社会评价、项目不确定性分析、风险分析、综合评价等。

国家科技部门纵向机械工程类项目可行性研究报告主要包括以下部分:

(1) 立项的背景和意义。本部分包括:项目概况和市场需求;项目的技术需求,提出项目目前存在的技术问题;项目开发的目标与意义,提出创新点。

(2) 国内外研究现状与发展趋势。本部分从技术角度出发,结合国家政策进行阐述。

(3) 研究内容、要解决的关键技术或问题。本部分可以采用表格形式,分别列出研究内容、所要解决的关键技术或问题。

(4) 预期目标。本部分包括主要技术指标、主要经济指标、研究成果的提供形式(如专利、样机、论文、报告等)、应用与产品产业化前景。

(5) 研究方法、技术路线、组织方式和分解。

(6) 计划进度安排。

(7) 现有的工作基础和条件。

(8) 经费预算。

附:机械工程项目可行性研究报告实例

多功能茶园全程管理机械关键设备研制与中试
(可行性研究报告)节选

1. 立项的背景与意义

1.1 茶园管理全程机械化的市场需求

茶叶是浙江省的主要经济作物之一。2022年,浙江省的茶园总面积为310.5万亩,总产量为19.4万t,总产值为264亿元。平均亩产值为8502元,高出全国平均水平41.1%,在全国主要产茶省中排名第2位。出口量为15.4万t、出口额为4.8亿美元,分别居全国第1位和第2位。浙江茶叶生产体现了规模大、生产水平高、品质好等特点,特别是在政府大力发展名优茶的政策激励下,茶叶生产获得了良好的经济效益,是浙江农民,特别是山区、半山区农民致富的主要手段。

茶叶生产分为茶园管理和产后加工两个环节。茶园管理包括茶园深耕、除草、施肥、修剪、植保及采摘等生产环节；产后加工包括茶叶的粗制、精制或名茶加工、包装等环节。耕作是茶园土壤管理中极为重要的内容之一。耕作措施的实施与否与实施的质量好坏对土壤质量(如理化性质、肥力变化)、茶树生长及茶叶产量和品质都有十分重要的影响。清代宗景藩在《种茶说十条》中记载，茶园"每年五六月间，须将旁土挖松，芟去其草，使土肥而茶茂，但宜早不宜迟，故有五金、六银、七铜、八铁之说"，提出了茶园耕作的最适时期和越早越好的看法……

1.2　茶园管理机的技术需求

经项目组调研得知：与国内其他省(如贵州、四川、云南等省)相比，浙江省坡度大于15°的茶园占总面积的一半左右，而且出现土壤板结的茶园比例较高。农艺要求，茶园中耕作业，耕幅≥400 mm，耕深≥180 mm，肥料应施于离地表150 mm左右的土壤中。根据农艺要求，并结合现实茶叶生长的环境，茶园机械化管理装备应能实现在坡地、板结土壤层和茶园封行状态下的中耕、深施、植保、修剪等作业，并一机多能，提高动力的有效利用率。经深入调查发现，目前现有的茶园管理机或替代机械尚不能满足上述要求，进行茶园管理还存在一系列问题。

1.2.1　存在问题之一——尚无与茶园作业相配套的移动动力底盘

茶叶一般生长在山区半山区15°左右的酸性土壤坡地上，酸性土壤主要是红黄壤土，黏性较大，易板结，板结后十分坚硬；成龄茶园树冠茂盛，呈封行状态；茶园管理作业包括深耕、植保、施肥、修剪等，这就要求茶园管理装备的移动动力底盘既要有良好的动力性能、爬坡性能和行走稳定性能，还应具有良好的串行能力和一种可以和多种茶园管理机具相配套的快速动力挂接的特性。而目前使用的各种机型尚不具备上述特点。

1.2.2　存在问题之二——缺乏配套机具与相关技术

茶园的深耕、施肥、植保和修剪有其特定的要求：深耕，要求深度≥200 mm，并呈行间中间深、近根处稍浅状，以保护茶树的根系；施肥，最好是有机肥，也有化肥，施后必须深埋至150 mm左右；植保，茶叶作为我国的主要出口产品之一，对农药残留的要求很高，这就要求在茶园管理中应进行高雾化均匀施药，目前要实现以上作业内容的机械化作业机具产品尚不齐全，其中最为关键的茶园深耕技术(只有实现深耕，才有可能进行深施)至今还是空白。

1.3　茶园管理机研究与开发的目标与意义

本项目的目标在于研究与开发适应多功能茶园管理作业的关键设备——适应茶园作业的移动动力底盘、深耕机具、施肥机具、植保机具。结合已有的采摘、修剪机具，实现茶园管理全程机械化，并进行中试示范……

2. 国内外研究现状和发展趋势

世界茶叶产区主要分布在亚洲和非洲，而亚洲又主要分布在中国(包括台湾地区)、日本、印度和斯里兰卡等国。茶园管理机械是经济发达国家进行茶叶生产的必备装备。在日本，已经实现了茶园管理全程机械化，以日本川崎、落合公司为代表的茶园机械生产厂商的产品覆盖茶园修剪(定型修剪和轻修剪)、茶园改造(重剪)、土壤管理(中耕、深耕、施肥)、植保(除草、喷药)、采摘(机采、人工采)等茶园生产、管理领域,对应的机型有单人、双人手工采茶机,单人自走式采茶机,乘用型采茶机,单人、双人修剪机,自走式两面修边机,剪枝机,割灌机,施肥机,中耕机、深耕机等机型……

3. 研究开发内容和技术关键

3.1　研究内容、技术关键与拟达到的目标

3.1.1　适应茶园窄行作业的自走式底盘研制

根据茶园垄沟存在坡度、凹凸不平和碎石块多等多种特征并存的地形环境特点,分别进行以下工作:①针对山地茶园研制一种手扶轻便式轮式行走机架,采用轮式(独轮/双轮)或履带、万向扶手及燃油动力驱动,具有二进一退变速和PTO动力输出的自走式移动底盘。②针对丘陵缓坡茶园或标准化建设茶园,研制一种跨垄自走式行走底盘,采用双边独立液压直驱履带,以自平衡可升降龙门车架连接,可以在茶垄上直接挂接中耕和深施肥机具,同时升降龙门直接可以实现多功能采摘、修剪和叶面施肥药等茶园管理作业。③针对茶园中耕作业和有机肥基肥开沟覆土、肥料供料及精量控制动力的需求,开发标准快装式底盘模块化动力模块、施肥12~48 V电池动力模块化单元及控制器。

1) 单行轻便式茶园管理机底盘研发

针对丘陵山地非标准茶园的窄行和串行作业,研制适应山地茶园的单(双)轮式/履带自走式轻量化燃油动力底盘,包括发动机、传动系统、行走系统、动力PTO输出和操控系统,采用空间堆叠布局方式、一体化机架及刚性传动、模块化快装接口等技术实现整机结构紧凑和轻量化,提升作业的稳定性,可适应15°的坡面行走和作业,行走速度满足作业和转移要求,同时具有良好的串行能力,可在茶园封行的条件下进行作业,单人操作,扶手方向360°有级可调,以适应不同的作业需求。重点攻克整机轻量化、"零"转向半径、高效传动等关键技术和山地作业适用性问题,实现山地茶园中耕施肥作业机重量轻、体积小、作业灵活和功能多等技术特点。

2) 跨垄自走式履带茶园中耕施肥机底盘研发

针对丘陵缓坡地块的标准化茶园多功能管理作业,研制适宜标准茶园全管理作业的跨垄自走式龙门式履带茶园中耕施肥机底盘,采用茶垄履带中耕施肥机直接挂接机具实现窄行中耕和深施肥,龙门支架实现可升降式叶下施药和叶面施肥、采摘和修剪等茶园全功能作业。重点攻克双边履带独立行走、双边负载差异自平衡技术、低成本高效液压直接驱动技术、龙门坡地自适应水平智能调整控制,以及茶垄窄行中耕技术,茶园基肥、追肥、叶下施肥等关键作业技术,开发结合茶园中耕施肥作业农艺要求的中耕施肥智能控制系统。

3) 茶园中耕施肥作业快装动力模块研发

针对茶园中耕作业和有机肥基肥开沟的PTO输入需求,进行以下工作:①研发适用于单行轻便式自走底盘的花键轴套连接快装接口;②研发适用于跨垄自走式履带底盘的液压马达+减速器的中耕机具PTO输入动力接口;③针对茶园施肥的精准计量与主动控制,开发茶园基肥和追肥作业的施肥精量控制及供给动力驱动装置,包括:a.采用直流减速电机+精量排肥器实现颗粒状肥料的精准追肥作业动力单元;b.主动变径螺旋推送及大小可控输出口实现精准施基肥的作业动力单元;④研制茶园施肥12~48 V电池动力模块化单

元,集成直流分压模块给智能控制器供电,开发基于高级精简指令集计算机(advanced RISC machine,ARM)[①]嵌入式架构的茶园施肥专用伺服电动机驱动器和智能控制器。

3.1.2　茶园高效低能耗中耕技术及作业机具研发

1) 板结茶园的土壤特性研究及适宜山地丘陵茶园的中耕技术开发

调研浙江省各地区特色丘陵山地及标准化茶园的种植管理和土壤情况,研究不同地块和土质、不同季节、不同茶树生长阶段、茶叶生产周期的茶园中耕及施肥技术,开发适宜山地丘陵茶园的中耕施肥方法和农艺……

2) 茶园中耕机具创新研发与作业机具工程优化研究

收集国内外典型的中耕机具技术资料,进行纵向旋耕、曲柄掘土、轮式/链式开沟等创新作业原理及机构优、缺点分析与综合,通过机构运动学/动力学数值分析及机具作业试验测试方法……

3) 单行轻便式茶园中耕作业配套机具测试及适用性验证

针对浙江山地茶园坡度大,茶园行距窄,地头转向难,土壤板结及石块杂物多等系列难题,以及单行轻便式茶园中耕作业机集成方案,重点攻克整机轻量化、坡地稳定性、刀具入土及机具弹跳、作业扶手减震、根茎杂物缠绕等系列难题……

4) 跨垄自走式履带茶园管理机配套中耕机具测试及适用性验证

针对茶园中耕农艺需求和跨垄自走履带底盘的多功能底盘技术参数,重点攻克配套中耕机具的耕作动力参数匹配、机具挂接接口模块化、中耕耕深及碎土率,改进完善跨垄自走式履带底盘中耕施肥作业机具……

3.1.3　茶园精准施肥技术及智能施肥机具研发

针对茶园管理中的基肥、追肥施肥作业,结合浙江省茶园以商品或腐熟有机肥为主,配置相应的化肥的配方施肥模式,集成研制精量外槽轮式施肥机、主动式小型轮式螺旋精准施肥机和中耕精准施肥作业一体机。主要包括:

1) 茶园施肥农艺优化及精准施肥作业技术研究

针对茶园施肥的配方施肥技术要求,开展茶园施基肥、追肥的农艺要求调查研究,通过试验测定分析茶园化肥、有机肥及配方复合肥的物料物理特性,研究……

2) 适用于茶园化肥/颗粒有机肥的精准施肥机具研发

针对茶园追肥作业或化肥/颗粒有机肥的机械化施肥,开发基于伺服电转轴排肥器控制的分体式数字化控制肥料箱,结合轻便式开沟覆土机构、排肥管,研制……

3) 适用于茶园有机基肥作业的精准施肥机具研发

针对茶园的开沟施用有机基肥作业需求,开发基于主动螺旋输送计量的有机肥供料箱,结合小型链式/轮式开沟器、重力抖料机构,实现粉状或腐熟块状有机肥的精准施肥,重点开展……

4) 茶园轻便式移动底盘和精准施肥机具集成优化及测试

针对山地丘陵茶园施有机基肥、追肥等茶园机械化作业需求,重点攻克……

3.1.4　茶园中耕施肥管理机整机优化、试制及作业试验

针对茶园中耕施肥作业技术规范,采用模块可重构技术集成研制……

---

① 精简指令集计算机(reduced instruction set computer,RISC)

3.2　技术关键与创新

3.2.1　项目技术关键

项目针对茶园中耕、施肥等管理作业机具缺乏,窄行作业难,地面有坡地和凹凸不平的系列问题,研制适用于浙江丘陵山地茶园的自走式中耕施肥多功能管理机,实现茶园的中耕施肥作业,提升茶园管理作业的机械化水平。其主要技术关键在于:

(1) 开发适应山地丘陵茶园窄行作业、具有坡地和高通过性的自走式单行轻便式茶园中耕施肥机底盘……

(2) 解决山地丘陵茶园单行作业的机具轻量化技术与小功率高效作业动力利用技术,提出……

(3) 采用被动式排肥转轴计量、主动螺旋送肥计量原理,结合……

(4) 研制适合浙江省山地茶园的……

3.2.2　主要创新点

(1) 针对茶园土壤板结中耕难的问题,提出仿生……

(2) 结合浙江省山地丘陵茶园垄沟存在坡度、凹凸不平和碎石块多等多种特征并存的地形环境特点,研制适宜……

(3) 针对茶园管理中的基肥、追肥及叶面施肥作业,结合……

4. 预期目标(主要技术经济指标、应用或产业化前景)

4.1　主要技术经济指标

(1) 自走式移动动力底盘 3 台(套)。

① 适应山地非标准茶园作业的单行轻便式轮式茶园中耕施肥机底盘 1 台。

② 适应山地非标准茶园作业的单行轻便式履带茶园中耕施肥机底盘 1 台。

③ 跨垄自走式履带茶园多功能作业底盘 1 套。

主要技术参数:作业稳定性较好,可适应 $15°$ 的坡面行走和作业,行走速度满足作业和转移要求,同时具有良好的串行能力,可在茶园封行的条件下进行作业,单人操作,工作行驶速度范围在 $0.35\sim0.7$ m/s 可调,方向无级可调,以适应不同的作业需求。

(2) 茶园中耕机具 4 台(套)。

① 单行轻便式茶园旋转凿切中耕机具 1 台。

② 单行轻便式茶园 V 形旋耕机具 1 台。

③ 跨垄自走式履带茶园管理机配套中耕机具 2 台。

主要技术参数:中耕机具的耕幅≥400 mm、耕深≥180 mm、生产率≥2 亩/h。

(3) 茶园精准施肥机具 2 台(套)。

① 适用于茶园化肥/颗粒有机肥作业的精准施肥机具 1 台。

② 适用于茶园腐熟有机基肥作业的精准施肥机具 1 台。

主要技术参数:施肥深度≤150 mm,可施化肥和颗粒状有机肥料,定量精准施肥误差不超过±5%。

(4) 集成研制茶园中耕施肥机 6 台(套)。

主要包括:茶园轻便式中耕机 2 台、茶园轻便式追肥机 1 台、茶园轻便式有机肥基肥施肥机 1 台、茶园轻便式中耕施肥一体机 1 台、跨垄自走式履带茶园多功能中耕施肥管理机 1 台。

主要技术参数：满足茶园中耕施肥的农艺要求，达到项目中耕施肥技术指标，并通过第三方法定机构检测。

（5）制定茶园中耕施肥作业规程 1 套、产品企业标准 6 个。

（6）申请发明专利 5 项，发表论文 5 篇。

（7）培养人才 10 人（包括青年科研人员、企业骨干工程师、研究生）

（8）相关机具及整机形成批量生产能力，经用户试用，满足用户的使用要求，并在项目示范茶园开展应用示范，推广面积不少于 500 亩。

4.2 应用或产业化前景

目前国内丘陵山地茶园管理基本采用人工方式，耕、种、管、收各作业环节的机械化程度低，本项目的实施在提高生产效率的同时，产业化应用于山地承包大户基地及小型种植户。浙江省丘陵山地县市建有茶园约 310.5 万亩，其中茶园中耕施肥人工作业劳动强度较大、效率低，人工作业成本占 15%～20%，通过采用机械化作业，估计可以提高效率 6～8 倍，平均每天每亩节省劳动力 6 人，按目前浙江省农村劳动力雇佣价格计算，可节约人力成本 1000 元/日以上……

5. 研究方法、技术路线、组织方式与课题分解

5.1 研究方法

5.1.1 适应茶园窄行作业的自走式底盘研制

本项目根据茶园垄沟存在坡度、凹凸不平和碎石块多等多种特征并存的地形环境特点，针对茶园陡坡地带，拟研制一种手扶式轻便轮式行走机架……

5.1.2 茶园高效低能耗中耕技术及作业机具研发

项目创新开发凿切、V 形纵旋耕……

5.1.3 茶园精准施肥技术及作业机具研发

茶园中耕施肥机的设计必须符合农艺要求，通过农业土壤化学分析和试验方法……

5.2 技术路线

项目研究内容涉及土壤耕作力学、农业机械学、土壤化学相关的基础理论、工程应用基础和产业化产品开发，以理论指导应用、实践优化设计为原则，通过农业机械的创新设计研发，实际工程应用修正理论设计的项目实施方法，通过高校、科研院所、企业和应用示范单位研究人员的协作，以项目成果落地、实施茶园工程应用实用化为目标，开展项目拟定的研究内容和研发任务，研究的技术路线如附图 5-1 所示。

5.3 组织方式与课题分解

本项目涉及调研、技术研究开发、样机试制、试验验证、产品定型、应用示范等工作，基于工作内容，将项目分解为适应茶园窄行作业的自走式底盘研制、茶园高效低能耗中耕技术及作业机具研发等 5 个课题。结合项目承担单位和各参与单位的优势，采用平衡型矩阵组织结构，如附图 5-2 所示。

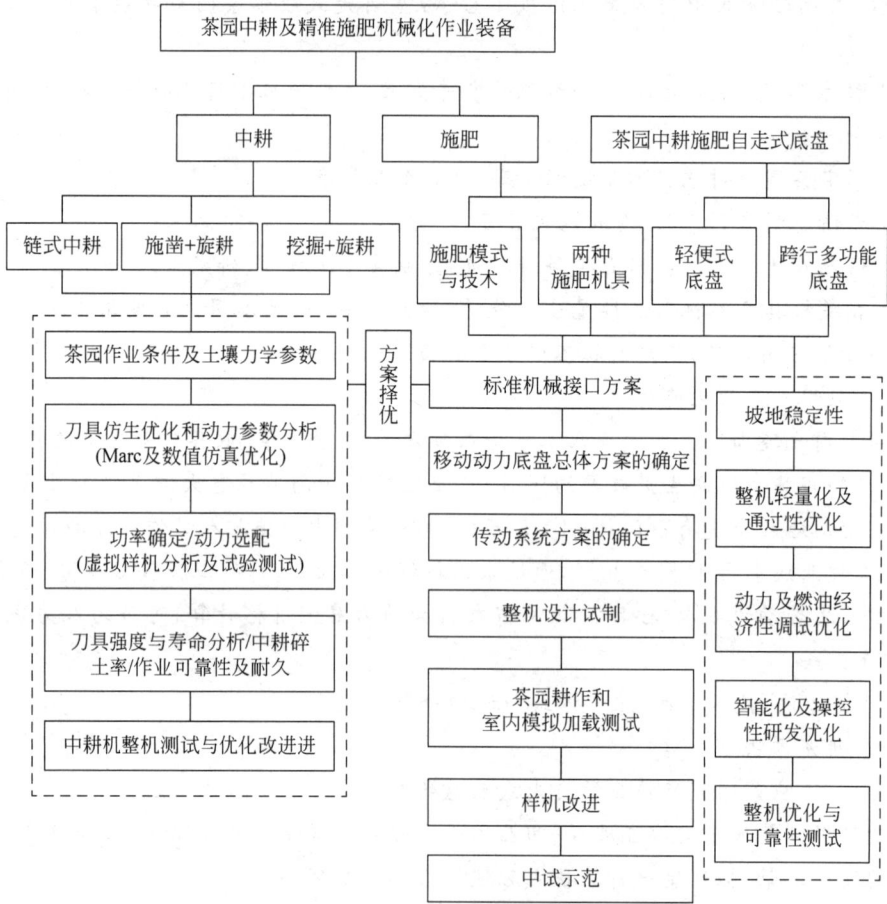

附图 5-1　研究的技术路线

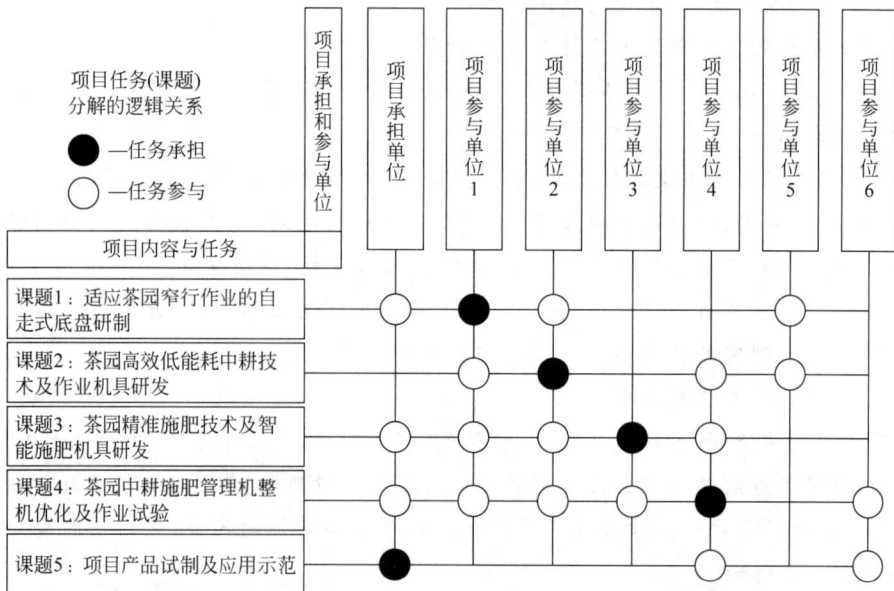

附图 5-2　项目组织方式

6. 项目计划进度安排

项目计划进度安排见附表 6-1。

附表 6-1　项目计划进度安排

起 止 时 间	进度目标要求（每栏限 80 字）
2024-01-01 至 2024-03-31	浙江省和国内山地丘陵茶园及示范基地考察；项目启动,项目课题任务、总体技术方案设计及技术指标确定
2024-04-01 至 2024-06-30	完成茶园作业机底盘、中耕机具、施肥机具工程设计,开展关键机构及设备原理性验证实验。申请发明专利 3 项,撰写学术论文 2 篇
2024-07-01 至 2024-09-30	项目关键技术、装备验证及样机试制
2024-10-01 至 2024-12-31	项目系列化茶园中耕施肥机集成研制,原理性样机试制与调试。完成第一轮部件及样机的试制、试验(里程碑式节点),申请软件著作权 2 项
2025-01-01 至 2025-03-31	项目系列化茶园中耕施肥机集成研制,生产加工与调试、田间试验与结构改进完善,完成第二轮部件及样机的试制、试验,申请发明专利 2 项,撰写学术论文 3 篇
2025-04-01 至 2025-06-30	项目系列样机产业化中试,在示范茶园进行示范,同时进行推广(里程碑式节点)
2025-07-01 至 2025-09-30	项目总结、自查及改进
2025-10-01 至 2025-12-31	项目材料完善,验收

7. 现有工作基础和条件

7.1　项目团队与成员简介……

7.2　项目前期研究基础……

8. 经费预算

经费预算见附表 8-1。

附表 8-1　经费预算表　　　　　　　单位：万元

预算科目名称	合　　计	财 政 经 费	自 筹 经 费
一、经费支出			
1. 设备费	103.0	3.0	100.0
（1）购置设备费	—		
（2）试制(改造)设备费	103.0	3.0	100.0
（3）设备租赁费	—		
2. 材料费	39.26	19.26	20.0
3. 测试化验加工费	104.74	24.74	80.0
4. 燃料动力费	5.0	5.0	
5. 差旅费	7.5	7.5	
6. 会议费	3.0	3.0	
7. 合作/协作研究与交流费	10.0	10.0	
8. 出版/文献/信息传播/知识产权事务费	1.5	1.5	
9. 人员劳务费	12.0	12.0	
10. 专家咨询费	5.0	5.0	
11. 中期检查和验收费	4.0	4.0	
12. 管理费	5.0	5.0	

续表

预算科目名称	合　　计	财 政 经 费	自 筹 经 费
13. 其他开支项(填写具体科目)			
二、经费来源	300.0		
1. 申请财政经费获得的资助	100.0		
2. 自筹经费来源			
（1）配套财政拨款			
（2）单位自有货币资金	200.0		
（3）其他资金			
财政科技经费拨付进度申请	第 1 年	第 2 年	第 3 年
金　　额	60.0	40.0	
比例/%	60	40	

思 考 题

1. 项目策划应遵循哪些原则？

2. 项目识别和需求识别有什么区别？

3. 简述项目的构思过程。

4. 项目建议书应由谁完成？有哪些主要内容和应注意的事项？

5. 影响项目策划的因素有哪些？

6. 2021 年 12 月 29 日,中国工程院战略咨询中心、中国机械科学研究总院集团有限公司、国家工业信息安全发展研究中心发布了《2021 中国制造强国发展指数报告》。该报告显示,2020 年,面对错综复杂的国际环境和艰巨繁重的国内改革发展稳定任务,特别是在新冠疫情及中美贸易争端的严重冲击下,中国制造业经受住了重大考验,在中国、美国、德国、日本、英国、法国、韩国、巴西和印度 9 国的对比中,充分彰显了体系完整优势:规模优势唯一增长,质量效益基本稳定,创新动能活力提升,强基固本初见成效,绿色低碳践行有力。2020 年,中国虽仍处于全球制造业第三阵列,但与第一、第二阵列的差距不断缩小。试用 PEST 法分析在全球多极格局的形势下我国制造业的优、劣势。

7. 简述可行性研究具有的作用。

8. 从自己家乡的自然资源、人口分布或行业特点等角度出发,作为项目投资方,你会投资哪类项目？说明投资的理由,并分析应该从哪些角度研究该项目的可行性。

9. 可行性研究的 3 个阶段有何不同？

10. 试写一份向政府科技部门申报的机械工程类项目可行性报告(报告题目自拟)。

自测题 5

第6章 项目决策

在棋界有句话:"一着不慎,满盘皆输;一着占先,全盘皆活。"这句话喻示了决策的重要性。决策是为了达到一定的目标,从两个或多个经可行性分析论证可行的方案中选择一个较优方案的过程,是一个分析判断和做出决定的过程。决策是人类社会自古就有的活动,20世纪40年代之后,决策研究在吸收了行为科学、运筹学、系统理论和计算机科学等多门学科成果的基础上,于20世纪60年代形成了专门研究和探索做出正确决策规律的科学——决策学。决策学研究决策的范畴、概念、结构、决策原则、决策程序和决策方法等,并探索这些理论与方法的应用规律。随着决策理论与方法研究的深入发展,决策逐渐渗透到社会经济和生活的各个领域。

6.1 决策的基本概念

如今的机械工程项目往往需要大量的资金投入,除严格按照项目程序对其进行科学评估外,还必须利用科学的手段在众多方案中优胜劣汰,做出最佳决策。决策是投资者和项目经理根据既定目标和实际需要确定投资方向,解决项目问题的过程。

关于决策,诺贝尔奖获得者、心理学家、卡内基梅隆大学的教授赫伯特·亚历山大·西蒙(Herbert Alexander Simon)有一句名言:"管理就是决策。"项目的科学决策是保证项目质量和效益的重要手段,是执行各种管理职能的基础,也是项目管理的重要内容。在项目管理中,从项目策划,可行性研究、立项、实施,直到项目完成的所有阶段都离不开决策。

决策,即决策者为达到某种特定目标,运用科学的理论、方法和手段,制订出若干行动方案,对此做出一种具有判断性的选择予以实施,并根据方案的实施情况对其进行修改调整,直到目标实现。决策的主体是管理者,其本质是一个由多个步骤组成的过程,目的是解决问题或利用机会。决策的关键是方案的创造和科学判断,方案的创造已经在项目策划中讲过,这里主要讲判断。决策的判断性主要是指决策者对领导艺术(组织才能、判断才能和创造才能)、经验(实践积累)、智慧(对科学知识的理解和发挥)和科学方法(现代管理理论、方法和手段)的运用。决策中的选择一般不是是与非的选择,而是满意的一种优化决断。

如图6-1所示,决策包括以下6个基本要素:

(1)决策者,即决策主体,可以是某个人也可以是某个集体,如投资者、项目经理等。计划经济时代,政府是唯一的投资者,改革开放以后,投资主体多元化,个人、企业等都可以参与投资。决策者是决策中最具有主动性的要素,决策者的素质和其主观能动性会直接影响决策的质量和水平。

(2)决策目标,即决策者希望达到的目标,可以是单

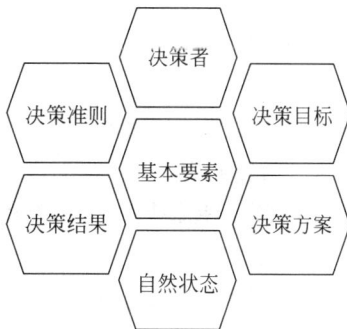

图6-1 项目决策的基本要素

个目标也可以是多个目标。

（3）决策方案，即可供选择的不同决策的方案。

（4）自然状态，即决策者无法控制但可以预见的决策环境客观存在的各种状态。

（5）决策结果，即各种决策方案在不同自然状态下的结果。

（6）决策准则，用以评价方案是否达到决策目标的价值标准。所有决策活动都是为了取得好的决策结果。

6.1.1 决策的特征与原则

1. 决策的特征

决策是管理的核心，是管理功能的具体体现，贯穿管理过程的始终，是项目管理人员的主要工作。决策具有如下特征：

（1）决策是为了达到一个目标。

（2）在约束条件下寻求优化目标和优化到达目标的手段。

（3）在若干个有价值的方案中选择一个作为行动方案。

（4）准备实施的决策方案可能出现的后果是可以预测或估计的。

2. 决策的原则

决策应满足如下原则：

1）满意原则

满意，不是最优。因为最优要求须获得与决策有关的全部信息并了解所有信息的价值所在，同时准确预测各种方案实施的各种预期后果。由于各种因素的影响，无法收集全部信息，同时，受决策者的能力限制，制订的方案数量有限，并且，方案是未来实施，对未来的认识也有限。所以，决策者不可能做出最优决策，只能做到满意决策。

2）系统原则

项目是一个系统，内含多个子系统，同时具有多个目标，应以系统的观念进行管理；决策是管理的核心，同样具有系统性，应该采用科学的系统决策技术进行决策。以项目系统目标为核心，追求整体优化。

项目系统中的各个子系统均有不同的特征，应将各子系统特征放到项目系统整体中去权衡，用整体目标去协调子系统的目标和特征，使得系统最优。这要求决策者要站在战略的高度进行决策。

3）信息原则

信息是进行决策的基础，只有对大量的信息进行归纳整理，选择加工，才能获得对决策有帮助的信息。但也须注意收集信息的成本和数量，数量过大，收集整理费用过高，不经济；过少，将使决策无法进行。

4）预测原则

预测原则是根据过去和现在的信息科学地推测将来。

5）比较选优原则

任何方案的实施均有利弊，决策者只能在这些利弊中进行合理的选择。

6）反馈原则

根据变化和实践结果，对最初的决策做出相应的调整和改变，使决策趋于合理。

6.1.2 决策分类

决策类型是指在决策科学中,根据不同的标准,从不同角度对具有某种共同性质或特征的决策进行划分而形成的类别。

1. 按决策层次划分

(1) 战略性决策,是发展方向、远景规划等高层次的决策,包括组织目标、方针的确定,组织机构的调整,产品的换代和技术改造等。它具有长期性和方向性、影响时间长、范围广、较多注意外部环境影响的特点。

(2) 战术性决策,又称管理性决策,是在执行战略决策的过程中,对资源的合理调配和使用而做出具有局部性的决策,具有影响时间短、范围小、多注意内部环境的特点。

(3) 业务性决策,又称日常管理决策,是为执行具体任务做出的决策,具有只对组织内部产生局部影响的特点。

2. 按决策性质划分

(1) 程序化决策,又称常规性决策,是指对重复出现的、日常管理问题所做的决策。这类决策有先例可循,能按已规定的程序、处理方法和标准进行决策。它多属于日常的业务决策和可以规范化的技术决策。

(2) 非程序化决策,是指偶然发生的或首次出现而又较为重要的非重复性决策。这种决策没有常规可循,虽然可以参照过去类似情况的做法,但需要按新的情况重新研究,并进行决策。

3. 按涉及的问题划分

(1) 确定型决策,是指可供选择的方案中只有一种自然状态时的决策,即决策的条件是确定的。

(2) 风险型决策,是指方案的预期结果不止一种,决策者不知道会发生哪一种结果,但知道有多少种结果及其出现的概率。

(3) 不确定型决策,是指决策者不知道有多少种结果,如果知道,也不知道各种结果产生的概率。

4. 按参与决策人数划分

(1) 个人决策,又称为独裁决策,最终方案的选择由一人决定,即依据个人的判断力、知识和经验等做出决策。

最可能采取个人决策的情况有:时间短,压力大;不确定性大;几乎没有先例;难以科学预测变量;事实有限,不足以明确指明方向;分析性资料用途不人;备选方案均较优。个人决策效率高、责任明确。科学意义上的个人决策是决策者在集中多数人的意见后,经过反复思考后做出的决策。个人决策也有其局限性:一是个人决策所需的社会条件很难具备,因为一方面很难找到杰出的个人决策者,另一方面具备条件的个人不一定是掌握决策权力的决策者;二是个人决策者受到个人能力、知识和经验的限制。

(2) 群体决策,即发挥群体智慧,由多人共同参与分析决策的过程。

群体决策能够集中不同领域专家的智慧,应对日益复杂的问题;利用更多的知识优势,借助更多的信息,形成更多的可行性方案;决策群体具有广泛的代表性,所形成的决策是在综合各成员意见的基础上形成的对问题趋于一致的看法,有利于提高决策的接受性。但也存在耗时长、效率低下、少数人统治和责任不清等缺点。集体决策优于群体中平均个体做出的决策,但绝不比杰出个体做出的决策好。决策效果受群体大小影响,群体越大,所花费的协调时间越长,一般5~7人最有效;是否采用集体决策,主要考虑效果和效率的关系。

提高群体决策效率的方法有头脑风暴法、德尔菲法和名义小组法等。

在群体决策中,对决策问题性质不完全了解且意见分歧严重时可采用名义小组法。名义小组法要求小组成员互不通气,也不讨论,把要解决的问题关键内容告知小组成员,要求每人独立提出备选方案,按次序陈述方案和意见,由小组投票表决,根据投票结果,赞成人数最多的方案即为最终方案。但是,决策者最终仍能决定是否采用这一方案。

5. 按达到的目标数量划分

(1)单目标决策,即决策所要求达到的目标数量为一个。这类决策目标唯一,制定和实施较为容易,但多数带有片面性。例如,某项目因仅仅追求经济效益的最大化这个单一目标却忽略了该项目对当地环境带来的影响。

(2)多目标决策,即决策所要求达到的目标数量为多个。通常而言,一个项目的多目标之间往往是既互相联系又互相制约的关系,这就需要决策者全面考虑各个目标之间的平衡,做出总体最优的决策。

6. 按量化程度划分

(1)定量决策,是指该决策问题能用数学模型描述与求解。这类决策由于能进行定量分析求解,因此比较容易找出最优解。

(2)定性决策,是指决策问题不能用数学模型表示,只能进行定性分析。这类决策主要依靠决策者自身的能力素质。

6.1.3 决策程序

决策程序是指科学决策所应遵循的基本步骤或过程,可以从两个维度来分析决策的过程,如图6-2所示。

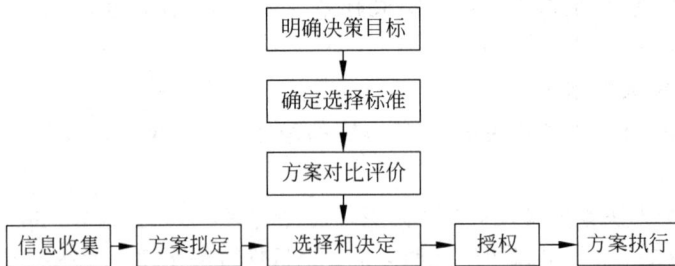

图 6-2　决策的过程

第一个维度是决策的横向维度,即备选方案的搜索过程,输出多个备选方案或一个方案供决定。备选方案的搜索过程包括现状信息收集、方案拟定、选择和决定、授权和方案执行。横向备选方案的搜索过程属于决策的技术性层面,它需要根据实际数据和事实,基于理性和逻辑制订出决策的备选方案,因此,备选方案的搜索过程会受到组织的知识体系和技术能力的制约。

第二个维度是决策的纵向维度,即最终方案的选择和决定过程。方案的选择和决定过程从明确决策目标或目的开始,然后确定方案的选择标准,依据标准对备选方案进行对比评价,最后做出方案的选择和决定。纵向方案的选择和决定过程属于决策的适应性层面,受决策参与者价值观、利益和行为习惯的影响。除决策参与者的个人情感和直觉经验会影响决策的结果外,一个组织的结构和文化也会通过纵向影响个体的决策行为。

理想的项目决策必须具备的条件:

(1) 决策者必须具备相应的能力,即具备追求成功决策的动力和避免错误决策的压力(客观因素、外部的要求、决策者的条件),以及相应的决策能力(主观因素,也是个人的能力、素质)。

(2) 建立项目业主责任制,即项目业主对项目从策划至生产经营全生命周期负责。

(3) 完善项目的经济评价,使决策科学化。

6.2　决　策　理　论

6.2.1　古典决策理论

古典决策理论流行于 20 世纪 50 年代以前,该决策理论认为,决策者在参与决策过程中的行为是完全理性的。此外,决策者在对待决策问题上应当从经济角度出发,即决策的目的是能让项目组织取得最大化的经济效益。决策者在充分了解相关信息的情况下,完全可以做出完成项目组织目标的最佳决策。

古典决策理论建立在以下基本观点和假设之上:

(1) 决策者利用已有的办法可以取得与决策情况有关的全部相关信息,全面掌握决策的相关环境。

(2) 在识别、判断相关问题时,决策者可以处理并记忆全部与决策问题有关的信息。

(3) 决策者能够判别出全部实际可行的解决问题的方案,并已经知道每个方案的结果。

(4) 决策涉及的多重目标可以用简单的数学公式描述。

(5) 决策者是一个理性的人,为了达到最大的经济效益这一决策最终目的,总是会选择能够获取最大利润的备选方案。

(6) 决策者为保证决策的有效性,需建立一个合理的并且能够自上而下执行命令的组织系统。

(7) 所有决策者用同样的方式处理信息,并做出同样的决策。

在 20 世纪的前 50 年间,大多数经济学家在阐述他们的决策理论时,都是以这些假设为依据。古典决策理论假设决策者是完全理性的,决策者在充分了解有关信息情报的情况下,是完全可以做出实现组织目标的最佳决策的。古典决策理论忽视非经济因素在决策中的作用,这种理论不一定能正确指导实际的决策活动,从而逐渐被更为全面的行为决策理论所代替。

6.2.2　行为决策理论

行为决策理论的发展始于 20 世纪 50 年代。该理论认为影响决策的因素不仅是经济,还包括个人的行为表现,如经验、态度、情感和动机等。对古典决策理论的"经济人"假设发难的第一人是诺贝尔经济学奖得主赫伯特·亚历山大·西蒙,他在《管理行为》一书中指出,在管理工程的决策过程中,经济的标准和理性的标准都不能够准确地对决策进行描述,因此又提出了"满意度"原则和"有限理性"标准。决策者在决策过程中的行为并非是完全理性的,只可能是部分理性,或者是有限理性。因此,西蒙提出了以下观点:

(1)人的理性是处于完全理性和非理性之间的一种状态,即人是有限理性,不是完全理性。

(2)决策者在识别和发现问题时会受到来自感知上的偏差影响。

(3)在可利用资源和决策时间的限制条件下,决策者选择的理性是相对的。

(4)在风险型决策问题中,决策者经常会厌恶风险,而倾向于选择风险较小的方案。

(5)决策者在决策中通常只寻求满意的结果,而不愿意费力去寻求最优的解决方案。

行为决策理论批判了把决策过程视为定量方法和固定步骤应用的片面性,宣扬把决策视为一种文化现象。例如,日裔美籍学者威廉·大内在其对美日两国企业在决策方面的差异进行的比较研究中发现,东西方文化的差异是导致这种决策差异的一种不可忽视的原因,从而开创了对决策的跨文化比较研究。

6.2.3　渐进决策理论

除了西蒙的"有限理性"模式,美国政策科学家和政治学家查尔斯·爱德华·林德布洛姆(Charles Edward Lindblom)提出的"渐进决策"模式同样对古典决策理论的"完全理性"模式提出了挑战。林德布洛姆认为决策过程是一个渐进的过程,不应大起大落,否则会危及社会稳定,给组织带来组织结构、习惯和心理倾向等方面的影响。决策不应只是遵守一种规定的程序,而应根据得到的组织内外部环境的变化信息进行适当更改,因而称为渐进决策理论。

林德布洛姆分析批判了传统的理性决策理论,并且在此基础上又提出了渐进决策理论,其理论特点是:首先,主张渐进决策。该理论认为最终政策的制定是在总结过去经验的基础上,通过不断完善的渐进过程实现的。渐进主义者要有随机应变和足智多谋的特点。其次,强调质量转换。该理论表面上看起来好像行动比较慢,本质上却是决策效果的累积叠加,是量变转换到质变的过程。这种渐进决策的实际变化速度经常会超过某一次重大变革。该理论认为不是不需要变革,而是需要从现实的基础出发进行变革,经过逐渐的变化累积,最后达到本质上变革的目的。最后,追求稳中求变。虽然该理论中的每一次变革跨度很小,但这种小变革能够确保整个决策过程的稳定性,达到在稳定过程中取得正确变革的效果。因此,决策过程中的大变革一般情况下是不可取的,会带来诸多不适应甚至是抵触,更有甚者,还可能危及项目组织的稳定性。然而,渐进变革的方式则比较容易获得大多数人的支持,也能够实现达到稳中求变的效果。

该理论的代表人物林德布洛姆提出了渐进主义模式的3种基本形式:

(1)连续有限比较型的渐进主义,是对于少量不同内容进行的改革决策模式。

(2)离散型的渐进主义,是针对动态之中的不同内容进行改革的决策模式。

(3)调试型的渐进主义,是不同利益相关方之间始终处于相互协调中的模式,这种模式中没有一个主要协调者,只是不同利益相关方之间的相互协调过程。

渐进主义模式运用的形式主要是有着不同利益相关方,他们彼此之间相互妥协,利用谈判、协商等形式达成基本一致,因此在这种模式下的决策结果通常并不是绝对最优的决策结果,也就是说,这个结果对各利益相关方并不是最为满意的结果,但这个决策结果是相对最优的决策结果,并且是在经过相互妥协之后,能够让各方达到基本满意的状态。霍格伍德把渐进主义决策理论的特点总结为五个方面:

(1) 在已知现有的政策下不能合理有效地解决遇到的问题时,立法和行政管理者所采取的补救行动更偏向于渐进主义模式。

(2) 决策者明确知道几乎没有一个问题能够一次性地完美解决。

(3) 由某些个人或者仅是一个机构来制定政策的现象是极少发生的。

(4) 需要制定的政策与决策参与者的利益有关时,能够代表不同利益群体的决策者并不是鲁莽的参与者,而是能够通过谈判和妥协等方式彼此之间做出改变。

(5) 在大多数情况下,寻求一致意见是被大家所认可的。因此,渐进主义决策理论所实现的决策不会是最优结果,一般是次优结果。

渐进决策理论是一种灵活的和现实可行的决策制定模式,具有实用性,但它也存在一些明显的缺陷,主要体现为它的保守性。一般来讲,渐进决策比较适用于稳定和变动不大的环境,而一旦社会条件和环境发生巨大变化,需要对以往的政策进行彻底改变时,渐进决策理论往往很难发挥作用,有时甚至会对社会的根本变革起到阻碍效果。而且,渐进主义决策理论的决策结果具有明显的滞后性,该模式自身就属于一个耗费大量时间的漫长的决策过程,利益相关方之间通过相互谈判和妥协达成的结果又不是最优的结果,不利于问题的迅速解决,甚至在此期间还可能带来新的问题。

6.2.4 现代决策理论

现代决策理论出现在 20 世纪 40 年代以后,由美国卡内基梅隆大学的学者倡导并发展起来,与传统决策理论相比较而言,这些学者的理论有着本质性的区别和新的见解。

现代决策理论主要是从认知心理学的角度来研究具体决策问题。传统的决策理论包含了两个基本概念——效用和概率,并且这两个概念都与心理机制有关。所以,会出现很多主张利用效用期望值作为决策准则的传统决策论者,为了能够解释决策过程中效用变化规律的特点,他们通常也会进行一些心理学的研究。至于概率方面,在 20 世纪 30 年代,拉姆齐便提出了可以根据主观概率进行决策的观念,从那时起,大批学者就着手研究形成主观概率的心理机制。因此,这些方面的心理学研究具有 3 个特点:

(1) 理论中出现的心理学依据都是早期的、比较粗浅的内容。

(2) 研究目的较为单纯,往往是为了体现出传统决策的正确性。

(3) 所研究的心理机制比较单一,并不能很好地解释现代决策行为中的复杂现象。

卡内基梅隆大学的学者从认知心理学的角度出发,解释研究了人在做出决策时的一般规律,研究了决策思维的信息输入、加工和输出过程,并且在计算机科学领域中也应用到了这些研究成果,例如,利用计算机程序模拟人的决策过程,从而产生了一门新的学科——人工智能。这些研究成为现代决策理论中坚实的理论基础,为决策科学这一领域的发展作出了卓越的贡献。现代决策理论认为理性假设和经济评判标准无法确切说明管理的决策过程,因此,研究人员又提出了新的标准:

有限理性原则。人拥有的理性在完全理性和非理性两者之间,即人是有限理性的,因为现实决策环境有着高度不确定性和极其复杂性,而人的知识和想象力等都是有限的。尤其是在风险型决策过程中,与经济利益相比,决策者看待风险的态度显得尤为重要。因此,决策者通常不愿冒风险,更愿意选择接受风险较小的方案,即便是风险较大的方案可能会带来更大的收益。

满意原则。在有限理性的假设下,决策者如何做出决策? 通常,决策者只寻求满意的结果,而不愿花费更多精力去寻求最优方案。导致这一现象的原因有:

(1) 决策者并不能够充分调动自身或其他人进行研究的积极性。决策者满足于在现有的可实施方案中进行抉择。

(2) 决策者自身缺乏相关的决策能力,或者只从自身的考虑做出选择。

(3) 评估全部的方案并且选择其中的最佳方案需要花费大量的时间和资金,可能得不偿失。

正是由于上述原因,所以决策者得到的是满意的决策,而不是利益最大化的决策,也就是说,决策者最终得到的是一个解决方案"足够好"的决策——这也是决策的原则。

现代决策理论吸收了行为科学、系统理论以及运筹学等新兴学科的理论和方法,重点体现了决策在管理中的地位。

6.3 决策方法

6.3.1 确定型决策

确定型决策亦称标准决策或结构化决策,是指决策过程的结果完全由决策者所采取的行动决定的一类问题,它可采用最优化、动态规划等方法解决。确定型决策问题只会出现一种确定的自然状态,在唯一的自然状态下,每一种方案的结局是可以计算得到的,即在对预期结果已知的情况下进行决策。当决策的目标是单一目标时,确定型决策问题具有逻辑上的简单性,只需从全部备选方案中,根据每个方案的结局,在此基础上选择一个最好的方案即可。构成一个确定型决策问题必须具备以下 4 个条件:

(1) 存在一个明确的自然条件。

(2) 存在一个明确的决策目标。

(3) 存在可供选择的多个备选方案。

(4) 可求得各个方案在确定状态下的损益值(利润值或亏损值)。

确定型决策的方法有:

(1) 直观法,即将资料和数据列表直接对比,选出最佳方案。

(2) 比较决策法,即对资料和数据利用计算机按经济分析的方法计算后进行比较,选出最佳方案。

(3) 数学规划法,即在获得正确数据和完整资料的前提下,根据决策准则建立数学模型,解得最佳方案。

【例 6-1】 某工厂计划生产甲、乙两种产品,生产 1 kg 甲产品需耗煤 9 t、电力 4 kW·h、油 3 t;生产 1 kg 乙产品需耗煤 4 t、电力 5 kW·h、油 10 t。该工厂现有煤 360 t、电力 200 kW·h、油 300 t,已知甲产品售价为 7 万元/kg,乙产品售价为 12 万元/kg,详见表 6-1。在上述条件下决定生产方案,使总收入最大。

表 6-1 资源状况

产品与资源	生产每千克产品的资源耗量			售价/（万元/千克）
	煤/t	电/(kW·h)	油/t	
甲	9	4	3	7
乙	4	5	10	12
资源限量	360	200	300	

解：假设甲产品产量为 x_1，乙产品产量为 x_2，称 x_1 和 x_2 为决策变量；

向量 $[x_1 \quad x_2]^T$ 表示一个生产方案，称为决策变量向量。

由于资源的限制，生产方案的取值也必定受到限制。例如，生产方案 $[x_1 \quad x_2]^T$ 的耗煤总量 $9x_1+4x_2 \leqslant 360$，耗电总量 $4x_1+5x_2 \leqslant 200$，耗油总量 $3x_1+10x_2 \leqslant 300$，并且 $x_1 \geqslant 0, x_2 \geqslant 0$。

所以一个生产方案 $[x_1 \quad x_2]^T$ 必须满足以下条件：

$$9x_1+4x_2 \leqslant 360 \quad (1)$$
$$4x_1+5x_2 \leqslant 200 \quad (2)$$
$$3x_1+10x_2 \leqslant 300 \quad (3)$$
$$x_1 \geqslant 0, x_2 \geqslant 0 \quad (4)$$

式（1）～式（4）称为一组约束条件。

对于每一个可行生产方案 $[x_1 \quad x_2]^T$ 均有一个方案产生的总收入 z 与之对应，即有 $[x_1 \quad x_2]^T \rightarrow z=7x_1+12x_2$。

称 $z=7x_1+12x_2$ 为目标函数，由它来衡量各生产方案的优劣。

综上所述，这个求解最优方案的问题可由下列数学模型描述：

$$\max z = 7x_1+12x_2$$
$$9x_1+4x_2 \leqslant 360$$
$$4x_1+5x_2 \leqslant 200$$
$$3x_1+10x_2 \leqslant 300$$
$$x_1 \geqslant 0, x_2 \geqslant 0$$

对上述数学模型求解后得到最优解即生产方案为 $x_1=20, x_2=24$，最优值为 428。

6.3.2 风险型决策

风险型决策是决策分析的主要讨论对象。风险型决策问题在决策过程中可以出现多种自然状态，在不同的自然状态下，各个方案有不同的结果，另外还能预先估算出各个自然状态出现的概率，即在预期结果不确定，但发生概率为已知的条件下进行决策。风险型决策一般包含以下条件：

（1）存在决策者希望达到的目标。

（2）存在多个可供选择的方案。

（3）存在多个不以决策者意志为转移的自然状态。

（4）可以计算得到不同方案在不同自然状态下的损益值。

（5）决策者不能确定哪个自然状态会出现，但是能确定每种自然状态出现的概率。

风险型决策的方法有以下 4 种。

1. 期望值法

决策问题的关键是如何选择方案,一般而言,首先要对每个方案作出评价,然后根据这些评价选择最佳的方案。这种评价在决策分析中以数量化的形式表现,即对每一个方案作出一个数量化评价值。于是,问题归结为确定方案评价值的准则,即决策准则是什么。在风险型决策中,经常采用期望值准则,它把一个方案在各种自然状态下的收益或损失的期望值作为该方案的评价值,即

$$d_j \leftarrow E(d_j) = \sum_{i=1}^{m} P(\theta_i) u_{ij} \tag{6-1}$$

式中,u_{ij} 是方案 d_j 在出现自然状态 θ_i 时的收益值;$P(\theta_i)$ 表示出现自然状态 θ_i 的概率;$E(d_j)$ 表示方案 d_j 的期望值。根据各个方案的收益或损失期望值的大小对其进行选择,选取收益期望值最大或损失期望值最小的方案。

【例 6-2】 某企业加工一个齿轮的成本为 60 元,售价为 100 元,自产自销。去年同期 10 个月的产品销售统计见表 6-2。今年该企业拟定的备选月产计划方案有 5000 个、6000 个、7000 个、8000 个和 9000 个,分析今年月产量多少最为合适?

表 6-2　去年同期 10 个月的产品销售统计

月销售量/个	5000	6000	7000	8000	9000	合计
完成该销量的月数/个	1	2	3	2	2	10
完成概率	0.1	0.2	0.3	0.2	0.2	1

解:计算各方案在不同市场销售状态下的收益值,结果见表 6-3。

表 6-3　各方案在不同市场销售状态下的收益值

状态,概率	月产量/个				
	5000	6000	7000	8000	9000
5000,0.1	20 万元	20 万元	20 万元	20 万元	20 万元
6000,0.2	20 万元	24 万元	24 万元	24 万元	24 万元
7000,0.3	20 万元	24 万元	28 万元	28 万元	28 万元
8000,0.2	20 万元	24 万元	28 万元	32 万元	32 万元
9000,0.2	20 万元	24 万元	28 万元	32 万元	36 万元
期望	20 万元	23.6 万元	26.4 万元	28 万元	28.8 万元

表 6-3 中 u_{15} 表示月产量为 9000 个,月销量为 5000 个时的收益:

$$u_{15} = (100 - 60) \times 5000 \ \text{万元} = 20 \ \text{万元}$$

由表 6-3 可得:生产方案为月产量 9000 个时的收益期望值最高,所以选择该生产方案。但需注意此例中并未考虑当月销量小于月产量即产品滞销时所带来的损失。

采用期望值法进行决策时,需注意,计算所得的期望值并不一定能够实现,因为从统计学角度分析,只有当这类问题重复出现时,采用该方法才是较为合理的。

2. 决策树法

决策树是一种树状图形,它由节点和分支组成,并且是从左向右展开。如图 6-3 所示,

基本组成部分包括：

节点，分为 3 种类型：决策节点，通常用"□"表示，由决策节点分出若干分支，其中的一个分支便是一个方案，称为方案分支；状态节点，用"○"表示，从状态节点又可以分出若干分支，这里的每个分支表示一个自然状态，称为状态分支或概率分支；结局节点，通常用"△"表示，它表示一个方案在自然状态下的结局。

分支，即决策树中的边，可分为两类：

（1）方案分支，是从决策节点引出的分支，每一分支表示一个方案。

（2）概率分支，是从状态节点引出的分支，每个分支表示一种自然状态，在概率分支上标记出它的自然状态及概率。

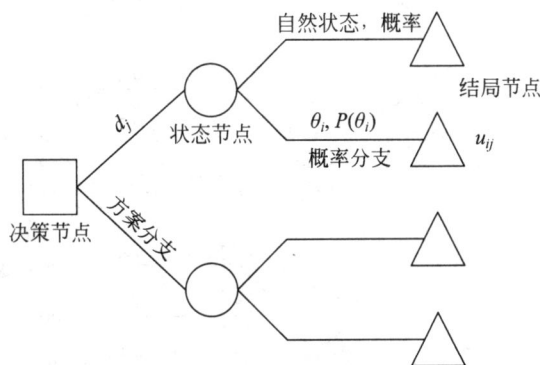

图 6-3 决策树

应用决策树法进行决策还必须具备以下条件：具有决策者期望达到的明确目标；存在至少两个可供决策者选择的备选方案；存在决策者无法控制的两种以上的自然状态；在不同自然状态下能够计算出不同备选方案的收益值或损失值；决策者可以预估出不同自然状态发生的概率。

利用决策树法进行决策的步骤如下：

第一步，自左向右绘制决策树；

第二步，基于决策树，自右向左计算各个方案的期望值，并将该值标在该方案分支右端的状态节点旁；

第三步，在各方案期望值大小的基础上进行选择，删除收益期望值小的方案，保留下来的分支即为最优方案。

【例 6-3】 某模具制造企业为开发新产品需采购加工设备，市场上有甲、乙、丙、丁四种型号可供选择。新产品投放市场后可能存在销售量大、中、小三种情况，企业销售部预测出相应的概率为 0.2、0.7 和 0.1，且各方案在大、中、小三种销售情况下的收益值见表 6-4。试问：该企业应采购哪种型号的设备？

表 6-4 各方案在不同销售状态下的收益值

状态，概率	采购设备型号			
	甲	乙	丙	丁
销量大，0.2	70 万元	60 万元	40 万元	30 万元
销量中，0.7	40 万元	50 万元	30 万元	40 万元
销量小，0.1	−30 万元	−20 万元	−10 万元	10 万元

解：由题意画出决策树，如图 6-4 所示。

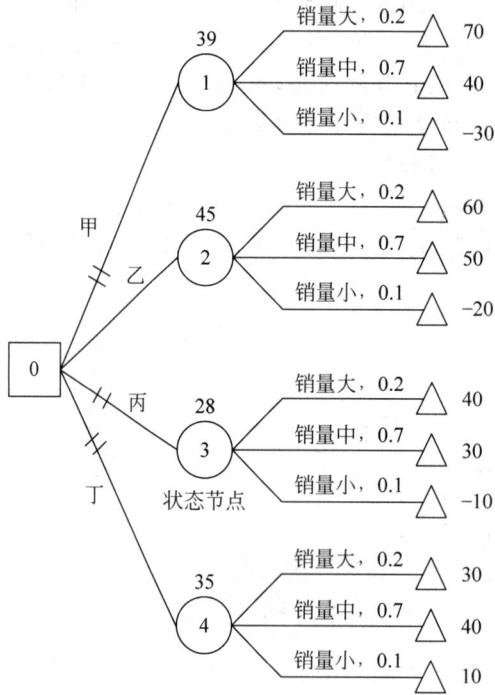

图 6-4　项目决策树

方案分支甲的期望值计算如下：

$E(甲)=70\times0.2+40\times0.7+(-30)\times0.1=39$，同理可得方案乙、丙、丁的期望值。

根据期望值的决策步骤，在方案甲、丙、丁的分支上画上删除符号，剩下的方案乙即为最优方案。

由此可见，决策树法本质上也是一种期望值法。

决策树法已得到广泛应用，其主要的优点如下：

（1）决策树法描述了待决策问题的所有可行方案和可能出现的各种自然状态，以及各方案在不同自然状态下的期望值。

（2）用图形的方式，非常直观、明显地把决策过程形象地展示出来。

决策树法也有缺点，如不适用于不能用数量表示的问题；对各种可行方案出现概率的确定存在主观性，可能导致决策失误等。

3. 决策矩阵法

决策矩阵法又称"网格分析法""风险矩阵法""益损矩阵法"等，是由英国管理学家斯图尔特·普提出的一种多因素辅助决策工具。决策矩阵由备选方案、自然状态（及其发生的概率）和益损值组成，决策分析就是以决策矩阵为基础，从若干个可行方案中选出最优方案。

决策矩阵法的分析步骤如下：

第一步，列出所有的选择项，然后列出对做出决定有重要影响的因素。将这两组信息放在一张表格上，以选择项为行，以对做决定有重要影响的因素为列。对影响决定的各种因素打分，分值从 0（不好）到 3（非常好）。

第二步,给出各种因素的相对重要性,用数字来表示,称为权重,数字越大或者说权重越大,代表这个因素是首先需要考虑的因素。

第三步,把每项选择的分数和相对重要性的权重相乘,给出每个选择相对于每个因素的重要性,最后把这些乘过权重的分数相加,最大的分数项就是最优的选择。

【例 6-4】 某空调生产企业为扩大产能,计划增加生产线的数量。技术部门经过调研后认为有 A、B、C、D 四种方案可供选择,并一致认为需要考虑四个因素:成本、生产效率、技术先进性、能耗。企业该如何进行决策?

解:第一步,绘制表 6-5,并给各项打分。

表 6-5 各因素对四种方案的影响程度

方 案	成 本	生 产 效 率	技 术 先 进 性	能 耗
A	0	1	2	3
B	3	2	1	3
C	2	1	3	0
D	2	3	2	0

第二步,决定这些因素的重要性,见表 6-6。

表 6-6 各因素的权重

因 素	权 重	因 素	权 重
成本	1	技术先进性	4
生产效率	5	能耗	3

第三步,计算各个方案的加权总分,见表 6-7。

表 6-7 四种方案的加权总分

方 案	因素的权重与分值				加权总分
	成 本	生 产 效 率	技 术 先 进 性	能 耗	
	1	5	4	3	
A	0	1	2	3	22
B	3	2	1	3	26
C	2	1	3	0	19
D	2	3	2	0	25

由表 6-7 可知,方案 B 为最佳方案。

4. 贝叶斯决策法

前述分析中基于原有资料对自然状态出现概率的估计称为先验概率。有时,为了进一步提高其准确性,往往会补充信息,然后在补充信息的基础上再作出估计,基于补充信息条件下得到的概率称为后验概率。由于一般通过贝叶斯定理得到后验概率,所以称这种方法为贝叶斯决策法。贝叶斯决策法的步骤如下:

第一步,先验分析。根据现有数据对各自然状态出现的概率 $P(\theta_i)$ 做出估计,即先验概率。基于先验概率及计算得到的期望值做出决策,选择最优方案,获得相应的最优期望值,记为 EMV^*(先)。

第二步,预验分析。信息的价值在于它能提高决策的最大期望收益值,但是如果为了获得信息而产生的费用超过了信息所能增加的期望收益值,则这种信息就是不合算的。决策中最为理想的信息是准确的、完全可靠的,即用这样的信息来预告某种自然状态出现,则在实际中该自然状态必定会出现,所以将这类信息定义为完全信息。在预验分析中,首先计算出得到完全信息的价值,并以此为标准。如果其他补充信息的费用小于完全信息的价值,则可以初步认定该信息是合算的,否则,该信息是不合算的。

当完全信息预测出现 θ_k 自然状态时,该决策问题就变为确定型决策问题。最优方案可由式(6-2)确定:

$$\max_j \{u_{kj}\} \tag{6-2}$$

式中,u_{kj} 为在 θ_k 状态下不同方案的收益值。

在完全信息下,决策所能获得的最大收益期望值为

$$\text{EPPI} = \sum_{k=1}^m P(\theta_k) \cdot \max_j \{u_{kj}\} \tag{6-3}$$

因此,EPPI 与 EMV*(先)中间的差值就是获得完全信息而使期望收益增加的部分,即完全信息期望价值,简称 EVPI。

$$\text{EVPI} = \text{EPPI} - \text{EMV}^*(\text{先}) \tag{6-4}$$

第三步,后验分析,包括以下 4 部分:

(1) 补充新信息。通过对 $x_1, x_2, \cdots, x_s$ 共 s 个状态的调查研究,预测其中哪一个会出现,同时利用资料获取条件概率 $P(x_j | \theta_i)$,即实际发生自然状态 θ_i 而预报 x_j 的概率。

(2) 计算修正概率。在已知先验概率 $P(\theta_j)$ 和条件概率 $P(x_i | \theta_j)$ 的基础上,通过贝叶斯公式计算修正概率,即后验概率:

$$P(\theta_j | x_i) = \frac{P(\theta_j) P(x_i | \theta_j)}{\sum_{j=1}^m P(\theta_j) P(x_i | \theta_j)} \tag{6-5}$$

(3) 重新决策。利用后验概率,提前做出决策框架。假设补充信息预报会出现 x_k 状态,则用后验概率分布 $P(\theta_j | x_k)$ 计算出每个方案的期望收益值,之后基于期望值法进行决策:

$$E(d_j | x_k) = \sum_{j=1}^m P(\theta_j | x_k) u_{jk}, \quad j = 1, 2, \cdots, m; k = 1, 2, \cdots, s \tag{6-6}$$
$$\max E(d_j | x_k) = E(d_{jk} | x_k)$$

选 d_{jk} 为预报 x_k 时的最优方案,则最大期望收益值为

$$E(x_k) = E(d_{jk} | x_k) \tag{6-7}$$

一旦得到补充信息预报,可按上述方法进行决策。

(4) 计算补充信息价值。由已计算出的补充信息预报各种状态出现的概率 $P(x_i)$,其中 $i = 1, 2, \cdots, s$,计算得到后验分析中的最大期望收益值:

$$\text{EMV}^*(\text{后}) = \sum_{i=1}^s P(x_i) E(x_i) \tag{6-8}$$

显然,获得补充信息后,期望收益值增加了 EMV*(后)−EMV*(先)。一般情况下的补充信息有着不确定性,这样的信息不是绝对准确的,因此这种信息也称为抽样信息。补充

信息的价值称为抽样信息期望价值,记为 EVSI,即 EVSI＝EMV*(后)－EMV*(先)。因此,可将这些补充信息的价值和获得信息需付出的代价进行比较,然后进行决策。与完全信息相比,补充信息即抽样信息的价值肯定小于完全信息的价值。

6.3.3　不确定型决策

不确定型决策在决策过程中会出现许多自然状态,这一点和风险型决策一样。在不同的自然状态下,每个方案有着不同的结果,并且不能提前估计出每个自然状态出现的概率。不确定型决策一般应满足以下条件:

(1) 存在一个明确的决策目标。

(2) 存在多个随机的自然状态。

(3) 存在多个可供选择的备选方案。

(4) 可计算得到不同方案在各个自然状态下的收益值。

不确定型决策是在预期结果和发生的概率均不确定的情况下进行决策。一般依靠决策者个人的经验、分析判断能力和创造能力进行决策。其方法主要有以下 5 种。

1. 小中取大法

决策者对项目情况持悲观态度,用保守的观点分析问题。在最差的结果中,找出收益最大的方案。该方法适用于可能性很小、损失很大的决策问题。

决策者用一个方案在各种自然状态下最小的收益值作为这个方案的评价值,即

$$\text{方案 } d_j \leftarrow \text{评价值 } f(d_j) = \min_i u_{ij}$$

之后基于每个方案的评价值选择收益值最大的方案为最优方案,即

$$\max_j f(d_j) = \max_j \min_i u_{ij} \tag{6-9}$$

【例 6-5】　某机床制造企业为提高产品竞争力,对某型产品进行技术升级,现有 d_1、d_2、d_3 和 d_4 共 4 个可供选择的方案,每个方案均有销路好、销路一般和销路差 3 种可能的状态,相应的决策收益值见表 6-8。请用小中取大法进行决策。

表 6-8　各方案收益值

销售状态	d_1	d_2	d_3	d_4
销路好	100	80	60	30
销路一般	−30	−20	15	10
销路差	−40	−30	−20	−15

解:首先计算每个方案的评价值 $f(d_j)$,即

$$f(d_1) = \min(100, -30, -40) = -40$$

$$f(d_2) = \min(80, -20, -30) = -30$$

$$f(d_3) = \min(60, 15, -20) = -20$$

$$f(d_4) = \min(30, 10, -15) = -15$$

从各方案收益最小值中选取最大值,即

$$\max\{f(d_1), f(d_2), f(d_3), f(d_4)\} = \max\{-40, -30, -20, -15\} = -15$$

所以 d_4 为最优方案。

2. 大中取大法

决策者对项目情况持乐观态度,决策者认为即使出现不利情况,项目也未必有较大的损失,且一旦出现有利情况则能获得较大的收益,即在最好的结果下,找出收益最大的方案。该方法适用于企业实力强、决策者对前景看好、有可能实现高收益目标等场合。

决策者用一个方案在各种自然状态下的最大收益值作为这个方案的评价值,即

$$方案\ d_j \leftarrow 评价值\ f(d_j) = \max_i u_{ij}$$

此后针对各个方案的评价值挑选收益值最大的方案即为最优方案,即

$$\max f(d_j) = \max_j \max_i u_{ij} \tag{6-10}$$

【例 6-6】 对于例 6-5,请用大中取大法进行决策。

解:首先计算每个方案的评价值 $f(d_j)$,即

$$f(d_1) = \max(100, -30, -40) = 100$$
$$f(d_2) = \max(80, -20, -30) = 80$$
$$f(d_3) = \max(60, 15, -20) = 60$$
$$f(d_4) = \max(30, 10, -15) = 30$$

从各方案的收益最大值中选取最大值,即

$$\max\{f(d_1), f(d_2), f(d_3), f(d_4)\} = \max\{100, 80, 60, 30\} = 100$$

则选择方案 d_1 为最优方案。

3. 最大最小后悔值法

该方法也称大中取小法,即当某种状态出现时,决策者总是希望选择收益值最大的方案,如果决策者选择了其他方案,事后就会后悔。某一自然状态下,最大收益值减去其他收益得到的便是后悔值。在 θ_i 状态下,d_j 方案的后悔值为

$$r_{ij} = (\max_j u_{ij}) - u_{ij} \tag{6-11}$$

所有后悔值构成了后悔值矩阵 $[r_{ij}]_{m \times n}$。

决策者用一个方案在各个自然状态下的最大后悔值作为这个方案的评价值,即

$$方案\ d_j \leftarrow f(d_j) = \max_i r_{ij}$$

最优方案就是评价值最小的方案,即

$$\min_j f(d_j) = \min_j \max_i r_{ij} \tag{6-12}$$

计算不同方案在同一自然状态下的后悔值(某一自然状态下的最大收益值减去该自然状态下的收益值),找出最大后悔值进行比较,取最小的方案。

【例 6-7】 某自行车生产企业进行技术改造,现有 a、b、c 3 种方案,存在销路好、销路一般和销路差 3 种可能。各方案在不同自然状态下的收益值见表 6-9。试用最大最小后悔值法进行决策。

表 6-9　3 种方案的收益值

方　案	销　路　好	销　路　一　般	销　路　差
a. 改进生产线	180	120	-40
b. 新建生产线	240	100	-80
c. 与其他企业协作	100	70	16

解：计算各方案在不同自然状态下的后悔值，见表 6-10。

表 6-10 后悔值

方 案	销 路 好	销 路 一 般	销 路 差
a. 改进生产线	60	0	56
b. 新建生产线	0	20	96
c. 与其他企业协作	140	50	0

由表 6-10 可得：方案 a 的最大后悔值是 60，方案 b 的最大后悔值是 96，方案 c 的最大后悔值是 140。

因为方案 a 的最大后悔值最小，所以选择方案 a。

4. 乐观系数法

决策者认为小中取大法太过悲观，而大中取大法又太过乐观，主张用一个介于 0～1 的数字表示乐观程度，称为乐观系数，用 α 表示。决策者用某个方案在各个自然状态下的最大收益值乘以 α 再加上最小收益值乘以 $(1-\alpha)$ 的和作为该方案的评价值，即

$$方案\ d_j \leftarrow 评价值\ f(d_j) = \alpha \cdot \max_i u_{ij} + (1-\alpha)\min_i u_{ij}$$

再选择评价值最大的方案为最优方案，即

$$\max_j\{f(d_j)\} = \max_j\{\alpha \cdot \max_i u_{ij} + (1-\alpha)\min_i u_{ij}\} \tag{6-13}$$

【例 6-8】 对于例 6-7，试用乐观系数法进行决策。

解：根据调查，确定乐观系数为 $\alpha=0.6$，则悲观系数为 $1-\alpha=0.4$。分别计算每个方案的评价值：

$$f(d_a) = 180 \times 0.6 + (-40) \times 0.4 = 92$$
$$f(d_b) = 240 \times 0.6 + (-80) \times 0.4 = 112$$
$$f(d_c) = 100 \times 0.6 + 16 \times 0.4 = 66.4$$

因为方案 b 的评价值最大，所以取方案 b。

应用乐观系数法时，α 取值不同会得到不同的决策结果。那么如何确定 α 的大小？这主要取决于当时情况的乐观程度，如果当时的情况比较乐观，α 可取得大一些；反之，α 应取得小一些。

5. 等可能性法

决策者认为每种可能出现的自然状态的概率是一致的，如有 n 种自然状态，则认为每种自然状态出现的概率为 $P(\theta_i) = \dfrac{1}{n}(i=1,2,\cdots,n)$。这种情况其实是将完全不确定型决策问题变成风险型决策问题了。

对于一个完全不确定型的决策问题，当使用不同的方法进行决策时，可能会得到不同的决策结果。实际决策问题是很复杂的，如何选择方法应视具体情况而定。

6.3.4 多目标决策

前面讨论的决策问题只有一个决策目标，评价准则也是单一的，通常称为单目标、单准则决策。机械工程项目的决策问题通常是多目标的，这些多目标又互相联系、互相制约，最终演化成为一个具有多层次并且结构复杂的目标准则体系。

决策问题最后要实现的目的称为决策目标,决策准则是用数值表示决策方案实现某个目标程度的标准和法则。在多目标决策中,有些目标可以用一个决策准则直接进行评价,有些目标却难以直接评价。对于这些难以直接评价的目标,需要将它们分解成几个级别较低的子目标,直到可以用一个准则进行评价为止。这样就形成了一个层级繁多的目标准则体系。

在多目标决策问题中,目标经过逐层分解,形成具有较多层次结构的子目标系统,最低一级子目标可以用单一准则进行评价,称为目标准则体系。

多目标决策问题的目标准则体系机构较为复杂,通常可以分为以下 3 类。

1. 单层次目标准则体系

总目标下面的各个目标属于同一层次,每个目标无须进一步分解就可以用单准则进行评价,其结构如图 6-5 所示。

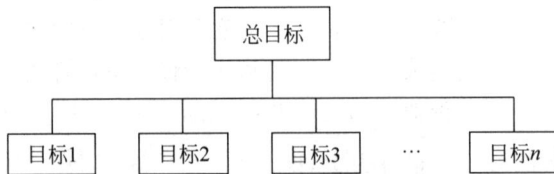

图 6-5　单层次目标准则体系

2. 多层次序列型目标准则体系

目标准则体系的各个目标可以按照序列分解为若干个低一层次的子目标,各子目标又可以继续分解,这样一层层按类别有序进行分解,直到最低一层的子目标可以用某个准则进行评价。其特点有:各子目标按照序列关系分属各类别的目标,不同类别的目标准则之间不发生直接联系,每个子目标由相邻的上一层级的某个目标分解而来。其结构如图 6-6 所示。

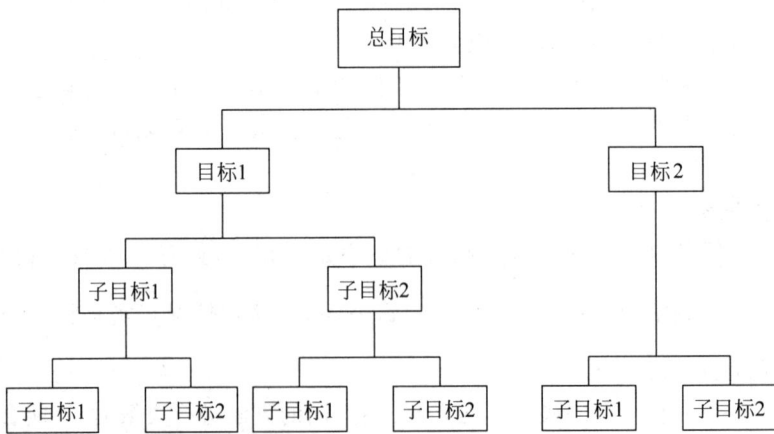

图 6-6　多层次序列型目标准则体系

3. 多层次非序列型目标准则体系

与多层次序列型目标准则体系不同,多层次非序列型目标准则体系某一层次的各子目标一般不单是由相邻上一层次某个子目标分解而成的,各子目标也不能按照序列关系分属各类。相邻两层次子目标之间仅按照自身的属性建立联系。其结构如图 6-7 所示。

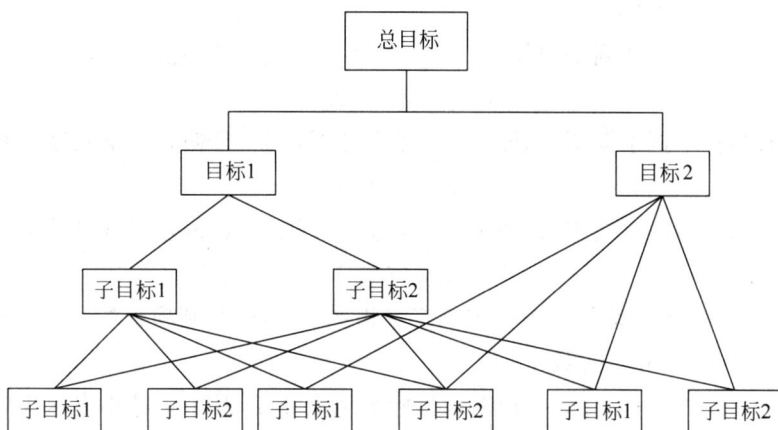

图 6-7　多层次非序列型目标准则体系

下面对机械工程项目中常用的多目标决策问题的求解方法加以介绍。

1）目标规划法

目标规划法是一种多目标决策方法，尤其针对单层次目标准则体系的决策问题非常有效。多目标线性规划的一般形式为

$$
\begin{cases}
\min Z_k = \sum_{j=1}^{n} c_{kj} x_j, & k = 1, 2, \cdots, K \\
\text{s.t.} \sum_{j=1}^{n} a_{ij} x_j \leqslant b_i, & i = 1, 2, \cdots, m \\
x_j \geqslant 0, & j = 1, 2, \cdots, n
\end{cases}
\tag{6-14}
$$

式中，$Z_k (k = 1, 2, \cdots, K)$ 为第 k 个目标函数。

具体步骤如下：

（1）确定期望值

对于多目标线性规划的每一个目标函数值 Z_k，根据具体情况和决策者的希望确定一个期望值 e_k，该期望值即为理想值。

（2）引入正、负偏差变量

对每一个目标函数值引入正、负偏差变量 d_k^- 和 d_k^+，且 $d_k^-, d_k^+ \geqslant 0 (k = 1, 2, \cdots, K)$。$d_k^-$ 为负偏差变量，表示第 k 个目标还没有达到期望值 e_k 的数值。d_k^+ 为正偏差变量，表示第 k 个目标超出期望值 e_k 的数值。正、负偏差变量中至少有一个为零，当目标值与期望值相同时，两者均为零。在加入偏差变量这一概念后，目标函数就变为约束条件，与原有的约束条件一起组成约束条件组。原有的约束条件也可以引入偏差变量，将不等式约束变为等式约束。

（3）构建新的目标函数

通过步骤（1）（2），目标函数变为了约束条件，需要建立新的目标函数——达成函数或准则函数，它是以各偏差变量取最小值、单一综合性的目标函数。达成函数的一般形式为

$$
\min Z = f(d_k^+, d_k^-)
\tag{6-15}
$$

具体可分为 3 种形式：

① 要求某目标恰好达到期望值，正、负偏差变量都应取最小值，其形式为

$$\min f(d_k^+ + d_k^-)$$

② 要求某目标不低于期望值，即正偏差变量不受限制，负偏差变量取最小值，其形式为

$$\min f(d_k^-)$$

③ 要求某目标不高于期望值，即负偏差变量不受限制，正偏差变量取最小值，其形式为

$$\min f(d_k^+)$$

将各个目标不同形式取最小值的偏差变量相加，就可以得到项目的达成函数。

（4）引入优先等级和权系数

引入优先因子 $P_i(i=1,2,\cdots,l)$ 表示目标的优先等级，其中 i 越小表示优先等级越高。

在同一优先等级中，为区分不同目标偏差变量的重要程度，引入权系数 w_{ij}，$\sum_{j=1}^{k} w_{ij}=1$。

基于上述分析，可以得到目标规划模型的一般形式：

$$\begin{cases} \min Z = \sum_{i=1}^{l} P_i \sum_{k=1}^{K} (w_{ik}^- d_k^- - w_{ik}^+ d_k^+) \\ \text{s. t.} \sum_{j=1}^{n} c_{kj} x_j + d_k^- - d_k^+ = e_k, & k=1,2,\cdots,K \\ \sum_{j=1}^{n} a_{ij} x_j + d_i^- - d_i^+ = b_i, & i=1,2,\cdots,m \\ x_j \geqslant 0, & j=1,2,\cdots,n \\ d_k^-, d_k^+ \geqslant 0, & k=1,2,\cdots,K \\ d_i^-, d_i^+ \geqslant 0, & i=1,2,\cdots,m \end{cases} \quad (6\text{-}16)$$

目标规划的建模步骤可以概括为

① 假设决策变量。

② 建立约束条件。

③ 建立各个目标函数。

④ 确定各个目标期望值，引入偏差变量，将目标函数转化为约束方程。

⑤ 确定各个目标的优先级别和权系数，构建达成函数。

【例 6-9】 某弹簧生产企业生产销售 A 和 B 两种型号的弹簧，平均生产能力为 1000 个/h，企业开工能力为每周 90 h。基于前期调研，预测市场每周最大销售量 A 型弹簧为 75000 个、B 型弹簧为 50000 个，A 型弹簧的单个利润为 2.5 元，B 型弹簧的单个利润为 1 元。企业的管理目标如下：

P_1——保证正常生产，避免开工不足；

P_2——限制加班时间不能超过 12 h；

P_3——尽量达到最大销售量，即 A 型弹簧为 75000 个、B 型弹簧为 50000 个；

P_4——尽可能减少加班时间。

解：第一步，假设 A、B 型弹簧的每周产量为 x_1 和 x_2（单位：千个）。先分析约束条件，并引入各目标约束的偏差变量。

① 开工能力约束，由于产能均为 1000 个/h，每周的产量为 x_1 和 x_2。设开工时间的正、负偏差变量为 d_1^+ 和 d_1^-：

$$x_1/1000 + x_2/1000 + d_1^- - d_1^+ = 90 \tag{6-17}$$

② 销量约束，每周最大销量，A 型弹簧为 75000 个、B 型弹簧为 50000 个。设 A 型弹簧和 B 型弹簧的负偏差变量为 d_2^- 和 d_3^-：

$$\begin{cases} x_1/1000 + d_2^- = 75 \\ x_2/1000 + d_3^- = 50 \end{cases} \tag{6-18}$$

③ 加班时间约束，加班时间 d_1^+ 不超过 12 h，设正、负偏差变量为 d_{11}^+ 和 d_{11}^-：

$$d_1^+ - d_{11}^+ + d_{11}^- = 12 \tag{6-19}$$

第二步，分析优先级，确定权系数，建立达成函数。

P_1 级目标，避免开工不足，开工时间的负偏差变量要尽可能小，即 $P_1 d_1^-$。

P_2 级目标，加班时间限制，不超过 12 h，即 $P_2 d_{11}^+$。

P_3 级目标，尽量达到最大销售量，P_3 级目标包括 d_2^-、d_3^-，并取 $d_2^- + d_3^-$。由于 2 种弹簧的利润分别为 2.5 元/个和 1 元/个，权系数应取比例 2.5：1 = 5：2，于是 $P_3(5d_2^- + 2d_3^-)$。

P_4 级目标，尽可能减少加班时间，即 $P_4 d_1^+$。

第三步，综合上述分析，该问题的目标规划模型为

$$\begin{cases} \min Z = P_1 d_1^- + P_2 d_{11}^+ + P_3(5d_2^- + 2d_3^-) + P_4 d_1^+ \\ \text{s.t. } x_1 + x_2 + d_1^- - d_1^+ = 90 \\ \quad x_1/1000 + d_2^- = 75 \\ \quad x_2/1000 + d_3^- = 50 \\ \quad d_1^+ + d_{11}^- - d_{11}^+ = 12 \\ \quad x_1/1000, x_2/1000, d_1^-, d_1^+, d_2^-, d_3^-, d_{11}^-, d_{11}^+ \geq 0 \end{cases} \tag{6-20}$$

2）多维效用合并法

多维效用合并法适用于多层次序列型目标准则体系问题。假设该问题的评价准则有 s 个，可行方案有 m 个，那么会得到 s 个评价准则对应的效用函数为 $u_1, u_2, \cdots, u_s$。$a_1, a_2, \cdots, a_m$ 为 m 个可行方案。可行方案在这种评价准则下的效用值为

$$u_1(a_i), u_2(a_i), \cdots, u_s(a_i), \quad i = 1, 2, \cdots, m$$

通过特定的方法将所有分效用合并为总效用，并对可行方案进行排序，这种方法即为多维效用合并法。

效用合并规则是由下而上，然后分类逐层进行。

在图 6-8 中，H 代表可行方案的总效用值，也称为满意度；$y_1, y_2, \cdots, y_k$ 表示第二层子目标的效用值；依此类推。

$$y_1(a_i) = u_1(a_i) \cdot u_2(a_i) \cdot \cdots \cdot u_{p-1}(a_i)$$

$$y_2(a_i) = u_p(a_i) \cdot u_{p+1}(a_i) \cdot \cdots \cdot u_{p+i}(a_i)$$
$$\vdots$$
$$y_k(a_i) = u_{s-r}(a_i) \cdot \cdots \cdot u_s(a_i) \tag{6-21}$$

式中，·表示效用合并运算规则。

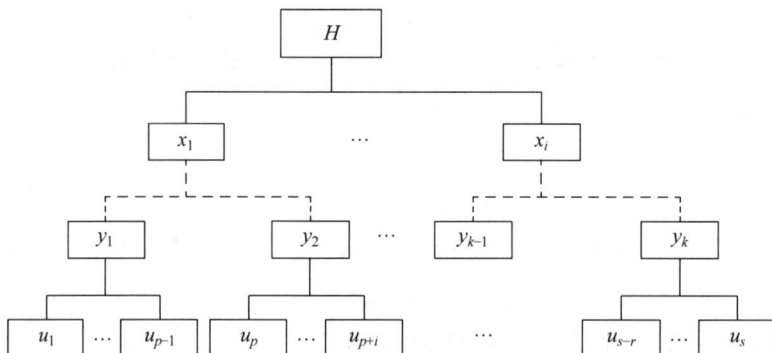

图 6-8　某个多层次序列型目标准则体系

继续由下层向上层进行合并，得到第二层的合并效用值：

$$x_1(a_i) = y_1(a_i) \cdot y_2(a_i)$$
$$\vdots \tag{6-22}$$
$$x_i(a_i) = y_{k-1}(a_i) \cdot y_k(a_i)$$

最后，可行方案 a_i 的效用值为

$$H_i = H(a_i) = x_1(a_i) \cdot x_2(a_i) \cdot \cdots \cdot x_i(a_i), \quad i = 1, 2, \cdots, m \tag{6-23}$$

多维效用合并的最满意方案记为 a^*，满意度的表达式为

$$H^* = H(a^*) = \max H(a_i) \tag{6-24}$$

多维效用合并法的关键是确定多维效用合并运算规则，该规则可以由二维效用合并规则推导得到，为此，下面先介绍二维效用函数的概念。

假设效用 u_1 和 u_2 都在区间 $[0,1]$ 取值，则二维效用函数为：$W = W(u_1, u_2)$。二维效用函数的定义域为坐标平面 $u_1 u_2$ 上的一个正方形，值域为 W 轴上的区间 $[0,1]$，曲面 $W = W(u_1, u_2)$ 即为二维效用曲面。

同理，对于 n 维的情况，假设效用 $u_1, u_2, \cdots, u_n$ 都在区间 $[0,1]$ 取值，则 n 维效用函数为 $W = W(u_1, u_2, \cdots, u_n)$。$n$ 维效用函数的定义域为 n 维空间上有 2^n 个顶点的凸面体，曲面 $W = W(u_1, u_2, \cdots, u_n)$ 即为 n 维效用曲面。

可根据决策目标的不同属性选用不同的多维效用合并运算规则。

（1）代换规则

二维效用合并的代换规则适用于如下情形：效用 u_1 和 u_2 对决策主体的重要性相等，只要其中一个目标的效用达到最大值，其他效用无论取何值，合并效用都会达到最高值。

假设二维效用函数 $W = W(u_1, u_2)$，依据代换规则可知：

① $W(1,1) = 1$；

② $W(0,0) = 0$；

③ $W(1, u_2) = 1 (0 \leqslant u_2 \leqslant 1)$；

④ $W(u_1,1)=1(0\leqslant u_1\leqslant 1)$。

由此可以得出代换规则的二维效用合并公式

$$W(u_1,u_2)=1-(1-u_1)(1-u_2)=u_1+u_2-u_1u_2 \tag{6-25}$$

同理，n 维效用合并公式为

$$W(u_1,u_2,\cdots,u_n)=1-\prod_{i=1}^{n}(1-u_i) \tag{6-26}$$

（2）加法规则

二维效用合并的加法规则适用于如下情形：效用 u_1 和 u_2 的变化具有相关性，对合并效用的作用没有本质上的差异，且两者之间可以互相线性补偿。只有当效用 u_1 和 u_2 都达到最高值时，总效用才能达到最高值。

假设二维效用函数 $W=W(u_1,u_2)$，依据加法规则可知：

① $W(1,1)=1$；

② $W(0,0)=0$；

③ $W(1,0)=d_1,W(0,1)=d_2,d_1+d_2=1$。

由此可以得出加法规则的二维效用合并公式

$$W(u_1,u_2)=d_1u_1+d_2u_2 \tag{6-27}$$

式中，

$$d_1+d_2=1;\quad 0\leqslant d_1,\quad d_2\leqslant 1$$

d_1 和 d_2 称为效用 u_1 和 u_2 的权系数，表示在合并中的重要程度。

同理，n 维效用合并公式为

$$W(u_1,u_2,\cdots,u_n)=\sum_{i=1}^{n}d_iu_i \tag{6-28}$$

式中，

$$\sum_{i=1}^{n}d_i=1,\quad 0\leqslant d_i\leqslant 1,\quad i=1,2,\cdots,n$$

其中，d_i 称为第 i 个目标效用的权系数。

（3）乘法规则

二维效用合并的乘法规则适用于如下情形：效用 u_1 和 u_2 对于合并效用具有相同的重要性，不能互相替换，如果其中一个效用值为零，则合并效用值肯定为零。

假设二维效用函数 $W=W(u_1,u_2)$，依据乘法规则可知：

① $W(1,1)=1$；

② $W(0,0)=0$；

③ $W(1,0)=W(0,1)=0$。

由此可以得出乘法规则的二维效用合并公式

$$W(u_1,u_2)=u_1u_2 \tag{6-29}$$

同理，n 维效用合并公式为

$$W(u_1,u_2,\cdots,u_n)=\prod_{i=1}^{n}u_i \tag{6-30}$$

3）层次分析法

美国学者托马斯·劳里·萨蒂（Thomas Laurie Saaty）提出的层次分析法是一种定性和定量相结合的、系统化、层次化的分析方法，非常适用于多层次非序列型的复杂决策问题。层次分析法是按照总目标、各层子目标、评价准则直至具体方案的顺序把决策问题依次分解为不同的层次结构，然后利用求解判断矩阵特征向量的方法得到每一层次的各元素对上一层次某元素的优先权重，最后再通过各层权重组合的方法得到各方案对总目标的最终权重，最终权重最大者为最优方案。

使用层次分析法分析复杂决策问题的步骤如下：

（1）构建层次结构模型

将目标准则体系包含的因素划分为不同层次，建立层次结构模型。一般可以将层次分为 3 种类型：

① 最高层，又称总目标层，表示决策的最终目的、要解决的问题等。

② 中间层，又称准则层，表示指标、策略、约束、准则等。

③ 最低层，又称方案层，表示实现决策目标的各个方案。

（2）构造判断矩阵

按照层次结构模型由上到下依次构建判断矩阵。构造判断矩阵的核心是设计一种判断两元素针对上一层某个因素的相对重要程度的标度法则。萨蒂引用 1～9 标度法则，其含义见表 6-11。

表 6-11　1～9 标度法

标　　度	含　　义
1	表示两元素，两者同等重要
2,4,6,8	表示相邻两标度之间的中值
3	表示两元素，一个比另一个稍微重要
5	表示两元素，一个比另一个明显重要
7	表示两元素，一个比另一个强烈重要
9	表示两元素，一个比另一个极端重要

注：上述标度的倒数表示两元素的反比较。

（3）层次单排序及其一致性检验

求解与判断矩阵最大特征值对应的特征向量，经归一化处理即可得到层次单排序权重向量，再对层次单排序进行一致性检验。

（4）层次总排序及其一致性检验

求解某一层次所有因素对于最高层相对重要性的权值，即为层次总排序，这一过程由上到下依次进行。层次总排序的一致性检验也是由上到下依次进行。

【例 6-10】　某飞机制造单位为完成大型军用运输机的研发工作，拟从 4 个方案中选择 1 个。选择的标准有可行性、现有技术、项目时间和项目费用等。试用层次分析法对 4 个方案进行综合评估、量化排序。

解：第一步，构建层次结构模型，如图 6-9 所示。

第二步，构造判断矩阵，层次单排序及其一致性检验。

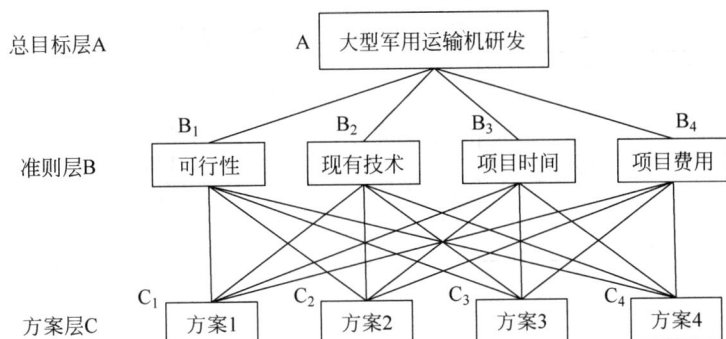

图 6-9　层次结构模型图

对于总目标,准则层各层构造判断矩阵见表 6-12,求解最大特征值和对应的特征向量。

表 6-12　准则层对总目标层的判断矩阵

A	B_1	B_2	B_3	B_4
B_1	1	5	3	2
B_2	1/5	1	1/3	1/3
B_3	1/3	3	1	1/4
B_4	1/2	3	4	1

利用 MATLAB 等软件计算最大特征值和其对应的归一化后的特征向量:

$\lambda_{\max} = 4.099$

$\boldsymbol{W} = [0.4683 \quad 0.0789 \quad 0.1511 \quad 0.3016]^{\mathrm{T}}$

进行一致性检查的步骤如下:

① 计算一致性指标 C. I. ,即

$$\mathrm{C.\,I.} = \frac{\lambda_{\max} - n}{n-1} = \frac{4.099 - 4}{4-1} = 0.033$$

式中,n 为判断矩阵的阶数。

② 计算平均随机一致性指标 R. I. 。平均随机一致性指标 R. I. 是多次进行随机判断矩阵特征值的计算后取平均的结果,表 6-13 给出了 1~10 阶矩阵计算 1000 次的平均随机一致性指标。

表 6-13　1~10 阶矩阵计算 1000 次的平均随机一致性指标

阶数	1	2	3	4	5	6	7	8	9	10
R. I.	0	0	0.52	0.89	1.12	1.26	1.36	1.41	1.46	1.49

③ 计算一致性比例 C. R. ,即

$$\mathrm{C.\,R.} = \frac{\mathrm{C.\,I.}}{\mathrm{R.\,I.}} = \frac{0.033}{0.89} = 0.0371 < 0.1$$

一般而言,一致性比例 C. R. <0.1 时,认定判断矩阵的一致性是可接受的,不然就需要修改判断矩阵。

第三步,同理构造方案层相对于准则层的判断矩阵(见表 6-14~表 6-17)并进行一致性检查。

表 6-14　方案层 C 对准则层 B_1 的判断矩阵

B_1-C	C_1	C_2	C_3	C_4
C_1	1	1/4	1/3	1/6
C_2	4	1	1/3	1/4
C_3	3	3	1	1/3
C_4	6	4	3	1

$\lambda_{max}=4.1784$

$W=[0.0659\quad 0.1414\quad 0.2523\quad 0.5404]^T$

C. I. $=0.0595$

C. R. $=0.0669<0.1$

表 6-15　方案层 C 对准则层 B_2 的判断矩阵

B_2-C	C_1	C_2	C_3	C_4
C_1	1	3	2	1/5
C_2	1/3	1	1/2	1/5
C_3	1/2	2	1	1/3
C_4	5	5	3	1

$\lambda_{max}=4.2207$

$W=[0.1958\quad 0.0871\quad 0.1438\quad 0.5732]^T$

C. I. $=0.07357$

C. R. $=0.0827<0.1$

表 6-16　方案层 C 对准则层 B_3 的判断矩阵

B_3-C	C_1	C_2	C_3	C_4
C_1	1	2	2	1/4
C_2	1/2	1	1/3	1/6
C_3	1/2	3	1	1/2
C_4	4	6	2	1

$\lambda_{max}=4.2072$

$W=[0.2077\quad 0.0792\quad 0.1883\quad 0.5248]^T$

C. I. $=0.0691$

C. R. $=0.0776<0.1$

表 6-17　方案层 C 对准则层 B_4 的判断矩阵

B_4-C	C_1	C_2	C_3	C_4
C_1	1	1	1/4	1/7
C_2	1	1	1/5	1/6
C_3	4	5	1	1/2
C_4	7	6	2	1

$\lambda_{\max} = 4.0221$

$\boldsymbol{W} = \begin{bmatrix} 0.0762 & 0.0755 & 0.3141 & 0.5342 \end{bmatrix}^{\mathrm{T}}$

C. I. $= 0.0074$

C. R. $= 0.0083 < 0.1$

第四步,方案层对总目标层的权重(见表 6-18)为

表 6-18　方案层 C 对总目标层 A 的权重

准则	B_1	B_2	B_3	B_4	总权重
准则层对总目标层权重	0.4683	0.0789	0.1511	0.3016	
方案 C_1 对准则层权重	0.0659	0.1958	0.2077	0.0762	0.1007
方案 C_2 对准则层权重	0.1414	0.0871	0.0792	0.0755	0.1078
方案 C_3 对准则层权重	0.2523	0.1438	0.1883	0.3141	0.2527
方案 C_4 对准则层权重	0.5404	0.5732	0.5248	0.5342	0.5387

由此得到总权重向量:

$\boldsymbol{W} = \begin{bmatrix} 0.1166 & 0.1064 & 0.2348 & 0.5424 \end{bmatrix}^{\mathrm{T}}$

层次总排序一致性指标、层次总排序随机一致性指标:

$$\text{C. I.} = \sum_{i=1}^{n} b_i \text{C. I.}_i$$
$$= 0.4683 \times 0.0595 + 0.0789 \times 0.07357 + 0.1511 \times 0.0691 + 0.3016 \times 0.0074$$
$$= 0.04634$$

$$\text{R. I.} = \sum_{i=1}^{n} b_i \text{R. I.}_i = (0.4683 + 0.0789 + 0.1511 + 0.3016) \times 0.89 = 0.8899$$

$$\text{C. R.} = \frac{\text{C. I.}}{\text{R. I.}} = \frac{0.04634}{0.8899} = 0.0521 < 0.1$$

可见,其一致性可以接受。根据总权重大小,方案的优劣顺序依次为 C_4、C_3、C_2、C_1。

6.3.5　库存决策

在生产经营活动中经常发生货物的供应与需求之间不协调的状况,库存决策就是解决这类问题的一种方法。库存决策要解决的两个问题是:每次补充多少物资? 间隔多长时间补充一次? 为解决这两个问题,一般将所研究的对象抽象为相应的模型,即存储系统模型。该模型包含的基本概念如下:

(1) 需求,即对某种物资的需要,用单位时间对该物资的需求量来描述。需求是该模型的输出量。

(2) 补充,即存储系统模型由于存在输出导致存储量不断减少,必须加以补充。补充是该模型的输入量。

(3) 存储系统的费用,包括存储费用、准备费用、货物成本费用和货物缺货损失费用。存储费用以单位存储物资在单位时间内所需的费用进行计算,包括仓库的使用费用、占用企业流动资金的利息、存储货物变质损坏等。准备费用是指每次订货所产生的固定费用,如差

率费、通信费、手续费等。货物成本费用即货物本身的价值。货物缺货损失费用是指由于库存不足导致供不应求而造成的企业利润损失。

(4) 存储策略，即每次补充的货物量和补充的间隔时间。一般有以下几种方式：

① t 循环策略，即每次间隔时间 t 进行补充。

② (s,Q) 策略，即当存储量降至 s 时，立刻补充至 Q 存储量。

③ (t,s,Q) 策略，即每次间隔时间 t 对库存进行检查，发现库存小于等于 s 时立刻补充至 Q 存储量，发现库存大于 s 时不作补充。

通常采用与库存方案相应的成本费用作为评价方案优劣的标准。下面简要介绍两种常用的存储系统模型。

1. 经济批量库存模型

该模型是确定型库存模型。假设需求量是连续且均匀的，提前期为零，且补充是在瞬间完成。如图 6-10 所示，库存由 Q 降至零时，立刻补充至 Q，如此不断重复。

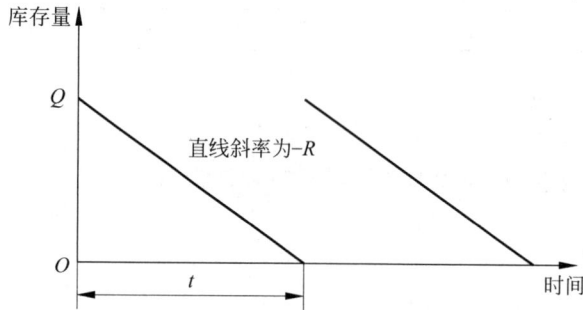

图 6-10　经济批量库存模型的生产过程

一般使用单位时间内的总费用(也称为平均费用)作为评价指标确定上述模型的最佳存储策略。假设：Q 为每一次的订货量；t 为订货间隔的时间，由图 6-10 可得 t 为 Q 与 R 的比值；C_1 为每次订货的准备费用；C_2 为单位时间内单位货物的存储费用；P 为货物的单价。

t 时间内货物的平均库存量为

$$\frac{1}{t}\int_0^t RT\mathrm{d}T = \frac{1}{2}Rt = \frac{1}{2}Q \tag{6-31}$$

进一步可推导得到 Q 的平均总费用为

$$C(Q) = (准备费用 + 货物价值 + 存储费用)/时间$$
$$= \left(C_1 + PQ + \frac{1}{2}Rt^2 C_2\right)/t \tag{6-32}$$
$$= \frac{1}{2}C_2 Q + \frac{C_1 R}{Q} + PR$$

对式(6-32)求导：

$$\frac{\mathrm{d}C(Q)}{\mathrm{d}Q} = \frac{1}{2}C_2 - \frac{C_1 R}{Q^2} = 0 \tag{6-33}$$

可得最佳订货量 Q^*：

$$Q^* = \sqrt{\frac{2C_1 R}{C_2}} \tag{6-34}$$

最佳订货时间间隔 t^* ：

$$t^* = Q^*/R = \sqrt{\frac{2C_1}{C_2 R}} \tag{6-35}$$

2. 在制品批量库存模型

生产过程中,前后两道工序之间往往存在生产速率不同步的现象,为保证连续生产,要求前一道工序的生产速度须大于下一道工序的生产速度,如图 6-11 所示。

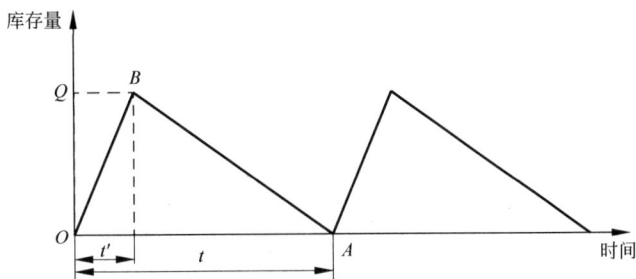

图 6-11　在制品批量库存模型的生产过程

前一道工序以速度 U 生产,同时下一道工序以速度 R 消耗,由于 $U > R$,在制品的存储量会上升,当存储量达到 Q 时,前一道工序停止生产,下一道工序继续消耗,存储量会下降至零,此时,上一道工序再次开始生产。

假设前一道工序的开工时长为 t',则每次生产的批量为 $Q = Ut'$。由图 6-11 可知:在 $0 \sim t'$ 时间内,在制品的存储量以 $(U - R)$ 的速度上升;在 $t' \sim t$ 时间内,在制品的存储量以 R 的速度下降,且满足:

$$(U - R)t' = R(t - t') \tag{6-36}$$

求解可得

$$t' = \frac{Rt}{U} \tag{6-37}$$

t 时间内的平均存储量为

$$\frac{1}{2}(U - R)t' \tag{6-38}$$

或

$$\frac{1}{2}R(t - t') \tag{6-39}$$

t 时间内的存储费用为

$$\frac{1}{2}(U - R)t' C_2 t \tag{6-40}$$

则单位时间内的总费用为

$$C(Q) = \frac{1}{t}\left[C_1 + PQ + \frac{1}{2}C_2(U - R)t't\right]$$

$$= PR + \frac{C_1 R}{Q} + \frac{1}{2}C_2\frac{U - R}{U}Q \tag{6-41}$$

对式(6-41)求导:

$$\frac{\mathrm{d}C(Q)}{\mathrm{d}Q} = -\frac{C_1R}{Q^2} + \frac{1}{2}C_2\frac{U-R}{U} = 0 \tag{6-42}$$

可得

$$Q^* = \sqrt{\frac{2C_1UR}{C_2(U-R)}} \tag{6-43}$$

$$t'^* = \frac{Q^*}{U} = \sqrt{\frac{2C_1R}{C_2U(U-R)}} \tag{6-44}$$

$$t^* = \frac{U}{R}t'^* = \sqrt{\frac{2C_1U}{C_2R(U-R)}} \tag{6-45}$$

最大库存量为

$$L = Q^* - Rt'^* = \sqrt{\frac{2C_1R(U-R)}{C_2U}} \tag{6-46}$$

该模型与经济批量库存模型相对比,当 U 趋于无穷大时(即补充速度无限大),该模型与经济批量库存模型完全一致。

6.4　机械工程项目决策案例

一个项目的好坏,项目的内容及对它的前期研究十分关键。一般项目在进行过程中,总会遇到这样或那样的问题,但是,如果项目的基本出现了错误,无论后面如何加强对项目建设的控制和项目的运用,均不可达到原先预想的目标。项目概念阶段的总投入相对项目的全部投资而言,所占比重很小,但它决定了本次投资的命运,所以,无论是哪一级的投资者对项目概念阶段的研究结果均十分重视。作为项目概念阶段的策划者和工作者,一定要本着为业主着想的态度,采用科学的方法,精心策划,仔细调研,细心分析,为决策者提供真正能反映项目内涵的分析报告,同时作为决策者不能以主观意愿作为项目优劣的判别标准,要从全局的角度、发展的角度,依据科学的分析进行最终决策。

项目案例:自 2002 年年底开始,我国沿海地区发生了大面积缺电,短期内解决电力供应问题的捷径是建设火力发电厂,由于市场经济的调控,不少民营企业和地方政府联手投资火力发电厂。A 企业的高层决策者认为这是提升企业的大好时机,决定借此市场机会,提高企业的技术和生产能力,将企业带入生产发电锅炉的行列。经 2003—2004 年的连续投入,投入资金 1000 多万元,引进了设计、工艺等关键技术人员和产品设计技术和关键生产设备,目前该企业拥有 5 万 kW 发电机的设计、制造的能力,并已经生产出多台 5 万 kW 发电机,完成了其他企业需要 10 多年才能走完的路,将企业在行业中的排名从 100 左右一下提升到前 10 名(第 9 名)以内,投资决策获得了巨大的成功。

2004 年下半年,基于电力紧张的形势,B 企业基于锅炉制造 A 级取证和为大型锅炉生产企业进行配套生产,C 企业在和 B 企业相同想法的同时,还考虑对自身产品的升级因素,对发电锅炉生产的关键设备进行了投资,各投资 500 万元左右,并在 2005 年上半年将设备建成,但投资效果不一样。由于 2003—2004 年锅炉行业发展过快,国家在资金注入上进行了宏观调控并取得了相当的成效,2005 年各大锅炉厂的生产形势趋于正常,自身生产能力已基本满足市场需求,外协产品大大减少,这样的形势给 B 企业和 C 企业带来一定的打击,然而,C 企业借此花大气力对自身产品进行大幅度技术升级,为企业今后的发展打下了基础,而 B 企业还在对如何充分利用投资寻找对策。

简要分析:

(1)决策能力和外部环境对投资目标的影响

A 企业的高层决策者对本行业的发展形势十分敏感,并具有一定的远见和魄力,根据我国经济发展的规律,投资目标定位快,两年内使企业在大型锅炉生产行业站稳脚跟,并在行业发展趋缓的情况下,逐步进行完善、巩固,并取得了稳定发展。对企业而言,这是一种阶跃式的发展。其关键是决策层的决策能力和对外部经济形势的正确研判,以及对自身发展的信心,是一种开拓性的思维。

而 B 和 C 两家企业在行业发展最高潮的时候进行了投资,从对决策者的决策能力上分析,决策者有一种从众心理,尤其是 B 企业的决策者没有充分估计到外部形势的变化趋势,对形势的变化也没有充分的准备,使企业陷入了被动。

战略性决策对决策者提出了很高的要求,决策者本身的经历、性格、知识面和对形势的判断能力都将对投资的结果带来重大影响。

(2)加强内部环境的建设,开拓投资充分利用的渠道

C 企业的决策者对外部形势的发展有所准备,采用改进内部环境(对自身产品进行升级换代)来规避风险也是一种良策。

综上所述,企业高层在进行战略性决策时,在对投资进行技术、经济分析的同时,还应该对投资环境依据市场经济发展的规律和我国政府宏观调控市场的一些常规手段进行充分评估,在此基础上有一定的风险意识,采用科学的决策方法进行决策,以保证决策的正确性。

思 考 题

1. 简述决策的基本原则。

2. 简述决策的过程。

3. 战略性决策、管理性决策和业务性决策有什么不同?

4. 群体决策的特点及提高群体决策效率的方法有哪些?

5. 按参与人数的多少可将决策划分为个人决策和群体决策,个人决策适用于什么情况? 简要说明个人决策的局限性。

6. 某茶叶机械生产企业为提高销量,现提出 3 种方案,这 3 种方案的收益见题表 6-1,试用最大最小后悔值法确定最佳方案。

题表 6-1　　　　　　　　　　　　　　　　　　　　　　　　　　　　单位:万元

方　案	销　路　好	销　路　一　般	销　路　差
技术升级	160	130	−30
新购设备	220	110	−80
外部协作	130	60	20

7. 某减速器制造企业为提高产品竞争力,对某型号的谐波传动减速器进行技术升级,现有 d_1、d_2 和 d_3 共 3 个可供选择的方案,每个方案均有销路好、销路一般和销路差 3 种可能的状态,相应的决策收益值见题表 6-2。请用乐观法进行决策。

题表 6-2

可能的状态	d_1	d_2	d_3
销路好	110	100	110
销路一般	30	10	20
销路差	−30	−20	−20

8. 某汽车制造企业在引进国外新产品时提出了两种方案,方案 1 需投资 5000 万元,方案 2 需投资 4000 万元,两种方案的收益周期都为 5 年,产品销路好和差的可能性都为 0.7 和 0.3。两种方案的年度损益值见题表 6-3,试用期望值法进行决策,应该选择哪个方案?

题表 6-3

状态,概率	方案 1/万元	方案 2/万元
销路好,0.7	2000	1500
销路差,0.3	−30	30

9. 简述多目标决策问题的目标准则体系。

10. 简述存储系统模型的基本组成和存储策略。

自测题 6

第7章　项目组织及团队

"党的力量来自组织,组织能使力量倍增。"习近平总书记在 2018 年 7 月召开的全国组织工作会议上强调,党的全面领导、党的全部工作要靠党的坚强组织体系去实现。组织力的强弱直接关系到党的创造力、凝聚力、战斗力,对党执政兴国具有重要影响。

要对项目实施有效的管理,首先需要建立与该项目相适应的项目组织机构,对项目的各种资源进行有效配置。项目组织机构确定后,需要招聘项目所需的不同人才,组建项目团队,并通过有效的激励措施和管理手段最大限度地发挥项目团队成员的能力,以确保项目目标的实现。项目经理作为项目负责人,负责项目的组织、计划和实施等全部过程。项目经理是项目团队的灵魂人物,其个人素质、能力和经验等都对项目的成败起着决定性的作用。成功的项目无不证明了项目经理的卓越管理能力,而失败的项目也同样反映了项目经理在整个项目实施过程中的重要性。

7.1　项　目　组　织

组织一般具有两种含义,一种是动词,是指安排分散的人或事物使其具有一定的系统性或整体性。如组织人员,这种组织是管理的一种职能;另一种是名词,是指按照一定的宗旨和系统建立起来的集体,如工厂、机关、学校、医院,各级政府部门、各个层次的经济实体、各个党派和政治团体等,以上所述都是组织。

从名词的角度解释,组织又有广义和狭义之分。广义上的组织表示由众多要素按照一种特定的方式互相关联得到的系统。狭义上的组织表示为达到特定的目标,相互协同合作组合而成的团体,如军事组织、工会组织等。现代社会生活中,组织是人们按照一定的目的、任务和形式组合起来的社会集体,组织不仅是社会的细胞、基本单元,更是社会的基础。

从管理学的角度讲,所谓组织是指这样一个社会实体,它是具有明确的目标导向、精心设计的架构与有意识协调活动的系统,同时又同外部环境保持紧密的联系。

项目组织是为了完成一个项目,按照一定的形式组建起来的机构。项目的组织机构是保证项目正常实施的组织保证体系。项目组织的根本目的是有效实现项目的目标,提高项目完成的效率。项目组织是为一次性独特任务设立的,是一种临时性的组织,在项目结束以后,它的生命就会终结。项目组织与一般的组织一样,具有相应的领导、规章制度、人员及组织文化等。与传统的组织有所不同,项目管理更强调项目负责人即项目经理的作用,强调团队的协作精神,其组织形式具有很大的灵活性。

项目组织机构具有如下特征:

(1)项目组织的目标单一,但工作内容繁杂。项目组织的目标是确保项目的实施进度快、质量高、费用省。工作内容繁杂,纵向与上级联系,获取必要的指导与支持,对下级进行合理的组织,搞好协调工作;横向处理各种关系,勘察、设计、银行、承包方等涵盖经济、行政、人事等的方方面面。

（2）项目组织是一个临时机构。项目管理组织机构因项目需要而成立，因项目完成而终止，项目组织随着项目的完成而解散。

（3）项目组织要求高效精干，且柔性和松散性相结合。因项目管理组织机构涉及的专业是多方面、多学科的，而项目管理机构的人员不可能很多，工作又繁杂，所以要求每一个项目组织机构的成员应具有良好的业务能力和精神素质。但是项目组织的工作人员来自各个部门，可能接受双重领导（即项目组织和职能部门），两者的利益观不同，结合较为松散，导致对项目的忠诚度不高，所以要求项目组织机构兼具柔性和松散性。

（4）项目组织既强调领导又重视团队合作。项目经理是一个项目组织机构的带头人，是项目的直接管理者，项目经理的思想、业务、能力等方面的素质直接影响项目的成败。但影响项目成功的另一个关键因素是具有主动性、创造性的项目团队，一个高效的团队不一定决定项目的成功，但一个低效的团队意味着项目的失败。所以建设一支团结合作、密切配合的高效团队是项目经理的主要工作之一。

总之，项目组织是指为完成某一个特定任务而由不同部门、不同专业人员组成的一个临时性机构，通过计划、组织、协调和控制对项目任务的各种资源进行合理配置，确保项目目标的实现。

7.1.1 项目组织设置的原则与流程

项目组织机构设置的目的是组织各方力量，科学充分地利用资源。项目组织机构的效能是决定项目成败的关键因素之一。设置的总原则是对项目实施有利，具体应考虑：

（1）目的性原则。项目组织机构建立在实现项目目标的基础上，其本身由不同部门、不同专业的人员构成，不同部门、不同专业的人员都会有各自部门或个人的目标，当部门、人员的目标与项目组织的目标（即项目目标）一致时，项目组织的目标才能实现，即项目的目标才能实现。因此，项目组织机构的设置应该有利于实现项目的目标，使项目目标与不同部门、不同人员的目标相一致。

（2）适应性原则。一方面，项目组织应根据项目任务确定机构设置、根据岗位确定机构编制、根据职责确定机构制度；另一方面，需要考虑环境变化对项目组织机构的影响，建立与环境相适应的组织机构。随着项目的进行，工作内容发生变化，组织机构也应顺应形势发生变化。

（3）有效管理层次和管理幅度原则。管理层次表示一个组织机构中由最低层到最高层的层次数量，管理幅度是主管能够有效指挥下属的数量。管理层次过多，会导致管理信息传递的低效率，甚至导致信息失真；管理层次过少，会导致管理幅度过大，影响管理效果。管理幅度根据主管的能力、项目的复杂程度和所领导的人员素质而变化，呈金字塔形，高层领导的管理幅度应小于中层和基层领导。如果加大管理幅度，管理层次可能减少，原则上在有效管理幅度内，应尽可能地减少管理层次，有利于提高信息传递的速度及对项目的控制能力。

（4）责权对等原则。由项目组织机构正式授予的职务和地位带来的权力体现了在某一职位领导下属人员完成任务的能力。责任是指接受职位后必须履行的义务。管理权力需与管理责任相对等。若权力大于责任，则会导致瞎指挥、胡乱干；若责任大于权力，则会挫伤管理人员的积极性，导致无法干。

（5）才职相称原则。项目管理中的每项工作应该明确到为完成该工作所需要的知识和技能。通过考察个人的学历、工作经验等，了解其知识、经验、才能，并进行评审比较。因职求才，也可因才设职，使每个人的才能与其职务上的要求相适应，做到才职相称，人尽其才，才得其用。

（6）命令统一原则。项目组织的各级机构和工作人员必须服从上级管理者的命令，上级下达的命令按管理层次进行传递，一般不得越级，应各司其职、各负其责。但在实践中，某些管理模式，如矩阵管理组织已经突破此原则。

（7）效率与效果原则。项目组织内部的机构构成、人员设置应以能完成项目目标为原则，尽量简化机构、减少人员数量，以提高管理效率。每个机构、每个人为了统一的目标，组合成最适宜的结构形式，实施最有效的内部协调，使管理简洁而正确，减少重复和扯皮。

（8）整体性原则。项目组织由很多不同机构或部门、人员构成，应将其视为一个整体看待。由于项目本身是一个开放性的系统，项目各个子系统之间存在大量的结合面，因此，在项目组织设置时须科学地考虑机构设置、人员配备、权责划分和信息传递等，才能将项目组织建设成为一个有机整体。

项目组织设置的流程具体描述如下：

（1）确定项目目标。项目组织机构的设置以项目战略、项目目标和项目任务为基础。不同的项目战略、项目目标和项目任务应选用不同的项目组织结构。

（2）确定项目组织的管理层次和管理幅度。基于项目的规模、管理人员的能力和素质、管理工作量及外部环境因素确定项目组织的管理层次和管理幅度。

（3）选择项目组织的结构形式。基于项目规模、管理方式选用职能型、项目组型、矩阵型等组织结构形式。

7.1.2　项目组织的形式

项目组织是一个系统，其工作涉及业主、上级领导、项目建设的各个参加单位，他们之间存在着领导与被领导、经济合同、总承包与分承包等关系，如果组织机构不健全，项目信息不能及时处理和沟通，将导致项目不能顺利实施，从而影响项目总目标的实现。项目组织机构的形式决定了项目管理人员实施项目获取所需资源的方法和权力，不同的项目组织形式对项目的实施会产生不同的影响。

项目组织的结构形式多种多样，主要有工程指挥部型、职能型、项目组型、矩阵型和混合型等，其中矩阵型还可以细分为强矩阵型、弱矩阵型和平衡矩阵型 3 种形式。

1. 工程指挥部型组织

工程指挥部型组织是一种金字塔形的组织结构，如图 7-1 所示。在我国计划经济时期，该型组织主要适用于国家、各地政府投资的大中型项目，是当时大中型项目的主要管理模式（如南京长江大桥、第一代核武器项目等）。该型组织采用行政管理的方式管理项目，具有决策快、效率高的特点，但不符合现代经济发展的规律。

工程指挥部型组织形式的优点：由于工程项目建设指挥部是政府主管部门的临时组建机构，又有各方面主要领导组成的领导小组的指导与支持，因而在行使建设单位的职能时有较大的权威性，指挥部可以依靠行政手段协调各方面关系，有效解决征地、拆迁等外部协调难题，调配项目建设所需要的设计、施工队伍和材料、设备等。特别是在建设工期要求紧迫

```
                    ┌──────────────────┐
                    │  项目建设领导小组  │
                    └──────────────────┘
                             │
                             ▼
                    ┌──────────────────┐
                    │  项目建设指挥部    │
                    └──────────────────┘
        ┌───────────┬──────────┴──────────┬───────────┐
        ▼           ▼                     ▼           ▼
   ┌────────┐  ┌────────┐           ┌────────┐  ┌────────┐
   │ 职能部门 │  │ 职能部门 │           │ 职能部门 │  │ 职能部门 │
   └────────┘  └────────┘           └────────┘  └────────┘
        │           │                     │           │
   ┌────────┐  ┌────────┐           ┌────────┐  ┌────────┐
   │ 职员1   │  │ 职员1   │           │ 职员1   │  │ 职员1   │
   └────────┘  └────────┘           └────────┘  └────────┘
        │           │                     │           │
   ┌────────┐  ┌────────┐           ┌────────┐  ┌────────┐
   │ 职员2   │  │ 职员2   │           │ 职员2   │  │ 职员2   │
   └────────┘  └────────┘           └────────┘  └────────┘
        │           │                     │           │
   ┌────────┐  ┌────────┐           ┌────────┐  ┌────────┐
   │ 职员3   │  │ 职员3   │           │ 职员3   │  │ 职员3   │
   └────────┘  └────────┘           └────────┘  └────────┘
        │           │                     │           │
   ┌────────┐  ┌────────┐           ┌────────┐  ┌────────┐
   │ 职员4   │  │ 职员4   │           │ 职员4   │  │ 职员4   │
   └────────┘  └────────┘           └────────┘  └────────┘
```

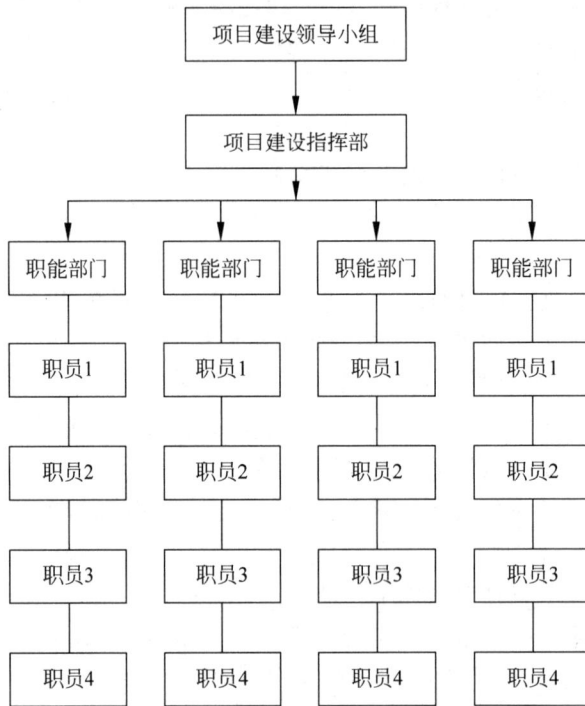

图 7-1　工程指挥部型组织形式

的情况下,能够迅速集中力量,加快工程建设进度。实践证明,工程指挥部型管理模式在我国工程建设史上发挥了巨大的作用。

工程指挥部型组织形式的缺点:

(1) 工程指挥部不是一个独立的经济实体,缺乏明确的经济责任制。除此之外,工程指挥部没有受到政府严格、科学的经济约束,指挥部拥有投资建设管理权,却对投资的使用和回收不承担任何责任,即指挥部作为管理决策者,不承担决策风险。

(2) 工程指挥部是一个临时组建的机构,并非一个专业化、社会化的管理机构,人员的专业素质难以得到保证。当这些人员在工程建设中积累了一些经验以后,他们又会随着项目的建成投产而转向其他的工作岗位,这种方式难以培养专门的项目管理人才,导致工程项目管理能力始终处于较低水平。

(3) 工程指挥部管理模式基本上采用行政管理的手段,过于强调管理的指挥职能,忽视了客观经济规律的作用和合同手段。

由于这种传统的工程项目管理模式的不足,使我国工程项目管理水平和投资效益长期得不到提高,建设投资和质量目标失控现象时有发生。西方管理界对这种管理形态进行了探讨,产生了两个最有代表性的改革"金字塔"组织结构的理论和方法:一个是在 20 世纪六七十年代出现的项目组型,是由松下和通用电气公司最早提出,在世界上非常流行,我国是在 20 世纪 80 年代开始应用;另一个就是"矩阵式"组织结构,它将企业的管理和执行两大职能交叉起来,充分灵活地适应市场需求。

2. 职能型组织

职能型组织结构是一种常规的线性组织结构,如图 7-2 所示。采用这种组织结构时,项目是以某个职能部门为主体来承担的,一个项目由一个或者多个职能部门承担,一个职能部门也可能承担多个项目,企业主管基于项目的需要,从各个职能部门抽调人员及资源来完成项目,所以对于项目成员而言,他们须面对两个负责人,即职能部门负责人和项目负责人。这种组织结构适用于技术比较成熟的项目,或者主要由一个职能部门完成的项目。

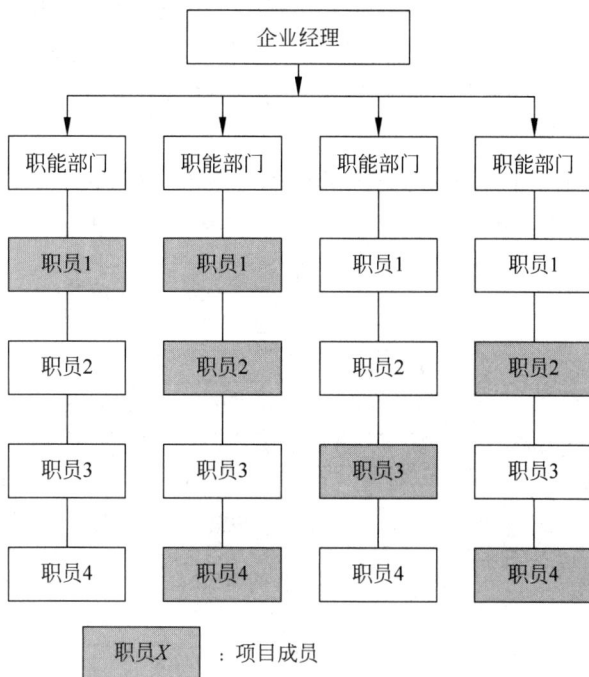

图 7-2　职能型组织形式

职能型组织结构具有以下的优点:

(1) 以职能部门作为承担项目任务的主体,能够让职能部门的资源集中优势得到充分发挥,有效地保证项目所需的资源供给,保障该项目交付成果的质量。此外,人员安排也具有灵活性。

(2) 职能部门内部的技术专家可以为该部门承担的不同项目共享,既节约了人力,又减少了资源浪费。

(3) 同一职能部门内的项目成员之间交流方便,可以互相帮助,这对创造性地解决问题有着极大的帮助,使得项目成员能够在事业上连续且有保障。

(4) 如果项目成员离开公司或者被调离项目,他所属的职能部门仍然能够增派人员,进而保证项目技术的连续性。

(5) 项目成员可以将完成项目和完成本职能部门的工作融为一体,减小因项目的临时性给项目成员带来的不确定性。

职能型组织结构的缺点如下:

(1) 当职能部门的利益和项目本身的利益发生冲突时,职能部门往往会因为部门的利益而忽视了项目用户的实际需求,职能部门只关注本部门的活动,导致项目的利益受到损害。

（2）项目需要其他部门共同完成时，或者一个职能部门内部有多个项目同时进行时，项目的资源分配就会出现问题。

（3）在项目需要和多个部门合作完成的情况下，由于权力分割会对各职能部门之间的沟通交流、团结协作带来障碍，进而使得项目经理没有足够的权力控制项目的进度。

（4）项目成员在行政上仍隶属于各个职能部门的领导，项目经理对组织内部的项目成员没有完全的权力，需要不断地同职能部门进行有效的沟通，以消除项目成员的顾虑。当小组成员对部门经理和项目经理都要负责时，项目团队的管理就显得尤为复杂。项目经理的一大责任就是对这种双重报告关系实施有效管理。

为了同时发挥工程指挥部型组织和职能型组织的优点，克服其存在的弊病，目前大型项目可采用行政管理和项目管理两者结合的方法，如三峡工程的建设，如图 7-3 所示。

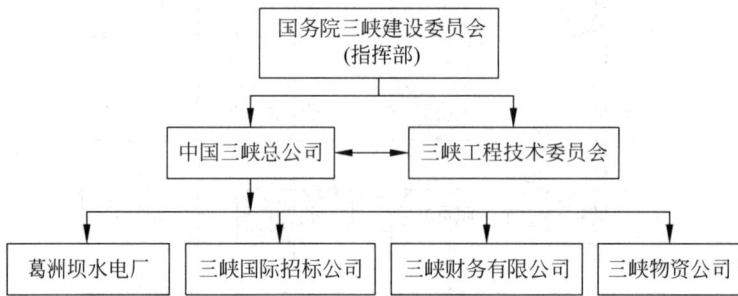

图 7-3　三峡工程的组织形式

国务院三峡建设委员会作为项目的指挥部进行统一的领导和方方面面的协调，而中国三峡总公司是项目的具体建设者，结合市场经济的要求采用线性管理的方法进行运作。

3. 项目组型组织

在项目组型组织结构中，项目经理有足够的权力控制项目的资源。项目成员向唯一的领导汇报，项目经理对上直接受组织高层领导，对下负责本项目资源的调配以完成项目目标，每个项目组之间相对独立，项目组型组织的结构如图 7-4 所示。这种组织结构适用于开拓性等风险比较大的项目或进度、成本和质量等指标有严格要求的项目，对人才匮乏或规模小的企业不适用。

项目组型组织结构的优点如下：

（1）项目经理能够全权负责整个项目。项目经理可以根据项目的实际需要随意调配项目的内部资源或者外部资源。

（2）项目组型组织的目标单一。项目经理完全以项目为中心安排工作，使决策的速度加快，对项目用户的要求做出及时响应，项目团队精神得以充分发挥，有利于项目的顺利完成。

（3）项目经理对项目成员有全部权力。项目成员只对项目经理负责，避免了职能型组织中项目成员处于双重领导、无所适从的局面，项目经理是该项目真正的、唯一的领导者。

（4）组织结构简单，易于操作。项目成员直接属于同一部门，各个项目成员之间交流方便、快速，提高了沟通效率，同时加快了决策速度。

项目组型组织结构的缺点如下：

（1）每一个项目组型组织所拥有的资源无法与其他组织共享，即使出现了某个项目的

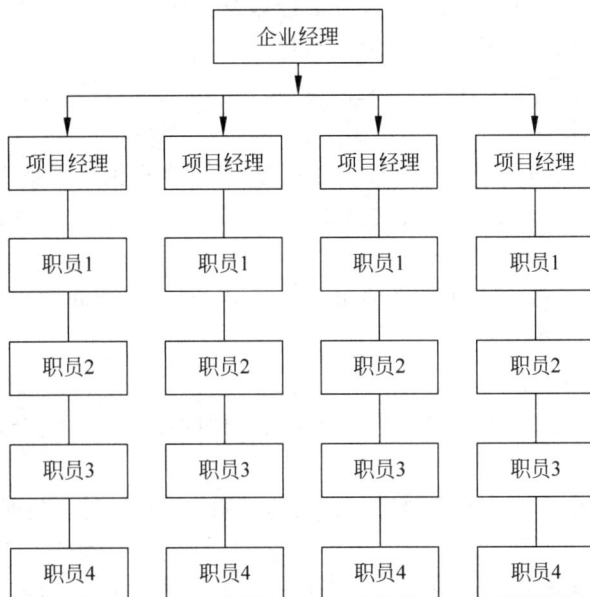

图 7-4　项目组型组织形式

专用资源闲置的情况,也不可以将它用于另外一个同时进行的类似项目,这就会造成人员、设施、设备重复配置。

(2) 各个独立的项目组型组织处于相对封闭的环境中,会导致企业的宏观政策和方针很难做到完全贯彻实施,从而影响企业的长远发展。

(3) 在项目完成以后,项目组型组织中的项目成员可能会被安排到另一个项目中去,也可能会被解雇,对于项目组成员而言,他们缺乏安全感。

(4) 各个项目之间处于一种条块分割状态,各个项目之间缺乏信息交流,不同的项目组不能够顺利完成知识和经验的共享。

4. 矩阵型组织

20 世纪 60 年代,美国在阿波罗计划中创造出了矩阵型组织形式。阿波罗计划原先按项目组进行管理,如登月舱项目组、火箭项目组等,各项目组的地理位置相距甚远,导致常有问题发生,且不能在短时间内解决,组织上存在的矛盾、工作界面的含混不清影响了研制工作进展。解决问题的方法是除加强机构的功能需要和地理环境的适应性外,还要加强项目的需要,产生了项目总部、若干功能部门和几个项目办公室,从而产生了矩阵结构。该型组织结构是职能型和项目组型两种组织结构形式的组合,可以应用错时原理,充分利用项目资源。

矩阵型组织结构的原理:

(1) 在多项目管理中,有时需要利用同一人才或资源,而人才或资源存在于职能部门,根据项目进展时间的错位,可以充分利用人才或资源。

(2) 项目目标通过相互依存、相互协助的两个管理系统(项目管理和职能管理)落实到相关的每一个人。其中,项目管理为确保指标的完成进行专门的协调和控制;职能部门从专业的角度,对完成指标所采用的技术手段进行调控。

矩阵型组织内有总经理、项目经理和职能经理及具体人员,具体分工如下:

(1)总经理,即首脑。保持职能经理、项目经理的权力平衡;保证公正、公开地讨论问题;若两个部门间发生矛盾,则提供相关信息,促使双方取得行动上的妥协;做出判断,建立技术目标和资源要求。

(2)职能经理,接受项目经理分配的工作任务,控制和提供所属组织中各种项目所需的资源,与项目经理商谈资源请求,进行项目监督,控制资源利用,双方共同参加项目评估、分配和人员培训等。

(3)项目经理,负责按技术和进度要求交付产品,实现利润和授权的技术决策,与职能经理共同进行项目的组织和协调工作。

矩阵型组织结构的优点如下:

(1)具有高度的灵活性、适应性,推动资源按不同的需要进行组合,可以根据需要灵活地增减组织单元。

(2)有利于最高管理层的决策和管理。权力下放,高层有更多的时间从整体角度进行决策和管理。

(3)促进资源分享和人员之间的技能发展。项目工作人员参加不同的工作小组,对其提出了更高的要求,必须学会开展工作的合作技能、解决问题和集体工作的技能,促进其技能的发展。

(4)加强工作的主动性。矩阵像市场,职能经理像供应商,项目经理是用户,职能经理必须主动上门服务,项目经理也必须经常活动,和职能经理协商才能获得项目建设必需的资源。

(5)形成权力平衡的机制。保持适当的权力平衡是矩阵管理的关键,如经济效益不佳时,权力倾向项目一方,意图得到短期效益;反之,职能部门将有足够的资源考虑长期的效益。

矩阵型组织结构的缺点如下:

(1)责任者不明确,成功后,易居功;失败后,易推脱。

(2)对项目进展情况的监控要求高。一方面,必须对时间、费用及项目技术指标的平衡加以监控,以保证不会因为时间和费用的原因而忽视了项目的技术指标;另一方面,必须注意保持职能型组织和项目组型组织间的平衡,防止互相影响。

(3)违反命令单一性原则,对具体工作人员而言,会受到双重领导。

按照项目经理的权力大小和项目具有的特点,矩阵型组织可以分为以下3种:

(1)强矩阵型组织。强矩阵型组织的结构如图7-5所示,由最高领导者任命对项目全权负责的项目经理,项目经理领导本项目内的所有成员,对各个职能部门派来的人员进行协调,最终完成项目任务,项目经理直接向最高领导负责。对于技术复杂而且时间相对紧迫的项目,适合采用强矩阵型组织结构形式。

(2)弱矩阵型组织。弱矩阵型组织的结构如图7-6所示,未明确项目经理,仅在项目成员中任命一个项目负责人,该负责人权力较小,起协调各项目成员的作用。弱矩阵型组织保留了职能型组织的许多特点,项目负责人在组织中扮演的是一个协调人员的角色,而不是一个管理者。弱矩阵型组织适用于技术简单的项目。

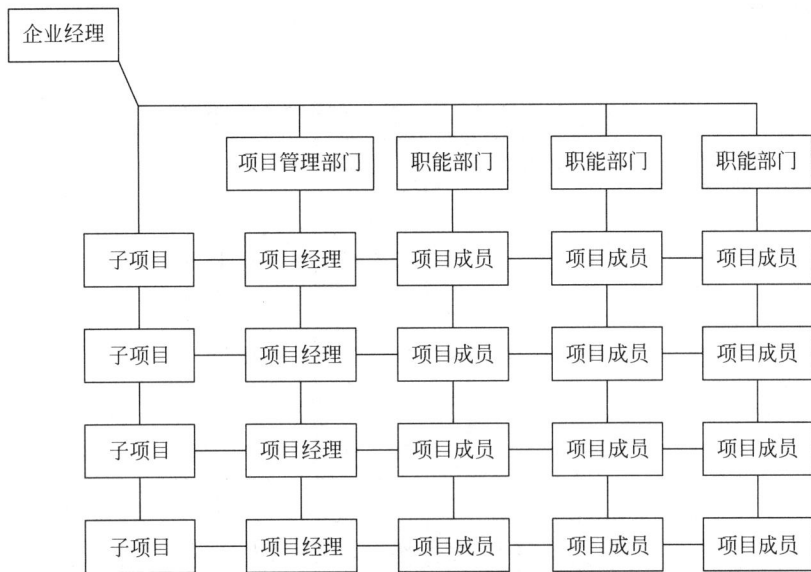

图 7-5　强矩阵型组织形式

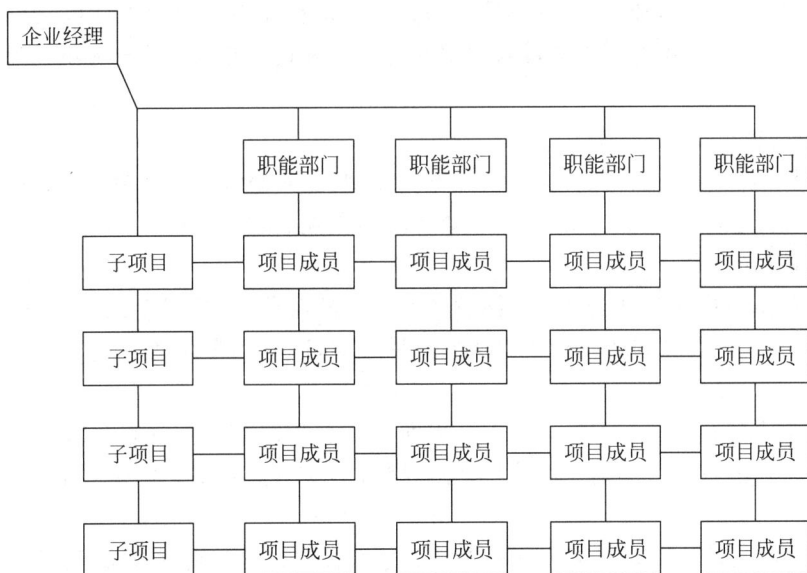

图 7-6　弱矩阵型组织形式

（3）平衡矩阵型组织。平衡矩阵型组织的结构如图 7-7 所示，该组织机构需要在职能部门中参与该项目的成员中任命一名项目经理，这样既能起到管理协调作用，又能更有效地将项目基层中的信息及感受反馈给上级领导，减少隔阂。对于有中等技术复杂程度而且周期较长的项目，适合采用平衡矩阵型组织结构形式。

5．混合型组织

混合型组织结构是指将两种或三种组织结构结合起来设置而形成的组织结构。混合型组织结构有利于企业根据特殊需要和业务重点选择采用不同的组织结构，灵活性强，且可以

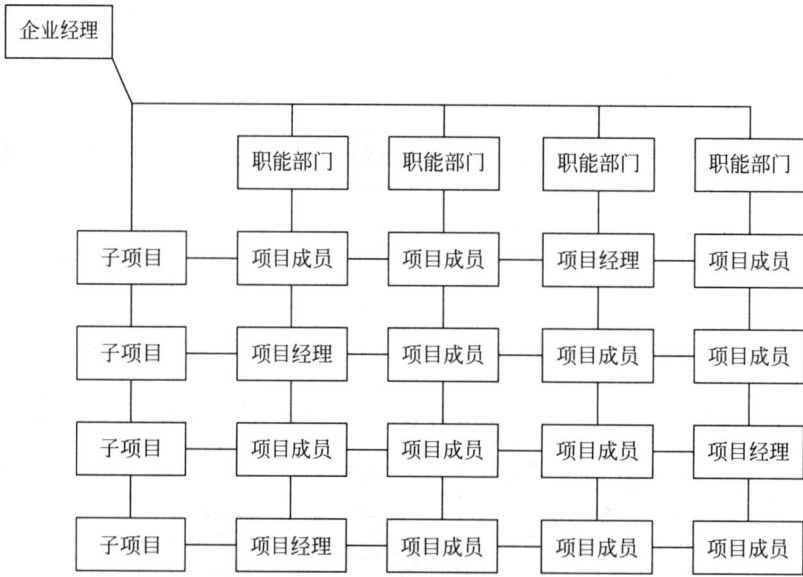

图 7-7　平衡矩阵型组织形式

根据外部环境和业务活动的变化及时进行调整。但也存在组织结构不规范,容易造成管理上的混乱,同一项目组织的若干项目采用不同的组织方式会导致利益分配不一致,容易产生资源浪费等问题。

6. 虚拟型组织

随着科技的发展、环境的变化、市场竞争的加剧,企业经营日趋复杂,以项目作为实施和完成多项任务的组织形式得以发展,组织结构的扁平化、虚拟化成为一种发展方向,虚拟化网络组织应运而生。

虚拟型组织是指两个以上的在法律意义上独立的企业、机构或个人,包括供应商、制造商和用户,为实现某种共同的目标而组成的一种临时性、非固定化的互相信任、合作的组织联盟。

虚拟型组织是随着某个特定项目生命周期的开始和结束而生成和解体,具有快速优化重组和自行解体的特点。从功能上分析,虚拟型组织由动态决策机构、总体设计和总体操作3部分构成。

(1) 动态决策机构。动态决策机构的成员是拥有较高的专业技术知识、具有战略眼光、精通组织和营销的综合型人才。它直接决定了是否成立该虚拟型组织。

(2) 总体设计。总体设计可以由组织中的核心企业或个人完成,也可由几家单位共同完成,是实现项目质量、性能等的关键环节。

(3) 总体操作。总体操作是对组织中各成员的具体工作进行整合,从而完成项目。它是实现组织运作的最后环节。

虚拟型组织的组织模式可分为4类:

(1) 星型模式。这种模式一般由一个占主导地位的核心成员和一些普通成员组成,核心成员负责虚拟组织的构建和管理工作,制定运行规则,协调组织内的各方关系,当发生矛盾时负责做出合理的仲裁。

（2）互补型模式。该模式不存在核心成员，由地位平等、拥有能力和资源互补的成员共同组成，通过各方协商组建和管理本组织。

（3）平行模式。该模式由地位平等、拥有不同核心能力且能独立实现市场某种需求的各成员组成，只是各成员满足市场需求的方式不同，各成员的独立性较强，也是通过各方协商组建和管理本组织。

（4）混合模式。该模式是指在虚拟组织的不同层次、不同部分采用上述 3 种不同的组织模式，以实现优势互补。

虚拟型组织的优点有：

（1）能够非常明显地降低组织运行成本。

（2）能够实现资源共享、优势互补。

（3）有更大的灵活性。

（4）使整体利益得到保障。

（5）沟通及时。

虚拟型组织的缺点有：

（1）当项目要求成员之间紧密合作和相互适应时，来自不同组织的专业人员之间的相互协调将非常困难。

（2）可能会对项目失去控制。

（3）虚拟型组织更容易产生人际冲突。

虚拟型组织要想获得成功，必须做到以下几点：

（1）彼此信任。信任是实现项目高绩效的基础，但是，当团队成员在地理位置上分散，自发的互动很少且难以安排时，建立信任可能会非常困难。当团队成员承诺并在个人层面上彼此了解时，他们就会更有信心，相信他们可以依靠他人为实现团队目标作出自己的贡献。

（2）积极有效的沟通。因为虚拟型组织团队成员在地理上分布分散，面对面的交流机会很少，要保持团队成员之间的沟通渠道畅通。优秀的虚拟型组织团队通过不间断的联系来克服地理上的障碍，积极反馈和及时响应都可以使团队保持顺畅运行。发生在 2020 年年初并席卷全球的新冠疫情使得远程办公成为一种常态，不仅是虚拟组织，其他的传统组织形式也都在尝试使用远程办公、远程会议进行项目组织和成员间的沟通交流。

（3）目标一致。项目除总目标外还有子目标，且不同子目标之间互相冲突，因此要使虚拟型组织获得成功，就必须协调好各个子目标之间的关系。

（4）高效安全的信息网络。虚拟型组织中团队成员间的沟通交流主要基于信息网络，所有工作也应安全地记录在信息系统中。

根据项目组织成员股权参与形式的不同，虚拟型组织可以分为以下几种类型：

（1）合资虚拟型组织。合资虚拟型组织是采用对等比例的股权合资结构，它是一个具有独立地位和管理结构的全新实体。

（2）功能协议式虚拟型组织。该型虚拟组织无须创立新的实体，互相合作的范围也有限，且具有灵活性大的特点，适合产品生命周期较短的行业。

（3）交叉持股式虚拟型组织。交叉持股式虚拟型组织与传统的直接证券投资的不同之处在于双方需签订某些具体协议，以利于双方在各自领域的互补性优势。

（4）框架协议式虚拟型组织。在开始时仅有较为粗略的合作协议,在后续合作过程中可进一步补充协议。

由于虚拟工作环境的特殊性,虚拟型组织的领导面对着比传统组织的领导更多的挑战:

（1）由于虚拟型项目组织的成员分散在各个地方,需要通过通信方式进行沟通,因此虚拟型组织的领导须适当调整获得的信息和提供反馈的方式。

（2）虚拟型组织的领导承担更大的责任,其素质和能力对项目的成功起着至关重要的作用。

因此,虚拟型组织的领导必须持续培养和提高自身的能力和素质,具体包括合理选用通信方式的能力、跨文化管理的能力、建立和维系信任的能力和网络化能力等。

7. 非正式组织

前述各种类型的项目组织均为正式组织。正式组织的活动以成本和效率为主要标准,要求组织成员为了提高活动效率和降低成本而确保形式上的合作,并通过对他们在活动过程中的表现予以正式的物质与精神奖励和惩罚来引导他们的行为。因此,维系正式组织的原则主要是理性的原则。

但是,无论项目组织设计的理论如何完善,都无法规范组织成员的所有活动。在任何一个项目正式组织中必定存在非正式组织。非正式组织是伴随着正式组织的运转而逐渐形成的,在正式组织开展活动时,成员之间必然会由于发生联系而慢慢互相熟悉,进而发展成互相吸引和接纳,一些无形的、与正式组织有某种联系但又独立于正式组织之外的小团体便逐渐形成。

非正式组织是指以情感、兴趣、爱好和需要为基础,以满足个体的不同需要为纽带,没有正式文件规定的、自发形成的一种开放式的社会技术系统。

非正式组织具有以下特点:

（1）由于人与人之间有共同的思想感情,彼此吸引、相互依赖,是自发形成的团体,没有什么明确的条文规定。

（2）非正式组织的最主要功能是满足个人不同的心理需要,自觉相互地进行帮助。

（3）非正式组织一旦形成就会产生各种行为规范,控制成员间相互的行为,这种行为规范可以促进也可以抵制正式组织目标的达成。

（4）非正式组织的领导并不一定具有较高的地位与权力,但他们具有现实的影响力。因为他们能力较强,或是经验较多,或是善于体恤别人。

不管我们承认与否,非正式组织的影响总是客观存在的。为了有效实现正式组织的目标,一是,要认识到非正式组织存在的客观性,允许其存在并努力使非正式组织与项目正式组织和谐共存;二是,可通过建立或宣传正确的组织文化影响非正式组织的行为规范,引导其对项目作出积极的贡献。

7.1.3　项目组织结构的选择

选择组织结构就是确定企业与项目之间的关系。确定组织结构没有明确的步骤,要考虑各项目组织形式的优、缺点,项目自身的特点,企业的文化氛围,项目所处的内、外部环境等因素,综合做出合理的选择。

常见的职能型、矩阵型和项目组型组织形式各有优、缺点,但相互之间又存在联系,将这三种组织形式表示为一个系列,工作人员在这三种组织结构中的活动量如图 7-8 所示。

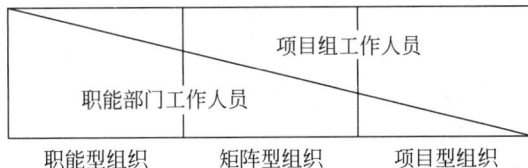

图 7-8 三种组织结构中工作人员的活动量

图 7-8 展示了在职能型、矩阵型和项目组型三种不同组织机构中,职能部门工作人员与项目组工作人员的活动水平,在采用职能型组织进行项目管理时,职能部门工作人员在项目管理中活动水平较大,项目组工作人员的活动水平较小;而在采用项目组型组织模式进行项目管理时,与之相反;在矩阵型组织模式下,两者的活动水平基本相当。活动水平的大小决定了需要人员的多少。

一般而言:

(1)职能型组织形式适合规模小,以技术为重点,对时间限制不强的项目,但不适合环境变化较大的项目。

(2)项目组型组织形式适合规模较大,追求多个目标,技术经济组合要求最优,时间长,资源消耗大,重要、繁杂的项目。

(3)矩阵型组织形式适合技术领域宽,涉及多个职能部门,技术人员不需要全部全职,但组织要求高,项目经理要求高的项目。从"矩阵式"的诞生及其应用来看,最适合的是两种企业:一种为科技型企业,主要是由于其产业发展快、变化大;另一种是市场竞争激烈的企业,往往和"产品经理制"相类似,就是以产品经理为龙头,把相关部门串起来,做成一个矩阵,以适应市场竞争。

7.2 项目团队

影响一个项目成功与否的因素除技术、资金外,还包括具有主动性、创造性的项目团队。古人云:"二人同心,其利断金。"比尔·盖茨曾说:"大成功依靠团队,而个人只能取得小成功。""没有完美的个人,只有完美的团队。"团队能够完成个人所不能完成的任务。

那么,团队到底是什么?

团队是由两个或两个以上、能够形成相互依赖的、彼此承诺共同的规则,具有共同愿景、能够为共同的目标而努力的互补技能成员组成的群体。通过相互的沟通、信任、合作和承担责任,产生群体的协作效应,在这种群体协作效应下产生的团队绩效远远大于个人成员的绩效总和。团队的概念包含以下含义:

(1)团队具有明确的目标。任何团队都为一个共同的目标而建立,所以目标是团队建立的前提。

(2)团队须进行有效的分工与合作。分工与合作的关系由团队目标决定。

(3)团队要有不同层次的权力和责任。分工之后,团队须赋予个人不同的权力和责任。

由此可知,简单地把一群人集合在一个项目中一同工作,并不一定能形成一个团队,就好像高铁车厢里的一群乘客不能称为团队一样。团队不仅仅是指被分配到某个项目中工作的一群人，更是指一组互相联系的人员齐心协力地工作，最终实现项目目标、满足项目利益相关方的需求。一个高效率的团队不一定能决定项目的成败，但一个低效率的团队必定会导致项目的失败。

人是构成团队最核心的力量。两个或两个以上的人就可以构成团队。目标是通过人来具体实现的，所以人的选择是团队中非常重要的一部分。

高效的团队要由具备不同优势、不同技能、人格各异的人组成，并根据组织的需要和团队成员各自的特点分担不同的岗位任务，通过团队成员的分工协作保证整个团队的高效运作。

对一个机械工程项目组织机构而言，其主要人员的构成如图 7-9 所示。

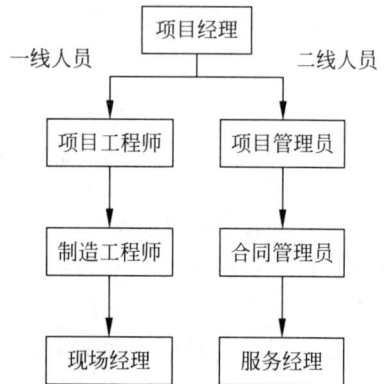

(1) 项目经理，是项目团队的领导者，其职责是在预算范围内按时优质地领导项目小组完成全部项目工作内容，并使用户满意。

图 7-9　机械工程项目组织的主要人员构成

(2) 项目工程师，主要负责设计开发、费用估算、工程变更、技术文档等技术经济工作。

(3) 制造工程师，主要负责制造设备、计划生产进度等工作，并对设计成果进行有效的生产组织。

(4) 现场经理，主要负责产品交付使用的现场支持(如安装调试等)。

(5) 项目管理员，主要负责记录日常收支、提供报表、统计等工作。

(6) 合同管理员，主要负责对合同变更、用户提问、正式书面文件等合同事务的跟踪。

(7) 服务经理，主要负责产品的服务支持。

(8) 其他人员，主要负责通过 WBS 确定的具体任务，进行人员安排。

项目组织的成员一般来自职能部门，项目经理须与部门经理协商，并与当事人谈话确定。

项目团队如同项目具有的特性一样，没有任何两个团队是一模一样的。但是，一个高效率的团队、一个能够有效开展工作的项目团队大都具有以下特点：

(1) 团队成员具有共同的目标。项目团队有一个共同的愿景，这是团队存在的主观原因，团队的共同目标就是这个共同愿景在客观环境下的具体化，且每个团队成员都了解、认同，认为共同目标的实现是达到共同愿景的最佳途径。

(2) 合理的分工与合作。每个团队成员应该明确各自的角色、任务、权力和责任。

(3) 团队成员之间互相信任。一个高效率的团队成员之间会互相关心、求同存异、信任他人。任何团队在开展工作时都会有不同意见，项目经理首先要认识到这一点并鼓励团队成员将不同意见自由地表达出来，通过交流、自由交换意见来促进团队成员相互之间的信任。

(4) 高度的凝聚力。凝聚力是指维持团队正常运转的所有成员之间的相互吸引力。一个有成效的团队肯定是一个具有高度凝聚力的团队，它能促使团队成员为实现项目的最终目标而积极、乐观地工作。

7.2.1　项目团队的生命周期及文化

1. 项目团队的生命周期

项目是有生命周期的,为了完成项目的目标而组建的项目团队也就有了生命周期。一个项目团队从组建开始便处于成长的过程中,整个生命周期可以分为 5 个阶段:

(1)组建期。在这一阶段,团队成员来自不同的组织或职能部门,大家开始互相认识。这一阶段,项目经理的工作非常重要,负责组建项目团队,组织和指导各成员的工作,使每个人能对各自的工作负起责任并激发责任感。

(2)磨合期。磨合期也称风暴期,以激烈的团队内部冲突为显著标志,团队成员虽然接受了各自的角色,但仍会抵制项目各方施加给他们的限制。在磨合期,项目经理要在项目团队里树立威信,排除各方冲突。项目经理在这一阶段的工作主要是建立规则和解决矛盾。项目经理要尽快制定具有操作性的基本规则,以规范团队成员的行为;认识到冲突和分歧是很自然的事情,要经常鼓励建设性冲突、有效地避免和管理破坏性冲突。

(3)规范期。经历了磨合期之后,团队成员与项目经理之间、团队成员之间的关系已经基本确定,绝大多数的矛盾也已得到解决。在规范期,项目经理应鼓励项目团队建立一种创造性的工作模式,避免发出指令性工作,应给予团队成员更多的支持和鼓励。

(4)成果期。正确的行为规范和工作方式确立后,团队成员积极工作,工作绩效显著。在这一阶段,团队精神和集体合力得到了充分体现,每位团队成员的工作都取得了较大的进步和发展。这一阶段,项目经理以委托为主,将工作和有关的权限交给团队成员,让成员自主完成工作,并通过控制和信任激发团队成员的工作激情。

(5)解散期。随着项目目标的实现,项目团队随即解散。在这一阶段,项目经理应采取积极稳妥的措施,稳住队伍,让团队成员站好最后一班岗,同时考虑好团队成员的未来安排。

2. 项目团队文化

一个项目管理团队是由具有不同个性的成员构成的,要充分发挥项目团队的战斗力,首先需要建立优秀的项目团队文化。项目团队文化是指项目团队在发展过程中形成的、为团队成员所共有的思想作风、价值观和行为规范。项目团队文化反映了项目团队的个性,与人的个性一样,项目团队文化能预测团队成员的态度和行为,使其区别于其他项目团队。项目团队文化具有导向作用、激励作用、凝聚作用、约束作用和辐射作用。

1)项目团队文化的主要内容

项目团队文化存在于项目团队及其工作中。具体而言,项目团队文化主要包括以下内容:

(1)项目团队的一致性符号。符号是项目团队发展的特性,这些符号可以是创意、感觉或者是想象,它们可能不被完全认同,但会体现在项目团队的文件及物质层面上。

(2)项目团队的气候,是指在与项目外部人员进行接触的过程中,项目团队成员所传达的项目团队内部的风气和感情。

(3)项目团队的思维习惯和语言模式,包括团队成员共享的思维框架。

(4)项目团队的主导性价值观,是指团队成员依据一定的参考系,遵循一定的评价模式对项目团队的活动、项目团队提供的产品、项目团队的社会威望等的总体看法。

2）优秀的项目团队文化的特征

优秀的项目团队文化应具有如下特征：

（1）具有共同的项目愿景

项目团队所要创造的价值就是项目愿景。它有很多种表现形式，可以是一句标语或者是一个符号。

项目愿景有非常大的作用。第一，它可以激励团队成员付出最大的努力，将不同专业背景的人员联合起来，实现统一的愿望；第二，它能够鼓励团队成员做更多有利于项目的事情；第三，项目愿景给团队成员提出了工作重点，可以帮助团队成员做出合理的判断；第四，项目愿景培养了团队成员的长期承诺，保证了项目质量。

项目愿景有三个重要性质。第一，项目成员之间必须能够互相沟通，愿景不能够只存在于脑海中；第二，要有战略意识，要考虑到项目的目标、约束、资源和机会。项目愿景既要有挑战性又要有现实可行性；第三，项目愿景要成为团队成员灵感的源泉。

（2）优秀的团队领导

约翰·卡曾巴赫（John Katzenbach）和道格拉斯·史密斯（Douglas Smith）于 1993 年提出了优秀团队领导的六项原则：

① 一个优秀的项目团队领导能够协助整个团队阐明目标和价值观，能够保证团队成员在完成项目的过程中不偏离团队的目标和价值观。

② 努力建立起每个团队成员及整个团队的认同与信任。他们善于抓住机会展示团队是如何积极行动的，鼓励人们评价其他人的能力与技术，并在团队成员为自己的目标努力时表示赞赏。

③ 坚持不懈地提高团队的综合技术水平。

④ 协调团队与外界之间的关系，排除团队道路上的障碍。项目领导要保护团队成员，让团队成员尽可能地避免无端地受到责备、减轻降低团队工作质量的管理压力。

⑤ 为他人创造机会。团队领导要将团队置于自我之上，通过靠后站并让团队成员负起责任或学会如何执行新的任务为每一位团队成员创造发展机会。

⑥ 团队领导也要开展实际工作。一方面，团队领导要保证团队中所有成员对团队具有大致相同的贡献；另一方面，还要积极承担困难或别人不喜欢的工作，彰显对团队负责的态度。

（3）有效的团队成员

一个优秀的项目团队其成员一定是富有成效的。其表现有：团队成员愿意为团队整体和自己的工作承担更大的责任；在计划的制订与实施、激励、领导和控制中，团队成员能够真正参与团队的管理；团队成员根据个人业绩互相提出建议；积极主动地学习新的知识、开发新的技能、改变观念成为团队成员普遍接受和认可的意愿；对团队的目标和个人的目标有共同的远景规划，并能意识到竞争的重要性；致力于整个团队的持续改进；熟悉项目管理过程，具有人际关系技能，能够换位思考地去考虑项目负责人的处境；能够直截了当地进行沟通，敢于提出自己的想法，能够质疑现行制度和决策；积极主动地寻找问题和机遇，不消极等待；在团队的改革中起着重要作用，不抵制变革；信任团队成员能按时优质地完成任务而不影响其他成员的工作；积极主动地与其他团队成员及项目经理进行明确及时的沟通，并提出建设性的反馈意见。

（4）充分的沟通

① 制订沟通计划。沟通计划是确定项目相关方之间的信息交流和沟通的要求，即何种信息、何时需要及应如何将其交到他们手中。每一个项目都需要交流项目信息，然而信息的需求和发布方法各有不同。项目获得成功的重要保证便是准确识别出项目相关方的信息需求，并且要有满足这些需求的方法。

② 信息处理和沟通实施。执行沟通管理计划就是要合理地收集、储存、检索、分析和分发在项目过程中产生的信息，用来改善整个项目生命期内的沟通和决策，对一些突发的信息需求快速准确地采取应对措施。在项目相关方之间建立和保持一个正式或非正式的沟通网络，以保障项目生命期内各层次成员之间的有效沟通，使项目相关方对项目需求有清晰的理解，对目标有共同的认识，及时解决或缓解矛盾和冲突。

③ 执行情况报告。项目执行情况信息是非常重要的项目管理信息，它能展示出项目进展的各方面情况。执行情况报告应包括项目范围、资源、进度、费用、质量、采购和风险等多方面的内容。

（5）"一致与满意"的管理理念

现代项目管理理念应当从"命令与控制"转向"一致与满意"。这个现代项目管理理念在项目团队的文化建设上具有重要的战略意义。"一致与满意"就是指项目领导的职能是促进而非负责，是领导而非指挥；决策应当由项目团队全体成员协商制定；项目领导要授予项目团队成员一定的权力；管理职能应由整个项目团队共同执行；适当发挥团队核心人员的影响力；遵循参与管理方式，即全体项目团队成员参与管理；项目团队成员能自我激励。

项目团队的领导者对项目团队文化建设具有不可替代的重要作用。项目团队的领导者必须以团队共同的价值观为行为准则，引导优秀团队文化建设。项目目标的完成依赖全体团队成员的共同努力与合作。每个项目团队成员拥有自己独特的能力，且只有愿意与其他成员主动合作时才会使用这些能力，这就要求团队的领导者具备以人为本的管理思想，具备能够调动团队成员工作积极性的领导才能，具体如下：

① 以身作则，严于律己。项目团队的领导者以身作则做好表率，会使项目团队成员更积极主动地工作。同时要严于律己，一个项目团队中没有不好的团队成员，只有不好的团队领导者。对自己严格要求，才能领导项目团队成员积极工作。

② 对事不对人。项目团队的领导者必须改变过分挑问题的习惯，不然会使项目团队的冒险精神逐渐消亡。如果项目团队的领导者始终能够做到对事不对人，那么项目团队成员冒险尝试新想法和新方法的意愿就会大大增加。

③ 积极主动的沟通。项目团队的领导者在项目中的主要工作就是协调，需要积极主动地与项目团队成员进行沟通交流，了解每个成员的真实想法，及时发现项目管理过程中出现的问题。项目团队中每个成员的地位是平等的，领导者设身处地地与其他成员沟通才能真正起到交流思想的作用。

④ 利用团队成员的差异性。发现、理解、接受和评估项目团队成员之间存在的差异性，肯定他们之间差异性的价值。团队本身是由具备互补技能的成员组成的，要通过发挥每个成员的不同特点而使整个团队受益。

7.2.2　项目团队的沟通

1. 项目团队沟通的内容

沟通作为一种相互交流情感和交换信息的方法,一直伴随着项目管理的整个过程。如果管理是引导团队和个人共同实现项目组织目标的过程,那么沟通则是项目管理的灵魂。在项目管理过程中涉及的安排工作、化解冲突和计划控制等都需要良好的沟通。一个优秀的项目团队领导必将其大部分时间用在与项目团队成员或利益相关方的沟通上。因此,项目组织只有进行有效的沟通,才能够打造出高效率的项目团队,从而显现出团队的强大生命力。项目团队的沟通是进行项目管理工作的基础,是协调项目团队成员关系的必要条件,也是项目团队领导者即项目经理必须掌握的技能。项目团队沟通的内容主要包括 4 个方面:

(1) 提供项目信息。项目团队的所有成员在项目实施中最重要的职能便是提供信息,信息是把所有成员团结在一起的纽带。项目信息包括项目团队分工授权的信息、工作进展情况的信息、帮助解决项目问题的信息、对成员建议作出反馈意见的信息等。

(2) 做出项目指示。项目团队领导者对项目成员针对各自的项目任务做出具体的指示,明确项目团队成员的具体工作内容。

(3) 说服。为使项目团队成员能够理解并接受项目领导者的指示,项目领导者就要为了达到说服的目的而与项目团队成员进行沟通。

(4) 反馈。沟通的目的就是能够从项目团队成员处得到就某一问题或建议的反馈。能够得到及时清晰的反馈才是有效的沟通。

项目团队沟通的渠道有多种,且往往相互交织,共同发挥作用。

(1) 人际沟通渠道和组织沟通渠道。人际沟通是指两个或两个以上的项目团队成员之间进行的沟通。人际沟通主要通过语言的交流实现,也可以通过情感、思想等非语言方式的交流实现。人际沟通是进行组织沟通的前提和基础。组织沟通是指项目团队组织之间或项目团队组织与项目利益相关方之间的沟通。

(2) 正式沟通渠道和非正式沟通渠道。正式沟通渠道是指按照项目团队正式规定的组织程序,如各种规章制度,按照权力等级而建立起来的沟通渠道。正式沟通渠道交流的信息可靠性强,对项目团队成员有较大的约束力,缺点是信息按照权力等级链式传递,效率较低。通常包括上行沟通、下行沟通和平行沟通 3 种表现形式。其中,上行沟通是指自下而上的信息传递和沟通,主要是针对上级领导的请示、报告等;下行沟通是指自上而下的信息传递和沟通,主要是指令、检查等;平行沟通则用于同一层级、部门等之间的横向交流。非正式沟通渠道是指不经过正式沟通渠道而进行的信息传递与交换。非正式沟通渠道较为复杂,如项目团队成员之间的私下交流等,优点是交流方便、方式灵活、内容广泛,但信息在传递过程中容易失真。

(3) 语言沟通渠道和非语言沟通渠道。语言沟通渠道是指利用语言、文字和图画等方式进行交流,包括书面和口头 2 种形式。非语言沟通渠道是指利用动作、表情等体态语言方式进行交流,主要包括身体语言沟通、副语言沟通和物体操纵沟通 3 种形式。其中身体语言沟通是指通过头、眼、颈、手、肘、臂、足等人体部位的协调活动来传递信息。副语言沟通是指通过说话的语调、停顿、重音,笑,哭等传递信息。物体操纵沟通是指通过操作物体或者布置环境来传递一定的信息。

（4）信息技术沟通渠道。应用互联网、多媒体、电子邮箱、网站等信息技术，交流传递信息，提高了信息沟通的互动性和效率。

2. 项目团队沟通方面的障碍

由于团队成员和项目的利益相关方来自多个不同的专业领域，相互之间又有着不同的背景和经历，因此在项目实施过程中容易产生沟通方面的障碍。沟通障碍是指信息在传递和交换过程中，由于信息意图受到干扰或误解，导致沟通发生失真的现象。沟通信息的过程中常常会受到各种因素的影响和干扰，使沟通受到阻碍。沟通障碍来源有 3 个：信息发送者的障碍、信息传播通道的障碍和信息接收者的障碍。

1）信息发送者的障碍

在沟通过程中，信息的正确传递往往会受到信息发送者个人情绪、表达能力、倾向、判断力和人格影响力等的影响。信息发送者的障碍主要表现为：

（1）信息传达者的能力较差。

（2）信息传达的方式不好。

（3）信息发送的目的混乱。

（4）信息传送不完整。

（5）信息传递不及时。

（6）知识经验存在不足。

（7）信息过滤不恰当。

（8）发送者的受信任的程度不高。

2）信息传播通道的障碍

信息传播通道发生问题也会影响沟通的效果。信息传播通道的障碍主要包含以下几个方面：

（1）不恰当地选择沟通媒介。例如，口头传达重要事项，效果会很差，因为信息的接收者会在某种程度上误认为对方只是"随便说说"，而不对其加以足够的重视。

（2）不同媒介之间相互冲突。如果发送的信息同时利用几个不同的媒介进行传送，相互之间发生不协调就会导致信息接收者不能够准确地理解信息所传递的内容。

（3）沟通渠道太长。项目组织机构庞大，内部层级繁多，信息从最高层传递到最低层，在最低层完成所有信息的汇总后再传递到最高层，其中经历的很多中间环节会导致信息在长渠道传递过程中发生较大失真。

（4）外部干扰。信息沟通过程中经常会受到自然环境诸如各种物理噪声、机器故障的影响或被另外的事务所干扰，也会因沟通双方距离太远而使沟通不便，从而影响沟通效果。

3）信息接收者的障碍

在沟通的另一方，信息接收者的兴奋点、共鸣性、注意力、判断力、记忆力、个人心情和倾向等因素也会影响信息传递的效果。信息接收者的障碍主要表现在：

（1）信息接收者的心理障碍或不良情绪。

（2）信息接收者对信息的理解力不够。

（3）信息接收者的译码方式不对。

（4）信息不符合接收者的习惯。

（5）接收者对信息的筛选不恰当。

（6）接收者对信息承受力的限制。

（7）接收者自身的成见或偏见。

3. 改善沟通的方法

改善沟通的方法有以下两种。

1）选择正确的沟通方式

（1）正确使用语言文字。信息传递时的语言文字要求条理清晰、简洁明了、措辞恰当。

（2）重视双向沟通的过程。信息在双向沟通的过程中伴随着信息的多次反馈，信息发送者通过反馈得到的信息能够及时了解信息在传递过程中是否失真。

（3）多种沟通渠道并用。信息的传播有多种渠道，应根据信息的内容和特点选择最佳的沟通渠道。

2）提高沟通效果的方法

（1）明确沟通的目的。明确沟通的目的是进行有效沟通的前提。

（2）明确沟通的内容。在进行沟通前，提前思考需要沟通哪些具体的信息。

（3）使用合适的表达方式。沟通中的信息只有通过合适的表达方式才能使沟通双方得出所期望的信息理解。

（4）进行信息追踪和反馈。沟通之后必须及时获得反馈信息，通过反馈信息沟通双方可以了解信息在沟通后的实际效果。

7.2.3　项目团队的冲突

项目团队冲突指的是两个或两个以上的项目团队成员在项目的目标、利益和认识等方面互不相容或互相排斥，从而产生心理或行动上的矛盾，导致抵触、争执甚至攻击事件。

20世纪40年代之前，管理学的传统观点认为，所有发生的冲突是消极不好的，带有破坏性的，项目管理过程中必须尽量减少或避免冲突的发生。一旦产生了冲突，就表示团队成员之间的意见出现了较大的分歧和对抗，势必造成组织、团队、个体成员之间的关系破裂，干扰组织目标的实现，影响团队目标的达成。20世纪40年代末到70年代中期，冲突理论中的人际关系观点非常流行。该观点认为，对于项目组织而言，冲突是自项目开始便存在的，不能避免。因此，需要坦然地接受冲突，利用好冲突对项目组织的有益之处。20世纪70年代末至今，互动观点成为冲突理论的主要观点。互动观点认为，过于融洽、安宁、和谐和合作的团队容易对改革表现出冷漠和迟钝的态度，这可能会导致团队缺乏生机和活力，但是团队的健康发展又离不开适当的冲突。例如，"鲶鱼效应"就十分直观地表现出一定程度的冲突可能带来积极的作用。

根据不同的分类方法可以将团队冲突分为不同的类型。

（1）根据冲突的社会性程度可以划分为个体心理冲突、人际冲突和团队与团队间的冲突。

① 个体心理冲突是指个体心理中两种互相排斥的或不相容的动机所造成的冲突。

② 人际冲突是指团队内个体成员之间的冲突。产生人际冲突的原因有认识、信息、利益、价值、品德和个性等。

③ 团队与团队间的冲突是指两个或两个以上的团队之间的认知冲突、目标冲突、情感冲突及行为冲突等。团队与团队间冲突形成的主要原因有组织原因、竞争原因、工作性质特点和团队素质等。

（2）根据冲突的性质可以划分为建设性冲突和破坏性冲突。

① 建设性冲突是指在项目目标一致的基础上，由于方法或观点不一致而产生的冲突，它的产生和结果对项目组织具有积极的意义。建设性冲突具有以下特点：发生冲突的双方对实现共同的目标都非常关心，彼此乐意了解对方的意见，冲突双方围绕有争议的问题进行争论。

② 破坏性冲突是指冲突双方的目标不一致，各自为了自身的利益，采取错误的态度与方法所发生的冲突。破坏性冲突大多数针对人而不是针对事，当冲突激化时也可能会发生人身攻击，会对项目团队造成非常不好的后果。破坏性冲突具有以下特点：冲突各方只关心自身是否获利，不主动听取对方的意见，问题的争论逐渐转变成对人身的攻击。

一般而言，组织内部的团队之间需要将破坏性冲突降到最低程度并增加一定的建设性冲突。

项目团队发生冲突的原因有很多种类型，只要合理解决，就能改善和优化团队之间的关系，使组织的整体竞争力得到提升。产生团队冲突的原因主要有以下几种：

（1）资源竞争。项目组织在进行资源分配时，总是基于各个团队的岗位职责、工作性质、在组织中的地位及组织目标等因素分配相应的时间、资金、人力和设备等资源，不可能绝对公平。当所有项目团队在成员数量和权力大致相同的情况下，他们会竞争组织内有限的预算、人力、空间和辅助服务等资源，从而产生冲突。例如，某制造企业中销售部门和生产部门之间的冲突，高校院所中各个学院、各个系之间为争取经费、人才和奖励名额等发生的冲突。此外，团队与团队之间会共用部分组织资源，在具体使用这些共用资源时会出现诸如谁多谁少、谁先谁后的矛盾。

（2）目标冲突。各个团队有其自身的目标，这些目标是为了实现组织最终的总目标而服务，因此，各个团队之间需要进行必要的合作。例如，某空调制造企业的市场营销部门为了完成营销目标就必须得到研发部门、生产部门、人事部门和财务部门的配合与支持。但现实情况是，各个团队的目标之间经常会发生冲突。例如，营销部门的目标是吸引用户，提高用户的忠诚度和满意度，这就需要生产部门生产出物美价廉的产品。而生产部门的目标是节省开支、降低生产成本，以尽可能少的资源创造出尽可能多的产品，在这种情况下就不能保证其所制造的商品的质量。此时，企业的营销部门与生产部门就可能发生目标冲突。

（3）相互依赖性。相互依赖性是指团队之间在上下相连、前后相继的环节上，如果一方的工作不当会造成另一方工作不便甚至延滞，或者一方的工作质量会影响另一方的工作质量和绩效。组织内的各个团队本质上不是独立存在的，各团队之间有相互依赖性。相互依赖的团队之间在目标、人力资源、优先性等方面的差异越大，就越容易产生冲突。例如，某企业的生产部门希望采购部门尽量增加生产所需原材料的存货，以便在生产需要时能够及时获得；而采购部门则希望尽可能地减少存货，以降低存储费用。由于两个部门之间存在的这种相互依赖性，反而会使两个部门之间发生冲突。

（4）责任模糊。由于职责不明确，组织内部会出现职责缺位的情况，即谁也不负责的管理"真空"，从而导致团队之间互相推脱责任，产生"有利益就抢，没利益就躲"的状况。

（5）地位斗争。组织内各个团队之间对地位的不公平也会产生冲突。当一个团队努力提高自己在组织中的地位，而另一个团队视其为对自己地位的威胁时，就会产生冲突。在权力与地位不同的团队之间也会发生冲突，例如企业的老板与员工、学校的教师与学生之间都可能因为立场不同而发生冲突。

（6）沟通不畅。团队之间客观上存在观念、时间、目标和资源利用等方面的差异，如果沟通不充分或者不成功，就会加剧团队之间的误解和隔阂，加深团队之间的对立和矛盾。

要想有效管理项目团队之间的冲突，应遵循以下几项原则：

（1）明确冲突的性质。破坏性冲突应该降至最低程度，而建设性冲突则要适当鼓励。

（2）对症下药，用不同的方式解决不同类型的冲突。个人与个人之间、个人与组织之间、个人与团队之间、团队与团队之间、团队与组织之间都可能发生冲突，需要采用不同的管理方法。

（3）没有任何冲突的团队就好比是一潭死水，而充满冲突的团队则好像是一座随时都要喷发的火山。所以，既要激发建设性冲突，也要预防破坏性冲突。

常见的管理团队冲突的方法有以下几种：

（1）交涉与谈判。交涉与谈判是解决冲突的较好方法，通过交涉，冲突双方能及时了解、体谅对方的困难，交涉也是宣泄冲突双方情感的良好方式。具体而言，首先需要将冲突双方召集在一起，各自把分歧讲出来，明辨是非，找出产生分歧的原因，然后提出相应的解决方法，最终选择一个冲突双方都能接受的解决方案。

（2）第三者仲裁。如果发生交涉无用的情况，发生冲突的双方可以邀请外部的第三者或者更高等级的管理者进行调停处理，也可以通过建立联络小组促进冲突双方进行交流并解决冲突。

（3）吸收合并。当冲突双方的实力、规模和地位悬殊时，在使实力较弱的团队失去继续存在的前提条件下，实力较强的团队可以接受实力较弱的团队的要求，使实力较弱的团队与实力较强的团队完全融合为一体。

（4）强制。利用领导的权力或是借助组织的力量，强制解决问题。这种解决方法往往仅需消耗较少的时间就可以解决长期累积的问题。

（5）回避。管理者如果遇到团队之间发生的冲突很难解决但是对组织目标影响不大的情况，可以采用回避的方法：冲突的双方能够意识到由于冲突会引发不良的后果，这样会导致"两败俱伤"，所以双方会自觉地由冲突转变成合作。

（6）激发冲突。激发冲突的具体方法有：在设计绩效考评和激励制度时，强调团队的利益和团队之间的利益比较；运用沟通的方式，通过模棱两可或具有威胁性的信息来提高冲突水平；引进一些在背景、态度、价值观和管理风格方面都与当前团队成员不同的外部人员；故意引入与组织中大多数人的观点不一致的"批评家"；调整组织结构，提高团队之间的相互依赖性。

（7）预防冲突。预防冲突的具体方法有：增强组织内的信息公开和共享；正确选拔团队成员；加强团队之间正式和非正式的沟通；增加组织资源；注重整体观念，杜绝本位主义，建立正确合理的评价体系；实施工作轮换，加强换位思考；明确团队的责任和权力；设立共同的竞争对象；加强教育，建立一个向往合作的组织文化环境；制定一个能满足各个团队目标的超级总目标；避免形成团队之间、团队成员之间争胜负的情况。

7.2.4 项目团队的激励

项目团队激励是通过外部和内部的激励因素作用，借助一些行为规范和措施最大限度

地激发项目团队成员的内在动力,发挥团队成员的潜力,加强相互合作,从而实现项目目标的系统活动。这一概念包含以下内容:

(1) 激励的出发点是满足团队成员的各种需求,即通过系统性地设计适当的工作环境和奖酬形式来满足项目团队成员的内在需求和外在需求。

(2) 科学的激励工作往往需要奖励和惩罚并用。一方面,团队成员完成了符合项目期望的行为时,要进行奖励;另一方面,团队成员如果做出不符合项目期望的行为时,要接受相应的惩罚。同时,需要控制好奖励和惩罚之间的平衡关系。

(3) 激励始终贯穿团队成员对项目管理工作的全部过程,包括对团队成员个性的认识、个人需求的了解、行为过程的控制和行为结果的评价等。

(4) 激励工作自始至终都需要依赖信息的沟通。从对激励制度的宣传、团队成员个人的了解,到对团队成员行为过程的控制和对其行为结果的评价等各个方面都依赖信息的沟通。团队中的信息沟通是否正确、是否及时会对激励工作的成本和激励制度的成效产生直接影响。

(5) 激励的最终目的是在实现项目预期目标的同时,也能使团队成员实现其个人目标,最终实现项目目标和团队成员个人目标的协调统一。

激励理论是行为科学中用于处理动机、需要、目标和行为四者之间相互关系的核心理论,也就是研究如何调动人的积极性的相关理论。

最初的激励理论研究包括马斯洛的需求层次理论、麦克利兰的成就需要理论和赫茨伯格的双因素理论等,都是针对“需要”的研究,研究了以什么为基础,或者基于什么因素才能激发人员工作积极性的问题。最具代表性是美国人格理论家、社会心理学家和比较心理学家,人本主义心理学的主要发起者亚伯拉罕·哈罗德·马斯洛的需求层次理论,该理论指出人类的需求是有等级层次的,从最低级的需要逐级向最高级的需求发展,依次为:生理需求、安全需求、社会需求、尊重需求和自我实现需求。这五种需求像阶梯一样从低到高,但次序并不是完全固定的,也可能发生变化。一般情况下,如果满足了某一层级的需求,则会向高一层级的需求发展,追求更高层级的需求就成为驱使行为的动力。相应地,获得基本满足的该层级的需求就不再是激励力量,便停止了它的激励作用。

目前主要的激励理论有以下 3 类:

1. 内容型激励理论

内容型激励理论是针对激励的原因与起激励作用的因素的具体内容进行研究的理论。

1) 马斯洛的需求层次理论

(1) 只有满足部分低层次的需求后,才能让高层次的需求成为驱动行为的因素。

(2) 与低层次的需求相比,高层次的需求更有价值,人的需求结构不是静态的,而是不断发展和变化的。

(3) 可将 5 种需求分为高、低两级,其中生理需求、安全需求和社会需求属于低级需求,这些需求通过外部条件就可以满足;而尊重需求和自我实现需求则是高级需求,通过内部因素才能满足,而且个人的尊重需求和自我实现需求是无止境的。

2) 奥尔德弗的 ERG 理论

ERG 理论是生存(existence)、相互关系(relatedness)和成长需要(growth)理论的简称。美国耶鲁大学组织行为学专家克雷顿·奥尔德弗(Clayton Alderfer)教授在马斯洛提出的需求层次理论的基础上进一步研究后认为存在 3 种核心的需要：生存的需要、相互关系的需要和成长发展的需要。

（1）生存的需要与人的基本生存物质需要有关，关系到人的生存，如同马斯洛需求层次理论中的生理需求和安全需求。

（2）相互关系的需要，是指人对于保持人际关系的需求。这种需要的满足是在与其他需要的相互作用中达成的，对应于马斯洛需求层次理论中的社会需求和尊重需求中的外在部分。

（3）成长发展的需要，即个人自我发展和自我完善的需求，表示个人谋求发展的内在愿望，对应于马斯洛需求层次理论中尊重需求的内在部分和自我实现需求。

ERG 理论认为，各个层级的需要满足得越少，人们就越渴望；较低层级的需要越是能够得到较多的满足，则较高层级的需要就越渴望得到满足；如果较高层级的需要得不到满足，人们会重新去追求较低层级需要的满足。ERG 理论并不认为各类需要层级是不可逆的刚性结构。而马斯洛的需求层次理论是一种刚性的阶梯式上升结构，即认为较低层级的需要必须在较高层级的需要满足之前得到充分的满足，它们之间是不可逆的。

3）麦克利兰的成就需要理论

美国哈佛大学的戴维·克拉伦斯·麦克利兰（David Clarenc McClelland）教授认为，在人的生存需要基本得到满足的前提下，可将人的高层次需求归纳为成就需要、权力需要以及亲和需要。其中，成就需要的高低对一个人、一个组织的发展起着非常重要的作用。

（1）成就需要是指争取成功、追求卓越，希望做到最好的需要。该理论认为成就需要强烈的人迫切希望把事情做得完美，以获得更大的成功，他们追求的是在获得成功的过程中克服困难、解决问题的乐趣，以及成功之后的成就感。

（2）权力需要是指影响或控制他人并且不受他人控制的需要。权力需要强烈的人对影响和控制他人有浓厚的兴趣，注重争取地位和影响力。这类人经常表现出健谈、喜欢争辩，善于提出问题和要求，喜欢发号施令。与高成就需要的人为了个人的成就感不同的是，权力需要强烈的人追求出色的绩效是为了获得权力和地位。

（3）亲和需要是指建立友好的人际关系，寻求被别人喜欢或接受的需要。亲和需要强烈的人更倾向于和他人进行交往，这种交往会为其带来愉悦。他们渴望社交，喜欢合作的工作氛围，希望彼此之间进行沟通与理解。

4）赫兹伯格的双因素理论

美国犹他州立大学的管理理论家、心理学家、行为科学家、双因素理论的创始人弗雷德里克·赫茨伯格（Frederick Herzberg）教授通过调查研究得出能够提高企业员工工作满意度的因素主要有企业组织的赏识、个人成长与发展的机会、工作的挑战性、个人成就等。这些主要与工作有关、能够激发员工工作积极性的因素，赫兹伯格命名为"激励因素"。与之相对的，企业的管理政策与管理方式、上级的监督、人际关系及工作条件，这些与环境相关、容易引起员工的不满、不能激发员工工作积极性的因素被命名为"保健因素"。同时还发现由于调查对象和条件不同，各种因素的归属稍微有些差别，但总体而言，激励因素基本上是涉及工作本身或工作内容，保健因素大多涉及工作环境和工作关系。

双因素理论认为管理者首先应该满足员工的"保健因素"，防止职工产生不满情绪，同时还要利用"激励因素"，尽量使员工得到满足。

2. 过程型激励理论

过程型激励理论是研究从人的动机产生到最终采取行动的整个心理过程的理论。它的主要任务是找出对行动起关键作用的因素,以便预测和控制人的行为。

1) 弗鲁姆的期望理论

美国著名心理学家和行为科学家维克托·哈罗德·弗鲁姆(Victor Harold Vroom)认为,人总是追求满足一定的需要并想方设法达到某一目标。当这个目标尚未实现时,则表现为一种期望,此时目标反过来对个人的动机就是一种激励,而这个激励力量的大小取决于期望(期望概率)和效价(目标价值)的乘积,即

$$激励力量 = 期望 \times 效价 \tag{7-1}$$

期望是指根据过去的经验对获得某种结果的概率判断。

效价是指对激励因素的爱好程度,即对个人所要达到目标的价值估计。

在管理工作中应用期望时,需注意以下几点:

(1) 科学地设置目标,使目标给人以希望,从而产生工作动力。

(2) 提高期望水平,提高员工对目标重要意义的认识,从而提高效价。

(3) 正确处理期望与结果之间的关系,以防期望过高导致失望太大。

2) 亚当斯的公平理论

美国行为科学家、心理学家约翰·斯塔希·亚当斯(John Stacey Adams)在综合有关分配的公平概念和认知失调的基础上提出了公平理论。该理论是研究人的动机和知觉关系的一种理论。公平理论认为,员工对收入的满意程度会影响其工作的积极性,而对收入的满意程度往往取决于一个社会比较过程,员工不仅关心自己的绝对收入,还关心自己的相对收入。员工不仅会将自己付出的劳动和所得到的报酬与他人付出的劳动和所得到的报酬进行比较,也会将自己现在付出的劳动和所得到的报酬与过去付出的劳动和所得到的报酬进行历史比较,当自己的收支比例与他人的收支比例相等,或现在的收支比例与以前的收支比例相等时,就会认为是公平的,从而心情愉快、工作努力;如果发现自己的收支比例与他人的收支比例不相等,或现在的收支比例与以前的收支比例不相等时,则会产生不公平感,导致工作积极性下降。

在项目管理工作中应用此理论时,应加强项目团队成员的思想教育,防止在工作评定中贬低别人、抬高自己、制造矛盾、搬弄是非等不良倾向。

3. 行为改造型激励理论

行为改造型激励理论是研究如何改造人的行为从而使其达到目标的一种理论。

1) 亚当斯的挫折理论

由于目标无法实现,需要不能得到满足,人就会产生一种情绪状态,这就是"挫折"。挫折理论主要揭示了由于动机行为受阻而未能满足需要时的心理状态,以及由此带来的行为表现,并力求采取相应的措施将消极行为转化为积极的、建设性的行为。

使人产生挫折心理的 3 个必备条件:

(1) 所期望的目标是非常重要的。

(2) 认为这种目标有可能实现。

(3) 在目标与现实之间存在着难以逾越的障碍。

根据不同人的心理特点,受到挫折后的行为表现主要有:

（1）积极态度，采取减轻挫折和积极适应的态度。

（2）消极甚至是对抗的态度，如冷漠、忧虑、攻击和固执等。

在项目管理工作中，应培养项目团队成员掌握战胜挫折的各类方法，教育其树立远大的目标，不要因眼前的某种挫折而失去工作的动力；正确对待受挫折的项目团队成员，站在对方的角度为其排忧解难，使他们尽快从挫折中走出来；改变工作环境，避免受挫折的团队成员"触景生情"，以防造成更加严重的心理疾病。

2）斯金纳的强化理论

由美国著名的心理学家伯尔赫斯·弗雷德里克·斯金纳（Burrhus Frederic Skinner）经过对人和动物的学习进行的长期实验研究提出了强化理论，它是以学习强化原则为基础的关于理解和修正人的行为的一种理论，也称为行为修正理论。如果行为是好的结果，就能对动机起到正强化作用；如果行为的结果使动机得到削弱，就会对动机起到负强化作用，从而使人的行为削弱或消失。人们可以用这种正强化或负强化的办法来影响行为结果，从而修正其行为。

运用强化理论来加强或改变团队成员的行为时，需注意以下几点：

（1）按照团队成员的不同需要，采用不同的强化物。

（2）奖惩结合，以奖为主，以罚为辅。

3）海德的归因理论

归因理论最初由美国社会心理学家弗里茨·海德（Fritz Heider）在其所著的《人际关系心理学》中提出。该理论主要解决的是日常生活中如何找出事情的原因。归因是指人们对自己或他人的行为进行分析，推断出产生这些行为的原因。归因可分为两大类：

（1）情境归因，是把个人行为的根本原因归为外部力量，诸如社会舆论、环境条件、工作任务和天气的变化等。

（2）个人倾向归因，是把个人行为的根本原因归结为个人的自身特点，如兴趣、性格、能力和努力程度等。

在项目管理工作中当团队成员在完成任务过程中受挫时，项目经理等团队管理者需及时了解团队成员的归因倾向，帮助他们正确总结经验教训和顺利进行归因，使他们胜不骄、败不馁，更加努力地实现项目目标。

激励措施有比较大的风险性，应审慎制定激励措施。正确地运用激励原则可以提高激励效果，从而达到预定目标。激励原则的运用需注意以下几个方面：

（1）激励要因人而异。项目团队不同成员的需求是不同的，因此，相同的激励政策对不同项目团队成员会产生不同的激励效果。即使是同一位成员，在不同的时间或环境下，也会有不同的需求。所以要先调查清楚每位团队成员的真正需求，并整理归类这些需求，然后再制定相应的激励政策。激励措施应针对项目团队成员量身定做，否则激励的效果就不好。

（2）激励要奖惩适度。如果奖惩不适度就会影响激励效果，增加激励成本。如果奖励过多就会使项目团队成员产生骄傲情绪，失去进一步提高自己的动力，奖励过轻则起不到激励效果。如果惩罚力度过重会让项目团队成员感到不公，甚至产生消极怠工的情绪，惩罚过轻则会让项目团队成员忽视其所犯错误的严重性，导致重复发生该错误。

（3）激励要公平。项目团队成员如受到不公平的待遇会影响其工作效率和工作情绪，进一步会影响激励的效果。如果项目团队成员取得了相同的成绩，一定要获得相同层次的奖励。同理，犯了相同错误的项目团队成员，也应受到相同的处罚。

（4）激励要及时。在项目团队成员有好的表现或有错误的工作行为发生时,应尽快给予奖励或惩罚。等待的时间越长,激励的效果越有可能打折扣。

（5）奖励正确的工作。奖励和惩罚对项目团队成员具有很强的行为导向,但团队领导可能会奖励错误的行为。奖励错误的工作行为则会带来极大的危害,甚至会阻碍正确的工作行为。

对一个项目团队而言,科学的激励制度具有以下作用:

（1）吸引优秀的人才。竞争力强的项目团队可以利用多种优惠政策、丰厚的福利待遇、快捷的晋升途径来网罗需要的人才。

（2）挖掘项目团队成员的潜在能力,促进其充分发挥才能和智慧。美国哈佛大学的威廉·詹姆斯（William James）教授在对激励的研究中发现,按时计酬的分配制度仅能让项目团队成员发挥 20%～30% 的能力,假如受到充分激励的话,则可以发挥出 80%～90% 的能力,两种情况之间相差的 60% 就是有效激励的结果。如果充分考虑激励制度对项目团队成员创造性、革新精神和主动提高自身素质的意愿的影响,那么激励对工作绩效的影响就更大了。

（3）留住优秀人才。有学者认为每个项目团队需要三个方面的绩效,即直接的成果、价值的实现和未来的人力发展,缺一不可。因此,项目管理者一定要在这三个方面有所成就,其中对"未来的人力发展"的贡献就来自激励工作。

（4）造就良性的竞争环境。科学的激励制度包含竞争精神,这种竞争精神能够形成一种良性的竞争环境,从而创造出良性的竞争机制。在良性竞争环境中,项目团队成员会感受到一定的工作压力,而这种压力会成为团队成员努力工作的一种动力。

7.3　项目经理

项目经理就是项目团队的领导人、负责人,负责整个项目的计划、实施和控制。项目经理是项目团队的核心,是决定项目成功的关键人物,其品质、能力、素质、责任心等对项目的成败具有决定性的影响。关于领导的概念,可以有两种理解:一种是作为名词,指领导人、头面人物、监督人、企业家、资源分配者等;另一种是作为动词,指管理者利用组织赋予的职权和个人具备的能力去指挥、命令、影响和引导下属为实现组织目标而努力工作的活动过程。

项目经理是项目的管理者,具备一般管理者的特点,也具备与一般管理者不同的特殊特点。在机械工程项目管理中,经常会碰到的另一类一般管理者即职能部门经理,这里将项目经理与职能部门经理的区别列于表 7-1。

表 7-1　项目经理与职能部门经理的区别

区　别	职能部门经理	项目经理
才干	对部门业务精通的专家,能指导下属	通才,具备丰富的经验、广阔的知识背景
责任	技术监督,确定如何做,谁去做,需要什么资源	促成者,决定做什么,如何完成,如何获得资源
解决问题	习惯分析问题,将其分解成局部问题进行解决	运用系统的方法整体看问题,具有系统综合能力,把分解的问题综合起来分析
工作内容	选择项目技术,完成某项目工作的人员安排	项目组织、人员组织、项目预算,实施指导、计划与控制

项目经理的主要工作包括计划、组织、指导和控制。

1）计划工作

（1）熟悉并掌握本项目的所有合同。

（2）为项目的实施制订基本计划。

（3）定期检查项目计划和相关程序，必要时进行修改。

2）组织工作

（1）设计项目组织机构。

（2）描述项目团队中各职位的职责。

（3）选择项目团队成员。

（4）定期评价组织机构，必要时进行调整。

3）指导工作

（1）指导本项目合同中的所有工作。

（2）指导项目团队建设，培养团队精神。

（3）指导制定本团队人员的绩效评价标准。

4）控制工作

（1）监督项目的运行，使项目按照合同约定的内容、计划和目标顺利进行。

（2）监控项目的成本、时间与质量。

（3）与项目利益相关者保持有效的沟通。

7.3.1　项目经理的责任和权力

1. 项目经理的责任

项目经理需要对整个项目进行全面管理，确保项目目标的实现，并使项目利益相关者都满意。项目经理的责任可以分为 3 个层面：

1）对企业应承担的责任

（1）保证项目的目标与企业的目标一致。项目往往从属于企业，作为企业日常的一部分，项目与企业的其他工作通过合作、协调来实现企业的目标，因此项目目标须有利于企业目标的实现。

（2）对企业分配给项目的资源进行合理的管理，保证在资源约束的条件下，充分有效地利用资源。企业的资源是有限的，最大限度地利用好资源是项目经理的责任。企业运行中的项目往往不止一个，如何使资源在项目内部和各个项目之间得到充分利用也是项目经理的责任。

（3）及时与企业高层领导进行沟通。及时将项目的进展信息向企业高层领导汇报，可以得到企业领导对本项目的支持，这有利于本项目目标的实现。

2）对项目目标应承担的责任

（1）项目经理对项目目标的实现负有主要责任。

（2）保证项目的整体性，保证实施过程以实现项目目标为最终目的。项目在实施过程中会产生很多冲突，项目经理需要化解矛盾，平衡利害。

3）对项目团队成员应承担的责任

（1）为项目团队成员提供较好的工作环境与氛围。项目经理应组建一支具备良好素质的项目团队,成员之间团结互助。

(2) 对项目团队成员进行绩效考核。项目经理应建立一套完整的评价制度,对项目团队成员进行公平公正的绩效考核,激励他们为实现项目目标而努力。

(3) 为项目团队成员的将来考虑。项目团队是一个临时性组织,项目经理应为项目团队成员的将来考虑,解除他们的后顾之忧。

2. 项目经理的能力与素质

项目经理的日常工作非常繁杂,这就要求其具备高度的适应性、交流能力、协调能力、解决冲突的能力等。因此,对项目经理的能力与素质要求较高。

1) 应具备的能力

图 7-10 给出了可供项目经理支配的要素,要求项目经理组织所有要素,相互协调,达到项目的最优化。因此,要求项目经理具备的能力有:

(1) 获得充分资源的能力。任何组织的资源都是有限的,而完成项目需要一定的资源,所以项目经理必须具备获得充分资源的能力。尤其在项目实施一段时间后发现资源不足时,项目经理须借助其各项能力向上级组织争取所需要的资源。

(2) 组建团队的能力。在项目初期,项目经理需要从组织内部和外部挑选合适的人员组建项目团队。一支高效的项目团队对项目的成功起着积极的作用。

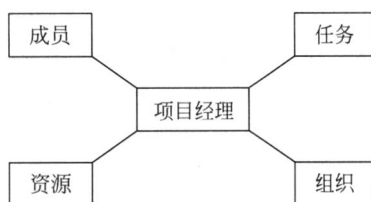

图 7-10　可供项目经理支配的要素

(3) 解决冲突的能力。项目管理过程中会遇到诸如团队成员之间、团队成员和团队外的项目相关方(即项目利益相关方)之间、项目团队和企业职能部门之间等各种各样的冲突,如不能及时解决这些冲突就会影响项目团队的凝聚力,导致项目失败。

(4) 谈判和沟通的能力。前述各种能力需要项目经理具备高超的谈判沟通能力,只有这样才能获得项目所需的充足资源、优秀的项目团队和及时有效地化解面临的冲突。

(5) 领导和管理能力。项目经理作为项目团队的领导者,需要领导和管理本团队的成员为完成项目目标而采取诸如计划、控制、决策、激励等手段。

(6) 技术能力。项目经理虽然不需要是技术专家,但也应具备一定的专业技术能力,这样才能对项目管理过程中的有关技术概念、技术方案进行评价和决策。

(7) 创新、开拓的能力。任何管理都不是一成不变的,随着时代的变迁、技术的进步,项目经理应能够灵活地、创造性地运用已有知识与信息提出具有独到见解的、开拓性的管理模式。

(8) 要有全局观念。项目经理在管理项目的过程中,既要考虑项目的经济目标,又要考虑项目的技术目标、时间目标等其他目标,还需要考虑企业或上级组织的大目标。

2) 应具备的素质

(1) 素质特征。有管理经验;拥有成熟的个性;使项目团队成员有生气,与高层领导保持良好的关系;有较强的技术背景、丰富的工作经验,善于使用创造性的思维;具有一定的灵活性。

(2) 性格特征。诚实、正直、热情;遇事沉着冷静、果断;善于沟通;反应敏捷;多面手,精力充沛;自信,有进取心;善解人意。

3. 项目经理的权力

1）生产指挥权

项目经理有权按合同的约定指挥调度项目的人、财、物等资源，在保证总目标不变的前提下对施工组织设计和项目计划进行优化和调整，应对现场临时出现的各种变化。

2）人事权

项目经理可以对项目团队的组成人员进行选择、考核、聘任，具有对项目团队成员任职、奖惩、调配和指挥的权力。

3）财权

项目经理拥有项目范围内的财务决策权，在财务制度允许的范围内，项目经理有权在一定范围内决定项目团队内部的计酬方式、分配方法、分配原则和方案。

4）技术决策权

技术决策权主要是审查和批准重大技术措施和技术方案，以防止因决策失误造成重大损失。在紧急情况下，可召集技术方案论证会或外请咨询专家，以防决策失误。

5）设备、物资、材料等项目资源分配利用的权力

项目经理可以在有关规定范围内决定设备的型号、数量，还可以自行采购少量物资。

7.3.2　项目经理的角色

项目管理是以个人负责制为基础的一种管理体制，项目经理是项目的负责人，有时也称其为项目管理者或项目领导。对于项目经理的角色，有人将其比作"乐队指挥"或"船长"，这都有一定的道理，但不够全面。项目经理还可以扮演图 7-11 所示的各种角色。

1）规划者

项目的成功需要事先全面而准确地定义整个项目，这就需要项目经理做好规划。

2）组织者

项目经理控制整个项目，通过工作分解、安排进度和估算费用确定项目要完成的所有工作任务的合理顺序、完成时间，以及所要花费的成本。

3）联系人

项目经理负责项目中所有口头和书面交流、项目内外部的联系、项目团队与上级组织的联系，是项目的核心联系人。

4）促进者

确保持不同观点的项目相关方和团队成员能达成一致意见，共同努力实现项目目标。

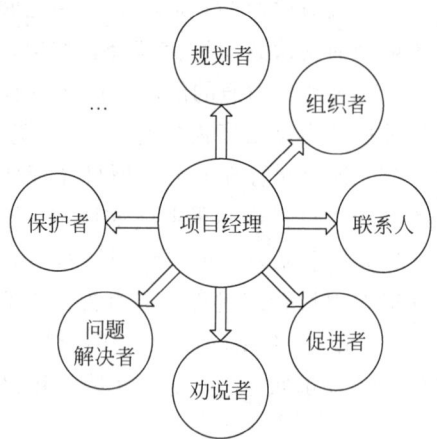

图 7-11　项目经理扮演的角色

5）劝说者

项目经理就项目定义、实施方法及项目成功标准等方面得到项目相关方的认同；在项目实施过程中处理时间、成本和质量方面的矛盾需求；就资源使用决策及解决问题的方案达成一致意见。

6）问题解决者

利用以往项目的经验、问题根源分析方法及技术知识解决未事先估计到的技术问题，并采取相应的整改措施。

7）保护者

项目有时候会受到一些外部影响，项目经理需要随时解决这些矛盾，使项目团队免受影响，确保整个项目团队一直专注于项目本身。

8）教练员

项目经理确定每位项目团队成员在项目团队中所扮演的角色，并与他们沟通这些角色对项目成功所起到的重要作用；寻找激励项目团队成员的方法，提升他们的工作技能，并对他们的个人表现及时给予反馈意见。

9）监督者

项目经理采取跟进措施，确认已经兑现项目的相关承诺。基于项目计划持续评估项目的进展情况，制定必要的整改措施，并审查项目提交物的质量。

项目经理必须遵循的管理原则有：

1）项目经理必须关注项目成功的 3 个标准

项目经理必须关注项目成功的 3 个标准是：一是守时；二是预算控制在既定范围内；三是质量得到用户的赞许。项目经理必须确保项目团队的所有成员都能对照这三个标准展开工作。

2）任何事都应当先计划再执行

就项目管理而言，很多专家和学者同意以下观点：项目经理最需要花时间和精力投入的事情是计划。计划是为了实现项目的既定目标，对项目未来实施过程进行规划和安排的活动，只有详细而系统的由项目经理领导、各项目团队成员参与的计划才是项目成功的主要基础。计划、计划、再计划是项目经理的一种生活方式。

3）项目经理必须以自己的实际行动向项目团队成员传递一种紧迫感

由于项目在时间、资源和经费上的限制，项目经理应使项目团队成员始终保持对项目目标和截止时间的关注。

4）所有项目目标和项目活动必须生动形象地得以交流和沟通

在项目开始时，项目经理和项目团队成员就应生动形象地描述本项目的最终目标，以保证与项目有关的项目团队成员都能准确记住。项目活动的各个细节应当清楚、明确，并确保每个项目团队成员对此一致认同。

5）采用累积的方式逐步实现目标

如果想要同时完成所有项目目标，只会造成重复劳动，既浪费时间又浪费资金。项目目标需要一点一点地去实现，并且每实现一个目标就要进行一次评估，进而确保控制整个项目的进度。

6）项目应得到明确许可，并由投资方签字实施

在实现项目目标的过程中获得明确的许可是非常重要的。项目经理应将投资方的签字批准视为项目的一个出发点。

7）项目经理必须争取时间把事情做好

项目经理必须有足够的时间在项目初期把重要的事情做好，并且抓紧时间向上级领导

证明花费这些时间是为了在保证质量的前提下按时交付项目。

8）项目经理应当责权对等

项目的最终结果是由项目经理负责。与此相对应，项目经理也应拥有足够的权力以承担相应的责任。

9）项目的实施应当采取市场运作机制

项目经理应将自己看成是卖主，以督促自己完成投资方和用户交付的任务。一旦项目计划得到批准，项目经理就应当定期提醒项目团队成员该项目必须满足的业务需求是什么，以及该如何开展工作才能满足这些业务需求。

某咨询公司对大量成功的项目经理抽样调查，总结出以下 6 种不同的领导风格。这些成功的项目经理并不是仅仅依赖一种风格，而是在项目的不同阶段采用不同的领导风格。

1）权威型

权威型项目经理是理想主义者，通过让项目团队成员了解各自的工作是整个团队目标的一部分来激励他们，团队成员也能够了解自己在项目中发挥的作用。权威型项目经理在确定目标时会给项目团队成员留下足够的空间保留各自的想法，并给予他们创新和冒一定风险的自由，从而使项目团队具有一定的灵活性。权威型或许是最有效率的，这种风格在大多数情况下能取得较好的效果。

2）强制型

强制型项目经理采用完全服从的决策方式，会使项目团队成员的新想法、新观念不能发挥作用，项目团队成员会觉得自己不被重视，继而采取不合作的态度。这种风格可能是最无效的，但当项目团队处于危难时刻时，可以起到很好的作用。

3）方向制定型

方向制定型项目经理会制定很高的项目绩效要求，并以身作则，对项目团队成员的要求很高，如果项目团队成员不能较好地完成工作，则会用其他人代替。因此，这种风格会破坏项目团队的工作氛围。但是，如果项目团队是一支非常有能力的团队，则这种风格会有助于项目顺利完成。

4）教练型

教练型项目经理能帮助团队成员充分挖掘自身的潜能，鼓励项目团队成员明确长期发展目标，并给予大量指导。

5）民主型

通过听取项目团队成员的意见从而建立起彼此的信任和尊敬，通过让项目团队成员在某些决策中发表意见从而提升团队的灵活性和责任感。

6）合作型

合作型项目经理注重个人及其情感，在团队中创造和谐的氛围，不会对项目团队成员的工作方式进行不必要的干预，这些有助于提高项目团队的灵活性。合作型领导风格具有的积极作用使得其几乎可以应用于任何场合，但不建议单独使用，因为合作型领导风格强调表扬，这可能会导致不好的现象不能被及时纠正。

思　考　题

1. 简述组织机构的特征和机构设置的原则。

2. 常见的项目组织形式有哪几种？试说明各自的优、缺点。

3. 2021 年 5 月 15 日，天问一号探测器成功着陆于火星乌托邦平原南部预选着陆区，标志着中国首次火星探测任务取得成功。5 月 19 日，国家航天局发布中国首次火星探测任务天问一号探测器着陆过程中环绕器与巡视器两器分离和着陆后火星车拍摄的影像。天问一号探测器着陆火星，迈出了中国星际探测征程的重要一步，实现了从地月系到行星际的跨越，在火星上首次留下中国人的印迹，这是中国航天事业发展的又一具有里程碑意义的进展。如果你是天问一号项目的总负责人，你会选择何种项目组织形式？该组织形式的优、缺点有哪些？基于 WBS 的原理，简要构建该项目的责任矩阵、费用矩阵和风险矩阵。

4. 简述项目团队生命周期的 5 个阶段。

5. 优秀的项目团队文化应具备哪些特征？

6. 简述团队冲突产生的原因和处理方法。

7. 简述项目经理和职能经理的区别。

8. 简述项目经理应该承担的责任。

9. 项目经理拥有哪些权力？

10. 假设某课程综合作业可由几位同学组队完成，如果你是该课程综合作业的负责人（即项目经理），你在其中扮演了什么样的角色？会采用什么样的领导风格？如何激励团队成员高效、高质量地完成该项作业？

自测题 7

第8章　项目计划与控制

项目计划与控制是机械工程项目管理过程中两个最重要的环节。项目经策划、可行性分析后,如确定实施该项目,则紧接着就要对项目制订相关计划,对项目实施过程中涉及的各项活动做出周密安排,以确保项目目标的实现。项目控制是根据项目计划对项目实施情况进行持续的跟踪观察,并将实际执行情况与项目计划进行比较,两者之间如存在偏差,则应及时对偏差产生的原因进行分析并加以纠正。

8.1　概　　述

项目是一个系统工程,大型项目会涉及大量的资金、人力和物资,又有严格的质量和完成期限要求,必须进行科学、切实可行和周密的计划。项目计划是项目团队根据项目目标,对项目实施过程中的各项工作做出周密的安排,通过计划,发现项目的关键控制点,通过有效的控制保证项目目标的实现。项目计划是项目顺利实施的基础。

1. 项目计划的作用

项目的计划活动主要是为了便于项目经理与企业高层领导、项目团队成员、项目委托方之间的沟通交流。具体而言,具有以下几个作用:

(1) 明确完成项目目标所需的各项工作的范围、所需资源,制定时间表。

(2) 确定项目团队各成员的责任和权力。

(3) 明确项目团队各成员的奋斗目标、实现方法和时间限制。

(4) 促进项目团队各成员、项目经理、企业高层领导、项目委托方之间的沟通交流。

2. 项目计划制订需遵循的原则

项目计划作为项目管理的重要阶段,在项目中起承上启下的作用,因此在制订过程中要按照项目总目标、总方案进行详细计划。计划文件经批准后作为项目的工作指南。在项目计划制订过程中一般需遵循以下 6 个原则:

(1) 目的性。任何项目都具有若干个确定的目标,以实现特定的功能、起到特定的作用和完成特定的任务,而任何项目计划的制订正是围绕项目目标的实现展开的。在制订计划时,第一步是分析目标,弄清任务。因此项目计划具有目的性。

(2) 系统性。项目计划本身是一个系统,由一系列子计划组成,各个子计划不是孤立存在的,彼此之间既相对独立,又紧密相关,从而使制订出的项目计划也具有系统的目的性、相关性、层次性、适应性和整体性等基本特征,使项目计划形成有机协调的整体。

(3) 经济性。项目计划的目标不仅要求项目具有较高的效率,同时还要有较高的经济效益。所以在计划中必须提出多种方案进行比较分析。

(4) 动态性。一个项目的动态性取决于其生命周期。一个项目的生命周期短则数月,长则数年,在此期间,项目环境并不是一成不变的,导致计划的实施会偏离项目最初制订的基准计划,因此项目计划要随着环境和条件的变化而不断调整和修改,以保证完成项目目标,这就要求项目计划要有动态性,以消除或减少环境变化带来的影响。

(5) 相关性。项目计划是一个系统的整体,构成项目计划的任何子计划的变化都会影响到其他子计划的制订和执行,进而最终导致无法达到项目计划的预期目的。各子计划间的相关性应该纳入制订项目计划的考虑范围。

(6) 职能性。项目计划的制订和实施不是以某个组织或部门内的机构设置为依据,也不是以自身的利益及要求为出发点,而是以项目和项目管理的总体职能为出发点,涉及项目管理的各个部门和机构。

3. 项目计划的种类

项目计划的种类有以下几种。

1) 工作计划

工作计划是为确保项目顺利开展、围绕项目目标的最终实现而制定的实施方案,主要说明采用什么方法组织实施项目、研究如何高效利用资源,用最少的资源获得最佳的项目效益。

2) 人员组织计划

人员组织计划主要表明工作分解结构图中各项工作任务的承担者及各项工作任务之间的关系。其表达方式主要有框图式、职责说明式和混合式。

(1) 框图式。框图式计划是利用框图及连线表示人员组织结构,主要适用于项目团队成员之前已经做过许多类似项目,经验丰富的情况。

(2) 职责说明式。由于框图式不能完整表述清楚所有职责及关系,因而产生了职责说明式计划,该方式用文字说明的形式表述项目团队成员的职务、职责及规章制度,从而说明了各工作之间的关系。这种方式仅用文字描述,虽然能比较清楚地说明项目团队成员的职责和关系,但不如框图式计划直观,因此适用于新项目。

(3) 混合式。混合式计划综合了上述两种方式,即部分用框图表示,部分用文字描述。这种方式在实际中应用较多,特别适用于之前没有先例的大型项目。

3) 技术计划

技术计划通常是指有关项目性质的技术文件,包括规格、地点、工具、性能、标准等技术特征。

4) 应急计划

项目经理在制订计划时,必须要在工期、预算等方面留有余地,以备应急需要。应急计划不包括现实能估计到的困难。

4. 项目计划的内容

项目计划的内容主要包括以下几个方面:

1) 项目范围计划

确定项目范围并编写项目说明书。阐述实施该项目的原因或意义,搭建项目的基本框架,使项目管理者能够系统、逻辑地分析项目关键问题及项目形成过程中的相互作用要素,使项目相关方在项目开始实施前或项目相关文档编写以前能够就项目的基本内容和结构达成一致意见。

2) 项目进度计划

项目进度计划用以说明项目中各项工作的前后开展顺序、开始时间、结束时间及相互依赖衔接的关系。进度控制和管理以项目进度计划为依据。

3）项目费用计划

项目费用计划包括资源计划、费用估算和费用预算。费用估算就是估计项目各项工作所需资源及其费用，费用预算是指在费用估算的基础上，将费用基于 WBS 分配到每项工作。

4）项目质量计划

项目质量计划针对具体待定的项目安排质量监控人员及相关资源，规定使用哪些制度、标准和程序，确保项目的质量标准能够得到实现。项目质量计划应包括与控制项目质量有关的所有活动。

5）项目沟通计划

项目沟通计划是指确定项目管理过程中项目相关方之间信息沟通的内容、沟通方式和沟通时间等。

6）项目风险计划

项目风险计划就是为了降低风险的损害而分析风险、制订风险应对策略方案，包括识别风险、量化风险和编制风险应对策略方案。

7）项目采购计划

项目采购计划就是识别项目的哪些资源需求应通过项目组织的外部进行采购。

8）变更控制计划

变更控制计划主要是规定项目实施过程中发生变更处理的针对性步骤和程序。

5. 项目控制的分类

在开始一个新项目之前，项目经理和项目团队成员不可能预见到项目执行过程中所有可能发生的情况，由此可见，虽然事先制订了详细的项目计划，仍需要在项目执行时对其进行密切监控，保证项目按计划执行，最大限度地减少项目变更，使项目实现预期的进度、成本和质量等目标。所谓的项目控制就是项目管理者根据项目的实际进展情况，与项目计划进行比较，找出偏差、分析原因、研究对策，并实施纠偏措施的全过程。

按照控制方式的不同，可将项目控制分为：

（1）前馈控制，即在项目的策划和计划阶段，根据经验对项目实施过程中可能产生的偏差进行预测和估计，并采取对应的防范措施，尽可能地减小或消除偏差。

（2）过程控制，即在项目实施过程中进行的控制。

（3）反馈控制，即在项目全部工作完成后，或者阶段性工作完成后，或者偏差产生后再进行纠偏的控制。

按照控制的内容不同，还可以将项目控制分为进度控制、费用控制和质量控制等。

8.2　项目进度计划

项目进度计划是表达项目中各项工作的前后开展顺序、开始时间、结束时间及相互依赖衔接关系的计划。制订项目进度计划的目的是掌控项目时间进度，在合理的范围内尽量缩减项目所需的时间。

项目进度计划技术作为项目管理技术中的一部分,与项目管理同步发展。20 世纪 50 年代之前主要采用泰勒和甘特技术。20 世纪 50 年代,美国海军将计划评审技术引入北极星导弹系统的研究,使项目进度计划技术有了长足的发展。目前常用的项目进度计划方法有甘特图、网络图、关键路线法和计划评审技术等。其中甘特图的历史最长。甘特图又称为横道图、条状图,其通过条状图来显示项目活动、进度和其他与时间相关的系统进展的内在关系随着时间进展的情况。以提出者美国工程师亨利·劳伦斯·甘特的名字命名,他是人际关系理论的先驱者之一,也是科学管理运动的先驱者之一。

甘特图(见图 8-1)以图示形式通过活动列表和时间刻度表示出特定项目的顺序与持续时间。横轴表示时间,纵轴表示项目的工作内容,线条表示预期计划和实际完成情况,直观地表明计划何时进行,计划进展与实际进展的对比等信息,便于项目管理者评估项目进度。由于甘特图形象、简单明了,在小型、短期项目中的应用十分广泛。

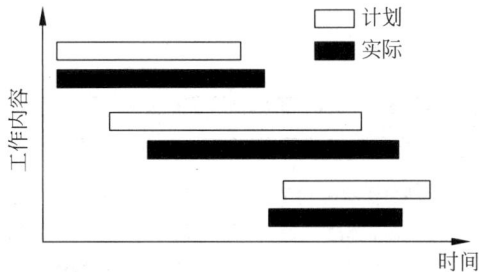

图 8-1 甘特图

甘特图是以工作排序为目的,将项目活动与时间联系起来的最早尝试的项目管理工具之一,它帮助项目管理者描述工作中心、工作时长等资源的使用。

甘特图包含以下 3 个含义:

(1) 以图形(或表格)的形式显示活动。

(2) 用线条显示进度。

(3) 构造时含日历天和持续时间,不包含周末和节假日。

甘特图的优点有:

(1) 图形化表述,易于理解。

(2) 适用于中小型项目,一般不超过 30 项活动。

(3) 有专业软件支持(如 Project、WPS、Excel 等),无须担心复杂计算和分析。

甘特图的局限有:

(1) 甘特图主要关注项目的时间进程,因此仅是部分地反映了项目管理的三重约束。

(2) 不适用大型项目,如果项目活动的关系过多,会增加甘特图的阅读难度。

下面以锅炉膜式水冷壁精密扁钢生产线的设计项目为例,简要介绍利用 WPS 绘制甘特图的过程。

锅炉膜式水冷壁精密扁钢生产线的设计流程见表 8-1。

表 8-1　锅炉膜式水冷壁精密扁钢生产线的设计任务规划

序号	步　　骤	开始时间/号	计划时间/天
1	功能需求分析	1	3
2	功能分解	4	2
3	功能元能力分析	6	4
4	功能元实现方案分析	10	5
5	功能元间连接接口分析	15	2
6	各功能元结构分析	17	4
7	关键功能元结构试验	21	3
8	系统传动方案分析	24	3
9	控制系统方案分析	24	2
10	造型设计,方案集成	27	2

打开 WPS 表格模块,输入表 8-1 的数据,选中表格,依次单击"插入—二维条形图—堆积条形图",生成如图 8-2 所示的图表。

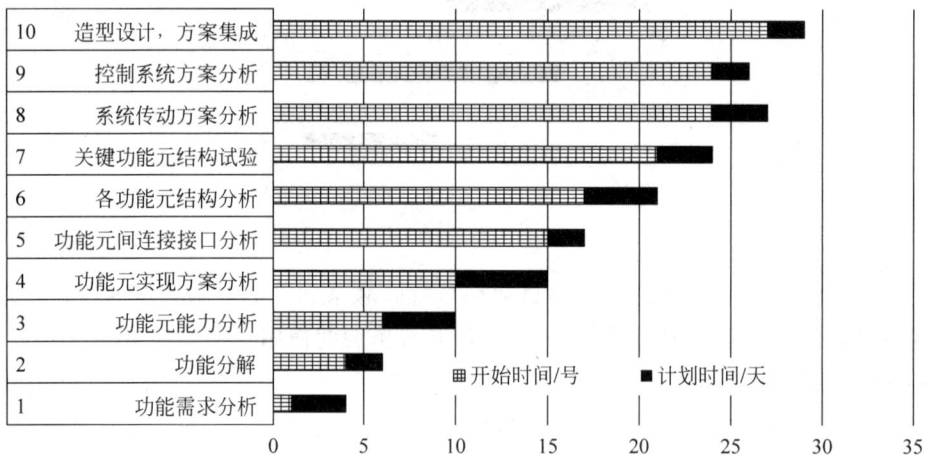

图 8-2　步骤图表 1

单击水平(值)轴选中该轴,单击鼠标右键选择设置坐标轴的格式,如图 8-3 所示。坐标轴选项边界最大值调整为 30 或 31(因一个月一般包含 30 天或 31 天),单位修改为 1;图表标题修改为"锅炉膜式水冷壁精密扁钢生产线的设计任务";将图表中的网格型横条选中并修改为"无填充"。图 8-4 即为生成的锅炉膜式水冷壁精密扁钢生产线的设计任务甘特图。

项目网络图(见图 8-5)是项目全部活动及其之间逻辑关系(依赖关系)的一个图解表示,从左到右表示项目的时间顺序。项目网络图可通过两种方式实现:一种是手工编制,另一种是通过计算机实现。该图可包括整个项目的全部细节,也可以包含一个或多个概括性活动,还相应附有一个简洁说明用以描述基本的排序方法。

关键路线法最早出现于 1956 年。当时美国杜邦(DuPont)公司拥有一台大型计算机,该公司几乎所有数据都使用这台计算机进行处理,但是仍然还有大量的剩余时间,杜邦公司的管理层开始研究计算机在非数据处理方面使用的可能性,鉴于当时极其高昂的计算机费用,他们认为工程计划可能是计算机应用的一个方向。因此,他们联系了雷明顿·兰德

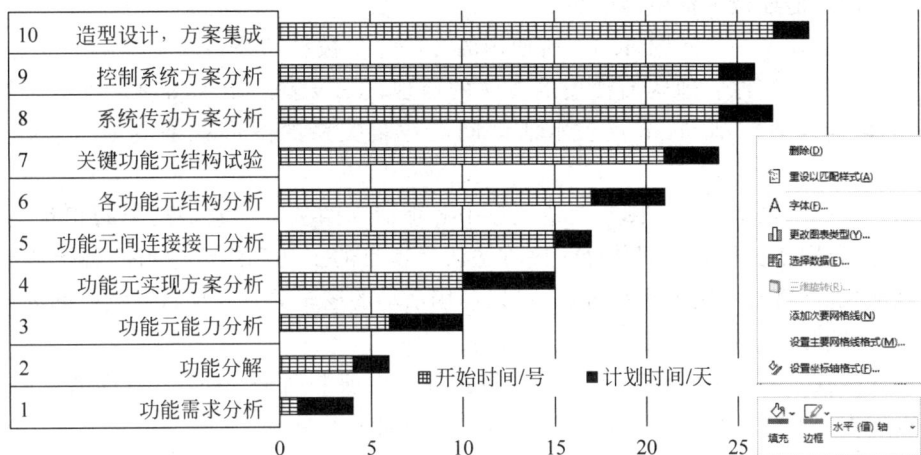

图 8-3　步骤图表 2

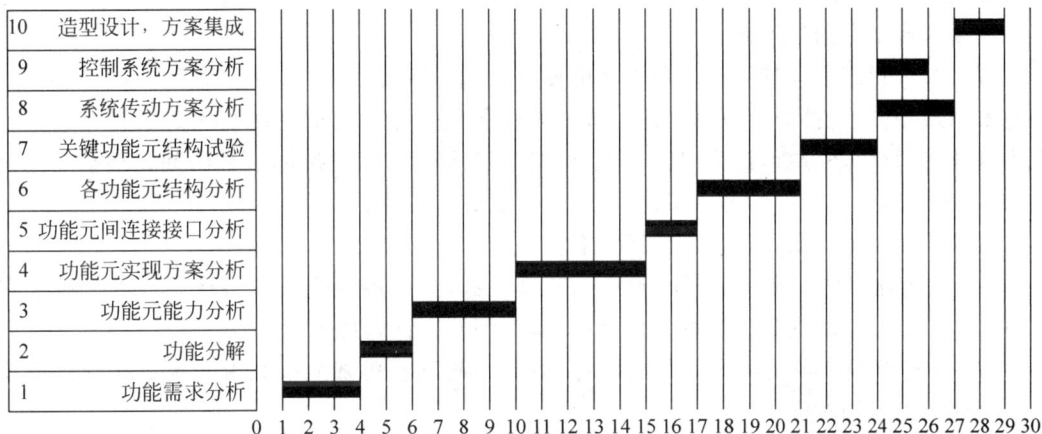

图 8-4　锅炉膜式水冷壁精密扁钢生产线的设计任务甘特图

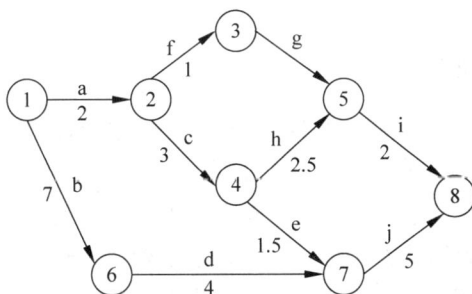

图 8-5　网络图

（Remington Rand）公司的 Macuchy 博士，帮助他们解决计算机使用方面的问题。雷明顿·兰德公司的 Macuchy 博士指派了年轻的数学家 James E. Kelly 去杜邦公司一起解决问题。

他们要解决的是工程项目中工期和费用之间的关系问题，具体研究的是如何在减少工期的情况下尽可能地减少费用的增加。

在此期间出现了一个问题，Kelly 所使用的方法并不被杜邦公司的管理层所理解，为了向他们解释清楚并使他们理解所使用的方法的原理，Kelly 就绘制了图形来解释计算机所做的工作，以箭线表示活动，节点表示活动间的逻辑关系的图形就是最早的箭线图（网络图）。

计划评审技术也是用网络图来表达项目中各项活动的进度和它们之间的相互关系，在此基础上，进行网络分析和时间估计。该方法认为项目的工期和组成项目的各个活动的持续时间是随机的，符合一定的概率分布，可以利用活动的逻辑关系和项目持续时间的加权合计，即项目持续时间的数学期望计算项目时间。

计划评审技术可以追溯到美国海军北极星导弹的研制时期，在此之后逐渐发展起来。计划评审技术使原先估计的研制北极星导弹的时间缩短了两年。

计划评审技术网络图描绘出项目包含的各种活动的先后次序，标明每项活动的时间或相关成本。对于计划评审技术网络，项目管理者必须考虑要做哪些工作，确定工作之间的依赖关系，辨别出潜在的可能出问题的环节，借助计划评审技术还可以方便地比较各个可选方案在进度和成本方面的效果。

现如今项目进度计划技术中最著名的便是计划评审技术和关键路线法，二者分别发展，但基本原理相同，且都要求以网络的形式来表现各项工作内容的进度和先后逻辑关系。以此为基础，进行网络分析，计算时间参数，确定关键活动和关键路线，利用时间差调整和优化网络，寻求最短工期。同时考虑资源和成本，得到综合优化的项目计划方案。

关键路线法和计划评审技术的区别有：

（1）关键路线法是在作业时间确定的基础上制定的（即确定型网络计划技术），而计划评审技术的作业时间是基于概率的估计（即概率型网络计划技术）。

（2）关键路线法还要考虑资源的消耗，重视工程项目的成本分析和控制；计划评审技术则侧重于项目的时间。

由于两者有所区别，应用的场合也不同：

（1）关键路线法主要适用于传统工程（制造、建筑、流水线等）项目。

（2）计划评审技术主要用于新产品的开发、设计、研究等以时间为主线的项目。

8.2.1　网络计划技术基础

网络计划技术是依据运筹学原理和网络理论，在计划管理中，以网络图的形式安排工程计划，控制工程进度、费用，使项目管理达到预期的目标。

双代号网络图是由箭线和节点组成的用来表示工作流程的有向、有序网状图形，如图 8-5 所示。双代号网络图又称为箭线式网络图，它以箭线表示工作，以节点表示工作的开始或结束，既可以工作两端节点的编号代表一项工作，也可以将工作的名称标注在箭线的上方。

双代号网络图的作用：

（1）能明确表达各项工作之间的逻辑关系。

（2）通过计算和分析，可以找出关键工作和关键路线。

（3）通过计算和分析，能确定可以利用的机动时间。

（4）通过计算和分析，可以得到许多用于计划控制的时间信息。

（5）可以利用计算机进行计算、调整和优化。

网络图是项目进度计划的模型，通过点、线和网状结构的箭线图反映工作间的相互关系。网络图由工作、事件和路线 3 部分组成。

（1）工作，用箭线表示，代表活动（或称工序）。箭线上下分别标注活动内容和活动时间，如图 8-6 所示。箭线又可分为实箭线和虚箭线，实箭线表示在活动中消耗资源（包括时间），包括一般工作（消耗资源）、由于技术间歇而引起的等待；虚箭线表示该活动不消耗时间、资金等资源，仅表示两个活动间的逻辑关系。

（2）事件（或称节点），代表前一道工序的结束和后续工序的开始，不占用资源和时间，用圆圈表示，圆圈中为正整数，称为事件编号。同一网络图中不得出现相同的事件编号，如图 8-7 所示。箭尾的号码应小于箭头的号码。i 为某项工作的起点事件；j 为该项工作的终点事件。

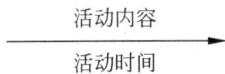

图 8-6 工作图示　　　　　　　　　　图 8-7 事件图示

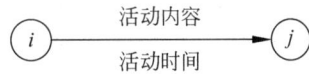

每个工作有两个事件，从箭尾出发的事件称为起点事件，箭头指向的事件称为终点事件。

原始事件：网络图的开始点，开始事项；

结束事件：网络图的终点，结束事项；

中间事件：网络图的中间节点[对项目完成起决定性作用的节点为关键节点，两关键节点间的工作为关键工作（或称关键活动、关键工序）]。

（3）路线，从原始事件开始，沿箭线连续到达结束事件的通路（注意：一幅网络图一般情况下存在多条通路）。

路线时间：完成某条路线包含的全部工作所必需的总持续时间。

关键路线：网络图时间最长的路线，也叫临界路线、主要矛盾路线。在关键路线上的工作称为关键工作。

非关键路线：时间不是最长的路线，一般这种路线很多。

在一幅网络图中，关键路线至少有一条。关键路线和非关键路线在一定条件下可以互相转换。项目计划的完成时间由关键路线决定。

基本概念：

（1）工艺关系，即生产性工作之间由于工艺过程决定的先后顺序关系。

（2）组织关系，即工作之间由于组织安排的需要或资源调配的需要而规定的先后顺序关系。

（3）紧前工作，即以一项工作的起点事件为终点事件的工作，称为该工作的紧前工作。

（4）紧后工作，即以一项工作的终点事件为起点事件的工作，称为该工作的紧后工作。

（5）平行工作，即以同一个事件为起点事件的各项工作。

（6）先行工作，即自网络图原始事件至本工作之前各路线上的所有工作称为本工作的先行工作。紧前工作是先行工作，但先行工作不一定是紧前工作。

（7）后续工作，即本工作之后至网络图结束事件各路线上的所有工作称为本工作的后续工作。紧后工作是后续工作,但后续工作不一定是紧后工作。

绘制网络图的规则:

(1) 两个事件之间有且只能有一条箭线。

(2) 网络图中的所有事件必须编号,不允许出现同样的事件编号,且箭尾编号须小于箭头编号。

(3) 网络图中严禁出现从一个事件出发,沿箭线方向又回到原出发事件的循环回路;网络图中的箭线应保持自左向右的方向,不应出现箭头自右向左的水平箭线或左向的斜向箭线,以避免出现循环回路现象。

(4) 网络图中严禁出现双向箭头和无箭头的连线。

(5) 严禁在箭线上引入或引出另一条箭线。

(6) 绘制网络图时,应避免箭线交叉,当交叉无法避免时,可用过桥法或指向法表示。

(7) 一幅网络图中只有一个原始事件和一个结束事件。

绘制网络图步骤:

(1) 绘制没有紧前工作的工作,使它们具有相同的开始事件,以保证网络图只有一个原始事件。

(2) 依次绘制其他各项工作。这些工作的绘制条件是其所有紧前工作已经绘制出来。在绘制这些工作时应注意:

① 当所要绘制的工作只有一项紧前工作时,则将该工作箭线直接画在其紧前工作箭线之后。

② 当所要绘制的工作有多项紧前工作时,应采取相应的画法,在所有紧前工作完成之后,该工作才能开始绘制。

③ 正确表达各工作之间的逻辑关系。

(3) 当各项工作箭线绘制完成之后,为了保证网络图只有一个结束事件,应合并那些没有紧后工作的工作箭线的箭头事件为结束事件。

(4) 确认所绘制的网络图正确后(包括没有多余的虚工作,同时在起始点和结束点要少用虚箭线),最后进行节点编号。

【例 8-1】　某项目工程的施工计划见表 8-2,试画出网络计划图。

表 8-2　某项目工程的施工计划

工 作	工作时间/天	紧 前 工 作
a	2	—
b	1	a
c	3	a
d	2.5	c
e	1.5	c
f	2	b,d
g	4	e,f
h	3	b,d

解：第一步，绘制没有紧前工作的工作 a。

第二步，依次绘制其他各项工作。

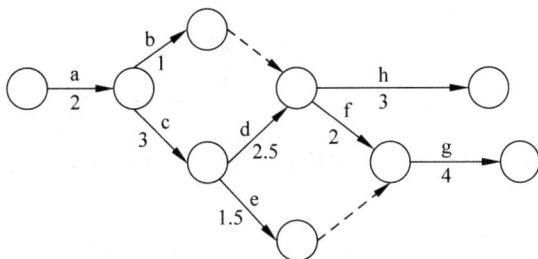

第三步，合并那些没有紧后工作的工作箭线的箭头事件为结束事件，并尽量减少虚工作。

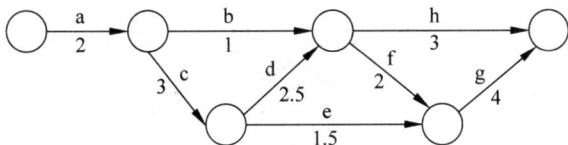

第四步，进行节点编号。

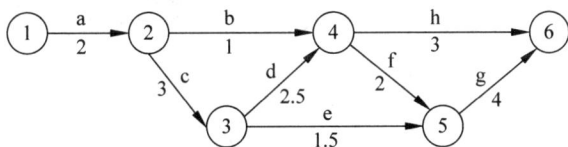

【**例 8-2**】　某项目的施工计划见表 8-3，试画出网络计划图。

表 8-3　某项目的施工计划

工　作	紧 前 工 作
A	—
B	—
C	—
D	B，C
E	B，C

解：第一步，绘制没有紧前工作的工作 A、B 和 C。

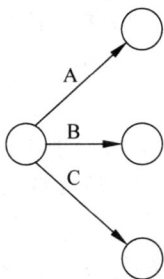

第二步,依次绘制其他各项工作。

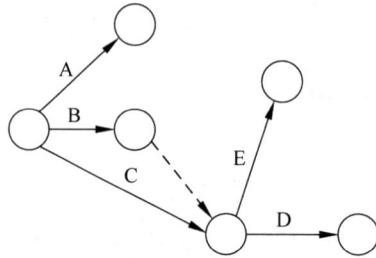

第三步,合并那些没有紧后工作的工作箭线的箭头事件为结束事件。

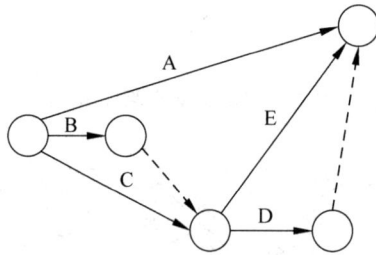

第四步,尽可能消除结束事件前的虚箭线。

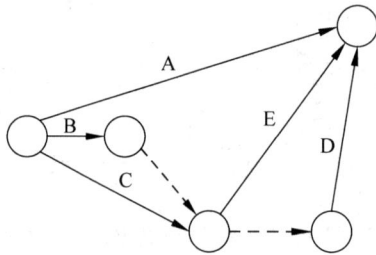

第五步,进行节点编号。

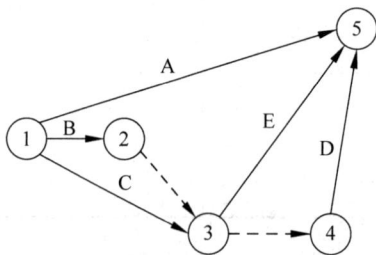

单代号网络图是以节点表示工作,以箭线表示工作之间逻辑关系的网络图,并在节点中标注编号、工作名称和持续时间,如图 8-8 所示。

单代号网络图的基本组成元素:

(1)节点,表示的是工作,一个节点表示一项工作。一般用圆圈或者矩形表示。与双代号网络图一样,单代号网络图中的节点也必须进行编号,且标注在节点内,编号可以间断,但是与双代号网络图一样绝不可以重复。

(2)箭线,表示的是工作之间的逻辑关系。箭线一般用水平直线、折线或者斜线来表

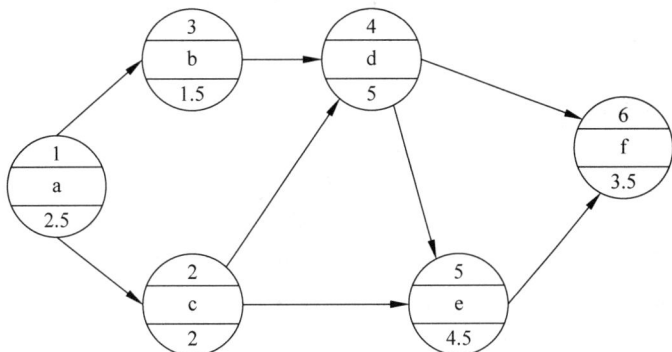

图 8-8　单代号网络图

示,不管如何绘制,水平投影时的方向应该是自左向右,表示的是工作进行的方向。

（3）路线,在单代号网络图中,每条路线应该用其路线上的节点编号,按照从小到大的顺序进行表述。

单代号网络图节点的几种表示方法如图 8-9 所示。

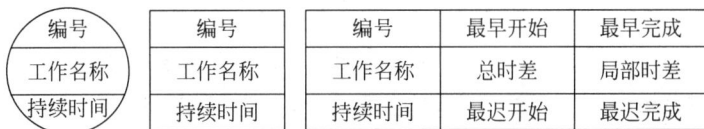

编号	编号	编号	最早开始	最早完成
工作名称	工作名称	工作名称	总时差	局部时差
持续时间	持续时间	持续时间	最迟开始	最迟完成

图 8-9　单代号网络图节点的表示方法

单代号网络图的特点:

（1）单代号网络图用节点表示工作,而箭线仅表示工作间的逻辑关系。

（2）单代号网络图作图简便,图面简洁,由于没有虚箭线,所以更能避免产生逻辑错误。

（3）单代号网络图用节点表示工作,没有长度概念,缺乏形象性,不利于绘制时标网络图。

（4）单代号网络图可依靠计算机的强大功能进行绘制、计算、优化和调整。近些年新兴的几种网络计划形式,如决策关键路线法（decision critical path method,DCPM）、图示评审技术（graphical evaluation and review technique,GERT）,都是采用单代号网络图的形式。

绘制单代号网络图的规则:

（1）绘图中禁止出现循环回路。

（2）每个节点表示一项工作,所以各节点的代号不能重复。

（3）绘图中禁止出现双向箭头或者无箭头的连线。

（4）使用数字表示工作的名称时,应由小至大按活动的先后顺序进行编号。

（5）绘图中禁止出现没有箭尾节点的箭线和没有箭头节点的箭线。

（6）绘图中,箭线不宜交叉,但是当交叉不可避免时,也可以采用过桥法或指向法进行绘制。

（7）在单代号网络图中,只有一个起点节点和一个终点节点。如果在网络图中有多个起点节点或多个终点节点,则应该在网络图的两端分别设置一项虚工作,作为该网络图的起点节点和终点节点。

（8）除起点节点和终点节点以外，其他所有节点应该有指向箭线和背向箭线。

（9）在绘制网络图时，单代号和双代号的画法不能混用。

8.2.2　关键路线法

关键路线法是通过分析项目过程中哪个活动进度安排的总时差最少来预测项目工期的网络分析方法，使用网络图表示各项工作之间的内在联系，找出控制工期的关键路径，在一定的工期、成本和资源条件下进行最佳计划、安排和管理，以达到缩短工期、提高工效和降低成本的目标。它是项目管理中非常关键的一个概念，上连着工作分解结构，下连着执行进度控制与监督。

下面以双代号网络图为例，介绍关键路线法中各种时间参数的确定：

1）工作时间

采用关键路线法进行项目进度的控制，要求工作时间明确、肯定。（关键路线法属于确定型网络计划分析计算方法）若工作时间不能明确，则可以采用经验法和对比法进行估计。

2）节点时间参数计算

（1）节点（事件）最早可能开始的时间 $T_E(j)$：网络始点到本节点最长路线的时间和，即

$$T_E(j) = \max[T_E(i) + t(i,j)] \text{（多条路线中取大）} \tag{8-1}$$

式中，$T_E(i)$ 为箭尾节点最早可能开始的时间；$t(i,j)$ 为工作时间，$i<j$，从左向右计算。

假设网络图上第一个事件的最早可能开始时间为 0。

（2）节点（事件）最迟必须开始的时间 $T_L(i)$：网络终点到本节点所有路线中累减时间的最小值，即

$$T_L(i) = \min[T_L(j) - t(i,j)] \text{（多条路线中取小）} \tag{8-2}$$

式中，$T_L(j)$ 为箭头节点最迟必须开始的时间；$T_L(i)$ 为箭尾节点最迟必须开始的时间；$t(i,j)$ 为工作时间，$i<j$，从右向左计算。

网络终点的最迟必须开始时间为最早可能开始的时间。

节点时间参数按图 8-10 的形式标注于网络图中的事件（节点）附近。

T_E	T_L

图 8-10　节点时间参数
标注形式

（3）工作时间参数

工作最早可能开始的时间 ES_{i-j}（earliest start time），等于该工作起点事件最早可能开始的时间，即

$$ES_{i-j} = T_E(i) \tag{8-3}$$

工作最早可能结束的时间 EF_{i-j}（earliest finish time），等于该工作最早可能开始的时间加上工作的持续时间，即

$$EF_{i-j} = ES_{i-j} + t_{i-j} = T_E(i) + t_{i-j} \tag{8-4}$$

式中，t_{i-j} 等同于节点时间参数计算中的 $t(i,j)$，都为工作持续时间。

工作最迟必须结束时间 LF_{i-j}（latest finish time），等于该工作终点事件的最迟必须开始时间，即

$$LF_{i-j} = T_L(j) \tag{8-5}$$

工作最迟必须开始时间 LS_{i-j}（latest start time），等于该工作终点事件的最迟必须开始

时间减去该工作的持续时间,即

$$LS_{i\text{-}j} = LF_{i\text{-}j} - t_{i\text{-}j} = T_L(j) - t_{i\text{-}j} \tag{8-6}$$

（4）工作时差

时差是反映工作在完成任务的条件下的机动或富裕时间,它为计划进度安排提供了选择的可能性,利用时差挖掘潜力,可以找到进度安排和资源分配的合理方案。

总时差 $TF_{i\text{-}j}$（total floating time）是指在不影响网络计划完成时间的条件下各工作所具有的机动时间,即在不影响后续工作最迟必须开始时间的情况下所具有的机动时间:

$$TF_{i\text{-}j} = T_L(j) - [T_E(i) + t_{i\text{-}j}] = LF_{i\text{-}j} - EF_{i\text{-}j} \tag{8-7}$$

局部时差 $FF_{i\text{-}j}$（Free Floating Time）是指各工作在不影响计划子目标或后续工作最早可能开始时间的情况下所具有的机动时间,即各工作最早可能结束时间到其后续工作最早可能开始时间的时间间隔:

$$FF_{i\text{-}j} = T_E(j) - [T_E(i) + t_{i\text{-}j}] = T_E(j) - EF_{i\text{-}j} = ES_{j\text{-}k} - EF_{i\text{-}j} \tag{8-8}$$

总时差和局部时差的关系:

① 总时差为零的工作为关键工作,或当工期有规定时,总时差最小的工作为关键工作。

② 总时差等于或大于局部时差,总时差为零,则局部时差必为零。

③ 总时差不但属于本工作,而且与前后工作都有关系,是一种路线时差,为该段路线上各工作所共有。使用局部时差对后续工作没有影响,后续工作仍可按最早可能开始的时间开始,具有局限性。

④ 以关键路线上的事件为终点事件的工作,总时差等于局部时差。

由关键工作组成的路线称为关键路线,是从原始事件到终点事件的最长路线。

工作时间参数和工作时差参数按图 8-11 所示标注于网络图中的工作箭线附近。

ES	EF	TF
LS	LF	FF

图 8-11　工作时间参数和工作
时差参数的标注形式

【例 8-3】　某工程项目的计划见表 8-4,画出双代号网络计划图,计算各时间参数并标注在网络图上,并确定该工程项目的关键路线。

表 8-4　工程计划表

工　作	紧 前 工 作	正常工期/天
A	—	2
B	A	3
C	A	2
D	C	6
E	F,D	4
F	B	8
G	F,D	6
H	E,I	5
I	G	2

解：（1）画网络计划图。

第一步，绘制没有紧前工作的工作 A。

第二步，依次绘制其他各项工作。

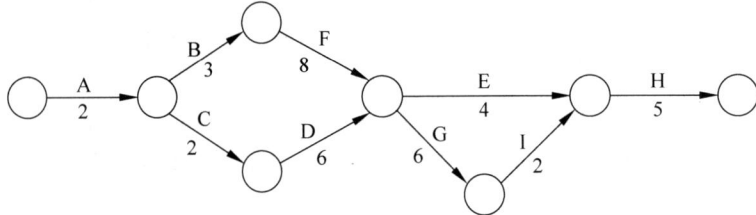

第三步，进行节点编号。

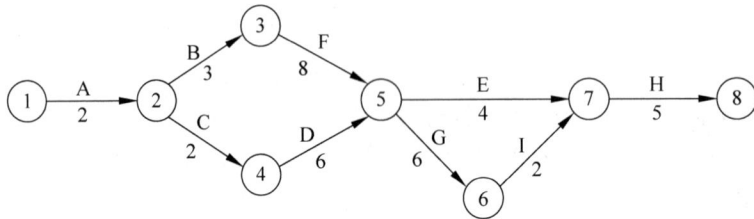

（2）计算各时间参数

① 节点时间参数

$T_E(1) = 0$；

$T_E(2) = T_E(1) + t(1,2) = 0 + 2 = 2$；

$T_E(3) = T_E(2) + t(2,3) = 2 + 3 = 5$；

$T_E(4) = T_E(2) + t(2,4) = 2 + 2 = 4$；

$T_E(5) = \max\{T_E(3) + t(3,5) = 5 + 8 = 13, T_E(4) + t(4,5) = 4 + 6 = 10\} = 13$；

$T_E(6) = T_E(5) + t(5,6) = 13 + 6 = 19$；

$T_E(7) = \max\{T_E(5) + t(5,7) = 13 + 4 = 17, T_E(6) + t(6,7) = 19 + 2 = 21\} = 21$；

$T_E(8) = T_E(7) + t(7,8) = 21 + 5 = 26$；

$T_L(8) = T_E(8) = 26$；

$T_L(7) = T_L(8) - t(7,8) = 26 - 5 = 21$；

$T_L(6) = T_L(7) - t(6,7) = 21 - 2 = 19$；

$T_L(5) = \min\{T_L(7) - t(5,7) = 21 - 4 = 17, T_L(6) - t(5,6) = 19 - 6 = 13\} = 13$；

$T_L(4) = T_L(5) - t(4,5) = 13 - 6 = 7$；

$T_L(3) = T_L(5) - t(3,5) = 13 - 8 = 5$；

$T_L(2) = \min\{T_L(4) - t(2,4) = 7 - 2 = 5, T_L(3) - t(2,3) = 5 - 3 = 2\} = 2$；

$T_L(1) = T_L(2) - t(1,2) = 2 - 2 = 0$。

② 工作时间参数

$ES_{1\text{-}2} = T_E(1) = 0$；

$\text{ES}_{2\text{-}3} = T_{\text{E}}(2) = 2;$

$\text{ES}_{2\text{-}4} = T_{\text{E}}(2) = 2;$

$\text{ES}_{4\text{-}5} = T_{\text{E}}(4) = 4;$

$\text{ES}_{3\text{-}5} = T_{\text{E}}(3) = 5;$

$\text{ES}_{5\text{-}7} = T_{\text{E}}(5) = 13;$

$\text{ES}_{5\text{-}6} = T_{\text{E}}(5) = 13;$

$\text{ES}_{6\text{-}7} = T_{\text{E}}(6) = 19;$

$\text{ES}_{7\text{-}8} = T_{\text{E}}(7) = 21;$

$\text{EF}_{1\text{-}2} = \text{ES}_{1\text{-}2} + t_{1\text{-}2} = 0 + 2 = 2;$

$\text{EF}_{2\text{-}3} = \text{ES}_{2\text{-}3} + t_{2\text{-}3} = 2 + 3 = 5;$

$\text{EF}_{2\text{-}4} = \text{ES}_{2\text{-}4} + t_{2\text{-}4} = 2 + 2 = 4;$

$\text{EF}_{4\text{-}5} = \text{ES}_{4\text{-}5} + t_{4\text{-}5} = 4 + 6 = 10;$

$\text{EF}_{3\text{-}5} = \text{ES}_{3\text{-}5} + t_{3\text{-}5} = 5 + 8 = 13;$

$\text{EF}_{5\text{-}7} = \text{ES}_{5\text{-}7} + t_{5\text{-}7} = 13 + 4 = 17;$

$\text{EF}_{5\text{-}6} = \text{ES}_{5\text{-}6} + t_{5\text{-}6} = 13 + 6 = 19;$

$\text{EF}_{6\text{-}7} = \text{ES}_{6\text{-}7} + t_{6\text{-}7} = 19 + 2 = 21;$

$\text{EF}_{7\text{-}8} = \text{ES}_{7\text{-}8} + t_{7\text{-}8} = 21 + 5 = 26;$

$\text{LF}_{1\text{-}2} = T_{\text{L}}(2) = 2;$

$\text{LF}_{2\text{-}3} = T_{\text{L}}(3) = 5;$

$\text{LF}_{2\text{-}4} = T_{\text{L}}(4) = 7;$

$\text{LF}_{4\text{-}5} = T_{\text{L}}(5) = 13;$

$\text{LF}_{3\text{-}5} = T_{\text{L}}(5) = 13;$

$\text{LF}_{5\text{-}7} = T_{\text{L}}(7) = 21;$

$\text{LF}_{5\text{-}6} = T_{\text{L}}(6) = 19;$

$\text{LF}_{6\text{-}7} = T_{\text{L}}(7) = 21;$

$\text{LF}_{7\text{-}8} = T_{\text{L}}(8) = 26;$

$\text{LS}_{1\text{-}2} = \text{LF}_{1\text{-}2} - t_{1\text{-}2} = 2 - 2 = 0;$

$\text{LS}_{2\text{-}3} = \text{LF}_{2\text{-}3} - t_{2\text{-}3} = 5 - 3 = 2;$

$\text{LS}_{2\text{-}4} = \text{LF}_{2\text{-}4} - t_{2\text{-}4} = 7 - 2 = 5;$

$\text{LS}_{4\text{-}5} = \text{LF}_{4\text{-}5} - t_{4\text{-}5} = 13 - 6 = 7;$

$\text{LS}_{3\text{-}5} = \text{LF}_{3\text{-}5} - t_{3\text{-}5} = 13 - 8 = 5;$

$\text{LS}_{5\text{-}7} = \text{LF}_{5\text{-}7} - t_{5\text{-}7} = 21 - 4 = 17;$

$\text{LS}_{5\text{-}6} = \text{LF}_{5\text{-}6} - t_{5\text{-}6} = 19 - 6 = 13;$

$\text{LS}_{6\text{-}7} = \text{LF}_{6\text{-}7} - t_{6\text{-}7} = 21 - 2 = 19;$

$\text{LS}_{7\text{-}8} = \text{LF}_{7\text{-}8} - t_{7\text{-}8} = 26 - 5 = 21。$

③ 工作时差

$\text{TF}_{1\text{-}2} = \text{LF}_{1\text{-}2} - \text{EF}_{1\text{-}2} = 2 - 2 = 0;$

$\text{TF}_{2\text{-}3} = \text{LF}_{2\text{-}3} - \text{EF}_{2\text{-}3} = 5 - 5 = 0;$

$\text{TF}_{2\text{-}4} = \text{LF}_{2\text{-}4} - \text{EF}_{2\text{-}4} = 7 - 4 = 3;$

$$TF_{4\text{-}5} = LF_{4\text{-}5} - EF_{4\text{-}5} = 13 - 10 = 3;$$
$$TF_{3\text{-}5} = LF_{3\text{-}5} - EF_{3\text{-}5} = 13 - 13 = 0;$$
$$TF_{5\text{-}7} = LF_{5\text{-}7} - EF_{5\text{-}7} = 21 - 17 = 4;$$
$$TF_{5\text{-}6} = LF_{5\text{-}6} - EF_{5\text{-}6} = 19 - 19 = 0;$$
$$TF_{6\text{-}7} = LF_{6\text{-}7} - EF_{6\text{-}7} = 21 - 21 = 0;$$
$$TF_{7\text{-}8} = LF_{7\text{-}8} - EF_{7\text{-}8} = 26 - 26 = 0;$$
$$FF_{1\text{-}2} = T_E(2) - EF_{1\text{-}2} = 2 - 2 = 0;$$
$$FF_{2\text{-}3} = T_E(3) - EF_{2\text{-}3} = 5 - 5 = 0;$$
$$FF_{2\text{-}4} = T_E(4) - EF_{2\text{-}4} = 4 - 4 = 0;$$
$$FF_{4\text{-}5} = T_E(5) - EF_{4\text{-}5} = 13 - 10 = 3;$$
$$FF_{3\text{-}5} = T_E(5) - EF_{3\text{-}5} = 13 - 13 = 0;$$
$$FF_{5\text{-}7} = T_E(7) - EF_{5\text{-}7} = 21 - 17 = 4;$$
$$FF_{5\text{-}6} = T_E(6) - EF_{5\text{-}6} = 19 - 19 = 0;$$
$$FF_{6\text{-}7} = T_E(7) - EF_{6\text{-}7} = 21 - 21 = 0;$$
$$FF_{7\text{-}8} = T_E(8) - EF_{7\text{-}8} = 26 - 26 = 0.$$

将各时间参数标注于网络图上,如图 8-12 所示。

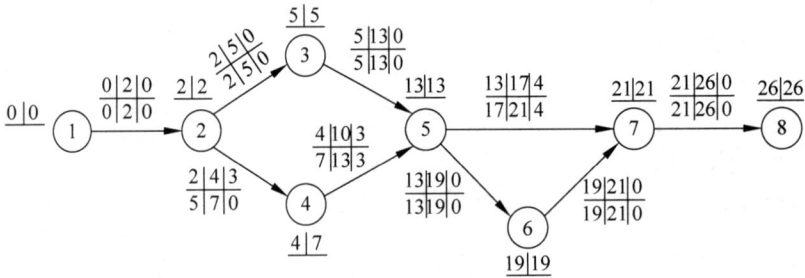

图 8-12　某工程项目的双代号网络图

将工作时间参数列于表 8-5。

表 8-5　时间参数表

工作	正常工期	$ES_{i\text{-}j}$	$EF_{i\text{-}j}$	$LF_{i\text{-}j}$	$LS_{i\text{-}j}$	$TF_{i\text{-}j}$	$FF_{i\text{-}j}$	关键工作
A	2	0	2	2	0	0	0	*
B	3	2	5	5	2	0	0	*
C	2	2	4	7	5	3	0	
D	6	4	10	13	7	3	3	
E	4	13	17	21	17	4	4	
F	8	5	13	13	5	0	0	*
G	6	13	19	19	13	0	0	*
H	5	21	26	26	21	0	0	*
I	2	19	21	21	19	0	0	*

总时差为 0 的工作为关键工作,由关键工作组成的路线为关键路线,因此,本项目的关键路线如图 8-13 所示。

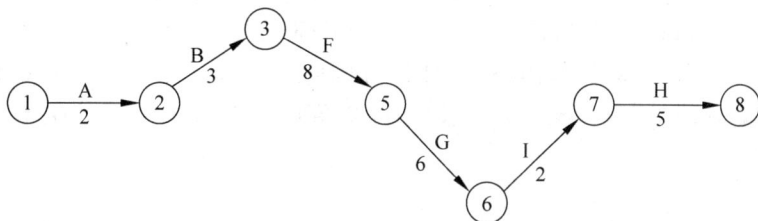

图 8-13　关键路线

8.2.3　计划评审技术

计划评审技术适用于工作的持续时间不确定的情况,该技术属于参数不确定性评判技术。在原理上与关键路线法相似,但由于工作时间的不确定性,在计算中引入了概率的概念。

工作的持续时间不确定,可视其为一个随机变量,准确地得到这个随机变量的分布函数或概率密度几乎是不可能的,也没有必要。一般采用三点估计的方法近似得到这个随机变量的数学期望和方差。简单而言,三点估计就是工程技术人员对工作时间做出 3 个估计值:

a_{ij}——乐观时间,工作进展顺利,在没有遇到任何困难的情况下完成该工作的时间。

b_{ij}——悲观时间,工作进展不顺利,在遇到较大困难的情况下完成该工作的时间。

m_{ij}——最可能时间,在正常情况下完成该工作的时间。

则该工作的平均完成时间(即数学期望)$\bar{d}_{ij}$ 和方差 σ_{ij}^2 为

$$\bar{d}_{ij} = \frac{a_{ij} + 4m_{ij} + b_{ij}}{6} \tag{8-9}$$

$$\sigma_{ij}^2 = \left(\frac{b_{ij} - a_{ij}}{6}\right)^2 \tag{8-10}$$

当工作的持续时间不确定时,网络图中任何一条路线的长度都是不确定的,此时可基于期望值法则以平均长度最长的路线时间表示网络图的工期。记这条平均长度最长的路线所包含工作的下标集合为 I,那么这条路线的工期 t_n 为

$$t_n = \sum_{(i,j) \in I} d_{ij} \tag{8-11}$$

t_n 的平均值(即数学期望)T_E 为构成它的各工作时间的数学期望之和,当各工作时间相互独立时,t_n 的方差 σ^2 为构成它的各工作时间方差之和

$$\begin{cases} T_E = \sum_{(i,j) \in I} \bar{d}_{ij} \\ \sigma^2 = \sum_{(i,j) \in I} \sigma_{ij}^2 \end{cases} \tag{8-12}$$

由概率论中心极限定理可知,t_n 近似服从均值为 T_E、方差为 σ^2 的正态分布:

$$F(T) = P(t_n \leqslant T) = \frac{1}{\sqrt{2\pi}\sigma} \int_{-\infty}^{T} e^{-\frac{(t-T_E)^2}{2\sigma^2}} dt \tag{8-13}$$

令 $\lambda = \dfrac{T - T_E}{\sigma}$,则有

$$\Phi(\lambda) = \frac{1}{\sqrt{2\pi}} \int_{-\infty}^{\lambda} e^{-\frac{t^2}{2}} dt \tag{8-14}$$

查标准正态分布表就可以得到该项目在预定时间 T 内完成的概率 P。

【例 8-4】　某项目的双代号网络图如图 8-14 所示，箭线下标为 a_{ij}（乐观时间，单位为天）-m_{ij}（最可能时间，单位为天）-b_{ij}（悲观时间，单位为天），求该项目在 45 天内完成的概率。

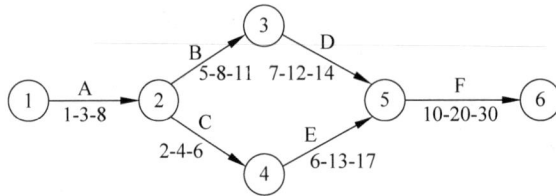

图 8-14　某项目的双代号网络图

解：利用三点估计分别计算各项工作时间的均值和方差，列于表 8-6。

表 8-6　各工作时间均值与方差

工作	a	m	b	$\overline{d}_{ij}$	σ_{ij}^2
A	1	3	8	3.5	1.36
B	5	8	11	8.0	1.00
C	2	4	6	4.0	0.44
D	7	12	14	11.5	1.36
E	6	13	17	12.5	3.36
F	10	20	30	20.0	11.11

由此可得工期最长的路线（即关键路线）如图 8-15 所示。

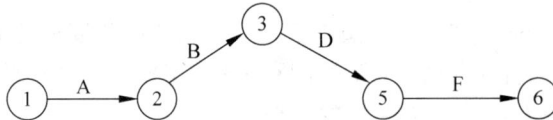

图 8-15　某项目的关键路线

项目工期的期望值为

$$T_E = 3.5 + 8.0 + 11.5 + 20.0 = 43$$

标准差为

$$\sigma = \sqrt{1.36 + 1.00 + 1.36 + 11.11} = 3.85$$

则有

$$\lambda = \frac{T - T_E}{\sigma} = \frac{45 - 43}{3.85} = 0.52$$

查标准正态分布表，可得到该项目在 45 天内完成的概率为：$\Phi(0.52) = 0.699$。

如果对该项目的工期完工概率有要求，即当要求完工时间的可能性时，也可以根据上述公式计算得到相应的工期。如本例中要求完工可能性为 0.5 时，可查标准正态分布表 $\Phi(\lambda) = 0.5$，得到 $\lambda = 0$，再由公式 $\lambda = \dfrac{T - T_E}{\sigma}$，得到工期为：

$$T = T_E + \sigma\lambda = 43 + 3.85 \times 0 = 43(\text{天})$$

在采用计划评审技术时,由于时间的不确定性,所得的关键路线有可能不是对工期影响最大的路线,并且由于情况的变化,次关键路线可能上升到主导地位,这一点在计划中要引起充分的注意。

在绝大多数的新产品开发类项目中,时间的不确定性情况十分普遍,因此,计划评审技术在大型、综合性、开发性项目中使用十分普遍。而对于一些技术改造、基础建设等项目大都采用关键路线法。

8.2.4　网络计划的优化

1. 时间-费用的优化

时间-费用优化是指用最低的费用增加来缩短项目工期的方法,即根据最低成本的要求寻求最佳工期。

1) 时间与费用的关系

项目费用包括直接费用和间接费用,两者之和为项目总费用。直接费用指企业为生产某一种类和一定数量的产品所发生的成本费用,包括直接材料费和直接人工费等,直接费用会因缩短项目工期而增加。间接费用是指不能直接计入产品生产成本的费用。制造费用是最主要的间接费用,包括企业管理人员的工资和福利费、折旧费、修理费、办公费和水电费等,间接费用会因缩短工期而减少。如果赶工一天需增加的直接费用小于节约一天工期所节约的间接费用,就能通过赶工缩短项目工期,降低总费用,实现时间-费用的优化。总费用的变化存在最低点,如图 8-16 所示。

直接费用增长率 β 为

$$\beta = \frac{Q_{\text{赶}} - Q_{\text{正}}}{T_{\text{正}} - T_{\text{赶}}} \qquad (8\text{-}15)$$

式中,$Q_{\text{赶}}$ 为赶工费用,$Q_{\text{正}}$ 为正常费用;$T_{\text{赶}}$ 为赶工时间;$T_{\text{正}}$ 为正常时间。

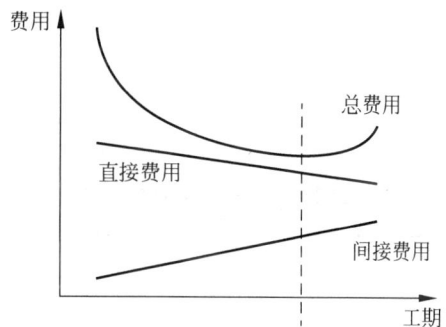

图 8-16　时间与费用的关系

2) 时间-费用优化的基本原理

(1) 时间-费用优化主要是求出不同工期(时间)下的最小费用总和。

(2) 因为工期长短取决于关键路线,缩短工期,首先必须缩短关键工作的持续时间。

(3) 采用"最低费用加快法"缩短工期,即缩短关键工作中直接费用增长率最小的工作的持续时间。

(4) "最低费用加快法"的具体做法:

① 当项目的关键路线只有一条时,压缩直接费用增长率最小的关键工作的持续时间。

② 当项目的关键路线有两条或两条以上时,每条关键路线要压缩相同的持续时间 Δt,此时项目工期才能缩短 Δt;压缩关键工作的持续时间,找出直接费用增长率总和最小的关键工作组合,称为"最小切割"。

③ 非关键路线的总时差不能小于关键路线上各工作持续时间压缩之和,否则该关键路线就会变为非关键路线,同时其他的非关键路线将会变成关键路线,即要保证原关键路线的

持续时间经压缩后还是关键路线。

【例 8-5】　某项目计划见表 8-7,画出双代号网络计划图,确定关键路线;如果需要缩短 3 天工期,那么成本增加最少的方案是什么?此时增加了多少成本?

表 8-7　某项目计划

工　作	紧 前 工 作	正常工期/天	最短工期/天	成本增长率/(百元/天)
A	—	2	1	80
B	A	3	2	70
C	A	3	1	80
D	B	3	2	100
E	C	5	2	60
F	C	7	3	70
G	D,E,F	6	4	90
H	E	2	1	70
I	G,H	4	2	100

解:按本章前述方法画出项目的双代号网络图:

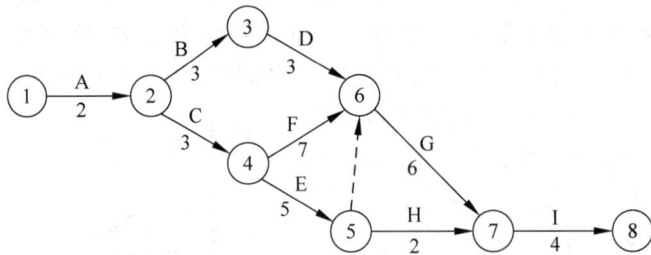

按前述时间参数计算方法或按照如下穷举法(因该网络图较简单)计算得到关键路线:

序　号	路　线	工　期
1	ABDGI	18
2	ACFGI	22
3	ACEGI	20
4	ACEHI	16

工期最长的为关键路线,因此路线 2:ACFGI 为关键路线。

分析关键路线上关键工作的成本增长率,发现关键工作 F 的成本增长率为最低,因此缩减 F 的工期,由题意可得 F 最多可以缩减 4 天,题目要求缩短 3 天。如果此处将 F 缩短 3 天,则 F 的工期变为 4 天,会导致关键路线 2 变为非关键路线,同时非关键路线 3 会变成关键路线。因此,工作 F 最多只能缩短 2 天。工作 F 的工期缩短 2 天后,此时关键路线有 2 条,除原关键路线 2 外,路线 3 也成为关键路线。

按题意还需缩短 1 天工期,此时关键路线有 2 条,分别为路线 2 和路线 3。进一步需对这 2 条关键路线同步压缩 1 天。具体压缩方案如下:

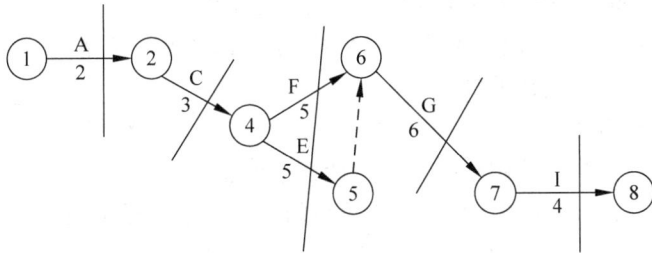

（1）压缩 A 工作 1 天。

（2）压缩 C 工作 1 天。

（3）压缩 F、E 工作各 1 天。

（4）压缩 G 工作 1 天。

（5）压缩 I 工作 1 天。

分别计算上述 5 种方案的成本增长,发现方案(1)压缩 A 工作 1 天和方案(2)压缩 C 工作 1 天的成本增长最少且相等。因此,第二步压缩的方案为压缩 A 工作 1 天或者压缩 C 工作 1 天。

工期压缩 3 天,总的成本增长为 $(2 \times 70 + 80)$ 百元 = 220 百元。

2. 时间-资源的优化

时间-资源优化就是在已有的项目网络图上,经过对工作时间的分析研究和搭配,使资源得到合理的安排和利用。因为在资源一定的条件下,可寻求最短的工期,也可以在工期一定的条件下,使投入的资源数量最少。

有两种情况需要进行时间-资源的优化:

（1）某工序受特种资源的限制。

（2）资源同时向多个工序供应。

对于前者,只要加强资源的供应,根据资源供应情况重新对网络计划进行调整。对于后者,调整的原则是:

（1）保证关键工作和时差小的工作对资源的需要。

（2）利用时差,错开工作开始时间,减少短期内对资源的需求。

（3）在技术、经济允许的情况下,延长工期,减少对资源的需求强度。

（4）考虑数量限制和平衡使用。

综合而言,我国目前已属于市场经济,一般资源供应充足,而人力资源受到专业、能力等多方面的限制,所以时间-资源优化工作相对一般项目并不十分重要,而时间-费用优化工作则显得十分突出。

3. 时间优化

当网络计划计算工期不能满足要求工期时,可通过压缩关键路线上关键工作的时间达到满足要求工期的目的。

（1）时间优化是压缩计算工期以达到要求工期目标的一种方法,或在一定的约束条件下使工期最短的过程。

（2）时间优化一般通过压缩关键工作的持续时间来达到优化目标。

（3）在优化过程中,要注意关键工作和非关键工作之间的转换,不能将关键工作压缩成非关键工作,但非关键工作可以不经压缩而变成关键工作。

(4)在优化过程中,当出现多条关键路线时,必须将每个关键路线的持续时长压缩相同的数值,否则,将无法有效地缩短工期。

时间优化的步骤和方法:

(1)找出网络计划中的关键路线并求出计算工期。

(2)按要求工期计算应缩短的时间,应缩短的时间等于计算工期与要求工期之差。

(3)选择应优先缩短持续时间的关键工作(或一组关键工作)。选择时应考虑下列因素:

① 缩短持续时间对质量和安全影响不大的工作。

② 有充足备用资源的工作。

③ 减少持续时间所需增加的费用或资源量最少的工作。

(4)将应优先缩短的关键工作压缩至最短工作时长,并确定关键路线。若被压缩的关键工作变成了非关键工作,则应再适当延长工作的持续时间,使其仍然是关键工作。

(5)如果计算工期仍超过要求工期,则重复以上步骤,直到满足工期要求或工期不能再被压缩为止。

(6)当所有关键工作或部分关键工作已达最短持续时间而寻求不到继续压缩工期的方案但工期仍不能达到要求工期时,应对计划的原技术、组织方案进行调整,或对要求工期重新审定。

8.2.5　项目进度计划的控制

项目计划只是基于预测而对项目未来所做的安排,由于预测的局限性,难免存在很多无法预见的问题,导致在计划的执行过程中会发生与计划不符的偏差,这就需要项目管理人员对计划的执行情况进行检查发现偏差并对计划做出调整,保证预定目标的实现。

项目进度计划控制是指对项目进度计划的实施与项目进度计划的变更所进行的管理控制工作。项目进度计划控制的主要内容包括:对项目进度计划影响因素的分析和识别、对可能影响项目进度计划实施的各种因素的控制、对项目进度计划完成情况的绩效评估、对项目实施过程中出现的偏差采取纠偏措施及对于项目进度计划变更的管理控制等。

1. 进度计划控制的原理

1)动态控制原理

项目进度计划的控制是伴随着项目的进行而实施的,当项目的实际进度与项目计划进度一致时,项目目标的实现就有保障;当项目的实际进度与项目计划进度不一致时,即两者之间产生了偏差,此时需要分析造成偏差的原因,采取针对性的措施,减少偏差,使项目的实际进度与计划进度归于一致。当发生新的偏差时,重复上述动作,以保证项目目标的实现。因此,项目进度计划的控制就类似于控制原理中的反馈控制。

2)信息原理

信息是项目进度计划控制的依据。项目进度计划的信息由上而下传递到各个项目实施人员,项目进度实际的信息则由下而上传递到项目管理人员,供其分析决策。因此须建立项目的信息系统,并及时有效地传递和反馈相关信息。

3）封闭循环原理

项目进度计划的控制是一种周期循环性的常规活动,包括计划编制,计划实施、检查、比较与分析,制定调整措施和修改计划,形成一个封闭的循环系统。进度计划控制的过程就是这种封闭循环系统持续运行的过程。

4）弹性原理

机械工程项目一般工期较长、影响因素较多且复杂。编制进度计划时须留有余地,使计划具备一定的弹性。

5）网络计划技术原理

网络计划技术除可以编制进度计划外,还可以进行计划的分析和优化。

6）系统原理

项目各个实施主体、实施过程各阶段的计划等构成了项目的整体计划系统,彼此之间相互联系、相互影响;每一个计划的制订和执行过程也是一个完整的系统。因此必须用系统的理论和方法处理进度控制问题。

2. 项目进度计划的监测

要想实施项目进度计划的控制,首先需要获取项目进度的实际数据,因此,需要对项目进展状况进行监测。一般采用日常观测和定期观测两种方式。

1）日常观测

（1）实际进度前锋线记录法

实际进度前锋线是一种在时间坐标网络中记录项目各活动实际进度情况的曲线,简称前锋线。它表示某一时刻正在进行的各项活动的实际进度前锋的连线,如图 8-17 所示。

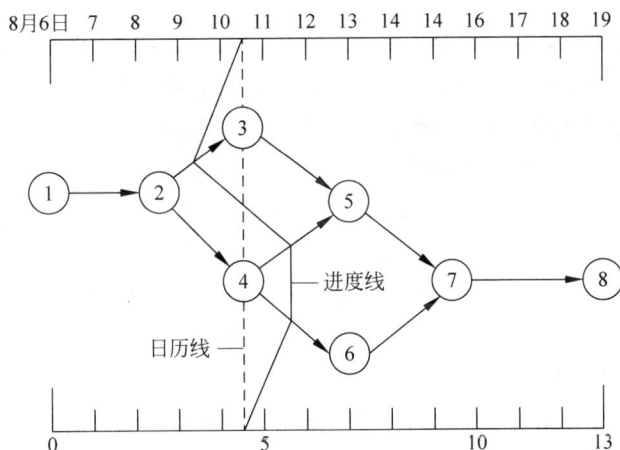

图 8-17　实际进度前锋线记录法

（2）图上记录法

在前述时标网络计划中,以实箭线表示工作,实箭线的水平投影长度表示该工作的持续时间;以虚箭线表示虚工作,由于虚工作的持续时间为零,故虚箭线只能垂直画。

当采用非时标网络计划时,可在图上用文字或符号记录,如图 8-18 所示。

（3）报告表法

报告表法就是将实际进度情况记录在表上,表格形式各异,所包含的内容也不尽相同。

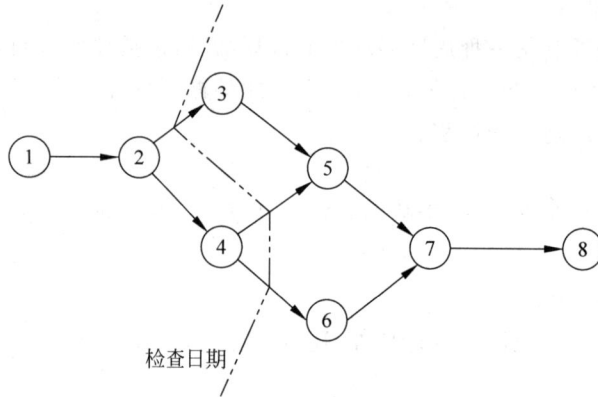

图 8-18　图上记录法

2）定期观测

定期观测是指每隔一定的时间对项目进度计划的实际执行情况做一次全面系统的观测。观测间隔的时间依项目不同而不同，可以是日、周、月或季等。

3）项目进度报告

项目进度实际的数据是通过项目进度报告的形式向相关部门和项目管理人员提交的。项目进度报告是记录观测结果、项目实际进展状况和发展趋势的书面形式的报告。项目进度报告一般包括以下 5 个方面的内容：

（1）项目进展简介，简要描述与项目有关的重要事项，包括近期的重大事件及对项目有较大影响的事件。

（2）项目近期趋势，描述项目接下来即将发生的事件，并对此做简要说明。

（3）预算执行情况，可以用图表反映项目近期的预算执行情况，并做出说明。

（4）存在的问题与危机，要提出解决的方法。

（5）人事表扬，对项目执行过程中的好人好事进行表扬。

项目进度报告的形式分为日常报告、例外报告和特别分析报告。日常报告即根据日常观测或定期观测的数据所编制的报告，这是较为常见的项目进度报告形式。例外报告主要有为项目决策提供信息的报告和发布决策并做出解释的报告两类。特别分析报告常用于宣传项目的特别研究成果。

3. 项目进度计划控制的实施

项目在实际实施过程中，由于各种因素的影响，有些工作会提前完成，有些会推迟，也有可能按时完成，这都会影响项目后续工作的开展。因此就需要对实际进展情况进行分析比较，分析其对项目产生的影响，以此作为项目进度计划更新的依据。

1）比较分析

比较分析是项目进度计划控制中非常重要的一步，即将项目的实际进展情况与计划相比较，查找两者不符的原因，并想出对策的过程。比较分析的方法有以下几种。

（1）甘特图比较分析法

将项目实际实施后的进展数据整理后用横道线直接标在原计划的甘特图上，如图 8-19 所示。工作 A 拖延了 1 个月；工作 B 推迟 1 个月开始，导致工作 B 延期 1 个月完成；工作

C 按计划执行。

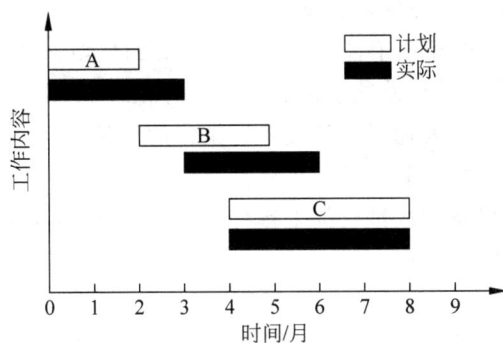

图 8-19　甘特图比较分析法示意图

（2）S 形曲线比较分析法

以横坐标表示时间，纵坐标表示工作累计完成量，如图 8-20 所示。

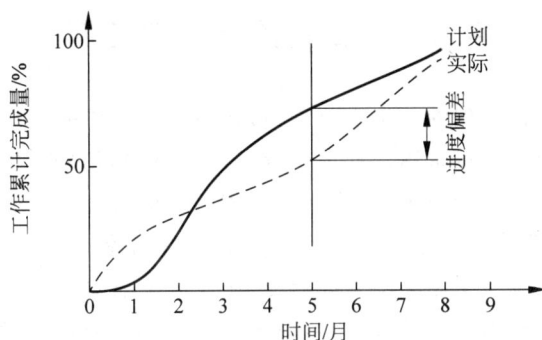

图 8-20　S 形曲线比较分析法示意图

2）项目进度计划的更新

依据项目实际进度与计划进度的分析比较，为确保按期完成项目，需要制定出相关措施，进行项目进度计划的更新，主要包括两方面的内容。

（1）分析进度偏差产生的原因

判断产生进度偏差的工作是否为关键工作，若是，则其必将对后续工作和项目的总工期造成影响，因此，必须进行进度计划的更新；若不是，则可根据进度偏差值与总时差和局部时差的大小关系确定其对后续工作和项目总工期的影响程度。如果进度偏差大于总时差，则应采取进度计划的调整措施；如果进度偏差小于等于该工作的总时差，则说明该偏差不会对总工期产生影响，但对其后续工作的影响程度须将偏差与其局部时差相比较才能确定。如果偏差大于该工作的局部时差，则应根据后续工作能承受的影响程度进行进度调整；如果偏差小于等于该工作的局部时差，则不会对后续工作产生影响，也无须进行进度调整。

（2）项目进度计划更新的方法

① 关键工作的实际进度相比计划进度有提前时的更新方法

在这种情况下，如果项目管理方要求缩短工期，可以将未完成的工作进行重新规划定为一个新的计划，后续工作按新的计划开展。如果项目管理方仅要求按原先的工期完工即可，则可利用此次机会减少项目所需资源的费用和强度,即选择后续关键工作中资源消耗大或直接费用高的关键工作对其持续时间做适度延长。

② 关键工作的实际进度相比于计划进度有延迟时的更新方法

因为项目的工期取决于关键路线上所有关键工作的时长和,因此当关键工作的实际进度相比计划进度有延迟时,主要通过对后续关键工作的时长进行缩短来保证项目按期完成。

③ 改变工作之间的逻辑关系

项目实施过程中,可以将依次进行的工作变为平行关系,从而缩短工期。当然,这种调整需在一定的可行性条件下执行。

④ 增减工作

由于前期考虑不全,或者由于特殊原因需要增减某些工作时,需重新调整项目计划。增减工作后,必须重新计算工期,以分析是否对原计划的工期产生了影响。

⑤ 重制计划

在项目实际进度相比计划进度有延迟时,应根据工期要求,对后续工作重新编制计划。

8.3　项目费用计划与控制

项目费用计划是项目管理的一个重要方面,费用管理是与进度管理、质量管理并重的项目管理的三个主要方面。项目费用计划的质量直接影响项目进行的质量,其执行情况也是考察项目经理工作能力的一个重要指标。基于 PMBOK® 指南,项目费用管理的主要内容包括:资源计划过程、费用估算过程、费用预算过程和费用控制过程。

资源计划就是决定每项工作使用哪些资源,在项目实施的各个阶段使用多少资源,资源计划必定和费用估算相联系,它是费用估算的基础。费用估算即估计完成项目各项活动所需的资源费用的近似值,包括人力资源费、材料费、差旅费、知识产权费和管理费等。在进行费用估算时,需根据当地经济环境的影响做出适当修正,并需准备部分应急备用金,以备不时之需。

进行费用估算时需要用到的技术和资源:

1) 工作分解结构

工作分解结构是项目管理中的一项基础性工作,应用工作分解结构控制项目费用可以按下述步骤进行:

(1) 在确定责任范围和预算的同时建立编码。

(2) 报告投资和进度。

(3) 调整预算和时间。

2) 资源需求分析

项目费用估算的基础是项目资源需求及资源单价。资源需求是项目资源计划的输出结果,资源需求包含资源种类和数量。

3) 资源单价

资源需求仅给出了资源的种类和数量,各类资源的消耗量乘以单价就可以得到相应的费用。这里还需要考虑资源单价在不同地域之间的差别,以及资源价格的市场波动情况。

4）活动历时估计

活动历时指完成该项活动所需要的持续时间。因为人工、资金和设备的使用费用都和时间有关,所以要对活动历时进行估计。活动历时的估算方法有经验类比法、专家建议法、工时定额法和德尔菲法等。

5）历史信息

项目团队已经完成的类似项目的历史记录,以及资源价格的历史数据都可以作为费用估算的参考信息。

费用估算仅仅是一种近似值的估计,是基于历史信息对当前项目费用支出的预计。常用的方法有:

1）类比估算法

类比估算法是指利用之前已经完成的类似项目的实际费用估算当前项目的费用。这种方法简单易行,但其精度取决于当前项目与之前项目的相似程度、相距时间和地点。这种方法精度较低,有统计资料显示其精度一般为±30%,但由于该方法基于实际经验和数据,因而可信度较高。

2）工料清单法

工料清单法首先给出项目涉及的人工物料清单,再对各项物料和工作的费用进行估算,最后由下向上算出项目的总费用。这种方法的基础就是 WBS,先估算出 WBS 底层各单元的费用,再逐层向上汇总得到项目的总费用。该方法精度较高,一般为±10%左右,但因工作量较大,导致估算工作本身的费用较高。

3）参数模型法

参数模型法是根据项目最终可交付成果的特征计量参数,通过某一估算模型来计算费用的方法。其精度取决于估算模型的科学性、参数的计算精度和历史数据的准确程度,一般为±20%。

费用估算完成时,除能得到项目费用的估算值外,还包括一些辅助文件,即项目费用估算详细依据、项目费用管理计划。

费用预算是在费用估算的基础上将估算的费用基于 WBS 分配到每一项工作中,并确定整个项目的总预算,作为衡量项目执行情况和控制费用的依据。项目预算过程可以分为两个步骤:

（1）根据项目费用估算,将其分配到 WBS 的各个工作包。

（2）对每个工作包进行预算分配。

项目预算工作需要的支撑材料包括费用估算文件、WBS、项目进度计划和项目风险管理计划。

项目预算的方法通常有:项目估算所用的方法;常规的预算确定方法,如财务预算方法;独特的项目预算方法,如甘特图等。

完成费用预算工作后得到的是费用基准计划。

费用控制主要包括:

（1）对造成费用基准变化的因素施加影响,以保证其朝着有利的方向发展。

（2）确定实际发生的费用是否已经出现偏差。

（3）如实际发生的费用出现偏差,分析偏差对项目未来进度的影响,并采取一定的措施。

进行项目费用控制的主要方法为挣得值分析法(earned value analysis)。1967年,美国国防部开发了挣得值分析法并成功将其应用于国防工程项目中。挣得值分析法又称为赢得值法或偏差分析法,在工程项目实施中使用较多,是对项目进度和费用进行综合控制的一种有效方法。该方法通过测量和计算已完成工作的预算费用与实际费用和计划工作的预算费用得到相关计划实施的进度和费用偏差,达到评估项目执行情况的目的。该方法的3个基本参数如下:

(1) 计划工作量的预算费用(budgeted cost for work scheduled,BCWS),是指项目实施过程中某阶段计划要求完成的工作量所需的预算费用。BCWS主要是反映进度计划应当完成的工作量(用费用表示)。计算公式为

$$\text{BCWS} = 计划工作量 \times 预算定额 \tag{8-16}$$

(2) 已完成工作量的实际费用(actual cost for work performed,ACWP),是指项目实施过程中某阶段实际完成的工作量所消耗的费用。ACWP主要反映项目执行的实际消耗指标。

(3) 已完成工作量的预算成本(budgeted cost for work performed,BCWP),是指项目实施过程中某阶段按实际完成工作量和预算定额计算出来的费用,即挣得值(earned value)。BCWP的计算公式为

$$\text{BCWP} = 已完成工作量 \times 预算定额 \tag{8-17}$$

挣得值法的4个评价指标:

(1) 费用偏差(cost variance,CV)。CV是指检查期间BCWP与ACWP之间的差异,计算公式为

$$\text{CV} = \text{BCWP} - \text{ACWP} \tag{8-18}$$

当CV为负值时表示执行效果不好,实际消耗的费用超过预算值,即超支。反之,当CV为正值时表示实际消耗费用低于预算值,即有节余或效率高。若CV=0,表示项目按计划执行。

(2) 进度偏差(schedule variance,SV)。SV是指检查日期BCWP与BCWS之间的差异,其计算公式为

$$\text{SV} = \text{BCWP} - \text{BCWS} \tag{8-19}$$

当SV为正值时表示进度提前;SV为负值时表示进度延误;若SV=0,则表明进度按计划执行。

(3) 费用执行指标(cost performed index,CPI)。CPI是指挣得值与实际费用值之比,其计算公式为

$$\text{CPI} = \text{BCWP}/\text{ACWP} \tag{8-20}$$

当CPI>1时,表示实际费用低于预算,当CPI<1时,表示实际费用超出预算;当CPI=1时,表示实际费用与预算费用吻合,同时表明项目费用按计划进行。

(4) 进度执行指标(schedule performed index,SPI)。SPI是指项目挣得值与计划值之比,其计算公式为

$$\text{SPI} = \text{BCWP}/\text{BCWS} \tag{8-21}$$

当SPI>1时,表示进度提前;当SPI<1时,表示进度延误;当SPI=1时,表示实际进度等于计划进度。

项目完成费用估计(estimate at completion,EAC),是指在检查时刻估算的项目范围规

定的工作全部完成时的项目总费用。EAC 的计算以项目的实际完成情况为基础,再加上未完成工作的费用预测。不同情况下对未完成工作的费用预测也会有所不同,因此,EAC 的计算方法有以下几种情况:

(1) 认为项目当前已完成工作的费用偏差范围就是项目全部费用的偏差范围,则可以按照已完成情况估计在目前条件下完成项目所需的总费用,即 EAC＝实际支出＋按照实际支出情况对剩余预算做出的修改。其公式为

$$EAC＝实际费用＋(总预算费用－BCWP)×(ACWP/BCWP) \tag{8-22}$$

(2) 之前的执行情况表明先前的费用假设存在根本缺陷或由于条件改变而不再适用于新的情况时,必须重新估算所有未完成的工作的费用。其公式为

$$EAC＝ACWP＋对未完成工作的重新估计值 \tag{8-23}$$

(3) 当现有的偏差被认为异常时,或者项目管理人员认为类似的偏差不会再出现时,其公式为

$$EAC＝ACWP＋未完成工作的原预算 \tag{8-24}$$

8.4　项目质量计划与控制

项目质量计划就是确定项目相关的质量标准和如何达到这些项目质量标准而做的项目质量的计划与安排。项目质量计划的依据主要包括:质量政策、范围说明书、产品说明书、标准和规范及其他过程的输出结果。

项目质量计划的制订方法有:

(1) 成本收益法。质量在给组织带来利益的同时,也需要付出相应的代价。假设提高质量带来的收益增加 ΔI,同时成本增加 ΔC,当 $\Delta I/\Delta C>1$ 时,质量改进是可取的;当 $\Delta I/\Delta C<1$ 时,质量改进是不可取的;当 $\Delta I/\Delta C=1$ 时,如果这种改进对社会有益,则是可取的,否则是不可取的。

(2) 流程图。流程图是指反映某个过程中各个相关步骤或环节之间的逻辑与顺序关系的图,分为因果分析图(即鱼骨图,见图 8-21)和流程图。

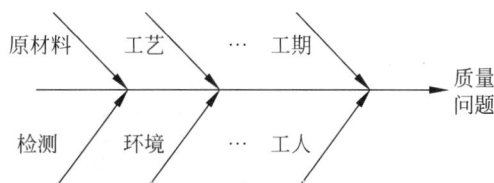

图 8-21　质量问题鱼骨图

项目质量计划的输出包括:

(1) 质量管理计划,即明确项目管理机构如何具体执行质量策略,包括:要达到的项目质量目标,质量管理工作流程,项目不同阶段的职责、权限和资源的分配,项目实施中需采用的书面程序与指导书,各阶段适用的检查、测试大纲,达到质量目标的测量方法等。

(2) 操作定义,是指用专业化术语描述各项操作规程的含义,以及如何通过质量控制程序对其进行检测。

（3）检查表，即用来核查需要执行的一系列步骤是否已经完成及结果状况。

基于 PMBOK® 指南，项目质量控制的定义为：监控具体的项目结果，判断其是否符合相关标准，并找出能消除引起不满意绩效的原因的方法。项目质量控制是确保项目结果符合质量标准，并在其出现偏差时采取适当纠偏措施的活动。

项目与普通的产品不同，因此对于项目的质量控制区别于对普通产品的质量控制，其主要特点有：

（1）影响质量的因素较多。项目是动态实施的，因此影响项目质量的各个因素也是动态的，在项目实施的不同阶段、不同过程，影响因素也都不一样。这些影响因素有些可预见、有些不可预见，有些影响大、有些影响小。

（2）质量控制的阶段性。在项目实施的不同阶段，其工作内容和结果都不同，因此不同阶段质量控制的内容也不同。

（3）容易产生质量变异，即项目质量数据的不一致性。

（4）项目不能解体、拆装。普通产品可以解体、拆装后检查，但项目一般不能解体、拆装。

（5）项目质量受到工期和费用的制约。

项目质量控制的方法有：

1）检查

检查是指为确定结果是否符合要求而采用的检测、检验等活动。

2）控制图

控制图是项目过程的结果随时间变化而变化的一种曲线图，如图 8-22 所示。

3）帕累托图

帕累托图又叫排列图、主次图，以意大利经济学家维尔弗雷多·费德里科·达马索·帕累托（Vilfredo Federico Damaso Pareto）的名字命名，是按事件发生的频率从大到小排列，再按累计频率绘制而成的曲线图，如图 8-23 所示。从概念上说，帕累托图与帕累托法则一脉相承，该法则认为相对来说数量较少的原因往往会造成绝大多数的问题或缺陷。

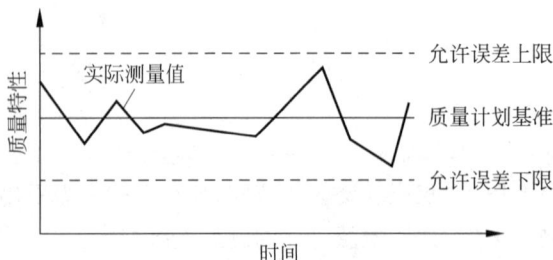

图 8-22　质量控制图

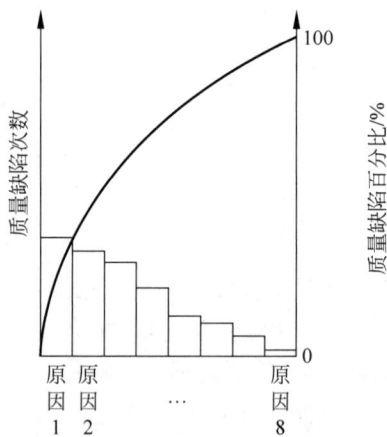

图 8-23　质量问题的帕累托图

绘制帕累托图的步骤如下:

第一步,找出所有质量缺陷并分类。

第二步,针对某一类质量缺陷找出所有原因,可用鱼骨图法。

第三步,统计各种原因所引发的质量缺陷的数量和频率。

第四步,将各类原因按照引发质量缺陷的次数(或频率)从大到小排序,并绘制成直方图。

第五步,绘制累计次数(或频率)曲线,也就是帕累托曲线。

4)趋势分析

趋势分析是指利用统计学方法,依据之前已经发生的实际情况预测未来的发展趋势,即用项目已完成成果的质量预测未来成果的质量。

一个有效的质量控制系统能够确保项目实施过程中各阶段的质量,从而提高项目最终可交付成果的质量。

8.5　利用 Microsoft Project 软件进行项目管理

Microsoft Project 2024 是由微软公司开发的非常适合项目经理、项目团队及决策者的项目管理专业工具,它可以帮助用户轻松规划项目,在任何时候、任何地方进行工作。该软件不仅可以帮助用户轻松、快速、准确地创建项目计划,还可以帮助项目经理或项目团队迅速实现项目进度跟进,控制项目成本,分析及预测,使项目工期大幅缩短,所有资源得到有效利用,大大提高经济效益。利用该软件进行一个简单项目进度管理的主要步骤如下:

1. 新建一个 Project 文件,设置项目的基本信息

1)设置项目信息

打开软件,单击"项目"→"项目信息",设置"项目开始日期",如图 8-24 所示,项目开始日期也可以在后续操作中修改。

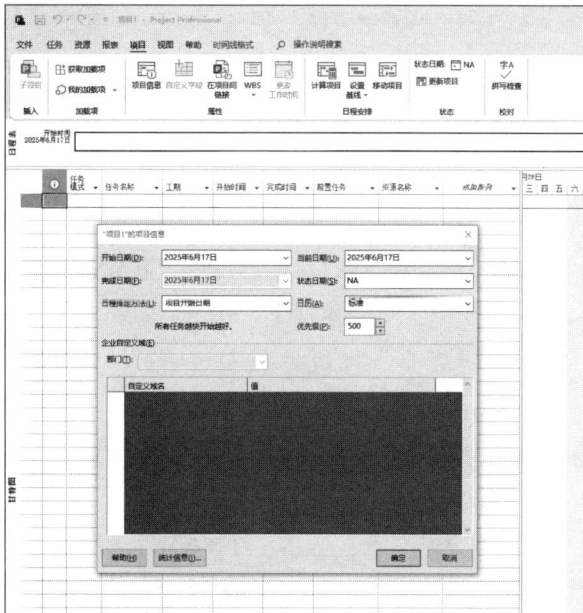

图 8-24　设置项目开始日期

2) 设置工作时间

单击"项目"→"更改工作时间",软件默认为"标准(项目日历)",每周的工作日为周一到周五,每天的工作时间为 8:00—12:00 和 13:00—17:00,如图 8-25 所示。

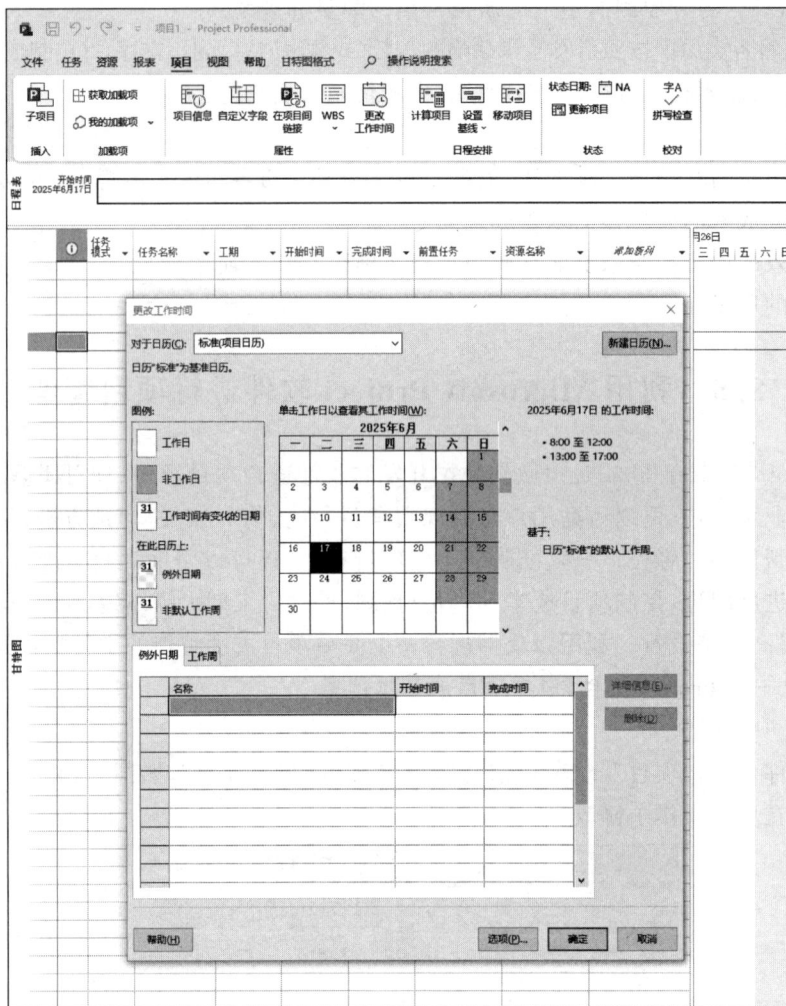

图 8-25 项目工作时间

如需修改工作时间,则单击"新建日历(N)...",弹出"新建基准日历"窗口,名称处建议填入项目名,如"6CH-30Y 茶叶烘干机研发项目",并点选"新建基准日历(N)",如图 8-26 所示。

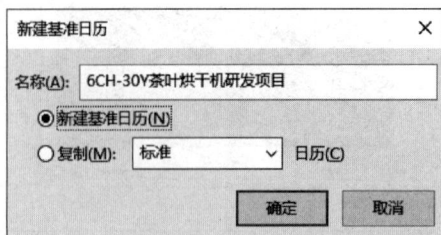

图 8-26 新建基准日历

在更改工作时间窗口,单击"对于日历(C)"下拉菜单,选择刚才建立的"6CH-30Y 茶叶烘干机研发项目"。在例外日期处可以设置调休和特殊节假日,如名称为"国庆放假",并设置相应的开始和完成时间,如图 8-27 所示。

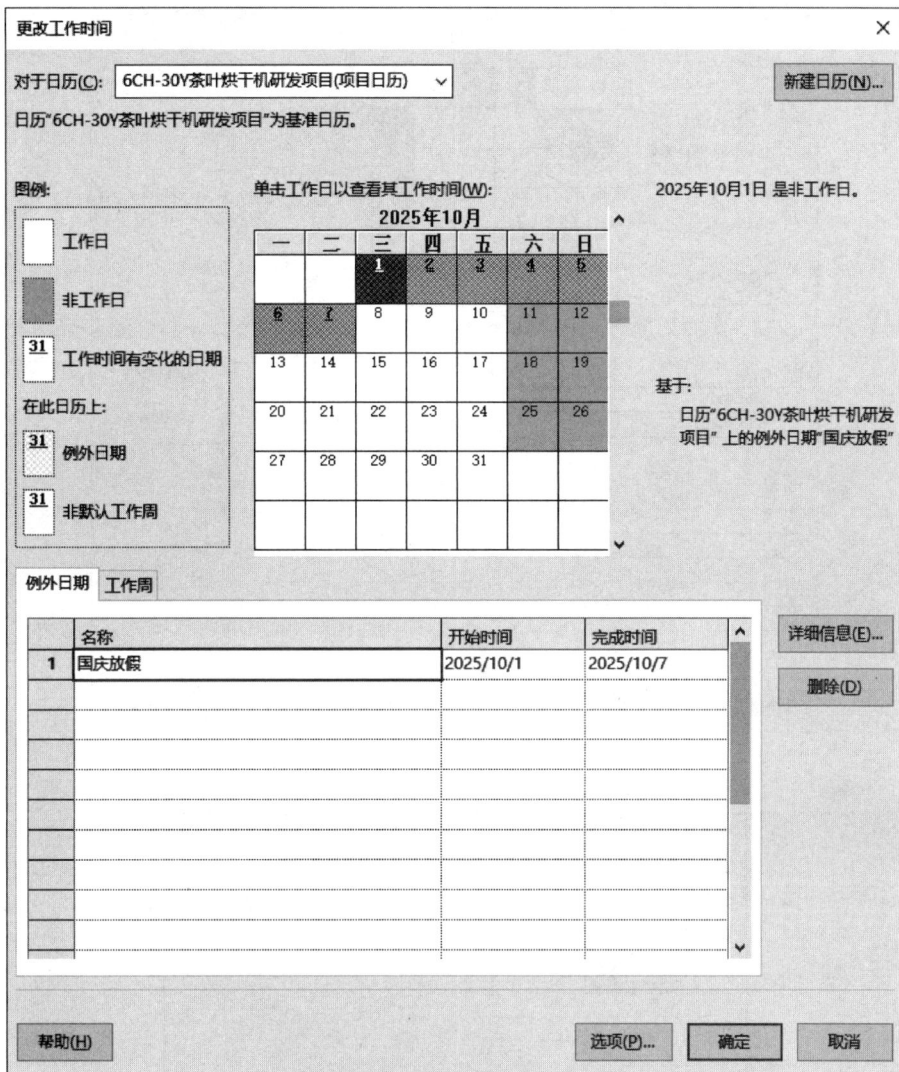

图 8-27　设置放假日期

如将非工作日变更为工作日或对工作日内工作时间做变动,则可在例外日期处新建"国庆调休工作日",如图 8-28 所示。

单击右侧的"详细信息(E)…",弹出"'国庆调休工作日'的详细信息"窗口,点选"工作时间",可对默认工作时间进行修改,如图 8-29 所示。

在工作周选项内,可以修改每周默认的工作日和非工作日,并可修改工作日的工作时间。

单击"确定"完成工作时间的修改。

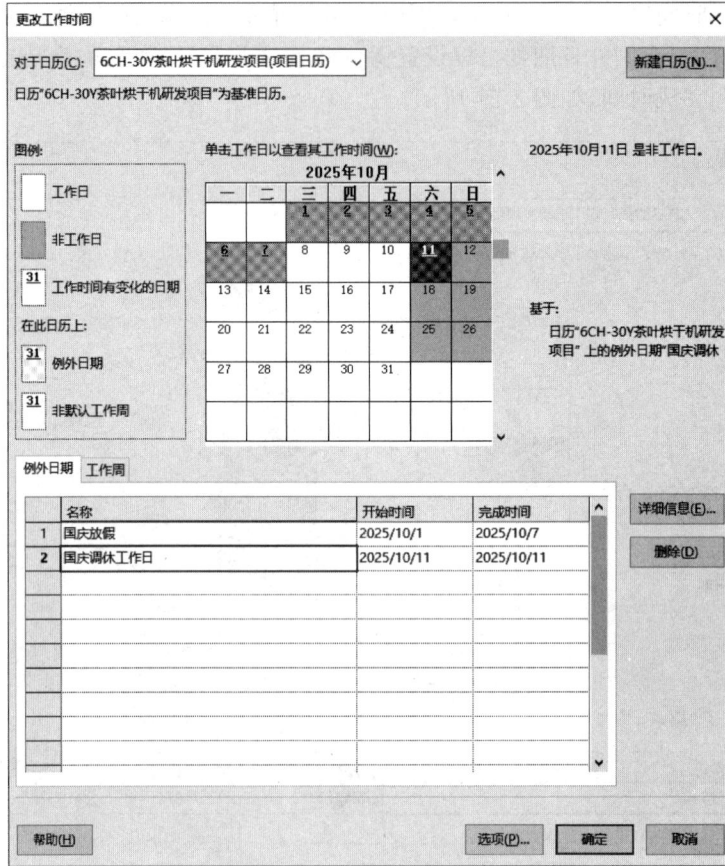

图 8-28 非工作日变更为工作日

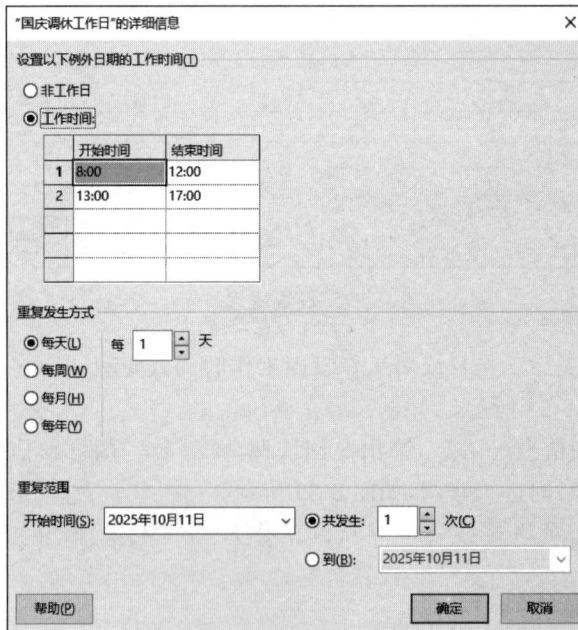

图 8-29 修改工作时间

2. 输入任务和工期

在主界面"任务名称"和"工期"列分别输入各自的内容。在"任务"选项卡下选中主界面的相应任务名称后单击"降级任务"或"升级任务"可对任务设置相应的层级关系,如图 8-30 所示,并将任务模式选为"自动计划",此时界面显示如图 8-31 所示。

图 8-30 输入任务并设置层级关系

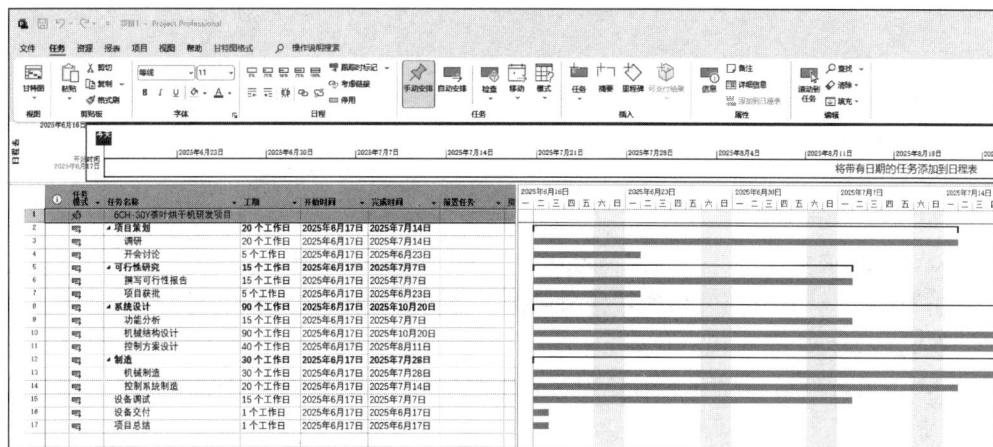

图 8-31 任务层级设置后的状态

　　如图 8-31 所示,左侧为任务列表,右侧为对应的甘特图。各任务的开始时间均为 2025 年 6 月 17 日(开始时间和完成时间均由输入的工期自动获得),且并未避开之前设置的国庆假期,即该项目的日历信息并未改变。此时,可以在"项目"→"项目信息"选项卡中,在"日历(A)"下拉菜单中选中"6CH-30Y 茶叶烘干机研发项目",如图 8-32 所示。单击"确定",我们会发现日历已经避开了国庆假期和双休日等非工作时间。

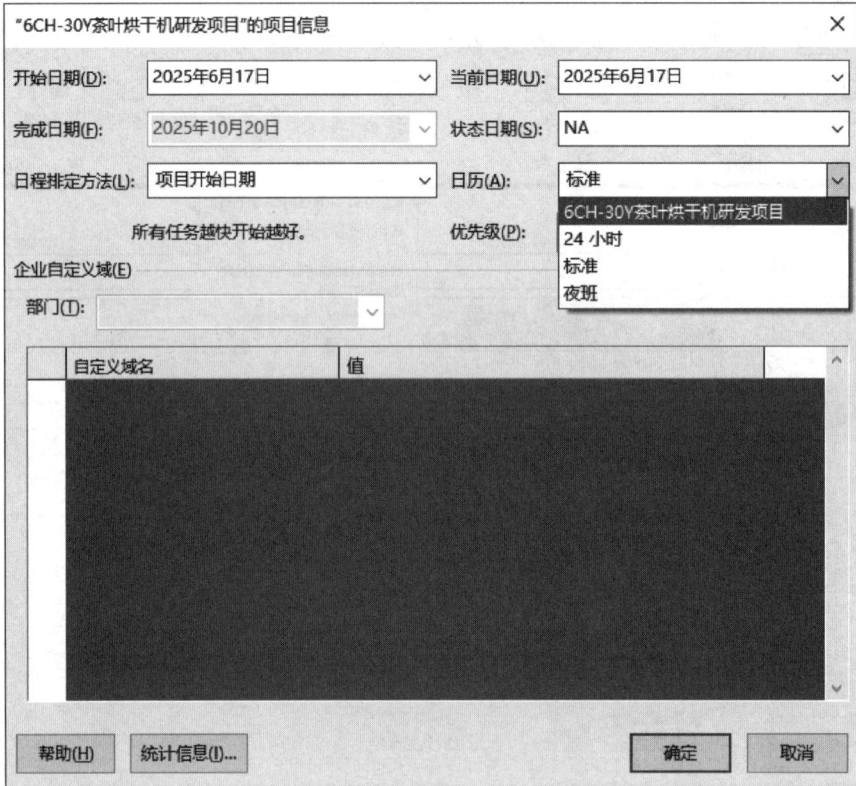

图 8-32　选择项目实际日历

　　但是,所有任务的开始时间还是 2021 年 9 月 29 日。这时,需要在"前置任务"列中,针对每一个任务指定其前置任务,即本项任务(工作)的紧前任务(工作),如图 8-33 所示。

　　待所有任务的前置任务指定完成后,我们会发现如图 8-34 所示的甘特图。

3. 输入并分配资源

　　单击"视图"→"资源工作表",或者"任务"→"甘特图"下方的倒三角形,勾选"资源工作表",如图 8-35 所示。

　　在资源工作表中,输入资源名称和相应的费率,如图 8-36 所示。

　　单击"任务"→"甘特图",回到甘特图视图。在相应任务的"资源名称"列点选该任务所需的资源,如图 8-37 所示。

　　单击"资源名称"右侧的"添加新列",选择"成本",可以看到各个任务的费用信息,如图 8-38 所示。

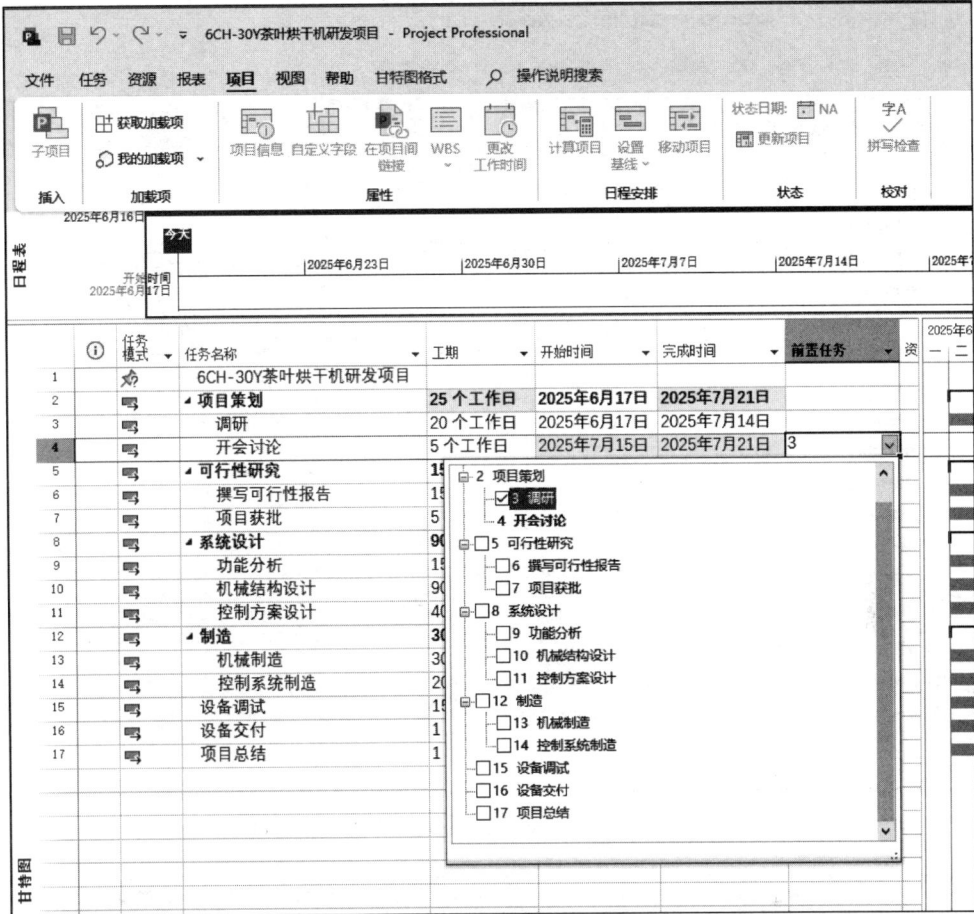

图 8-33 设置任务关系

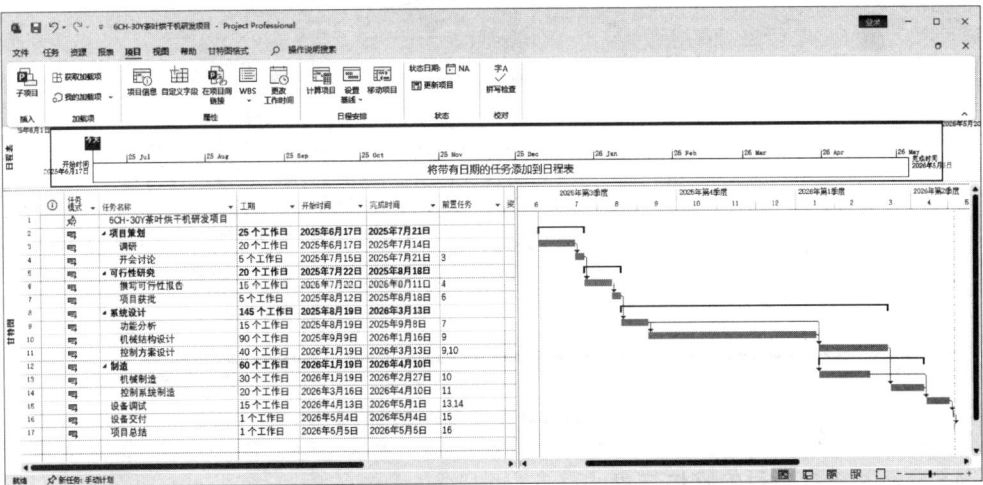

图 8-34 项目甘特图

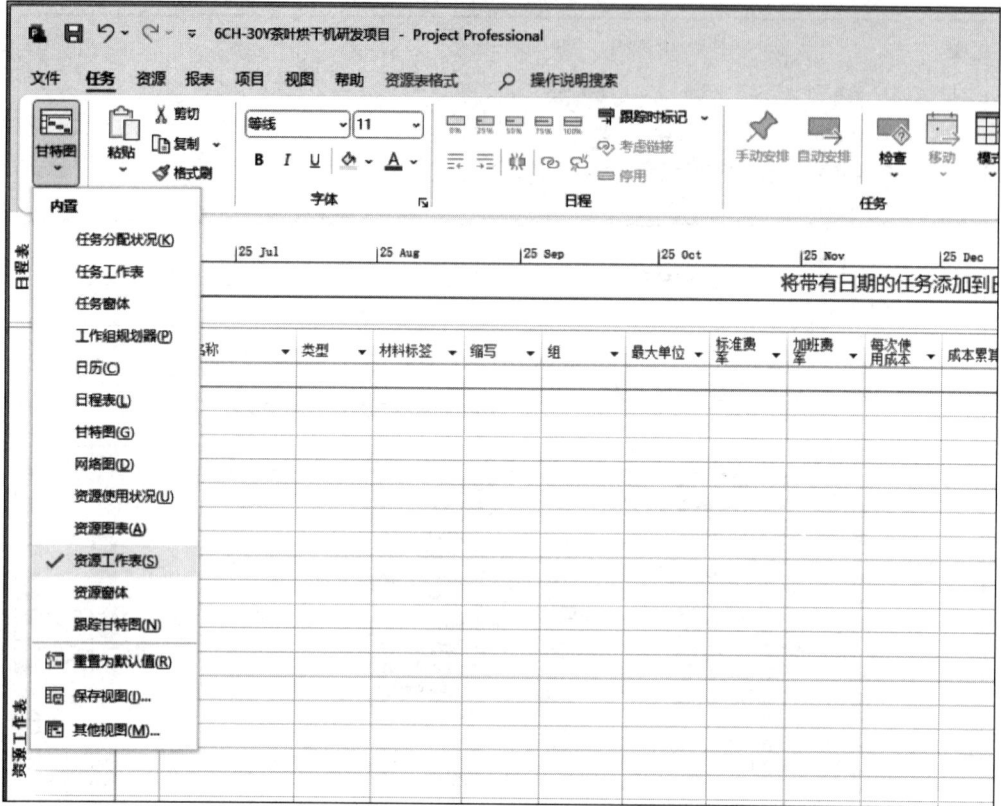

图 8-35　进入资源分配窗口

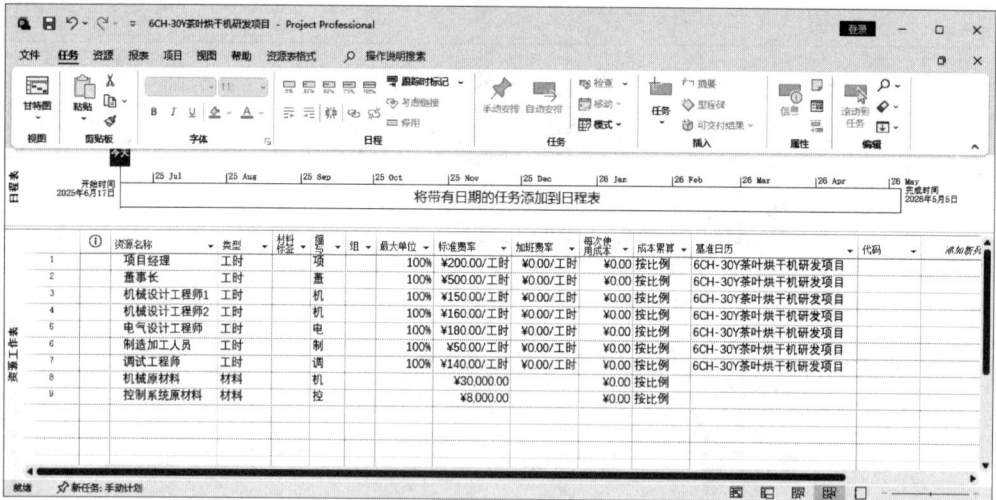

图 8-36　输入资源名称和相应的费率

4. 更新并查看项目的整体进度

单击"项目"→"设置基线"确定后,此时设置基线的目的是初始计划得到批准后,就设置成考核的参考线,后续如对项目有变更,能与此时设立的基准进行对比。单击"视图"→"甘特图"下方的倒三角形,点选"跟踪甘特图",主界面右侧的甘特图区域会出现灰色进度条并

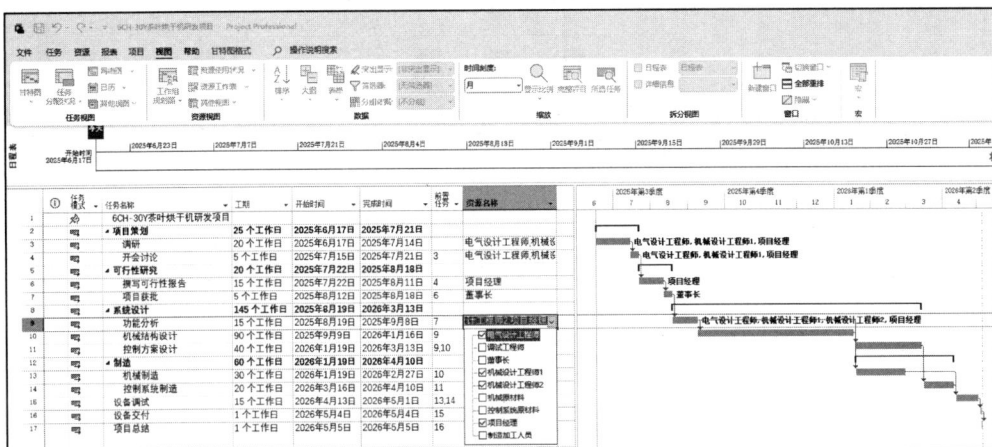

图 8-37　分配资源

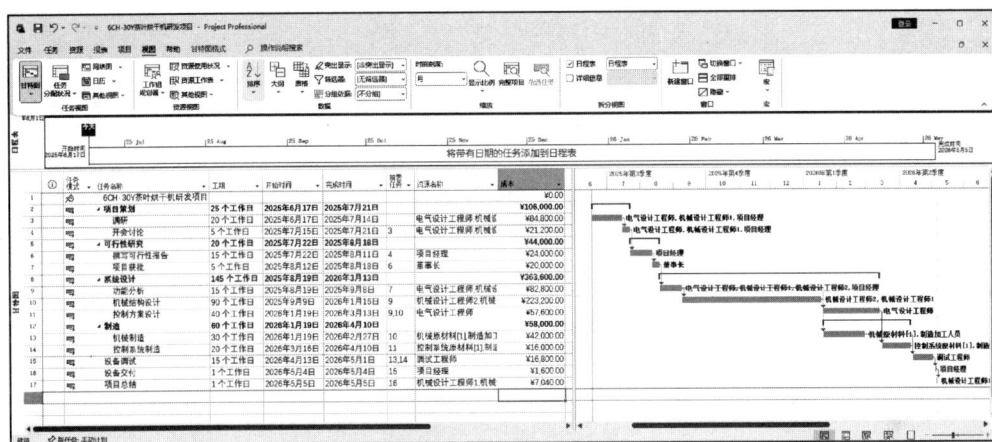

图 8-38　计算任务成本

显示百分比。在"成本"列右侧,单击"添加新列",点选"完成百分比",根据项目实际完成情况输入完成比例。同时,可再添加"实际成本"列,软件会自动计算在目前实际完成情况下的费用支出,如图 8-39 所示。

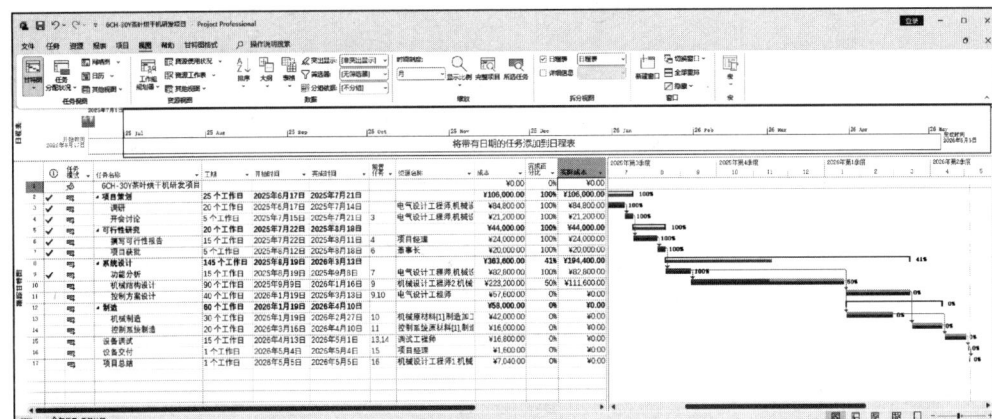

图 8-39　更新项目实际进度

思　考　题

1. 为题表 8-1 所列项目绘制网络图。

题表 8-1

项　目　一		项　目　二	
工作	紧前工序	工作	紧前工序
A	—	A	—
B	A	B	—
C	A	C	—
D	B	D	C
E	B	E	A
F	C	F	B
G	D	G	E
H	D	H	F,G,J
I	G	I	A
J	E,F,H,I	J	D,I

2. 计算题图 8-1 所示网络图的工作时间参数,并确定项目的关键工作和关键路线。

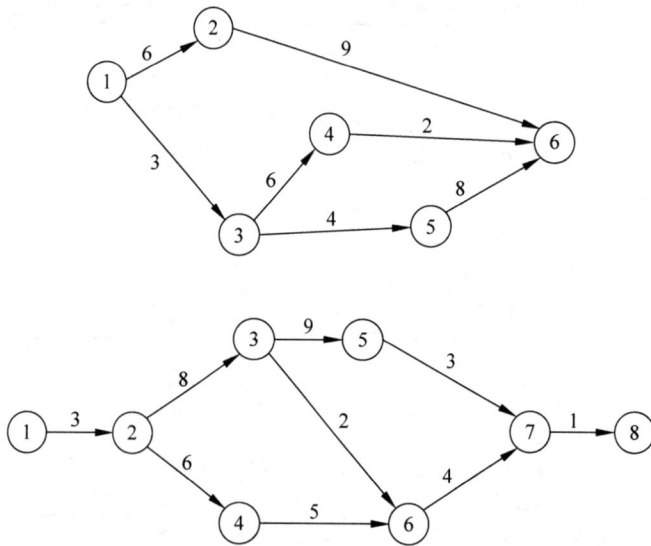

题图 8-1

3. 某项目的工作见题表 8-2,试完成以下问题。

题表 8-2

工 作	紧前工作	正 常 情 况		赶 工 情 况		成本增长率 /(百元/天)
		工期/天	百元	工期/天	百元	
A	—	4	210	3	280	70
B	—	9	400	6	640	80
C	A	6	500	4	600	50
D	A	9	500	7	600	50
E	B,C	4	500	1	1100	200
F	B,C	5	150	4	240	90
G	E	3	150	3	150	—
H	D,F	7	600	6	750	150

(1) 画出该项目的网络计划图并确定关键路线;

(2) 计算项目的正常工期和相应成本;

(3) 给出项目工期缩短一天,成本增加最少的方案,并计算此时的成本。

(4) 给出项目工期缩短两天,成本增加最少的方案,并计算此时的成本。

(5) 给出项目工期缩短三天,成本增加最少的方案,并计算出此时的成本。

4. 某个项目的最早期望结束时间是 136 天,它的要求完工时间是 129 天。如果 σ_t(最长路径上各项工作总分布的标准差)为 5,那么在要求完工时间之前完成项目的概率是多少?

5. 某项目的进度计划网络如题图 8-2 所示,试计算该项目在 10 天之前完成的概率。

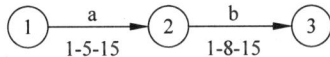

题图 8-2

6. 项目进度计划的监测方法有哪些?

7. 项目进度计划的更新方法有哪些?

8. 试分析项目估算与项目预算的差异。

9. 以项目的实际完成情况为基础,如何估计项目的完成费用?

10. 如果一个机械工程项目没有按期完成,试用因果分析图(鱼骨图)对其原因做简要分析。

自测题 8

参 考 文 献

［1］ 洛克.项目管理：第 10 版[M].杨爱华,毕婧圆,周雯,译.北京：中国电力出版社,2015.
［2］ Project Management Institute.项目管理知识体系指南(PMBOK® 指南)：第 6 版[M].北京：电子工业出版社,2018.
［3］ 徐莉,赖一飞,程鸿群.新编项目管理[M].武汉：武汉大学出版社,2009.
［4］ 吴育华,杜纲.管理科学基础[M].3 版.天津：天津大学出版社,2009.
［5］ 张先恩,叶玉江,滕绵震,等.科学技术评价理论与实践[M].北京：科学出版社,2008.
［6］ 李广海.基于有限理性的投资决策行为研究[D].天津：天津大学,2007.
［7］ 杨彦军.项目管理在 Q 公司质量管理中的应用研究[D].青岛：青岛大学,2015.
［8］ 高华,李丽红,段继效,等.项目可行性研究与评估[M].2 版.北京：机械工业出版社,2019.
［9］ 郭立夫,郭文强,李北伟.决策理论与方法[M].2 版.北京：高等教育出版社,2015.
［10］ 丁荣贵,孙涛.项目组织与团队[M].3 版.北京：机械工业出版社,2019.
［11］ 范淑芳.项目管理方法在民营企业人力资源培训与开发中的应用[D].青岛：山东科技大学,2018.
［12］ 杨坤,李平.项目时间管理[M].2 版.天津：南开大学出版社,2014.
［13］ 卢向南.项目计划与控制[M].3 版.北京：机械工业出版社,2018.